拔新领异

企业新领袖培养计划十周年

王梦奎 书

中国企业新领袖
成长报告

中国企业评价协会　国研·斯坦福项目办公室　编著

中国发展出版社
CHINA DEVELOPMENT PRESS

图书在版编目（CIP）数据

拔新领异：中国企业新领袖成长报告/中国企业评价协会，
国研·斯坦福项目办公室编著. —北京：中国发展出版社，
2014.11

ISBN 978 - 7 - 5177 - 0277 - 1

Ⅰ.①拔…　Ⅱ.①中…　②国…　Ⅲ.①企业领导学—中国
Ⅳ.①F279.23

中国版本图书馆 CIP 数据核字（2014）第 270917 号

书　　　　名：	拔新领异：中国企业新领袖成长报告
著作责任者：	中国企业评价协会　国研·斯坦福项目办公室
出 版 发 行：	中国发展出版社
	（北京市西城区百万庄大街 16 号 8 层　100037）
标 准 书 号：	ISBN 978 - 7 - 5177 - 0277 - 1
经 销 者：	各地新华书店
印 刷 者：	北京科信印刷有限公司
开　　　本：	710mm × 1000mm　1/16
印　　　张：	23.75
字　　　数：	363 千字
版　　　次：	2014 年 11 月第 1 版
印　　　次：	2014 年 11 月第 1 次印刷
定　　　价：	68.00 元
联 系 电 话：	(010) 68990642　68990692
购 书 热 线：	(010) 68990682　68990686
网 络 订 购：	http://zgfzcbs.tmall.com//
网 购 电 话：	(010) 68990639　88333349
本 社 网 址：	http://www.develpress.com.cn
电 子 邮 件：	fazhanreader@163.com

本书编委会

序 言
Foreword

　　您现在看到的这本《拔新领异——中国企业新领袖成长报告》，是为纪念国研·斯坦福"中国企业新领袖培养计划"项目十周年编撰出版的。书中记录了国研·斯坦福项目十年的发展轨迹，展示了一批优秀学员企业家和他们的企业成长壮大的历程，折射出新世纪以来中国前进的脚步和时代精神。我很高兴看到这样一本具有纪念意义的报告集的出版，亦很荣幸地受邀为本书作序。

　　企业家是社会最可宝贵的资源，是一个国家、一个企业竞争力的核心要素。企业家担负着对土地、资本、劳动力等生产要素进行有效管理的责任，是富有冒险和创新精神的高级管理人才。从某种意义上讲，中国的崛起，中国梦的实现，取决于企业家队伍的成长、成熟和壮大。国研·斯坦福"中国企业新领袖培养计划"项目，就是为了贯彻全国人才工作会议精神，实施"人才强国"战略，适应中国加入世贸组织、经济全球化快速发展的新形势，培养更多、更优秀、更具全球视野的企业家而举办的。2004年5月28日举办的一期一班开学典礼开启了国研·斯坦福项目过去十年的奋斗历程。

　　国研·斯坦福项目由国务院发展研究中心发起，原由国务院发展研究中心企业研究所、现由国务院发展研究中心所属中国企业评价协会与美国斯坦福大学共同举办。目前斯坦福大学具体承办该项目的商学院是美国顶尖商学院之一，具有丰富的教学经验和良好的业界口碑，这个项目是斯坦福商学院在亚洲的第一个企业家培训项目。国研·斯坦福项目的目标，是致力于培养具有全球化视野及国际竞争力的创新型企业领导者。该项目充分发挥了合作办学中美双方的优势，国务院发展研究中心基于对中国政策环境、宏观经济发展及企业家成长的长期跟踪研究，具体设计有关课程；斯坦福商学院则结合学界研究，专门为中国企业家量身订制了最前沿、最适合的课程，并组织商学院的优秀师资来中国进行授课，与中国企业家们分享。国研·斯坦福项目还多次组织学员赴美国、日本、欧洲等著名研究机构和优秀企业考察访问，学习借鉴国际先进经验。十年来，"中国企业新领袖培养计划"已成功举办七期 19 个班级，培训了 700 多名企业家。一分耕耘，一分收获，十年前播下的这粒种子，已经成长为一棵枝繁叶茂的大树。

国研·斯坦福项目是一个学习知识、增长才干的学校。学员们在这里了解国内外发展大势，获取宏观政策信息，拓展战略思维，提升管理技能，学有所获、学用结合，更好地服务于企业发展的实践。

国研·斯坦福项目是一个沟通交流、携手兴业的平台。在这里，大家既有课上的讨论交流，又有课下的智慧碰撞，也有课余的信息交汇，还有课外的商机合作，教学相长、相互砥砺，共同推进事业的繁荣发展。

国研·斯坦福项目还是一个温馨和谐、其乐融融的大家庭。大家互相关心，互相帮助，有乐同享，有难共担，"不是家人、胜似家人"，大家在这里结下了深厚的友谊与信任，广交了朋友，觅到了知音。

从国研·斯坦福项目走出去的学员企业家们学以致用，不断创新，在各自的企业发展中颇有建树，屡有心得。《拔新领异——中国企业新领袖成长报告》选取了首农集团、杭州锦江等企业和张福平、钭正刚等企业家的案例，相信他们的做法、经验和体会，将会为读者带来一些借鉴和启迪。

物换星移，光阴荏苒，国研·斯坦福项目又站在了新十年的起点上。

展望未来，全球经济走入了一个大融合、大分化、大变革、充满激烈竞争和不确定性的新时期，我国经济亦进入了增速放缓、结构调整、发展转型、动力切换的新常态。在我们前进的征途中，机遇与挑战并存，希望和困难同在。形势逼人，天降大任。我们国研·斯坦福班的新老同学们要勇于担当，开拓进取，肩负起时代赋予我们的责任。国研·斯坦福"中国企业新领袖培养计划"项目将再接再厉，继往开来，不断铸就一个又一个十年辉煌，为实现两个"百年目标"和中华民族的伟大复兴，捡薪添柴、增砖加瓦，努力做出应有的贡献。

　　是为序。

中国企业评价协会会长

国研·斯坦福"中国企业新领袖培养计划"项目中方主席

2014 年 11 月

目录
Contents

新世纪·新领袖·新成长

——中国企业新领袖成长报告

国研·斯坦福"中国企业新领袖培养计划",由国务院发展研究中心和美国斯坦福大学共同推出,致力于培养具有全球化视野及国际竞争力的创新型企业领导者。计划迄今为止已成功举办十年,七期19个班,共培养了700余名优秀的企业家。这些企业领袖,与庞大的企业家群体一道,成为中国经济得以腾飞发展的脊梁。

在全球经济一体化下的格局下,特别是中国加入世界贸易组织以来,中国经济已与全球经济相融合。一个竞争、开放、公正、有序的中国市场,已成为全球经济的重要组成。不但如此,中国企业的战略版图,中国企业家的视野与步伐也正与全球同步,越来越多卓越的企业家已经具备与世界企业领袖对话的资本与能力。

国研·斯坦福——构筑企业新领袖的生态圈

2003年12月,中共中央、国务院召开全国人才工作会议。发布了《中共中央国务院关于进一步加强人才工作的决定》,提出"人才强国战略"。尤其指出"以提高战略开拓能力和现代化经营管理水平为核心,加快培养造就一批熟悉国际国内市场,具有国际先进水平的优秀企业家"。

为了贯彻这一决定,国务院发展研究中心联合美国斯坦福大学,共同推出了国研·斯坦福"中国企业新领袖培养计划"。该计划由国务院发展研究中心及相关政府部门的领导,斯坦福大学知名教授、国内外经济领域权威专家共同组成导师团队,通过18个月的不脱产培训方式,围绕创新领导力培养为主题，从新理念、新知识、新视野、新机会、新生态等不同层面，系统提升企业领导的全球化视野及国际竞争力，同时构筑中国企业新领袖群体的新生态圈。

学员既有来自中国石化、中国电信、中国中铁、中国中钢、华润集团、东风汽车、南方电网等大型国有企业，也有来自海尔集团、华强集团、汇源集团、奥康集团、敬业集团等著名民营企业，还有来自和记黄埔、港华燃气、正大集团、新加坡淡马锡等优秀外资企业。

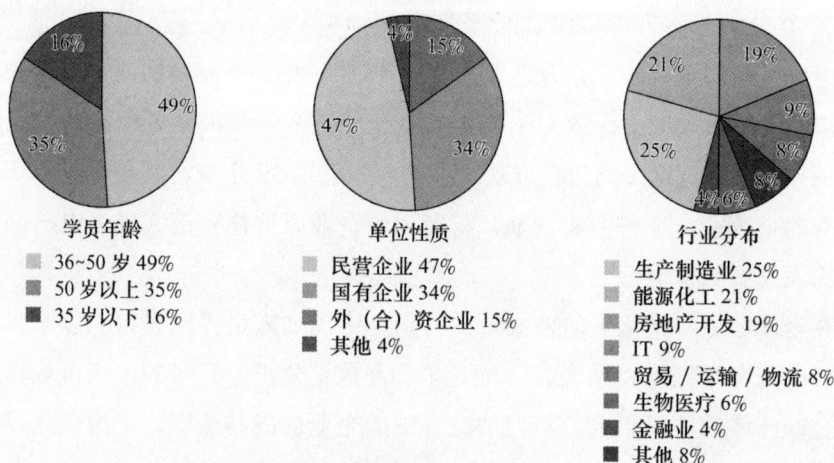

学员年龄
- 36~50 岁 49%
- 50 岁以上 35%
- 35 岁以下 16%

单位性质
- 民营企业 47%
- 国有企业 34%
- 外（合）资企业 15%
- 其他 4%

行业分布
- 生产制造业 25%
- 能源化工 21%
- 房地产开发 19%
- IT 9%
- 贸易／运输／物流 8%
- 生物医疗 6%
- 金融业 4%
- 其他 8%

图1 学员构成分析

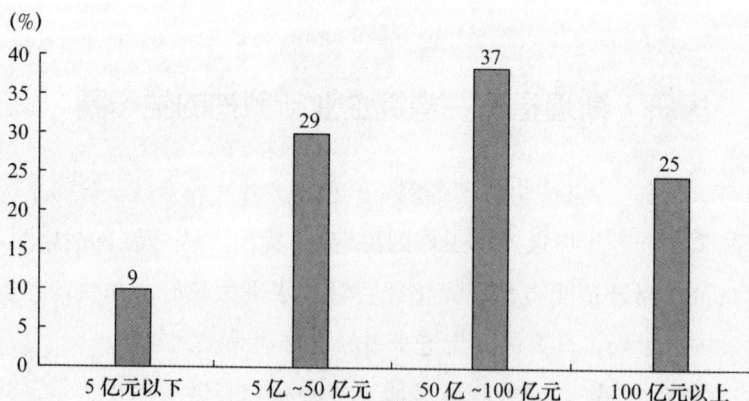

图2 学员企业规模

培养计划不但服务于学员个人，也同时为学员企业定制企业内部培训项目，如为天津俊安集团、湖北全通公司、河北小洋人集团、民生银行私人银行等设立了高级研修班。中国石化、海尔集团、中国电信、和记黄埔、香港中华煤气六个企业集团还专门设立了"国研·斯坦福奖学金"。企业参观考察也是培训的重要一环,宝钢集团、海尔集团、汇源集团、友邦中国、敬业集团等优秀企业都成为了学习交流活动的重要一站,其成功经验也通过同学之间的深度沟通和探讨,得以沉淀和升华。

"国研·斯坦福"项目多次组织国际考察学习。从 2004 年起,连续 9 年组织了 300 余名学员、11 次赴美考察学习,参与授课的老师均为斯坦福大学著名教授、院士等,包括斯坦福大学著名管理大师 James G. March 及《基业常青》的作者 Jerry Porras 等。学员在斯坦福校园感受百年名校的学术底蕴与商业智慧,赴硅谷见证新经济企业的商业模式,体味硅谷企业家的创业激情。2013 年中美企业家年会,赴美学员亲临联合国大会现场,与联合国副秘书长吴红波交流。2007 ~ 2010 年,5 次赴日考察帮助学员考察日本企业的精益生产方式和管理体制。以"德国大企业发展战略"为主题的德国考察,俄罗斯考察、新加坡考察等各类考察也获得不少好评。

时代的弄潮儿——中国企业家的使命与创新

创造社会财富、引领时代发展是企业家的使命。几乎所有杰出企业家都拥有某些卓越的品质——适应变化,敢于创新,勇于直面市场的不确定性,这在白手起家的民营企业家群体里尤为显著。我们的学员之一,汇源果汁的创始人朱新礼,就是广为人知的一位。曾经的汇源果汁是中国果汁饮料产业的领头羊,更是资本运作的高手,资本故事的宠儿;如今的汇源,已经不仅仅是"果汁大王",业务重心早已从下游的果汁业务转向上游的果园——养生农业与休闲度假,以及独立生鲜电商平台——果时汇。可以说,这是朱新礼为汇源转型而谋求的全新创业,一张更大的农业"帝国"版图已悄然延展。

还有一些勇于"吃螃蟹"的企业家,其创新与突破不但为企业赢得了利润,更造福了整个行业,他们也是学员群体中的佼佼者。比如中国第一批民营航空公司之一,奥凯航空公司创始人刘伟宁。他以商人的嗅觉,牢牢把握民航总局支持与扶持非公有制主体投资民航业的机会,以蓝海思维率先创造了运营国产飞机发展支线业务获得盈利的先例，这些突破在我国民用航空史上都是可圈可点。

类似的案例还有很多，如苏州科赛集团，是一家以城镇运营为核心产业的民营企业，致力于市场化运作方式，为中国的城乡一体化、城镇化和新农村建设，提供了崭新的路径。目前，科赛集团已经在全国各地成功运营、控股十多个新型城镇、产业园，董事长江喜科不但对中国的城镇化事业情有独钟，更是城镇运营领域的思想先锋。为此，他放弃已获高额回报的房地产业，投身民营企业中无人敢问津的城镇化事业，并提出城镇化以产业为本的理念，出版了《市场运营——中国城镇化的必然选择》等专著。

立足市场，放眼全球

回望中国企业的发展历程，粗放的市场发展已经进入尾声，我们跨入了从量变到质变的阶段。中国市场巨大的需求为企业提供了做大的条件，但是要"做强"却是不少企业难以跨越的门槛。与此同时，随着开放的深入，中国企业也迎来一个更加扁平的世界，与全球市场的融合是大势所趋。不少企业正整装待发，积极酝酿"走出去"战略。这都需要企业深谙国际化的战略和路径，探索跨国经营、跨行业投资的规律，实现企业兼并重组、海外上市的国际化目标，提升企业的核心竞争力。

我们的学员，首农集团党委书记、董事长张福平先生，带领着有"北京的后院子"美称的首农，不但顺利在2009年重组北京的3家老国企——北京三元集团、北京华都集团有限责任公司和北京市大发畜产公司，打造了"首都农业航母"，在经历了"三聚氰胺"事件后收购三鹿、重整旗鼓的考验。这个有着60多年历史的老农垦企业，以国资老大哥的担当，通过一系列低调而沉稳的动作，带领同行走出行业阴影，重塑消费者信心。

与国有企业大手笔"合纵连横"不同，民营企业的崛起往往源于一些契机，比如2002年的央视标王"统一润滑油"——霍氏集团。这个由霍振祥、霍建民父子所一手打造的润滑油王国，曾经是润滑油行业中的前三甲，但因为无法逾越民营企业在上游基础油供应的弱势地位，导致在2006年忍痛出让

75%股权给世界500强的壳牌，这一联姻事件遂成为众多商学院课堂上的经典案例。积累了与壳牌的合作经验后，霍氏集团不但安然度过2008年全球经济危机，早年所扩充的新商业版图——面向电商的物流仓储业也迎来了爆发增长。2012年霍氏集团与美国TOP1油品公司合资3亿元成立TOP1润滑油中国项目，更被同行视为华丽回归润滑油行业，进军高端细分市场的全新尝试。

若要列举企业国际化具有标杆意义的学员企业，我们不得不提以香港为总部的太平洋恩利集团。这家综合性跨国水产企业，由创办人黄垂丰先生及其子女于1986年创立。作为全球最具规模的冷冻鱼产品生产商之一，太平洋恩利的发展历经了国际贸易、全球贸易管道建设、全球绿地投资、全球并购等阶段，实现产业链上、中、下游垂直整合，在并购实践中积累卓越的整合能力。不仅如此，集团长袖善舞，依托国际化的融资平台，支撑了多年来的高速发展。1994年，太平洋恩利国际控股有限公司在香港联合交易所主板上市；两年后，集团分拆其冷冻鱼供应链管理业务，在新加坡证券交易所主板上市。2004年取得中渔集团有限公司的策略性控股权，2006年在新加坡交易所主板上市。至此，集团成功建立了一个结合三家公司、分别在中国香港及新加坡上市的集团架构。可以说，太平洋恩利的成功案例可以为国内众多希望谋求海外融资、并购和上市的企业提供了可操作的路径。

每一个成功的企业，总是不乏在关键时刻，能做出正确决策并且带领公司不断前行的领路人。无论是国营老大哥首农集团，还是民营大咖霍氏集团，以及立足香港、征战全球的太平洋恩利集团，每一次的重大的战略决策、产业转型，或顺应了全球化趋势，或顺应了国家政策鼓励和支持的方向，或深刻洞悉了产业发展的规律，能够把握好突破的时机，总是在"正确的时间、正确的地点做出正确的决策"，这就是领路人的价值所在。

拥抱未来的新经济

2014年11月11日，是阿里巴巴这个创造世界IPO记录的中国公司，上市后迎来的首个"双十一"节。来自全球217个国家和地区的卖家和消费者，24小时内在阿里平台共计完成了超过571亿元人民币的交易额，产生2.78亿个物流包裹，其中42.6%的成交额在移动端完成。

这个创纪录的数字不只是属于马云，它标志着以互联网时代的革命已经让所有人、所以行业都裹挟其中。如果把1994年我国首次开通64k专线信道视为中国互联网的起点，在互联网的快车道上突飞猛进了20年后的中国，已经培育了突破6000亿元的互联网市场和全世界最大的互联网用户群体。更为重要的是，互联网思维正在颠覆与创造、裂变与融合中影响和改变着中国经济的格局。

"国研·斯坦福"项目中不乏来自互联网行业精英的身影。其中1号店创始人兼CEO刘峻，与董事长于刚所带领的团队，打造了国内著名的"电商黑马"。1号店网上超市从2008年初成之际，伴随中国电商市场的整体井喷的同时经历着艰难的新生。不过，由两位戴尔前高管带领的豪华创始团队，吸引了平安集团和沃尔玛等巨头的大量注资，以资本优势成就企业发展速度，短短6年爆发性的增长，成功跻身国内综合电商第一梯队。1号店尤其在壁垒级优势品类——进口食品领域，牢牢占据了第一份额，号称网上"舌尖上的联合国"。作为业界最早布局移动互联网的电商企业之一，1号店移动端业务预计营业额很快将突破60亿~70亿元，也将迎来盈利。

电子商务是一个上下游合作伙伴众多、产业链极其复杂的商业生态系统，众多传统行业的老兵目前也开始涉足此领域。碧生源曾是传统电视广告战略的高级玩家，也深谙"渠道为王"的精髓，拥有在保健品行业最大最强的销售网络。但这个曾经以电视广告、强大终端为武器，改写了"7万家茶企不敌一个立顿"局面的著名茶企，早已正视互联网对传统渠道的冲击。在全新的社交媒体时代，董事长兼CEO赵一弘所带领的碧生源电子商务团队正在积极建立在线线下的互动联动营销，随时准备在电商渠道发力。

与其坐以待毙，不如主动出击。传统企业为适应互联网形势而转型的成功案例比比皆是，北京和众集团也是其中有眼光者。和众前身是20世纪80年代末房乡政府成立的"四环汽车队"。于1996年，在总裁宋少波的带领下，率先从传统运输业转型到物流行业，成为北京工商局登记的第一家物流企业。在城市专业化智慧物流领域，充分利用物联网、移动互联网、大数据、云计算等应用，建立货物流通及仓储供需信息平台，以生活快消品、汽车备件、家用电器三大业务板块为基础，向冷链物流、食品物流、医药物流等高端领域发展。尤其在汽车备件物流领域独领风骚，每年营业额达几十亿元。无疑，智慧物流仓储平台是互联网生态里重中之重的一环。踏上了这一轮的快车，北京和众集团未来的潜力也不可估量。

结　语

企业家是当代中国最宝贵的财富。

无论成败，企业家都扮演着创造社会财富、推动社会创新的重要角色。伴随着时代的进步、科技的日新月异，企业家们在成长，他们所带领的企业也在壮大。使命感、全球化视野、创新精神、互联网思维、绿色经济、社会责任等关键词语，不仅融入到"中国企业新领袖培养计划"的每一个环节，也缔造了我们企业家学员们的领袖特质。

全球化时代需要具备全球化视野的企业家，面向未来、面向全球的转型、创新与成长，这是时代赋予企业家的命题。有了全球化视野，企业家的眼界在空间的横向跨度上更开阔，在时间的纵深维度上亦可更深远。

成功企业家的创新精神，也许可以天生，但更多需要通过锻炼后天学成，更需要友善而包容的社会环境和企业家圈子内的互相扶持。创新是艰苦的工程，创新不仅意味着打破旧习惯，甚至包括否定自己。在这本《拔新领异——中国企业新领袖成长报告》中，我们从十年来培养的700多名学员中，挑选出其中一小部分企业和企业家代表，把他们成功、失败、体悟和心得，编纂成册，为后来者提供值得借鉴的样本。

只有志存高远，才敢为天下先。立百年之基业，展万里之宏图，这是国家和人民，对企业家领袖、对未来中国之拔新领异者的共同期待。

企业篇

北京首都农业集团有限公司成长报告

张福平

国研·斯坦福三期一班学员

北京首都农业集团有限公司党委书记、董事长

立足农业 服务首都 科学发展 转型升级

——首农集团建成首都标志性的现代农业产业集团

北京首都农业集团有限公司（简称"首农集团"）是一个有着 60 多年历史的老农垦企业，也是北京现代农业发展的一面旗帜。这家首都最大的农业国企，由之前北京的 3 家老国企重组而成——北京三元集团、北京华都集团有限责任公司和北京市大发畜产公司。2009 年 5 月 16 日首农集团揭牌成立，目前总资产超过540 亿元，员工近 4 万人，国有全资及控股企业 64 家，中外合资合作企业 32 家，境外公司 3 家。

首农集团以"立足农业、服务首都"作为功能定位，形成了以都市型现代农业为主业的现代农牧业、食品加工业、物产物流业三大产业格局，形成从田间到餐桌的完整产业链条。

- 奶牛育种和养殖全国领先，拥有全国最大的种公牛站，优质荷斯坦奶牛 7 万多头，成乳牛年平均产奶量达到 1.1 万公斤，超出全国平均水平 2.5 倍，带动了 7000 余户奶农和北京市 70% 以上的牛群。
- 全国唯一的北京鸭基地，存栏种鸭 7 万套，种鸭推广占国内市场的 70%。
- 全国最大的自主知识产权的中育配套系种猪和国内唯一的 SPF 种猪安全生产体系，种猪存栏 8 万头。
- 从育种、养殖、肉鸡屠宰到食品深加工、内外贸易一体化的肉鸡产业链，父母代蛋鸡饲养规模 220 万套，年产肉鸡商品代合格种蛋 6500 万枚，年提供商品代雏鸡 2 亿只，每年带动种养业农户 13.56 万户，户均年增收 7153 元。

11

- 三元食品公司在北京市郊区县等地建立奶源基地，为 3 万多农民提供了就业机会，养殖户户均增收 2.37 万元。拥有 5 家国家级重点农业产业化龙头企业，形成了"三元""华都""双大""太子奶""八喜"等一批著名品牌和商标。

首农集团紧紧围绕首都经济发展内涵，坚持高端高效高辐射，大力发展现代农牧业、食品加工业和物产物流业融合发展的都市型现代农业，建成具有行业领导力、科技创新力、品牌竞争力、首都标志性的现代农业产业集团。

首农集团企业成长的主要做法

（一）战略先行明方向

企业好比航船，战略就是航向。60 多年来，首农集团坚持树立科学正确的发展战略，并根据时代发展要求和企业实际，与时俱进，不断与央企中的中粮、农垦系统中的上海光明等行业内优秀标杆企业学习看齐，适时调整企业的战略定位和发展目标，使集团的经济发展走上了一个健康发展的轨道。"十五"初期实施"三大主导产业"发展战略，"十五"后期实施"四大板块"产业发展战略，2009 年 4 月三元集团、华都集团、大发公司重组成立首农集团后，制定了新的发展战略。在新的战略中，明确了三个定位：一是明确了"现代农牧业、食品加工业、物产物流业融合发展的都市型现代农业"的主业定位；二是明确了"创新农业科技""奉献安全食品""提供应急保障"的功能定位；三是明确了"建设首都标志性的现代农业产业集团"的方向定位。这三项定位，在产业上做到聚集主业，在功能上使企业与社会充分结合起来，在方向上有了企业愿景，员工有了方向和努力的目标，做到员工目标与企业目标保持一致。

2013 年底以来，集团启动新一轮发展战略规划的重新梳理和调整完善工作。将围绕建成首都标志性的现代农业产业集团和"首农千亿梦"的既定目标，提出首农加快一二三产融合发展、推动转型升级、参与新一轮国企改革和京津冀区域协调发展，以及城镇化和新农村建设等方面的路径和对策，为集团未来更好的发展把好脉、定好向。在集团明确的战略指引下，集团产业发展和整体实力不断得到带动和提升，企业的市场占有率和品牌影响力不断扩大。

（二）整合优化强实力

1. 聚焦发展主业

围绕主业实施调整重组和资源整合，特别是抓住并购三鹿和重组首农两大历史机遇，制定明确发展战略，调整优化经济结构，通畅完善产业链条，集中各项优势资源做强做大主业，抓好重大投资项目建设，全面提升经营质量。经过努力，资源资产的集中度大大提高，组建了一批产业化龙头企业和具有较强竞争能力的专业性公司，现代农牧业的基础地位得到巩固，食品加工业的龙头作用得到发挥，物产物流业的支撑效应得到彰显。促进产业链、价值链向高端终端攀升延伸，调整退出劣势、低端、低效、无效的资产和产业，上下游产业链发展更为集中有效，促进一二三产深度融合发展。

2. 实施"一体两翼"战略

充分运用信息化技术和金融化理念改造提升传统产业，促进传统产业转型升级。以建设现代农业园区为重点，推进畜牧、果蔬、粮食等具有比较优势的产业升级进档。以上海首农投资公司、三元种业公司和首农食品经营中心在天津港东疆保税区的饲料（粮食）、水果进出口贸易项目为发轫，发挥首农品牌的影响力和资源整合能力，进入大商贸领域并有所作为，构建首农农产品新型流通服务体系。加快推进300万平方米经营性物业的开发建设，并在开发建设经营中注入信息化技术和金融化理念，重点打造文化创意、电子商务、移动互联等几个产业化园区，使各企业尤其是农场从简单的物业持有者变身为园区开发者、平台运营商，形成一批收入过十亿元和利润过亿元的经济体。同时，培育发展物流、贸易、电子商务、网络消费、文化旅游、养老健康等生产性服务业和战略性新兴产业，创造以品牌、服务为核心竞争力的发展新优势，促进集团经济提质升位，打造首农经济升级版。

3. 项目示范带动

"十二五"期间，围绕都市型现代农业，集团预计投资300亿元规划建设农产品种植基地、畜禽养殖示范场、食品加工厂、保障性住房、棚户区改造、自主开发工程等一批重大项目，包括首都"菜篮子"保障工程、河北定州现代循环农业科技示范园区、西郊首农庄园、山西山东等地农业蔬菜基地建设及产销合作、奶业振兴等工程项目。组建成立首农食品经营中心，推进建设首农安全农产品现代流通及应急保障体系工程。围绕"北京的商品粮保障基地、安全农产品生产特供基地、现代农业示范基地"建设，建设好双河农场30万吨稻谷加工及综合利用、农业科技园区、粮库仓储扩容等重大项目。建设各个农场的保障房、棚户区改造及自主开发等工程项目，"十二五"期间，基本实现每年合作建设保障性住房不低于100万平方米、合作管理保障性住房物业面积不低于100万平方米的目标。这些重大项目直接拉动增强了集团经济发展质量和后劲潜能。

4. 完善制度体系

加强集团管控和内控机制建设，集团母公司向战略决策、资本运营、资产监管、人力资源配置和文化品牌建设五个中心转变，子公司向生产经营、经济效益、成本控制三个中心转变，建立健全了投资决策、绩效管理、产权事务管理、财务监管、土地房屋、资本运营、人力资源等基本规范化管理制度，议事规则、决策机制、工作程序不断规范，风险管控更加科学有效。

（三）开放合作促转型

1. 深化开放合作

集团利用自身在畜禽养殖、良种繁育、食品加工等方面的优势，在扩大融资、建立生产加工基地、企业上市、并购重组、制定标准、建设保障房、重大项目投资等方面，与金融机构、政府部门、科研院所、企业组织开展合资合作。与河北省政府签署进一步深化战略合作备忘录，与河北农业厅达成农业领域战略合作协议。与山东农业厅、山西农业厅合作开展安全农产品标准化生产基地建设。与内蒙古正蓝旗政府合作打造马铃薯产加销的完整产业链。与广东揭阳市合作推进两地农产品产销对接。与北京大兴区政府共同开发三海子郊野公园。与中国标准化研究院合作制定首农标准战略，提升首农农产品质量安全管理水平。与北京市保障性住房建设投资中心合作推进保障房建设管理。与韩国希杰食品公司合资成立北京首农希杰餐饮公司，进军高端餐饮市场。

2. 加强资本运作

充分利用三元食品股份有限公司这一上市公司平台实现资本运作。与国开行、北京银行、工行北京分行、农行北京分行、建行北京分行、北京农商行等金融机构进行战略合作，拓宽融资渠道。做好股权多元化和企业上市，探索运用上市融资、并购投资、股权融资、债权融资、联合私募基金共同投资等多种方式，不断提升国有资本证券化、商业化运作水平。

3. 积极培育新的经济增长点

做好和利用好集团现有产业基础和优势，延伸产业链条，包括高科技生物籽种、生物疫苗、餐饮连锁门店、高标准示范农业园、农业文化创意等产业，使其成为集团新的经济增长点。

（四）抓住机遇上台阶

2008 年三聚氰胺事件后，先是三元重组了三鹿，接着重组成立了首农。这几年也是首农发展比较快的阶段，现在也面临大的机遇。目前，中央和北京市高度重视婴幼儿配方奶粉质量安全，对做优做强做大三元乳业提出了希望和要求。北京市成立了由主管副市长任组长的乳业发展领导小组，首农相应成立了组织结构，并从市国资系统抽调 4 名骨干专门做此事。目前婴幼儿配方乳粉新生产工厂规划建设、奶源基地保障、收购兼并、市场宣传推广等工作进展顺利。同时与农业部、科技部、工信部、发改委等国家部委实现对接沟通。这是一个重大机遇，也是一项艰巨的工程。只要坚守道义，强化责任，坚持质量第一，就能够使三元公司由区域性都市型企业向全国性企业转变，成为婴幼儿乳粉民族品牌。

（五）增强企业软实力

为推进企业创新发展和转型升级，首农集团一方面不断加强产品经营、市场开拓、资本运作和合资合作等企业硬实力建设，同时也加快跟进包括行为规范、价值理念、品牌培育、队伍建设、和谐发展及社会责任在内的企业软实力建设。提升文化凝聚力，弘扬"感恩、责任、诚信"等企业文化内涵，"艰苦奋斗、勇于开拓"的农垦精神以及"超越自我、勇于开拓"的企业精神，不断增强企业凝聚力、向心力和战斗力。提升品牌影响力，做好品牌的培育、保护、宣传和推广，传播首农集团"安全立业，业精于农"的品牌理念和"安心之选，首农集团"的品牌口号，不断提升首农品牌的知名度、美誉度和影响力。集团党委和各级党组织围绕提高党的建设科学化水平主线，稳步推进班子、人才、组织和廉政建设，为集团改革发展稳定提供了强大的思想政治组织保证、精神动力和智力支持。提升班子领导力，加强"四好班子"建设，不断提高领导干部推动科学发展、加快转型升级、维护企业社会和谐稳定和服务员工群众的能力水平。提升人才竞争力，实施人才强企战略，贯彻落实《集团"十二五"人才规划》，培养造就总量适中、结构优化、布局合理、素质优良的人才队伍，建设"首农智库"，为集团"十二五"科学发展奠定坚实的人才基础和智力支持。

同时，积极构建和谐企业和履行社会责任。坚持"企业、社会、自然和谐共处，股东、客户、员工共赢发展"的价值理念，坚持全心全意依靠职工群众办企业，进一步完善职工民主管理制度，提升职工队伍整体素质，维护职工合法权益，关心关爱职工，建设和谐团队。倡导"诚信载口碑，口碑塑品牌"的经营理念，坚持诚信经营，质量立市。首农构筑了完整的产业链条，实现从"田间到餐桌"的链接，实施标准化的生产加工方式，建设严格的质量可追溯体系，打造从育种、养殖、加工、配送到服务的一体化经营和全程质量控制模式，为市场和消费者提供绿色、健康、营养的农产品和食品。在保障市场供应、稳定物价水平、服务民生等方面发挥主力军作用，为企业创新转型发展创造良好的内外环境。

首农集团企业成长取得的成效

（一）经济发展实力显著增强

十年来，首农集团发展步伐明显加快，经济质量显著提升，职工收入稳步增长，发展空间继续扩大，开创了集团公司科学健康发展的新局面，为建成首都标志性的现代农业产业集团打下了坚实基础。截止 2013 年底，集团资产总额 401.43 亿元，同比 2004 年的 77.07 亿元增长 420.89%；实现营业收入 196.92 亿元，同比 2004 年的 30.86 亿元增长 538.14%；实现利润总额 7.49 亿元，同比 2004 年的 6630.3 万元增长 1030.07%。

（二）转型发展取得重要突破

1. 自主创新成效显著

集团实施科技兴企战略，制订发布《"十二五"科技发展规划》，将科技投入纳入全面预算管理体系。拥有蛋鸡"京红""京粉""京粉 2 号"和中育配套系种猪等自主知识产权。现代奶牛 EDTM 生产技术体系入选"十一五"国家重大科技成就展。启动成立国家现代农业科技城良种创制中心。拥有国家级企业研发机构 4 个，省部级 12 个，博士后工作站 2 个，科技成果转化率 65%。扎实推进农业部质量技术体系追溯、科技部"十二五"支撑计划奶业重大专项课题等百余项国家和部市级重大科研项目，获得部市级奖励 15 项，其中 2 项获得北京市科学技术奖一等奖。建成国家级农牧业示范区 10 个，市级农业标准化示范基地 20 个。累计修订农业国标、行标、地标 36 项。

2. 开放合作不断深化

集团构建了合作共赢的发展模式，先后与北京各个郊区县，河北石家庄、新乐、承德、张家口、怀来、唐山、任丘、迁安，内蒙古海拉尔、山东潍坊、江苏连云港、广西柳州等地区结为战略联盟或友好伙伴，开展深层次、多渠道、广领域的合作。与美国麦当劳、辛普劳、百麦、肯德基、荷美尔、百家宜，英荷壳牌，日本丘比、大阪徐园、双日，泰国正大，韩国希杰，法国安德鲁、太阳葡萄酒等公司之间加强战略合作，形成优势互补、内外融合、合作共赢的局面。

3. 资本运作明显增强

三元食品公司通过并购三鹿、与新华联集团联合收购湖南太子奶公司、引进民营企业上海复星集团、集中优化经营管理模式等举措，经济规模不断扩大，集约化管理不断强化。集团与上海华信石油集团合作成立了上海首农投资公司；成功收购了盛福大厦、北京艾莱发喜食品公司的外方股权；完成对北京壳牌石油公司、首农食品经营中心、北京荷美尔食品公司、国开厚德基金的增资或入资。集团与上海复星集团合作认购三元股份总额约 40 亿元的非公开发行 A 股，运用上市公司平台实施定向增发。三元种业公司和华都集团引进战略投资者，实现优势互补和强强联合。艾莱发喜食品公司通过与北京国有资本经营管理中心及其他投资者的合作，有效整合资源、开拓市场，进一步做大做强。东郊农工商公司先后完成对张家口京润现代城、宜兴清华科技园的股权收购，获得授信额度超 500 亿元。农场经济进入快速发展时期，农场积极利用自身优势，尤其注重发挥土地资源优势，在持有型物业、商贸服务、仓储物流、休闲观光、文化创意产业、塑造新的企业品牌等方面成绩显著。

（三）公司治理水平有效提升

坚持集团化改革和规范化运作，按照《首农集团公司章程》，不断完善法人治理结构，制定了治理各层的议事决策制度，党委会、董事会、监事会、经理层的权责边界进一步明确规范，工作流程走向优化清晰，公司治理水平不断提高，基本建立治理各层分工明确、各负其责、相互制衡、高效运转的良好运行机制。不断健全完善母子公司管理体制，集团母子公司的功能定位更加清晰并得到巩固强化。围绕加强母公司控制力和子公司执行力，不断强化集团管控和制度建设，修订出台《集团管理制度汇编》，不断提升集团科学管理水平。加强对重要子企业、合资企业和境外企业的国有资产经营监管。加强大额资金集中管理，实施全面预算管理。完善考核指标体系，加强总法律顾问制度建设，提升集团信息化管理水平。

（四）集团软实力建设成果丰硕

1. 加强品牌文化建设

出台实施《首农品牌三年规划》，推出"首农"品牌形象，启动首农标识背书，确定集团母公司"VI"设计方案，通过多种途径加强品牌宣传，首农品牌知名度、美誉度和影响力大幅提升。在北京影响力评选中荣获影响百

姓生活的十大企业、十大品牌、社会责任奖等称号。三元食品公司被中宣部、国务院食品安全办认定为乳品行业"诚信与实力"标杆企业。同时加强企业文化建设，印发了企业文化手册《我们的精神家园》，创作了《首农之歌》。加强企业内刊和信息平台建设，组织完成首农集团揭牌仪式、北京农垦60周年庆典、网上博物馆及牛奶主题馆建设、学雷锋树典型等重大活动。大力发扬农垦精神和超越自我、勇于开拓的企业精神，激发广大干部员工干事创业、奋力拼搏的热情和信心，形成推动集团科学发展的强大动力。

2. 履行社会责任

首农集团坚持"感恩、责任、诚信"的核心价值观，诚信经营，质量立市，构筑了牛、猪、鸡、鸭四个完整的产业链条，打造从育种、养殖、加工、配送到服务的一体化经营和全程质量控制模式，实现从"田间到餐桌"的链接，为市场和消费者奉献绿色、安全、健康、营养的农产品和食品。做好"两会"、国庆、党的十八大、市十一次党代会等国家和北京市重大服务保障任务。积极支持玉树、汶川和雅安抗震救灾、吉林抗洪救灾、北京"7.21"救灾和革命老区建设，为社会奉献首农人的大爱情怀。

3. 构建和谐企业

坚持以人为本，完善职代会制度，推广"菜单式"厂务公开，保障职工合法权益。成功召开集团工会第一次代表大会。目前，集团系统国有及国有控股企业工会组织建制率、工资集体协商专项协议签订率均达到100%。职工收入持续增长，做好"首农爱心基金"管理，开展送温暖工程。实施企业年金计划，推进职工文化建设和素质教育工程，成功举办首农首届职工运动会。加强职工之家建设，抓好集团安全生产、房屋土地管理、信访维稳等工作，保持和谐稳定发展。

（五）党建创新工作不断加强

1. "四好班子"建设成效显著

抓好领导干部思想、能力和作风建设，党员干部思想观念不断更新，能力素质明显提高，党委班子建设得到加强，民主氛围、团结质量和决策能力总体提升。通过赴井冈山学习培训、专题培训班等方式有针对性地加强领导干部教育培训。配合产业调整和企业重组整合，加强干部队伍的调整配备和资源优化配置力度。

2. 人才工作进一步创新发展

加强经营管理人才、专业技术人才和高技能人才三支队伍建设，不断深化干部人事制度改革，积极探索青年干部选拔使用方式，在打破常规使用优秀青年人才方面破题。通过大学生入职教育、挂职锻炼、岗位锻炼、青年干部培训班等方式，提升人才队伍整体素质。与中国农大、北京农学院开展校企人才培养合作。

3. 基层党组织建设持续加强

实施"领航、聚力、先锋"三大工程，深入开展创先争优和学习型党组织创建活动。扎实推进基层组织建设年工作，成功开展"赞颂科学发展成就，忠实履行岗位职责"教育、"我身边的先锋"推选、党支部书记培训班等活动。坚持党建带团建，青年创新创效工作不断深化。

4. 党风廉政建设不断深化

出台了《惩治和预防腐败体系基本制度汇编》，开展了各种形式的反腐倡廉宣传与教育，领导干部遵纪守法意识进一步提高。切实改进文风、会风和工作作风。实行党风廉政建设责任制，深入推进廉政风险防范管理。扎实推进党务公开，认真开展效能监察，集团及二级单位覆盖率100%。

首农集团未来的发展战略

（一）整体思路

围绕新时期首都战略定位和发展的阶段性特征，把握国家推进京津冀一体化发展以及北京将进行功能疏解和产业转移的契机，以北京市《关于全面深化市属国资国企改革的意见》为指针，立足自身优势，坚持稳中求进。以市场化为导向，整合资源，改革创新，大力发展混合所有制经济，完善现代企业制度，努力构建实业为体、金融化理念和信息化技术为两翼的"一体两翼"发展模式，力争在"十三五"末实现"千亿首农"和"中国都市现代农业第一品牌"的既定目标，成为"代表首都形象、行业领先、具有核心竞争力的大企业集团"。

（二）功能定位

1. 打造中国都市型现代农业第一品牌

首农集团以农为本、以农为首，立足农业，服务首都，集中精力发展现代农牧业、食品加工业和物产物流业融合发展的都市型现代农业，做首都的农业、首善的农业、首选的农业，打造中国都市型现代农业第一品牌。所谓首都的农业，就是符合首都的要求，做首都的亮点，服务北京，引领全国。首善的农业，就是坚持一流的标准，创造一流的业绩，标准最高，效益最好。首选的农业，就是要做政府保障的首选，大众消费的首选，让百姓放心。发挥首都资金、市场、技术和信息等方面的优势，研究开发现代农业的生产、生态、生活、示范等多种功能和综合价值，发展观光、休闲、创意、循环、会展农业等。坚持高端高效高辐射，通过控制籽种、农牧场、投入品、农产品及食品加工、物流配送等价值链的各关键节点，打造现代农业产业高端，成为展示北京都市型现代农业的重要窗口和名片。

2. 保障首都的"菜篮子""米袋子""奶瓶子"

首农将充分发挥对首都农产品和食品的应急保障作用，通过标准化的生产加工，"田间到餐桌"的产业链模式，严格的质量可追溯体系，形成首农安全农产品食品服务品牌。规划建设一批安全农产品生产加工基地，构建并形成环五环路的安全食品交易物流配送中心圈。开发保护好畜禽籽种，大力扶持发展生物籽种、生物制药、饲料业等农业高科技龙头企业，带动城镇化和新农村建设。继续加强与郊区县合作，规划建设一批高标准、具有国际水准、展示首都形象的示范基地，既助力于青山绿水的美丽北京，又促进农民就业致富和城乡一体化发展。

3. 打造婴幼儿配方乳粉民族第一品牌

按照《做优做强做大三元乳业框架方案》，坚持和发挥好已有的有效的领导体制和工作机制，推动三元乳业在北京周边及河北地区的布局建设，扎实做好奶源基地保障、新工厂建设、品牌宣传、市场拓展、兼并重组、科技研发等工作。在做优做强做大三元乳品、打造婴幼儿配方乳粉民族品牌上有大的作为，确保既定目标任务的实现。

4. 成为京津冀区域一体化发展的生力军

按照中央建设新型首都经济圈和推进京津冀协同发展的精神要求，首农集团把自身工作放在首都工作和京津冀协同发展的大局中去谋划、研究和推进，深入研究落实途径、措施和办法，力求在促进京津冀一体化发展中有新的动作和作为。综合利用和发挥好首农和津冀两地的比较优势，发展好集团与河北省政府、农业厅、石家庄市、承德市、定州市，以及天津等地区形成的良好战略合作关系，建设好现代农业发展、奶牛养殖、乳品加工、奶源基地建设等重大项目，促进优势互补和合作共赢，切实成为推动京津冀区域一体化发展的重要力量。

（三）今后一段时期的奋斗目标

首农今后一段时期的奋斗目标是："实现两个提升"，即实现规模实力和经济效益的提升。到2017年底，争取规模总收入超过700亿元，其中全资和控股企业收入超过400亿元，利润总额达到15亿元，基本建成首都标志性、具有行业领导力和品牌竞争力的现代农业产业集团，成为创新型的国家农业产业化龙头企业。

"推进四个优化"，即优化产业结构，推动协同发展；优化运行质量，实现合作共赢；优化商业模式，增强行业引领；优化企业形象，扩大社会影响。

优化产业结构，推动协同发展。加强结构调整和产业升级，推动产业链、价值链向高端、终端延伸，传统优势产业发展水平得到巩固提升，生产性服务业和战略性新兴产业形成优势，一二三产相互融合，上中下游产业链互动协同，充分体现人文科技绿色特征的都市型现代农业产业体系加快建立，不断增强集团的产业集成和协同发展能力。

优化运行质量，实现合作共赢。实施产业、资本"双轮驱动"战略，以资本证券化、股权多元化和公司治理规范化为重点，不断深化公司制股份制改革，不断加强资本运作和合资合作，不断创新集团管控制度体系，不断健全完善科学高效的母子公司管理体制，实现集团内涵式增长和外延式扩张的有机结合，实现开放合作共赢发展，不断优化提升集团运行质量和经济效益。

优化商业模式，增强行业引领。以高端、高效、高辐射为原则，不断创新集团的商业模式和体制机制，由依靠资源要素投入驱动的传统经济发展模式向依靠品牌、科技、市场、管理、信息和人才的质量效益型商业模式转变。同时推进物流产业与信息技术、电子商务融合，着力构建标准化、专业化、信息化和集约化的现代物流体系，不断增强行业示范引领能力。

优化企业形象，扩大社会影响。积极履行社会责任，注重经济效益、社会效益和生态效益的统一，推进创新发展、包容发展、和谐发展、绿色发展、开放发展，为社会和消费者提供安全、健康、优质的产品及服务，打造中国都市型现代农业第一品牌，不断增强社会认知度、美誉度和影响力。

在此基础上，到 2020 年底，争取集团规模收入达到千亿元，建成首都标志性、具有行业领导力、品牌竞争力的现代农业产业集团，在国内同行业中综合指标处于先进水平。

首农集团企业成长的经验与评价

1. 企业的成长经验

（1）必须坚持大局意识，增强加快发展的使命感。始终坚持科学发展观，在一切危机和难关面前，讲政治、顾大局，统筹改革发展稳定各项工作，同时咬定加快发展的责任和使命不动摇、不放弃，心往一处想，劲往一处使，保证了集团公司平稳较快发展。

（2）必须坚持调结构和转方式，做强做大主业。注重调整优化经济结构，转变经济发展方式，推动集团发展向内生增长、集约高效、资源节约和环境友好转型，同时集中一切精力和优势资源做强做大主业和优势企业，不断发展好企业和事业。

（3）必须坚持抢抓重大机遇与牢牢防控风险的有机结合，使企业迈上良性发展的快车道。在重大机遇面前，抢抓机遇，趁势而上，顺势而为，加快改革发展步伐，同时注重潜在风险的防范，牢牢防控化解各种风险，使集团经济发展和各项事业步入良性发展的快车道。

（4）必须坚持以改革创新精神加强党的建设，使党建思想政治工作与经济发展相互促进、相得益彰。围绕集团改革发展大局，以改革创新精神积极探索创新适应现代企业制度要求党组织发挥政治核心作用的方法和途径，不断加强党的思想、组织、作风、反腐倡廉和制度建设，使党建工作始终与集团发展同步、与企业需要适应、与各项改革协调，为企业发展提供坚强保障。

2. 企业的成长评价

经过多年努力，集团经济实现平稳较快发展，经济结构明显优化，产业链条愈加完善，运行质量显著提升。产业化重大项目加快建设，对集团经济拉动作用逐渐显现。重组并购、合资合作和资本运作获得重大成效，提供了充裕的资金支持平台和共赢发展基础。集团发展的内生动力、活力和整体竞争力大幅增强，集团经济驶入了科学发展的快车道，迎来了难得的黄金发展期，具备了经济实力上升到一个更高能量级的条件和基础。

中央和北京市高度重视婴幼儿乳粉质量安全工作，将其摆在重大民生问题和经济社会问题的高度，提出进一步严格婴幼儿配方乳粉生产经营企业准入制度，推进奶牛标准化规模养殖，鼓励支持婴幼儿配方乳粉企业兼并重组，提高产业集中度，推动产业规范化、规模化、现代化发展等要求。同时对首农提出了希望和要求，强调要做大做强三元乳粉，打造一流国产优质乳粉品牌，为打好提高婴幼儿配方乳粉质量的攻坚战、重塑人们对国产婴幼儿配方乳粉的信心做出努力。这是当前面临的最重大的机遇和责任使命。

作为北京市属唯一的国有涉农企业，肩负着创新农业科技、奉献安全食品、提供应急保障的功能使命，应该致力于发展现代农牧业、食品加工业和物产物流业融合发展的都市型现代农业，不断巩固增强作为首都"菜篮子""米袋子""奶瓶子"和应急保障的服务保障功能。

导师点评

首农集团是一家发展条件得天独厚的企业：守着北京这样一个巨大的农产品市场，其中相当一部分是附加值可观的高端需求；企业自身具有满足这种需求的潜在条件，包括原有涉及农食品业务和土地资源；由于食品安全事件不断，政府对高品质农产品和食品的生产不但有急切的要求，而且有实实在在的支持政策。

企业能不能抓住这样的机遇实现发展，首先在于业务结构和业务模式的调整，把自己的原有业务和潜在资源调整、改造成为适应市场需求的新的产业、新的业务，并用可靠的业务模式加以巩固。首农集团在这方面的调整是成功的。以发展都市型现代农业为目标，首农退出了低端和低效业务，集中资源形成了新的产业增长点；为确保产品的品质和安全，构造出了全产业链的发展格局；通过资本运作和开放式合作取得资金、扩大规模实力；严格的企业管理和企业文化建设，提升企业的软实力、巩固企业的市场竞争地位。

为一个大都市提供产品和服务，是一个巨大的市场机会，对企业自身的要求也很高。首农集团应根据北京市的发展需求，不断推出新产业、新服务，动态优化自身的供给结构。同时，大力提升企业的内控能力，控制好每一个产业环节，打造出一个过硬的产品和服务品牌。

邵　宁

国务院国有资产监督管理委员会原副主任

全国人大财经委副主任委员

杭州锦江集团有限公司企业成长报告

钭正刚

国研·斯坦福三期二班学员

杭州锦江集团有限公司董事长

王元珞

国研·斯坦福三期二班学员

杭州锦江集团有限公司总经理

扫码直达杭州锦江集团报告精华版

转型改革　实践舍得

20世纪80年代，杭州锦江集团发源于浙江省临安市。其组建于1993年，由纺织起家，曾涉足纺织、印染、造纸、电缆、建材、医药等领域。在1997年、2003年和2007年，历经三次产业结构调整，最终形成以环保能源、有色金属、化工为主产业，集商贸于一体，总资产逾500亿元、员工人数超过1万人的现代化大型民营企业集团。在2014年中国企业500强的评选中，锦江集团成功入围，位列排名第427位，在2014年中国制造业企业500强中排名位列第214位。

锦江集团的创始人是浙江改革开放后第一代著名企业家钭正刚，一位低调、务实、富有闯劲的企业家。而在一旁辅助他，依照其发展方略坚定实施，从而带领锦江从1997年开始成功转型，最终奠定目前企业格局——以垃圾焚烧发电为主的环保能源产业，以铝土矿、氧化铝、电解铝、金属镓、铝镁合金、铝材深加工产业链为主的有色金属产业，以煤化工、盐化工为主的化工类产业的，则是出生于杭州书香门第的大学教师王元珞。

集团现拥有企业50多家，分布国内20多个省、市、自治区及香港特别行政区，并在新加坡、英属开曼群岛、印尼、越南、吉尔吉斯斯坦等国投资创业，为企业全球化发展战略奠定基础。

锦江集团过去十年发展概况

杭州锦江集团有限公司发源于浙江省临安市，1983年起步，1993年组建集团公司，先后涉足纺织、印染、造纸、电缆、建材、医药等领域，历经三次产业结构调整。目前，已形成以环保能源、有色金属、化工为三大主产业，集商贸于一体，总资产逾 500 亿元的大型现代化民营企业集团。

集团现拥有企业 50 多家，分布国内 20 多个省、市、自治区及香港特别行政区，并在新加坡、英属开曼群岛、印尼、越南、吉尔吉斯斯坦等国投资创业，为企业全球化发展战略奠定基础。

2004 年，正值锦江完成第二次产业结构调整，（1997 年，锦江集团正式提出了 10 年内实现产业转型的目标，并且确定了三大产业发展方向，一是轻纺，作为锦江集团的基础产业；二是环保能源，作为锦江集团的增长性产业；三是药业，作为锦江集团的发展性产业。2003 年，锦江集团第二次产业调整退出了药业，进入资源性行业），此时的产业结构一是轻纺，二是环保能源，三是资源性行业。

2003 年底，公司总资产 50 亿元，员工 6200 余人。2003 年 9 月被全国工商联评为全国上规模民营企业营业收入前 500 名第 127 位，2004 年 3 月被浙江省工商局评为浙江民营企业 100 强。

锦江由纺织起家，发展最为成熟，一直作为锦江的基础性产业发展，直至 2007 年退出。当时已建成集纺、织、印、服装一条龙生产线，其中雨伞布产量居全国首位，成功开发了新型高科技产品海岛型超细纤维和蚕丝抱合丝。圆网、特宽、织造车间完成产量 8000 余万米，生产化纤 4044 吨，水刺布 1500 吨，出口业务 4780 万美元。轻纺产业的整体规模和出口额均居全国前列，其中下属临安染整印花有限公司位列 2003 年度浙江省企业出口前 254 位。而轻工建材也发展迅速，拥有多家造纸、环保制浆、木业等企业，其中，新闻纸年生产能力 13 万吨，生产其他纸品 2 万吨，生产中密度板 15 万立方米，高密度板 8 万立方米，规模较大。

当时把轻纺产业定位为集团发展的生存区域，生存区域事关企业生死存亡。王元珞总经理做了一个形象的比喻，企业经营就好比部队打仗，总会有赢有输，赢了固然可喜，更重要的是如何面对失败。轻纺是锦江最成熟而具影响力的产业，所以把轻纺定位生存区域，轻纺主要以纺织和造纸为核心，重点保证这个产业的发展。

锦江进入垃圾焚烧发电行业。从 1998 年开始，逐渐将其作为企业的核心产业，是当时国内唯一以城市生活垃圾及资源综合利用作为产业化发展的民营企业。集团在浙江、山东、河南、安徽等地投资建成或在建 14 座垃圾发电厂和能源综合利用电厂，集团环保能源产业累计装机容量达到 560 兆瓦。垃圾焚烧技术已经走过工业化示范、产业化运用两个阶段，进入第三个阶段——完善成熟阶段。集团与浙大、中科院合作，不断完善异重循环流化床垃圾焚烧技术，采用先进的炉内污染物控制技术和炉后半干法循环悬浮式烟气净化装置和布袋除尘器等环保系统，使污染物排放符合国家标准。同时焚烧炉热效率也高达 80% 以上，所开发的"生活垃圾循环流化床清洁焚烧发电集成技术"获得国家科学技术进步二等奖，赢得了国家相关部门和专家的认可。由于进入时间早，并且得到集团的大力扶持发展，环保能源产业发展迅速，在垃圾日处理规模和垃圾电厂数量上在国内遥遥领先。

当时，对环保能源产业的定位是增长区域。这是顺势而动的选择。锦江是 1992 年进入发电产业的，到 1996 年已经拥有 4 个热电厂，临安、余杭、嘉兴等，特别是在嘉兴投资 2×2.5 万千瓦热电厂，是当时浙江省最大的热电厂，总投资达 2.8 亿元，4 个热电厂达到 96 兆瓦。期间，又与外资合作，开展资本运作，其中与英国国家电力公司和美国欧格登公司合作进行股权转让，得到了资本运作的盈利，形势相当不错。但是，企业的发展必须适应国家大局。1996 年 8 月 31 日，国务院发布了《国务院批转国家经贸委等部门关于进一步开展资源综合利用意见的通知》，简称"36 号文"，该文提出要"遵循资源综合利用与企业发展相结合，与污染防治相结合，经济效益与环境效益、社会效益相统一的原则，积极推动资源节约和综合利用工作，努力提高资源的综合利用水平，促进国民经济和社会事业健康发展"。在具体实施方面，提出了"实行优惠政策，鼓励和扶持企业积极开展资源综合利用""加强资源的综合开发和合理利用，防止资源浪费和环境污染""采取措施，支持综合利用电厂生产电力、热力""严格管理，搞好废旧物资的回收和再生利用"等要求。

钭正刚董事长敏锐地察觉到，这正是锦江集团面临的一个重大机遇和挑战。当时锦江已经在热电厂方面做得很好，每年也能带来大量利润，并且和下游的纺织产业结合在一起，从总体上极大地降低了集团的生产成本。可"36号文"一下，国家开始压制小火电厂，鼓励大电厂，鼓励资源综合利用电厂。锦江管理层经过分析后认为，大电厂是资本和人才密集型行业，很难进入，90年代锦江企业能力有限；做小电厂又面临国家政策的限制，但在发电行业已经积累了经验、人才和财物，不能轻易放弃发电厂。何去何从呢？这时候就应该做资源综合利用电厂。垃圾发电自然包含在内。

集团判断未来企业发展，资源是关键，拥有资源就拥有生命力。中国的资源行业会有大的机会，所以将资源性行业列为集团发展重要区域。重点项目一个是水泥，一个是氧化铝。

锦江进入水泥很偶然，发电厂排出的灰渣要充分再利用，于是就做了水泥，先后投建了建德红狮安仁建材有限公司、嘉兴锦江建材有限公司、浙江锦龙水泥有限公司、禹州市中锦水泥有限公司、河南锦荣水泥有限公司、浙江锦兴水泥有限公司、禹州市锦信水泥有限公司等水泥企业，规模很大，也一直给锦江带来了不少的利润。但是锦江始终坚持1997年的思路，认为水泥不是锦江能够做到前五位的行业，门槛也比较低。由于不能做到行业领跑者，所以就陆陆续续转让给了国内的大型水泥企业。

而氧化铝确是集团要着力发展的。当时中国的氧化铝，50%靠进口，其余50%中的98%被中铝占有，市场空间很大。锦江在利用国内资源提炼氧化铝领域也是中铝以外的第一家。

2007年，锦江再次调整，正式确立了两大类三大产业：环保类的环保能源产业，主要就是垃圾电厂；资源类的有色金属产业和化工产业。这个时候为锦江发展做出重大贡献的轻纺产业正式退出锦江集团，也标志着锦江的产业转型完成。

这不仅仅是企业在新的政治、环境政策下以自身利益为中心进行的产业结构调整，而且昭示了锦江的环境和谐之梦：锦江要充分利用自己的产业和技术优势，积极探索出一条符合当前国情的经济发展和环境保护和谐共进之路。一方面重视实业发展，振兴工业经济。一方面积极采用新技术，节能减排，寻找新能源、新材料的循环利用之法，将可持续发展的基本精神贯彻到底。

通过十年的发展，锦江产业进一步做大、实力进一步加强，总资产超过500亿元，员工人数超过1万人。在2014年中国500强的评选中，集团再一次成功入围，位列排名427位，在2014中国制造业企业500强中排名位列第214位。

环保能源方面，截止2013年12月底，锦江集团已在浙江、安徽、山东、河南、云南、湖北、江苏、吉林、内蒙古、宁夏、天津、湖南、陕西、新疆、山西、广西、黑龙江、广东等20多个省市自治区及东南亚地区建成和正在建设的资源综合利用电厂、热电厂逾30家。目前累计日垃圾焚烧能力达到43500吨，垃圾电厂个数和垃圾处理量位列中国境内第一位。

有色金属产业上，截止2013年底，锦江集团已投产氧化铝产能700万吨/年、铝及铝镁合金68万吨/年，铝深加工44万吨/年，氧化铝产能位居全国除中铝以外的第三位，整体铝产业规模、效益均名列行业前茅。

在化工产业，以西部大开发为契机，充分利用当地的资源优势和投资环境，组建了国内一流的大型化肥、烧碱及精细化工生产企业，在广西、新疆的化工企业均成为了当地的明星企业、样板工程。

锦江集团的主要做法

锦江集团十年间的变化不可谓之不大，放眼整个发展的30余年，更是可以用翻天覆地来形容，不光企业规模已翻数翻，整个产业结构亦已脱胎换骨、旧貌换新颜了。

万物的变化不能仅仅关注其表面，内在的根源才是其破茧成蝶的关键所在。

企业经营，最根本的问题在于定位与取舍。无论是定位之道还是取舍之道，关键问题在于人心。人心惟危，人有胜心、妒心、悭心、吝心、人我心、是非心，被人所主持的企业，自然就有这些危乱之心，有危乱则不能正确认识自己，在利益面前失去方寸。

大道至简。面对纷杂的市场环境和险恶的商战竞争，企业只需自问，我是什么企业？我要做什么？我在求利时有没有坚守原则？我的战略规划是什么？回答了这些，有了明确的定位，知进退，懂布局，就是成功的企业。

那么锦江变化的背后，是不是同样也有其道在保驾护航，助推锦江的发展前行呢？

1. 事业＞企业

企业存在的目的是什么？这是任何一个企业都无法回避的问题。企业的目的有两极：做事业与谋利益。这二者缺一不可。正如王元珞总经理所说的那样："当一个企业规模还小的时候，其存在目的是生存；当企业到了一定的规模，追求的就是利益；而当企业已经成长起来，就应该把做企业本身当成是一项事业。"

对锦江来说，始终把做事业放到比做企业更重要的位置上，不仅仅是一种决心或美好愿景，也是一种经营和定位的智慧。

首先，做事业能让企业的发展更有规划。亦如其他一些企业发展的那样，锦江也曾经历"哪里有钱赚就往哪里走"的简单发展过程，期间涉足了多项领域，导致人力、物力、财力的分散，也令企业在发展的不确定中风雨缥缈、危机四伏。

20 世纪 80 年代末，借着改革开放十年，市场经济初步建立，商业贸易领域一下活跃之际，锦江顺势进入该行业。开始通过倒卖，锦江也获取了一些利润，但是，由于当时对流通贸易领域整体的危机风险认识不足，在管理和用人上出现了重大问题，导致了此次转型的失败。在几年的时间里，锦江发展近乎停滞，好不容易凑起来的创业团队，也被打得七零八落。

反思成败，正视自身，斜正刚董事长认识到，这是企业在飞速发展中迷失了方向。企业逐利，这不错，但将利益看得太重，将逐利当做企业的唯一目标，毫无疑问会出问题。

于是，产业规划的思路开始显现，锦江逐渐摆脱了原来那种利润至上的生存主义思路，不再仅仅以"企业"的眼光看企业，而是正式用"事业"的眼光看企业，逐步凝聚并发展了"事业＞企业"的生存哲学。

其次，做事业能让企业的理想更加丰满。谈理想谁都会，对一个普通人来说，经常谈论理想，恐怕也会被人贴上"理想主义者""现实生存能力差"

的标签，更何况是一个企业。企业每天打交道的是钱，每天追求的是利润。这都是很现实的，差个一分一厘也不行。

那么我们为何会谈企业的理想？"人无远虑，必有近忧。"当企业规模较小、市场生存能力差的时候，往往是没有理想的，因为要先度过眼前的求生存阶段再说。但当企业已经具备了一定的规模，在某个行业占据了一定的重要地位，就不得不思考企业的理想了。

锦江的理想是什么？1997年锦江决心进行产业调整的时候，其实就是真正认识到事业应该大于企业的时候。这时候的锦江已经发展到一定的规模，但还无法和同行业的龙头老大们相提并论，属于整个行业的中游水平，这个时候如果再不求突破，很可能就此沉寂下去，在纺织印染行业不温不火地活着，一旦有什么市场变动，或者整个行业面临大的调整，首先遭殃的就是这样的企业。

于是钭正刚董事长提出了一个定位：如果在某个行业里能够做到全国前五位，做行业领导者，就发展这个行业；如果做不到，就坚决不做，即便是已经涉足，也要想办法退出。

这是一种理想，也是一种策略，更是一种事业心。1997年，锦江的事业才刚刚起步，抛开了过去那种钻市场的缝隙、靠经营过程中的小聪明赚钱的路线，真正把做企业当成一项事业。

那个时候，垃圾发电项目已经开工建设，锦江抛开了过去的小智慧，开始真正通过对宏观环境的判断，综合国家政策、技术发展和市场潜力等各种因素，并结合自己企业的长远目标，将垃圾发电定为自己的主导产业。这是事业心驱动下第一次将自己的理想具化为可执行的目标。

事实证明，锦江的方向是正确的。从开始的三大产业三大发展区域，到现在的两大门类三大产业，锦江的努力方向一直和开始做垃圾电厂的时候保持一致，那就是能源和环保，将二者结合起来，就构成了锦江的理想。如果还是停留在做企业的阶段，锦江的眼光不会如此开阔，打算也绝不会如此长远的。

所以，将企业当做事业来做，抱着事业大于企业的理念来发展企业，绝不是空荡荡的口号，而是一种企业的定位之道。

2. 舍·得

著名作家贾平凹说："会活的人，或者说取得成功的人，其实懂得了两个字：舍得。不舍不得，小舍小得，大舍大得。"树舍灿烂夏花，得华实秋果；鸣蝉舍弃外壳，得自由高歌；壁虎临危弃尾，得生命保全；雄蜘蛛舍命求爱，得繁衍生息；溪流舍弃自我，得以汇入江海；凤凰舍其生命，得以涅槃重生。人舍墨守成规，得别具一格；舍人云亦云，得独辟蹊径。只有懂得了舍得的人生大智慧，才能够将自己的人生经营得有声有色，拥有成功而幸福的生活，从而活得精彩，活得快乐。

星云大师说："心随境转则不自在，心能转境则无处不自在。"我们都希望长命百岁、荣华富贵、眷属和谐、名誉高尚、身体健康、聪明智慧，但先要问：你想要秋天的硕果，可否在春时播种？舍与得是一种哲学，更是一种处世艺术。舍，并不是全部舍掉，而是舍掉那些沉重的、让你走不远的负累，留下那些轻快的、灵性的美好。但当春花烂漫时，能舍就是更高的一种境界，让你闪耀着含蓄、内敛、从容的光芒。舍与得是一种精神，更是一种生活领悟。患得者得不到，患失者必失去。人不可能永远只是获得，而从不失去，珍惜曾经的拥有，就是一种最好的生活方式。

人生如此，做企业也是如此。一舍一得之间，悟出的是企业的进退之道。在锦江的发展过程中，有舍也有得，有进也有退。进退有度，张弛有道，该舍弃的绝不留恋，该拼抢的努力争取，企业才能去芜存菁，在快速发展的同时保持旺盛的生机与活力。

锦江之"舍"，首先是不争小利，不在乎一城一地之得失。一提到这一点，恐怕锦江上上下下想到的首先就是钭正刚董事长。集团总经理王元珞说："锦江人都知道，千万不要让钭正刚董事长上谈判桌，他一谈判就放水，水都放完了，我们下面的人就没得谈了。"这是句玩笑之言，不过却是钭正刚董事长风格的真实体现。集团在河南有一个两台135MW的电厂进行转让，当时最高开价是14亿元，但是其中有一家开价12亿元的企业吸引了锦江。因为他的付款方式比较好，是一次给9亿元，当电厂建成投产后再给锦江其余3亿元。

之后，事情又起了波折，当他们把9亿元给锦江以后，发现电厂配置跟电力部门之间的要求不符，少了一个通讯设备，必须要重新采购重新安装，这样一来交接时间比原定时间推后了一个月，所以剩下的 3 亿元还在对方企业手里。当时交通银行要上市，他们就把 3 亿元拿去投资，想赚取超额利润，结果交通银行一直上不了市，钱被套牢，导致该企业到期无法归还锦江的 3 亿元欠款。

如果锦江按法律程序跟他要或打官司，这个企业就可能倒闭了，钭正刚董事长选择了调解。集团高管和他们谈判了一通宵，双方分歧很大，一直僵持不下，最后又是钭正刚董事长慷慨大度，给他们让了 8000 多万元。钭正刚董事长说："不管什么原因，总是晚交给他们了，该让他们。我如果说一定要把钱拿过来，就把对方逼死了，合作就不可能往下进行了，我让他一条路，他以后的发展和机遇就有了，我们虽然少拿了钱，但是我们交了一个伙伴。"

当时，锦江还在积极进军氧化铝行业，钭正刚董事长的大度让锦江很快就非常好地处理了这个事情。少花很多精力，集中精力在氧化铝上。一舍一得之间孰轻孰重，时间证明了一切。

锦江之舍更在于三次产业转型的大手笔。1997 年西子国宾馆会议，集团决定明晰方向，去芜存菁。特别是热电厂，当时运营良好，效益极佳，但是集团综合判断局势，做出了出让部分热电资产的选择。投资建设的嘉兴电厂方方面面都很出色，几乎是一个完美的电厂，很多人都非常舍不得，但最终还是转让了大部分股份。2003 年，退出药业，进入资源行业，也是一次宏观领域的闪转腾挪。2007 年的产业调整更是让很多老锦江人欷歔不已，因为在此次调整中，锦江的大功臣与元老——支撑了锦江 25 年的轻纺业正式被调整出集团。这种大开大合、进退有度的经营之道就是"舍·得"。有舍才能得，舍小得大，舍枝节得主干，舍小利而得大发展。

锦江之舍，是在有原则地退让，在退让之中求得生存发展的契机，换来一片海阔天空；在退让之中，也获得了同行与竞争对手的尊重与信任，为企业树立了良好的声誉，得到了更广阔的发展空间。

锦江之得，不仅仅是舍弃之后才能得。事关小利和一时得失，锦江从不计较得失，但事关事业成败和行业前途时，锦江必定激流勇进，无畏向前。该前进时，锦江从不退缩，勇敢面对艰难的环境和强大的竞争对手，锐意进取，为事业的成功绝不妥协。做铝业的破冰者，进入氧化铝行业就是如此。这是锦江之"得"，是锦江的前进之道。

锦江的进退之道，舍得之间，颇可玩味，但无论是舍是得，最终的目的都是锦江的发展。事实也证明，在进退之道上，锦江的智慧获得了回报。

3. 整体观

钭正刚董事长常讲一句话："不要谈拥有，而是谈整合。"在企业经营之道上，就是强调产业链的打造与各要素的整合。

锦江为什么选择资源和环保两个大类作为其产业结构的最主要组成部分？如果从企业自身的发展上看，锦江是从开始的纺织转到印染，因为转移印花需要蒸汽和装饰纸，于是进入热电厂、造纸，又因为1996年的国务院"36号文"从热电厂转向垃圾发电，灰渣综合利用又延伸出了水泥，后来2003年产业结构调整，就加入了氧化铝，后来又加入曾经和氧化铝一起考察过的化工行业。

前期看起来不过是企业在走一体化经营的道路，2003年的产业结构调整，好像也是偶然的事件。其实不然，锦江从纺织起家，中间经历了商贸、药业的试水与放弃，最后将精力集中在资源和环保产业，并不是一个偶然的过程。这里面有着锦江的布局之道。

资源开发和环境保护是当今世界的两大主题。环保问题已日渐突出，先发展后治理的模式已经导致环境的承载力不堪重负，在环保问题上协作，加大环境治理力度已然成为全世界的共识。资源开发上，全球化的资源争夺日趋激烈，实施利用国外资源的资源战略，已成为我国经济社会可持续发展的必然途径。资源分布不均也使得必须在全球范围内通过广泛的国际合作和贸易等方式实现资源的优化配置和互补。

能源是未来经济发展的根本，谁能够开发新的能源，就能够在未来的市场竞争中占据主导位置。而新能源的开发无非有两类：发现新的能源储备；利用新技术，寻找新品种能源和新的能源利用方式。关于第一类，锦江没有涉足，锦江所做的是第二类：利用垃圾发电，是在开发新的能源利用方式；而发展煤化工，则是在努力寻求煤的更大价值。

我国是个贫油少气、煤炭资源相对丰富的国家。如何利用丰富的煤炭资源，消除对国外石油、天然气的依赖，是我国未来一段时间内经济发展的重中之重。而发展这一产业，势将成为中国经济发展的大势所趋。

2003年锦江进行产业调查的时候，除氧化铝外，调查最多的就是煤化工。当时锦江已经看到了煤化工的前景。国际国内的能源局势和发展趋势，决定了煤化工行业必然大兴，而煤化工行业当前面临的一个主要问题就是如何利用煤化工产品甲醇、二甲醚等取代汽油，成为主要能源。实际上，进入21世纪以来，国外的二甲醚市场已经日趋成熟，由于二甲醚的市场需求潜力十分巨大，在世界范围内，二甲醚的建设已经成为热点，一些大型二甲醚装置已在筹建之中。目前世界上二甲醚的生产主要集中在美国、德国、荷兰和日本等国。

在当时，锦江通过考察发现，作为取代汽油成为能源新贵的最重要候选者，甲醇和二甲醚的生产技术虽然有了，但距离产业化还很远。因此锦江并没有马上上马煤化工产业，而是先集中精力把氧化铝做好，为中国氧化铝工业的发展做出了卓越的贡献。

但是锦江从来没有放弃过煤化工。2008年，锦江集团与新疆生产建设兵团第七师合作组建化工企业，采用先进的水煤浆气化技术，生产、销售化肥和多种特殊气体，并配套建设有煤矿和热电厂，形成了煤电化产业链。

虽然目前锦江的煤化工企业还没有进入到替代汽油的甲醇、二甲醚产品的生产，但锦江已经有了煤化工的底子，将来只要技术和市场成熟，马上就能转产，为抢占未来的先机打下了坚实的基础。

锦江也很早从国际视野配置资源，印尼等国外项目也在积极筹备。

锦江之布局，布在未雨绸缪，真正把握住国际国内经济发展的本质趋势，从根源入手，直接抓住能源开发和环境保护这两类最前沿的产业，确保企业日后在激烈的竞争中能够抢占先机，保持并加速企业的前进态势。

锦江的产业，从来都不是孤立的。整体观就是锦江的布局之道。

以上阐述的是锦江集团的定位、取舍、布局之大道，也是最基本的锦江道，它搭就了锦江发展的整体构架，也促成了锦江几次大的飞跃，奠定了"百年锦江"的稳固基石。

锦江集团取得的主要成效

锦江集团连续被评为中国民营企业 500 强和中国制造业企业 500 强，浙江省百强企业。2013 年，跻身中国企业 500 强，是浙江省首批诚信示范企业，自 2000 年起已连续 14 年被评为 AAA 级信用企业。2012 年，杭州锦江当选"CCTV 年度品牌"。2013 年，当选"中国信用企业"。

环保能源方面，连续多次获得政府及行业组织颁发的大量奖项及荣誉，包括固废领域十大影响力企业、最值得信赖和最具社会责任的垃圾发电企业、中国生活垃圾焚烧产业市场占有率排名第一、中国十大最具投标实力垃圾焚烧发电企业排名第一、中国垃圾焚烧发电杰出贡献企业第一名、环境商会垃圾处理企业实力排行榜第一名、最受城市管理部门信任垃圾焚烧发电企业排名第一、最具社会责任感垃圾焚烧发电企业排名第一等。这些都是业内权威行业协会和评价机构对锦江为环保事业做出贡献的积极评价。

有色金属和化工产业，由于践行循环经济，不断提升资源利用率，降低能耗指标，同样令发展进入良性循环。在相关产业步入"寒冬"，大多企业步履艰难之际，锦江依旧能保持优势竞争力，继续快速发展，作为业内的优秀企业，同样得到社会的认可。在现今国企改革、大力发展混合所有制的环境下，许多国有大型企业向锦江伸出了业内合作的橄榄枝。锦江先后与义煤集团、阳煤集团两大国企合作，托管经营义翔铝业和兆丰铝业。接管后，企业成本下降、指标提升，取得显著成果，在业内和社会上产生了良好反响。与内蒙古矿业、霍煤集团合作的铝材项目、与郑煤集团合作的氧化铝项目顺利投产，与中铝公司合作的铝产业链项目也在如火如荼的建设当中。

企业未来的发展战略

未来，锦江集团将继续发扬"励精图治、求实奋进"的企业精神，专心致力于环保能源、有色金属、化工和商贸服务等领域的开发和建设，巩固基础产业，发展优势产业，努力打造投资成功、管理成功、文化成功的"百年锦江"宏伟蓝图，为经济社会和谐发展作出更大贡献。

锦江有一个环保梦。梦想的蓝图是要实现人与环境的和谐发展，是要让自己的产品给社会带来便利的同时，尽量减少资源损耗与环境污染。在今后的工作中，锦江将遵循党的十八大关于环境与人和谐发展的精神，按照国家"十二五"规划中对环保工作的要求，集中全集团的力量，以污染物减排、生态保护为重点继续推进集团节能减排和污染防治工作，努力实现经济效益、社会效益、资源环境效益的多赢。

锦江将积极实施能源资源转换、产业升级战略。将节能减排、减少污染纳入企业的战略规划当中去，坚决杜绝不符合国家产业政策的项目，严格控制污染物排放达标。

锦江还将努力使节能减排成为转型发展的强力引擎，按照国家最严格的排放标准及各行业清洁生产一级标准要求，提升企业污染防治设施的建设水平。

锦江会积极承担社会责任，在全社会广泛宣传在发展中保护环境、在保护环境中谋求发展的理念，积极倡导全民参与大气污染治理，努力实现经济效益、社会效益、资源环境效益的共赢。

必须清醒地认识到，我国的环境形势依然严峻，工业污染治理还需进一步加大力度，环境监管能力和水平还需进一步提高，环保法律法规和地方政策体系需进一步完善，城乡环保基础设施资金投入需进一步增加。锦江将积极探索代价小、效益好、排放低、可持续的发展路子，从根本上破解环保和生态领域难题，加快构建资源节约、环境友好的生产方式和消费模式，促进经济社会与人口资源环境协调发展。

为了蓝天白云，为把我国建设成为宜业宜居、生态良好、空气洁净、充满活力的现代文明国家，锦江还将付出更多的艰辛和努力。众智所为无不成，积力所举无不胜。锦江相信，坚持梦想，持续努力，一定会和全国人民一道，迎来一个人与环境共同发展的和谐时代。

锦江集团的经验与评价

锦江的成功得益于几个方面：一是转型成功，走出了一条循环经济的持续发展道路；二是钭正刚董事长前瞻性的战略眼光，敢于进取也敢于舍弃；三是锦江人具有的务实的精神，不怕任何困难；四是锦江所倡导的包容、双赢的理念，赢得了良好的社会口碑；五是在集团背后有浙大、中科院等合作单位强有力的支持。归根到底，这一切都得益于改革开放的大环境。

翻开锦江的履历，上面清晰地记录着集团在履行社会责任方面所做的努力：向浙江大学热能研究所捐建实验楼；向临安中学捐建体育馆；为汶川地震捐款 630 余万元；在广西田东建设 10 座希望小学；捐赠山西孝义市 2000 万元发展教育事业；向中国扶贫开发协会捐款 100 万元……在企业发展中，锦江一直以拳拳之心反哺着社会，承担着自己的责任。

导师点评

杭州锦江集团创始较早，通过连续的转型升级，已经发展为一家围绕能源、环境、化工和有色金属为主的多元化企业集团。企业是民营的，公司业务组合是相关多元化产业链条中的业务，可以说，这样一个企业是具备探索精神的。我们知道，环境工程是一种涉及公共事业的项目，如何利用民营资本来做就是一项创新，今天我们称之为 PPP，即公私合作模式，这是一个发展方向。

一个企业能够获得连续的成功，必须具备学习能力。在过去的 30 年，中国的经济社会和制度经历了深刻的变革，商业环境变化是动态又颠覆性的，早在杭州锦江集团创办初期，中国处于短缺经济的状况，只要有产品的供应，企业就能生存，套利模式非常简单。而今天，在网络经济与电商主导和渗透的商业环境下，优良的企业是通过外部性盈利而生存的，也就是说，不是直接销售一个产品而赚足利润，而是通过经济学上谈到的外部性概念，将企业的势能，诸如品牌、市场等资源映射到另一个领域，从而产生巨大的利润。我们看到的谷歌和百度等先进的盈利模式就是基于这个道理。

　　垃圾处理是一个不断增长的巨大产业，普通的企业对之望而却步，政府也没有现成的解决方案，所以特别需要一个创新的模式由市场力量来推动，我想杭州锦江多年来不断探索，在奋斗中生存，是找到了这样一个路径。未来企业如何通过融资创新和战略变革发展，值得企业管理层思考。

孟庆轩

斯坦福大学博士、研究员

中国人民大学苏州校区特聘教授

旭阳集团成长报告

杨雪岗

国研·斯坦福二期一班学员

旭阳集团有限公司董事长

有中生新 无中生有 内生创新

旭阳集团成立于 1995 年，是集煤炭、焦炭、化工、贸易四大业务板块于一体的大型煤焦化工企业集团，也是河北省政府"十二五"规划重点扶持的千亿级企业集团。总部设在北京市丰台区中关村科技园，拥有邢台、定州、唐山、沧州 4 大化工园区，十几家煤化工子公司和合资公司。2010 年，旭阳集团名列中国企业 500 强第 356 位，中国制造业企业 500 强第 186 位，中国化工企业 500 强第 9 位，河北省百强企业第 15 位。2013 年，集团实现营业收入 265.8 亿元。

回望 2004 年，那时的旭阳实质上还是一个工厂型企业，年产 300 万吨焦炭、15 万吨焦油、4.5 万吨粗苯，年销售收入仅 30 亿元。

2005 年，旭阳集团取得产品自营出口权利资质，这为其拓展国际市场奠定了基础；2007 年 12 月，美国高盛集团对旭阳进行战略投资，开启了其对资本市场的探索；2008 年 4 月，第一船自营出口焦炭胜利启航，实现了集团焦炭自营出口零的突破；2011 年 6 月，与美国 500 强、全球技术最先进的炭黑生产企业卡博特公司合资的卡博特旭阳化工（邢台）有限公司正式注册，成为旭阳对外合作强强联合的又一成功案例；2014 年 8 月，旭阳集团与永安资本管理有限公司签订国内首单焦炭基差贸易合同，标志着焦炭期货在发挥定价功能方面又迈出了创新的一步。

在近 10 年间，伴随着宏观经济调整，世界金融危机等重大事件，旭阳集团经历了由小到大、全面跨越式发展。集团一直怀揣"中国梦"，立志将自身发展置身于国家发展的宏观环境当中来思考，把企业命运融入社会的发展大潮之中，与国家同呼吸、共命运，为实现中华民族伟大复兴的"中国梦"贡献旭阳的应有之力。

足迹·一直在路上

旭阳集团 1995 年创立于河北邢台市。过去十 10 年中，旭阳集团由邢台区域性企业，跃居河北优秀企业，把总部设于北京丰台中关村科技园，以此为平台，向全国、向世界行业先进水平企业迈进。

回望 2004 年，那时旭阳实质上还是一个工厂型企业，年产 300 万吨焦炭、15 万吨焦油、4.5 万吨粗苯，年销售收入 30 亿元。随着并购原保定焦化厂新成立河北旭阳焦化有限公司的运营，旭阳顺应国家经济发展大势，在内生动力成长中孕育着企业规模的逐步壮大；与中煤集团、德龙钢铁合资成立河北中煤旭阳焦化有限公司，更是以博大的胸怀与巨人携手共创伟业。

2004 年 2 月 1 日，于旭阳而言具有重大历史意义，因为旭阳的总部由邢台前瞻性地进驻首都北京。

2005 年 4 月，旭阳取得产品自营出口权利资质，为拓展国际市场奠定了基础。

2006 年 3 月，河北旭阳煤化工园区举行奠基仪式，旭阳第二个园区在定州落地，旭阳规模化生产由规划变为现实。

2006 年 4 月，邢台旭阳煤化工有限公司正式注册成立，从焦到化，旭阳开始延长产业链，进行创新升级的探索。

2006 年，从知名德国公司引进粗苯精制技术和设备，生产粗苯深加工产品，整合全球最先进技术，为我所用。

2007 年 4 月，定州天鹭新能源有限公司注册成立，旭阳不断拓展新业务，将产业链做粗、拉长。

2007 年 12 月，以创新实力吸引了美国高盛集团进行战略投资，自此旭阳开始了对资本市场的探索。

2008 年 4 月，第一船自营出口焦炭胜利启航，实现了集团焦炭自营出口零的突破。

2008 年 10 月，唐山旭阳化工有限公司正式注册成立，旭阳第三个园区布局沿海港口，利用区位优势增强旭阳综合竞争实力。

2010 年 5 月，北京旭阳化工技术研究院有限公司正式注册成立，旭阳持续加大研发创新投入，高素质人才不断聚集，创新成果不断涌现。

2010 年 6 月，沧州旭阳化学有限公司正式注册成立，旭阳第四个园区开始运营，园区规划的己内酰胺项目为全国规模最大。

2010 年 7 月，内蒙古旭阳煤业有限公司正式注册成立，旭阳向产业链上游拓展，占有原料，积累管理经验，降低成本。

2011 年 6 月，与美国 500 强、全球技术最先进的炭黑生产企业卡博特公司合资的卡博特旭阳化工（邢台）有限公司正式注册，成为旭阳对外合作强强联合的又一成功案例。

2013 年 12 月，北京旭阳化工技术研究院有限公司设立河北旭阳工程设计有限公司，充实自身的业务链，增强旭阳对外服务的能力，扩大企业品牌影响力。

2014 年 7 月，旭阳矿业有限公司与蒙古煤炭有限公司合资成立天津正诚进出口贸易有限公司，跨国联合经营又迈上了一个新台阶。

2014 年 8 月，旭阳集团与永安资本管理有限公司签订国内首单焦炭基差贸易合同，标志着焦炭期货在发挥定价功能和创新经营模式方面又迈出实质性的一步……

旭阳近 10 年间的发展过程，是一个企业由小到大、全面跨越发展的过程，也是一个通过适时管理创新和技术创新，把传统产业当成财富、做出新价值、实现有中生新的产业发展的实践过程。

旭阳已成为集焦炭、化工、贸易、研发、地产等几大业务板块协同发展的大型企业集团，拥有邢台、定州、唐山、沧州 4 大化工园区，42 家子公司和合资公司。核心业务为生产、销售焦炭、焦化产品及深加工煤化工产品。目前，集团产品共有 6 大类 43 种。

旭阳集团现有员工 6000 余名，在国内乃至全球独立焦化及化工产品供应商中处于行业领先地位，营销和贸易网络遍及世界各地。产品市场不仅涵盖华北、华东、华南和东北等国内主要区域，并出口至美国、德国、韩国、东南亚等国家和地区。

2012 年，旭阳集团名列"中国企业五百强"第 350 位，"中国制造业五百强"第 184 位,"中国化工企业五百强"第 13 位。2013 年,集团实现营业收入 265.8 亿元。

(一)走专业化道路,做强做大

1. 坚持聚焦战略,专业化、集中化突破发展

旭阳坚持聚焦战略,坚持专心、专注地做企业,在某一领域持续创新、突破传统,不断形成竞争优势。

按照"做专、做精、做强、做大"的逻辑,争作行业领袖。把"做专"放到第一,只有先做专、做精,才能做强、做大。

十年之中,聚集河北,以集中化策略在河北区域做强、做大。

按照"纵向一体化"的发展模式,旭阳提出"把焦炭做精,把化工做强,把贸易做大"的发展要求。

2. 由焦到化,快速实现传统产业高起点、超规模的商业模式创新

自 2006~2014 年的 8 年时间,化工产品年产能从无到有,发展到 243 万吨。其中,焦油加工 45 万吨、苯加氢 60 万吨、焦炉煤气制甲醇 60 万吨、二甲醚 20 万吨、合成氨 10 万吨、粗甘油精制 15 万吨、环己酮 10 万吨、环己烷 10 万吨、炭黑 13 万吨等。

目前,化工生产规模苯加氢 60 万吨、焦炉煤气制甲醇 60 万吨,均为国内规模最大。

在建的己内酰胺项目单条生产线全国最大。

3. 从基础化工到高端化工,拓展新的核心业务

旭阳以苯、焦油、甲醇等现有产品为基础,不断延伸产业链,重点向新材料、新能源方向发展,提高产品附加值和企业的盈利能力。

从单一的焦炭装置延伸到苯加氢、煤焦油深加工、煤气制甲醇等多种化工装置;

从只有焦炭和煤气延伸出纯苯、甲苯、二甲苯、环己酮、己内酰胺、炭黑、苯酐、苯酚、甲醇、甲醛、聚甲醛等 40 多种化工产品;

炼焦过程中的煤气、焦油、苯等全部深加工利用,形成完整的化工产业链;

碳材料产业链：煤→煤气→煤焦油→蒽油、沥青、粗酚→炭黑、工业酚、苯酐、针状焦、碳纤维；

芳烃新材料产业链：煤→煤气→粗苯→轻苯→高纯苯→环己酮、可降解塑料→己内酰胺、己二酸→尼龙、尼龙66；

新能源产业链：煤→粗煤气→净煤气→甲醇、压缩天然气、氢气→二甲醚→替代柴油。

（二）采取"三种策略"，力促企业不断创新

在发展过程中，旭阳以传统产业为基础，以引进技术、消化吸收、发展高端化工为重点，以研究、自主创新为方向，以聚合集体的智慧推行旭阳发展的"三种策略"：其一，继续巩固和扩大传统制造业规模，继续做大、做强现有产业；其二，全球整合技术，消化吸收，形成高端制造产业；其三，加大研发投入，全面建设自主创新体系，构筑旭阳长久竞争力。

"三种策略"为旭阳的发展插上了壮大腾飞的翅膀。

1. 把并购作为推动企业发展和做大做强的重要手段

旭阳作为优势企业，基于对传统产业强大的提升能力，在行业面临困难的情况下，对传统产业实施并购战略。实施并购的重点，一是已有的焦炭、焦油、苯加氢项目，二是符合旭阳向精细化工、高端化工和新材料方向发展的新项目。

2003 年底，旭阳成功并购濒临破产的原保定焦化厂，成立"河北旭阳焦化有限公司"。由年产焦炭 20 万吨的焦化厂发展为如今年产焦炭 500 万吨、化工产品 45 万吨的大型综合工业园区，成为旭阳并购国有企业的成功案例。

2. 全球引进整合技术并消化吸收

旭阳集团先后引进并消化吸收国内、国际最前端、最先进的技术和设备，分别引进了德国苯加氢技术、德国甘油精制技术、意大利环氧氯丙烷技术、美国炭黑技术、德国苯酐反应器、欧洲己内酰胺技术，以及配套的设备等。

3. 强强联合，跨越发展

强强联合才能实现优势互补、聚集发展、互惠共赢。

旭阳坚持以开放的胸怀在全球寻找高端战略合作伙伴，旭阳"由单打独

斗到合作共赢"，实现开放式经营，将合作共赢当成企业做大做强的一种重要方式。通过资本合作、技术合作、市场合作、贸易融资等多种方式开展共赢合作，如此一来弥补了旭阳技术、资源、管理等方面的缺陷。

"上联煤炭，下联钢铁"，缔结全球高端战略合作伙伴。

旭阳先后与中煤集团、金牛能源、美国卡博特、德国伍德、中钢集团、山西焦煤等形成了战略联盟或合资合作关系。

旭阳与中煤能源集团有限公司、邢台德龙钢铁有限公司合资，成立"河北中煤旭阳焦化有限公司"，规划建设了500万吨焦化项目，为全国独立焦化单体规模最大。

2008年与世界500强企业冀中能源合作，成立"河北金牛旭阳化工有限公司"，规划建设了20万吨煤气制甲醇项目，实现了煤气回收利用。

2011年6月，与美国500强、全球技术最先进的炭黑生产企业卡博特公司合资的"卡博特旭阳化工（邢台）有限公司"正式注册，成为旭阳对外合作强强联合的又一成功案例。

（三）内生创新，打造自主研发体系和平台

创新是企业发展的动力。只有对标国际一流水平、不断提高科技含量，才能提高核心竞争力，使企业在激烈竞争中立于不败之地。旭阳践行"科学决策，规范运作，严格执行，广泛监督，不断创新"的管理运营模式，坚持"全员创新、全面创新、系统创新"，将研发创新作为推动产业发展的核心要素和主要赢利点，倾力打造独具特色的企业创新体系。

1. 创建自主创新两级研发体系

旭阳把掌握技术制高点作为企业获得持久发展的不竭动力。

2007年，旭阳在邢台园区成立的河北省煤化工工程技术研究中心，是河北省唯一省级煤化工工程技术研究中心，研发工作从此奠基。

2009年，成立北京旭阳化工技术研究院有限公司，旭阳以研发为独立板块加大投入与建设，培育新的赢利点。

2012年，成立焦化研究所，增强主营业务与产品的科技含量，强化行业话语权。

2013 年，旭阳决策在定州、唐山、沧州三大园区均成立工程技术研究中心。至此，研发体系初步形成，为旭阳增强企业核心竞争力提供坚实支撑。

通过一系列的研发投入，旭阳逐渐形成了以北京旭阳化工研究院为中央研究院、四大园区"工程技术研发中心"为实施主体的两级研发体系，包括小试、中试、产业化和催化剂生产"全产业链"（全过程）。

2. 借智借脑，合作开发

旭阳特别注重借智借脑、借鸡下蛋，先后与北京大学、清华大学、天津大学、武汉大学等高校以及中科院下属五大研究所、北京化工大学、日本九州大学等 22 家国内外知名院所及 70 名院士、专家、教授建立了长期合作关系，合作开发的项目多达 45 个，成为旭阳研发创新体系的核心平台。

3. 加大研发投入，强化研发团队建设

旭阳自 2009 年以来累计研发投入资金近 5 亿元。2012 年，研发投入占企业总营业收入的 0.58%。现有专职研发人员 240 余人，占集团总人数的 4%。

4. 引进技术，消化吸收

旭阳特别注重引进技术的消化吸收，依托各园区的工程技术研究中心开展引进技术的再创新。近年来已形成效益的多达上千项，目前正在进行再创新的有 70 多项。引进德国伍德公司的苯加氢生产工艺，通过消化吸收后，后续项目每套装置可节省投资近 1 亿元。

依靠科技进步，旭阳站在了巨人的肩上，仅仅是沥青这样看起来很简单的产品，根据软化点、固体液体的不同，就可以生产出 8 个品种。目前，旭阳已谋划了三条产业链：一是碳材料产业链；二是芳烃新材料产业链；三是新能源产业链，产品也由最初的单一焦炭延伸到 40 多种产品，实现了煤焦化到煤化工的跨越，价格由 2000 元吨级上升为万元、十万元、几十万元吨级。通过技术创新，实现了"有中生新"，使产业链不断延伸。

（四）牢记社会责任，提升节能减排和生态建设水平

旭阳集团始终秉承强烈的社会责任感，坚持要发展更要保护环境的理念，树立了良好的企业形象，确保企业持续健康发展。

1. 大力发展循环经济

循环经济是实现可持续发展的有效手段，不仅可以缓解经济与资源之间的矛盾，还可以在"倒逼成本""深度挖潜"中为企业抢得先机，赢得主动，更彰显出一个企业在低碳环保、节能减排方面的贡献和责任。

旭阳集团采用产品一体化、管理一体化、环保一体化、物流一体化、信息一体化、基础设施一体化的集约型新模式，在项目动工之前就制定了详细的循环经济规划。通过加强管理、创新技术、改造工艺流程、延伸产业链条等方式，实现了废气、废水、废渣、余能和焦炭副产品的综合利用，被评为河北省级循环经济示范区。在传统的焦炭生产过程中产生的煤气，没有别的用途，只能眼睁睁地点了"天灯"，不仅浪费资源，而且污染环境。旭阳每天的焦炉煤气产量是 140 万立方米，如果没有利用，就等于每天丢掉 30 多万元，相当于一辆奥迪轿车，一年下来就白白丢掉 1 个多亿。现在，旭阳通过回收废气，大力发展循环经济，延伸产业链条，过去的主导产品焦炭现在成了基础产品，过去的副产品煤气则成了发展循环经济的宝贝，过去的"下脚料"成了现在的"香饽饽"。以原料煤到焦炭、煤气、甲醇、精苯、醋酸这个产品链条为例，旭阳把每个生产环节的产品和排放物作为原料投入下一道生产工序，既节约资源、减少排放，又大幅度提高了经济效益。

2. 深入推进节能减排

旭阳先后投资近 4 亿元完成防风抑尘墙、烟气脱硫、污水处理等一系列节能减排重点项目，实现了废水循环利用、焦炉无烟生产，最大限度减少了环境污染。投资 2454.9 万元的焦化系统节能减排项目，可从焦炉烟尘治理、泵站节能改造、变频器改造三方面进一步降低焦炉能耗，实现年节约标煤 2303.67 吨。投资 5100 万元建设七套焦炉烟道气余热回收项目，可产蒸气 34 吨/小时、年可节能 2.6 万吨标煤。投资 3939 万元的甲醇系列节能减排项目综合利用焦炉煤气合成甲醇项目副产的蒸气余热发电，年可供电 7728 万千瓦时、节能 2.7 万余吨标煤。投资 70 万元将富余焦炉煤气供城市使用，年节能 1028 吨标煤。投资 1053 万元改扩建污水处理站，处理达标后的水全部用于绿化、熄焦、除尘，年可节约用水 120 万立方米，实现了工艺污水零排放。

3. 精心打造园林式企业

旭阳始终注重厂区生态环境改善，每年投入厂区绿化、美化、亮化资金近2000万元，累计植树110万株，厂区绿化率达到35%。走进旭阳，道路两旁绿树成荫、绿草茵茵，整个厂区干净整洁，处处井然有序，彻底改变了人们对以往化工企业脏、乱、杂的印象。

成效·聚集旭阳财智

旭阳作为河北省重点培育的"千亿"级企业，也是河北省"巨人计划"创业创新团队。旭阳集团坚持安全发展、创新发展、低碳发展，大力开展节能减排，坚持科技研发和创新驱动，发展循环经济，坚持调整、挖潜、转型、升级战略，将传统产业做出新的价值，取得了巨大的经济效益和社会效益。

（一）通过研发创新，构筑起旭阳长久核心竞争力

旭阳明确将研发创新作为推动产业发展的核心要素和主要赢利点，形成了两级研发体系。

1. 旭阳拥有了突飞猛进的研发规模和实力

旭阳创立了全国最大的化工技术研发及试验基地之一。现有研发用地300亩，实验室面积2万平方米。在北京总部及四大园区建有3栋研发大楼，1个中试基地，40个专业实验室，1个生物发酵车间、1个国家级检验检测中心，1个省级企业技术中心，1个省级工程技术研究中心，2个院士工作站，并设10个专业研究所，1个设计所；同时建成了邢台旭阳煤化工有限公司、北京旭阳化工研究院、北京旭阳化学研究院3家国家级高新技术企业，为技术转化提供了广阔平台。

2. 旭阳技术研发创新产业化初见成效

旭阳始终坚持自主创新、合作开发与消化吸收再创新"三位一体"，倾力打造独具特色的企业创新体系。

目前，旭阳已获得多项专利、待批复专利及专有技术近300项。其中，授权42项（发明专利25项、实用新型17项）；申请待批复发明专利技术60

项；专有技术 300 余项，特别是 POM（聚甲醛）、离子液、PBS（聚丁二酸丁二醇酯）、PP（聚丙烯）、PBO 纤维（聚对苯撑苯并双口恶唑）、生物发酵、试剂苯、循环水药剂等 9 个项中试放大实验，填补了国内空白。

2012 年，实现科研成果产业化项目 2 项（高纯苯、试剂苯），并建立相应完善的供应链体系；成功向外转让科研成果 2 项（PX 和 MA），并进行中试科研合作。

依托工程技术研究中心开展引进技术的再创新，已实现效益的项目上千项，正在进行再创新的 70 多项。

（二）通过文化引领，打造了一支高效清正的管理团队

过去十年间，旭阳能够从竞争中胜出，核心是坚守自己的价值观和方法论，秉持旭阳自己独特的做人、做企业风格和发展逻辑，经营旭阳人，打造出一支能够洞悉市场规律、执行力强、特别能战斗的团队，文化和团队的力量成为旭阳市场竞争中的制胜法宝。

1. 旭阳的价值观塑造了优秀的企业品格

文化是引领企业发展的原动力。旭阳以"创造财富，完美人生"为企业宗旨，秉持"员工是企业的上帝""客户是企业的父母""为社会创造价值"等朴素的理念，将文化基因植入每一位旭阳人的思想系统之中，把价值观转化成每位员工的实际行动，在习惯养成中，将旭阳团队的能力尽力发挥到了最大效能。

旭阳创立之初确立的做企业的宗旨，就是让所有旭阳人与企业共同成长，带领全体旭阳人共同创造财富，同时让更多的员工完美自己的人生；让员工明白自己是旭阳人，旭阳是自己的家，要与行业上下游、各级政府、金融机构等社会各界携手前进，共赢发展。旭阳这支团队每一步发展成长都以最大的真诚感恩社会，主动承担社会责任，为中国经济发展贡献力量。

在旭阳文化语言体系中，"倾尽全力，锲而不舍，永无止境，志在必得"的旭阳精神，"为自己更为旭阳，为现在更为将来"的旭阳理念，"创造一流环境，培养一流人才，成就一流事业"的旭阳信念……正是这些无形的命令与精神感召打造出了一支风清气正、极具战斗力的旭阳人团队，员工与企业、

企业与国家和政府目标一致，在社会上形成良好的口碑。

2. 新型的企业与员工关系使旭阳拥有更大的创造活力

旭阳做到让每位员工都明白，企业与员工非"雇佣关系"，而是"合作关系"，旭阳用人讲求公平、公正、无私心，克服了一般企业的弊病，一律不用自己亲属，坚持"唯才是用"。旭阳用人通过坚持"一看忠诚，二看积极性，三看能力"的三原则，以"对员工的责任是旭阳最大的责任"思想构筑起员工之间、员工与公司的亲情，成立的"员工互助公社"形成了"相逢旭阳·同聚爱心"的员工关爱互助体系，培育出员工之间、员工与公司之间的感情，让每一位员工在旭阳感受到企业大家庭的温暖和生活工作安全感。

（三）通过市场布局，形成了反应灵敏、物流便捷的营销网络

营销网络是推动旭阳集团进行全球扩张的业务平台，服务集团发展，精研市场趋向，形成了辐射全国、联通全球的焦炭和化工大宗商品贸易链，已成为旭阳重要的发展利润中心。

营销网络经营范围涉及煤焦化工的整个产业链条，包括焦炭、煤炭、化工产品、铁矿石和钢材等业务。

在过去的开拓中，旭阳不会忘记——

2005年5月，旭阳成立石家庄办事处，成为旭阳在河北省范围各项公关工作及金融业务的沟通联络中心；

2006年4月，旭阳天津办事处成立，为集团提供货物集港、仓储、品质处理、检验、装船、运输、港口贸易、港口信息搜集等，为整个集团出口业务提供良好的通道；

2007年5月，旭阳连云港办事处正式成立，为进一步在华东地区拓展市场创造了有利条件；

2009年8月，河北中煤旭阳铁路专用线正式开通，旭阳快捷、低成本、竞争优势强的物流体系进一步增强；

2011年4月，旭阳营销总公司化工公司网上竞标平台正式开通运行，旭阳在电子商务尝试方面迈出了重要一步……

旭阳已在香港及澳大利亚设立办事处，正陆续在美国、日本、印度、巴

西、欧洲、东南亚、中东设立办事处，为集团开展贸易业务拓展提供了强有力的支撑。

旭阳营销模式灵活，在多年的贸易实践中积累了丰富的客户资源。焦炭贸易方面，除向全国各省主要钢铁制造企业供应焦炭外，并出口至美国、德国、印度等国家及地区。煤炭贸易方面，建立优质资源地，直接采购优质焦煤。化工产品贸易方面，合作客户主要为日本三菱商事株式会社、卡博特化工（天津）有限公司、常州市正亚化工有限公司、中孚铝业等国际国内知名化工企业。钢铁贸易方面，集团通过与国内大型钢铁企业的深入合作，广泛开展钢铁国内贸易与进出口贸易业务，使集团产业链更加丰富与完善。

旭阳坚守诚信和守义的营销理念，与国内外广大客户建立了广泛、持久的合作共赢关系，形成了卓越的口碑美誉度和品牌影响力。

（四）通过应对危机，形成应对严峻形势的经营能力

2008 年，由于政府投入 4 万亿元，钢铁业、焦炭行业有所缓和。旭阳2009 年净利润达到旭阳发展史上的高点。2010 年，旭阳总部人员高峰时达到了 260 余人；2011 年全集团人员达到 9000 人；2010 年、2011 年利润下滑，2012 年，利润则进一步降低。在这种情况下，旭阳深刻认识到这场经济危机的长期性和严重性，董事长杨雪岗 2011 年底就正式提出了集团调整、挖潜、转型、升级的战略目标。实施调整挖潜转型升级的战略目标，两年取得了比较明显的成效。

第一，人员减少了 3000 人。全集团 2011 年高峰时有 9000 人，目前全集团是 6000 余人。而同时期，集团增加了焦炭产能 260 万吨，化工产能 60 万吨，在这种产能增加的情况下人员减少了 3000 人。

第二，给集团员工大幅度调薪。2012 年、2013 年集团连续两年给员工大幅度调薪，调薪幅度平均达 50%。仅 2013 年一年，集团的人工成本就比 2012年增加了 1 亿元，由于集团这两年持续大幅调薪，较好地稳定了集团的员工队伍，2013 年集团员工的自然流失率仅为 5%，这个比例已经达到了卡博特这样的跨国公司的先进水平。

第三，管理费用、财务费用、生产费用和销售费用四项费用持续降低。

2012 年、2013 年，同步比上一年降低 1 亿元。

第四，集团的营销竞争力有了较大的提高。2013 年，在外部市场形势比 2012 年更恶劣的情况下，集团实现了净利大幅增长的好成绩。

（五）通过广泛参与，形成了辐射上下游的信息通道

旭阳在企业发展过程中，注重参与行业上下游的组织决策、研究机构、研究市场、研究产业、研究行业，然后综合研判，形成了联通各方面的信息通道，在信息化时代增强了市场话语权。

旭阳现为中国炼焦行业协会副会长单位、中国钢铁工业协会会员单位、中国石油和化学工业联合会理事单位、中国煤炭工业协会会员单位、全国工商联冶金业商会副会长单位、中国五矿化工进出口商会焦炭分会理事兼副秘书长单位、醇醚燃料及醇醚清洁汽车专业委员会副会长单位、中国生物工程学会会员单位、河北省焦化行业协会会长单位、河北省冶金行业协会副会长单位、河北省石油和化学工业协会副会长单位。

集团董事长杨雪岗为第十一届和第十二届全国人大代表。河北省非公有制经济组织优秀人才、河北省优秀企业家、河北省最具社会责任感企业家、河北省劳动模范、全国石化行业劳动模范等荣誉称号……

这只是旭阳企业名片的部分内容，更深入的内容都印证在旭阳"低调做人、高调做事"的行动之中。

新愿景·引领大未来

面对全球产能过剩，国内经济结构调整，环保压力日益趋紧，各种生产要素成本日益上涨，旭阳未来的生存和发展的路在何方，是横在旭阳人面前的一座大山。新的形势下，调整、挖潜、转型、升级是每个企业的生存之道，哪个企业做得早、做得好，就能够活下来，否则，随时会被无情的市场所淘汰。调整、挖潜、转型、升级也是旭阳集团在特殊时期自身发展的必然要求、必然举措。董事长杨雪岗指出："面对当前的市场环境，旭阳的发展要彻底改变一切、彻底从头再来，这是旭阳提出调整、挖潜、转型、升级目标以来自

己思考最多的命题。"为此，旭阳在未来企业的蓝图中勾画出新的企业愿景、商业模式。

（一）明确定位，坚守专业化战略

战略规划能力一直是旭阳最核心的能力之一。旭阳从 20 世纪末即成立了项目研究部（战略规划部的前身，当时是最大的一个部门），旭阳的战略研究始终走在前面。

旭阳"四五"发展纲要中，董事长杨雪岗亲笔拟定了纲要指导思想，确定了集团未来五年实现"一千五百亿"的大的规划目标；第二个目标是形成"纵向一体化"的发展模式；第三个目标是形成自己的核心技术竞争力；第四个目标是完善煤、焦、化、贸易、物流业务结构等。

旭阳的理想是明确的发展目标，旭阳的理想是清晰的思想定位。"一千五百亿"，这是旭阳第一次准确地对未来提出的一个总的发展目标。这个目标不是一个固定的数字，而是旭阳未来的一种状态。旭阳的未来要建立起全国最大、功能最完备的科技创新体系，创新技术产品要占集团利润 50% 以上，人均收入和人均利润要达到全国领先，员工的各种收入及福利要全国领先。旭阳要成为全球的知名化工公司，成为全国化工行业科技创新的领军企业，具备领先的竞争力，具备为客户提供好产品、技术和服务的能力，具备为客户创造更多价值的能力，具备为国民经济多个领域提供产品、提供技术、提供服务的能力，具备为社会承担更大责任的能力。同时，在创造产品、技术、服务的同时，旭阳要培养并拥有更多的各类专家、学者、教授，培养出更多国内外各类顶级专才和各类科学家。

旭阳"四五"规划打破集中于焦炭和煤化工方面的项目局限，形成全新的"大化工"思路。旭阳将实现再一次飞跃而成为真正意义上的大型化工集团企业。

旭阳的产业链创新锁定"五化合一"的方向，包括石油化工、煤化工、盐化工、生物化工和海洋化工。

努力把公司做成一个知名的工业公司是旭阳矢志不渝的追求，为中国不断地工业化、信息化、城镇化、市场化和国际化做出自己的贡献。

（二）制定企业新的奋斗愿景

企业愿景，体现着企业家的立场和信仰，是企业的发展方向及战略定位的体现，又是企业长短期战略目标的方向和指引。她不断地激励着企业奋勇向前，拼搏向上。

2014 年 1 月，旭阳研究了世界发达国家著名化工行业大企业的发展史，汲取他们的经验，提出了企业新的奋斗愿景——世界领先的能源化工公司。

具体的含义为，"世界"说明旭阳集团要把自己置身于全球产业链当中去定位、去把握。"领先"说明要从科技上突破、创新上突破，不仅仅是传统产业，一定要突出"创新引领未来"的实现方式。所谓的创新包括商业模式、组织模式、管理模式的创新、研发创新等，不仅仅是科技创新，同时还包括体制、机制的创新，这是"领先"的概念，要从"研发创新"到"体制机制创新"都是"领先"的。能源是基于化工手段，而非煤炭开采、石油开采和电力。化工是大化工概念，是"五化"合一的概念，形成全国规模最大、产业链最长、附加值高、技术最先进的化工产业集群。

新的企业愿景为旭阳在新起点的再次出发凝聚了全员创新的力量。

（三）探索适合旭阳的商业模式

商业模式是企业愿景的实现路径，是战略之后的策略，有时商业模式就是战略本身。旭阳选择的商业模式为：美国嘉吉＋德国巴斯夫的模式。具体有以下几个方面的含义：

焦炭做专做精：旭阳是从做焦炭这个联系煤炭和钢铁的大宗商品起家的，未来仍然要在此方面加大投入、做专做精；

焦化产品深加工继续做大规模和做深产品：煤焦化工产品深加工要继续做大规模和做深产品，强化现有优势，提升公司实力；

继续探讨煤的多种加工方案：继续探讨做其他方面的煤的加工方案，例如煤气化、煤热解等方面；

加大石化产品投资力度：做大化工就要涉及炼油加工后面的石化产品，这方面也在探索范围之内；

做大、做稳基础化工：做基础化工是为了规模的考虑，同时也是为了产业链的稳固考虑；

提高研发与创新产品的比例：做化工不搞研发与创新是没有出路的，研发与创新是旭阳未来投资的重点。计划到 2015 年，研发投入达到营业总收入的 1%，将来陆续提高到 2% ~ 3%。到 2015 年，研发人员将达到 600 人；到 2020 年研发人员要增加到集团总人数的 6% ~ 10%，达到 1000 ~ 2000 人；

重资产公司的轻资产配置：旭阳是重资产公司，但需要轻资产配置。在不多元化的前提下，优化集团的资产配置、提升集团资产流动性和可变现能力，可提高集团盈利能力。在未来尽可能多地配置金融资产，利用互联网、电商等方法提升效率，更有效地进行采购和销售以及物流配送是旭阳营销模式变革的重点之一；

旭阳商业模式要义是："基础化工 + 精细化工品"模式、"规模经济 + 研发创新"模式。

（四）执行重点发展研发和营销的"哑铃理论"

对旭阳而言，未来的市场竞争与开拓中，将以"哑铃理论"引领企业发展。

在研发方面，以创新驱动为引领，建立自主创新体系，开发新产品、新工艺、新技术，坚持产学研联合、技术引进，注重集成创新和知识产权，为走向信息化、自动化、智能化的高端、高附加值的生产环节服务，以核心技术整合服务产业链上下游、同行，实现竞合共赢。具体而言，以高端化工和研发为主实现产业结构转型，切入国家"七大战略性新兴产业"（节能环保、新一代信息技术、生物、高端装备制造、新能源、新材料和新能源汽车七大战略性新兴产业）。旭阳研究院的自主创新建设分为三个层次：一是集团的研究院；二是分布在各个化工园区的工程技术中心；三是与国内外各大院校、其他研发机构及相关公司开展的研究合作，多角度、多层次、全方位、立体式地全面系统合作。

在营销方面，依托现代信息技术平台，提升营销人员的素质、能力和服务水平，培育品牌影响力，培育大客户的忠诚度，注重电子商务，创新商业模式，布局全球营销网络，拓展营销渠道，建立便捷物流系统，利用金融对冲工具，巩固和提升市场地位，遵循市场周期和行业周期，与上下游客户建立命运共同体。

真知·在实践中升华

2004～2014 年，旭阳一路走来，在国家改革开放的时代背景下发展壮大，其中有成功，也有失败。继往开来之际，总结经验，汲取教训，博采众长，以图将来，是题中应有之义。

（一）践行企业战略必须符合国家战略

企业发展要顺应国家大势而为。

国家及省市发展战略是企业发展战略的指导与重要依据，企业发展战略是国家及省市发展战略的具体体现与实现方式。

旭阳多年来坚持"国家战略就是旭阳的战略，省委的决策就是旭阳前进的方向，顺应国家大势是企业能够做大、做强的核心"。

旭阳发展得益于国家的战略，旭阳十年根植河北，立志为河北经济建设贡献应有力量，同时也伴着区域经济发展不断做大。

（二）构建"管控＋服务"的集团化运营模式

1. 探索最适合旭阳发展的管理方法、管理模式

从创业至 2004 年之前，旭阳完成了单一公司、单一产品为背景的管理模式，初步形成了旭阳的管理方式和文化，并继续深化、细致、完善、提升了管理模式。

2004 年，在北京成立总部，开始探索集团化管理；2007 年初步确立"垂直一体化"的管理方法，同时也形成了"纵向一体化"的发展模式。

旭阳集团从 2004 年开始探索集团化管理模式，到 2014 年的十年间大致经历三个阶段：2004～2006 年初步探索集团化管理；2007～2011 年开始形成"垂直一体化"管理模式，五年中认识逐步深入、提升，运营更加细致、完

善；2012 年开始对"垂直一体化"管理模式进行调整优化。

2. 形成"管控＋服务"的集团管控模式

为适应由两大园区到四大园区的扩张，适应产品市场由区域扩展到全国的新变化，适应贸易、化工、研发、地产的业务拓展的新格局，旭阳集团不断调整、优化管控模式。

形成"垂直一体化"加"专业化服务"和"共享平台"的模式。旭阳总部集战略、财务、运营管控于一体，承担战略规划、价值发现、机会发现、战略绩效管理、薪酬政策制定、成果分享政策的制定，同时筹建专业化的服务和支持共享平台的职能。

旭阳在"垂直一体化"管理方法的基础上，一方面推进"专业化"服务，使集团内生产公司走向事业部制专业化管理；一方面着力打造全面的信息化、一体化共享平台，推进跨区域发展协作。

构建适合能源化工企业的管理结构。从 2012 年起，旭阳集团基于 500 亿元的销售收入和成为国内最具竞争力的能源化工企业的目标，实施结构调整，优化管理模式：重新梳理提升旭阳文化、价值观、世界观，探索进一步把旭阳做强做大的方法模式；依据焦炭、化工、贸易、研发创新、房地产不同产业和行业的特性，进行运营管理的区别配置；完成集团公司平台建设的全部内容，包括股权重组、财务业务一体化，实现收支两条线的资金统一管理。

形成园区化统一管理。园区内各公司统一发展、统一运营管理，提升效率、提升综合竞争力；按照"六个统一"（能源管理统一、物流运输统一、生产运营调度统一、组织机构统一规划、规划发展统一协调、安全环保统一管理）的思路进行整合、提升，实现整个园区的运营成本最低。

3. 规范"垂直一体化"管理操作方式

旭阳创立的"垂直一体化"管理模式，确保了集团目标的有效落实，明确了集团总部与各园区、各子（分）公司的职责。

旭阳"垂直一体化"管理，在价值创造、人才储备、文化形成、管理模式提升为职能的基础上，实现了"决策、执行、考核、监督"的一体化。

（三）企业经济建设与党建工作共进双赢

旭阳人相信党，相信政府，相信中国经济不断发展过程中能够孕育出优秀的企业文化，并将成长起一批世界级的优秀企业，旭阳正是怀着自信朝向这一目标发展的企业。

旭阳集团四大园区分别成立党委，下属车间部门党组织覆盖率达100%，目前全集团党员共计664人，占员工总人数的11%。

借助党组织的模范带头作用，把握非公有制经济党组织的建设方向，打造综合优势的发展思路，树立大集团、精品牌的发展理念，做到"四个结合"：结合企业生产经营和管理；结合完成企业急、难、险、重任务；结合企业的健康发展和做大做强；结合企业的形象塑造开展党组织活动。

以建设和谐发展企业为目标，明确工作重点。组织建设抓巩固、队伍建设抓提高、制度建设抓规范、活动方式抓创新、作用发挥抓结合、围绕发展抓党建、抓好党建促发展。

以党的"民主生活会"和旭阳的"管理检讨"相结合，营造团结和谐氛围，提高人员素质，形成队伍向心力，增强企业战斗力，促进公司经济快速增长。

总之，旭阳集团从无到有，从小到大，有中生新，无中生有，创新驱动，从基础到高端的实践，对众多传统产业、基础原材料工业的发展有一定的借鉴意义和启发作用。

所谓"有中生新"，就是在传统产业基础上长出新的产业、新的财富。旭阳集团的发展是一个不断创新的结果，从一个做炼焦的传统企业，瞄准国际同行业先进水平不断创新，在传统产业上不断地长出一系列高附加值的新产品，把煤变成了高端的化工新原料、新材料。

所谓"无中生有"，就是要大力发展战略性新兴产业和现代服务业。旭阳集团的发展是一个发掘传统产业新价值的典型，从一个单纯的小炼焦厂，逐渐在全国布置了四个大型的产业园区，为传统产业、基础原材料工业发展探索了新的模式。

创新驱动是企业发展的核心动力。旭阳集团通过加快转变经济发展方式，通过提升价值链和产品附加值，通过提高质量和效益，通过技术创新和研发来赢得持续长久的核心竞争力和可持续发展。

当下，党的十八届三中全会为中国社会发展开启了一个新的时代，中国经济也已踏上了一个新的征程。中国崛起的伟大图景正在历史的当下发生，旭阳有一个梦想，立志将自身发展置身于国家发展的宏观环境当中来思考。相信党，相信政府，相信国家，相信中国的经济会不断繁荣发展，相信中国的传统文化和宏观环境能够培育出具有特色文化的优秀企业。旭阳主动承担历史责任，主动承担社会责任，把企业命运融入社会的发展大潮之中，与国家同呼吸共命运，为实现中华民族伟大复兴的"中国梦"贡献旭阳的应有之力。

导师点评

中国企业新领袖培养计划的每个学员都是杰出的企业家，每个杰出企业家身后都有传奇的故事，这些个人的故事汇集起来就形成了中国奇迹。杨雪岗先生领导旭阳集团，从 10 年前的一家中型工厂发展到"中国企业五百强"，进入中国化工企业的领先行列，确实是一个传奇故事。如果要分析企业发展历程，其成功经验一定是全方位的。其中，我最赞许的是杨雪岗先生审时度势、踏准节奏的战略把握能力。在 2010 年之前，杨雪岗先生抓住了我国煤化工产业大发展的历史性机遇，按照"纵向一体化"的发展模式，把焦炭做精、把化工做强、把贸易做大，快速扩大规模；在经历了 2011 年、2012 年的发展调整期后，公司毅然走上了创新发展、转型发展的道路。可以预料，随着要素成本和环境成本的不断上升，以及我国经济结构的快速变化，我国基础产业企业将会面临更加严峻的挑战，同时应看到，创新为企业提供了新的更加广阔的空间。如果企业家都像杨雪岗先生一样坚决推进企业转型，他们又将演绎新的传奇故事，中国也将再次出现史无前例的新奇迹。

马　骏

国务院发展研究中心企业研究所所长

北京汇源饮料食品集团有限公司成长报告

朱新礼

国研·斯坦福一期二班学员

北京汇源饮料食品集团有限公司董事长

扫码直达汇源集团报告精华版

此生无悔做农民

——朱新礼的三次创业之路

北京汇源饮料食品集团有限公司（简称"汇源集团"）成立于 1992 年。它从沂蒙山区的一家倒闭的县办小罐头厂起家，发展为主营果汁、果汁饮料，乃至现代农业的大型企业集团。2007 年 2 月，从北京汇源集团分拆成立的中国汇源果汁集团有限公司在香港联交所主板上市，公开认购部分共获得超额认购 937 倍，上市当日股价上涨 66%，实现了与国际资本平台的对接。

无论是和德隆系的联姻到全身而退，还是与法国达能、统一集团的动作连连，在 21 世纪前十年，汇源在资本市场的运作始终引人注目。但自 2008 年可口可乐收购汇源事件落下帷幕后，汇源集团开始转型拓展产业链，从果汁产业向农业领域延伸，其养生农业涵盖种植、养殖、加工、观光、休闲度假等领域，在全国布局的近百家现代化工厂和农业项目，链接了 1000 多万亩名特优、标准化水果生产基地，构建了一个全国性的庞大水果产业化经营体系，以果汁产业为主题，与汇源农业互相促进，共同发展。

汇源集团一贯奉行"营养大众、惠及三农"的企业使命和"取之于社会，奉献于社会"的企业宗旨，积极履行社会责任。十几年来，累计缴纳税金 20 多亿元，投入社会慈善、公益事业的资金、物资价值合计 1 亿多元。

有人问我：你心中的那个远方究竟是什么地方？

我说：

因为贫穷，我离开了农村。

61

有钱了，我还是愿意再去当农民。

在我的眼里，

远方应该是一座花果山，是一个鸟语花香的地方。

那里百花争艳，水果飘香。

在我的心中，

远方就应该是一个桃花源。

新鲜的空气，五颜六色的瓜果，满含营养的果汁；

人们没有那么累，也不总是那么忙；

没有了乡村、城市的差别，

快乐、朴实、幸福，

都在每个人的脸上荡漾。

这是汇源集团董事长朱新礼在一次高峰会议上朗诵的《远方》中的诗句。文字朴素，却蕴涵着深情。这首《远方》，曾感动在场的诸多企业家们，也让更多的人借此看到朱新礼此生无悔做农民的情怀。

朱新礼出生于山东沂源东里东村的一个农民家庭，生长于农村环境，多年担任农村干部，对农民满怀深厚的感情。只要事关农村、农民和农业，他的心就热起来，他的眼就亮起来，他的腿就跑起来。

从 1984 年担任东里东村村委会主任，带领村民调整农业结构，发展水果种植业和工商业，到 1992 年创建汇源集团，发展水果加工、饮料灌装业，再到 2009 年以来发展汇源大农业，朱新礼奋斗 30 年，三次创业，三次转型。30 年来，朱新礼一直不变的是"当农民是归宿"的情怀，一直不变的是让农民富起来的梦想，一直不变的是在农业产业化道路上追梦。

三次创业　三次转型

1984 年，朱新礼当选东里东村村委会主任之后，带领村民调整农业结构，发展葡萄和苹果种植业，创建了 27 个工商企业，从分散的家庭经营种植业转向农工商规模化、产业化经营。到 1989 年，全村工农业总产值达到 4000 万元，比 1984 年增长 14.7 倍；人均纯收入达到 1300 元，比 1984 年增长 4.05

倍，远远超过当时全省、全国的平均水平。朱新礼第一次创业旗开得胜，东里东村一举成为脱贫致富的排头兵，被当时的临沂地委书记刘明祖同志誉为"沂蒙山区第一村"。朱新礼先后荣获"山东省农业劳动模范""山东省优秀共产党员"等称号，并当选山东省人大代表。

到了20世纪90年代初，沂蒙山区漫山遍野的水果卖不掉，许多果农忍痛砍掉果树，又回到单纯种粮的老路上。朱新礼的心被深深地刺痛了。1992年春天，在学习邓小平"南巡"讲话后，时任沂源县外经委副主任的朱新礼再也坐不住了。他向县委领导申请辞去公职，下海创业。他负债450万元，收购了一个停产3年、濒临倒闭的水果罐头厂，创建了山东省淄博汇源食品饮料有限公司，加工浓缩果汁，出口到欧美市场。1994年，朱新礼带领部分员工开赴北京市顺义区北小营镇，创建了北京汇源食品饮料有限公司，生产、销售100%果汁和果汁饮料。1997年，在中央电视台开播汇源果汁广告。1998年，开始面向全国布局建厂，打造全国性果汁产业链。2007年，汇源果汁在香港联交所主板成功上市。

汇源果汁成功上市，标志着朱新礼的第二次创业成功。但是他说："汇源果汁的产业链一头牵动着亿万消费者的营养和健康，一头牵动着千百万农民的致富和希望。我和我的团队时刻都感受着一份沉甸甸的社会责任。我们将继续保持创业的激情，'不言成功，只问耕耘'，迈出更加坚实的步伐，去承担时代赋予我们的责任和使命。"

2009年1月20日，在"2008CCTV中国经济年度人物颁奖盛典"上，朱新礼发表了《我的中国梦》主题演讲。他说，汇源虽然在中国有几十家工厂，但是，这还远远不够。2008年，汇源出售在香港上市的果汁灌装业务，就是要引进和带动几十亿美元的资金，投入到果汁产业链的上游和农业领域，以推动中国传统农业的规模化、工业化、集约化和科技化。"大中国，大农业，大有作为，这就是我的中国梦！"

在可口可乐并购案被否之后，朱新礼迅速调整发展战略，一刻也不停地发展果汁上下游产业，并向大农业进军，启动了他的第三次创业。他宣称，我们有信心、有能力让汇源品牌在中国继续发扬光大，并为实现大中国、大农业、大有作为的梦想而不懈奋斗。

朱新礼一直关注"三农"问题，对现行农业体制的利弊得失非常了解。他指出，农村千家万户分散经营的体制，虽然调动了农民的积极性，基本解决了农民的温饱问题，但整个农业形不成产业链，小作坊式的生产不是生产力的提高，更谈不上规模化、科技化、集约化、品牌化。中国的农业太需要创新，太需要升级了。"我未来十年的梦想，就是在中国的农业上做一个新的尝试，升级中国的传统农业模式。"

朱新礼指出，农村千家万户分散经营的模式，解决不了环境污染和产品质量问题。滥施农药、化肥的现象非常可怕，食品安全问题、假冒伪劣产品问题层出不穷，监管越来越难，监管成本越来越高。有一位地方政府官员说，土地都污染了，根本管不住。

这种分散经营的农业模式，也解决不了农业科技化问题。如果没有大企业的进入，你能让一户农民、一个村子去养一个科研机构？他们连一个科学家都养不起。农民手里都是小块的土地，他们自己不敢停下来进行品种改良，他们等不起。美国的农业人口仅有 500 万人，但美国的农业不仅养活了美国人，而且美国还是全世界最大的农产品出口国。他们的效率为什么这样高？就是他们的科技投入大，规模大。而我国千家万户的农民各自为政，单兵作战，生产力落后，效率低下，解决不了农民致富的问题。农民在三五亩地里很难富起来，每一次的经济动荡，买单的都是农民。今后 5 年、10 年、20 年，必须解决如何让更多的农民提高收入的问题。未来，"我们要带富整个产业链，让这个产业链上的农民真正富裕起来"。

朱新礼认为，解决农业分散经营体制弊端的一个重要途径，就是由那些有理想、有责任感的企业到农村去创业，按照规模化、生态化、科技化、集约化、品牌化的道路去建设大农场，发展大农业。

提出大中国、大农业、大有作为的梦想以后，朱新礼确定了汇源大农业的产业结构。他指出，汇源大农业包括种植、养殖、加工、旅游观光、度假休闲，是农工商高度融合、一二三产业互相支撑的现代农业。

随着中国经济、社会的快速发展和国民收入水平、生活水平的快速提高，人们在生活上已经由追求营养、健康而转向追求科学养生，追求健康长寿。但是，环境污染、食品安全、贫富差别、人口老龄化等事关养生、健康的问题日益突出，成为党和政府以及全社会高度关注、亟待解决的大问题。面对这种形势，朱新礼又将汇源大农业定性为养生农业，创造性地确立了汇源养生农业模式。

朱新礼指出，汇源养生农业包括种植业、养殖业、加工业、观光旅游、休闲度假、养生养老业及其服务业。汇源大农业就是养生大农业。这就为汇源大农业赋予了健康、养生的宗旨和使命，纳入了食品养生、居住养生、环境养生、保健养生等功能。创造和实施养生农业模式，是朱新礼顺应经济、社会发展和消费需求的变化，升级汇源农业模式的重大举措，彰显了朱新礼强烈的社会责任感和与时俱进的创新精神。

将汇源农业定性为养生农业之后，朱新礼亲自主持了一次养生农业研讨活动，讨论了养生农业的产业结构和运营模式，分析了汇源发展养生农业的机遇、优势和短板，统一了中高层管理者的认识。在这个基础上，汇源集团对现有农业项目的建设规划实施了调整、完善，同时，按照新模式实施了新项目规划、建设。目前，汇源集团已在全国 13 个省市自治区规划建设 19 个大农业项目，其中多数项目属于养生农业模式。

实施转型发展　打造农业新模式

为充分体现养生农业的产业结构模式，朱新礼亲自主导项目的选址、规划和建设。其中 5 次飞赴伊春，考察调研，指导汇源伊春绿色产业谷的规划和建设。

地处北纬 47°线上的伊春，是中国最大的森林城市，是真正的好山、好水、好空气的绿色城市，素有"祖国林都""红松故乡""天然氧吧"等美誉。优美的自然风光、丰富的森林资源、广袤的林下空间，为发展现代农业提供了得天独厚的条件；"中国优秀旅游城市""国家园林城市""世界十佳和谐城市"等多项殊荣，加上坚实的产业基础、优越的政策环境，更使在伊春投资创业具有了非常好的发展前景。

伊春项目部有一块制作精美的 30 平方米的大沙盘。参加首届中俄博览会、第三届中国（伊春）国际森林产品博览会和 2014 伊春（汇源）首届国际车展的众多参观者，都纷纷地被它吸引并拍照留念。

这块沙盘就是汇源绿谷规划的缩影，也是汇源养生农业模式的具体体现。沙盘的前方，一块巨大的电子屏不停地播放着展示汇源集团发展历程的专题片。随着解说员的讲解，沙盘上一个个闪闪烁烁的标识灯，构成了一幅动静结合的美丽画卷，向人们展示了汇源绿谷宏伟的发展蓝图。

在方圆142平方公里的总用地上，将以绿色生态产业为发展龙头，打造两大产业集聚板块。第一板块是以林下种植、野生动物生态养殖为主的第一产业集聚区，计划用3年时间，建成蓝莓、蓝靛果、黑加仑、蔓越莓等种植基地，并通过专业合作社产业化运营模式，在5~8个林业局建成5万亩以上的种植园；用5年时间，建立综合生态养殖示范区，建成自繁2、3代杂交野猪猪仔中心，通过产业化模式带动林区野猪养殖业发展。第二板块是以森林特产生态食品加工、会展、物流及配套商业综合体、企业家农场、休闲旅游等项目为主的二、三产业集聚区，集中打造加工、服务产业规模平台。通过打造两大产业集聚板块，形成种植、养殖、加工、物流、会展、旅游、养生七项产业高度融合、互相促进、共同发展的大格局。

1. 种植

地处北纬47°线上的小兴安岭大森林中的良田沃土，为发展蓝莓、蓝靛果、树莓、蔓越莓、黑加仑等野生浆果种植业提供了得天独厚的自然条件。从2013年开始，总投资26.1亿元的50公顷育苗基地、1000公顷示范种植基地开始规划建设。到2016年，绿谷将通过专业合作社产业化运营模式，在5~8个林业局，建设成5万亩以上的北方寒地小浆果产业基地，打造全国森林绿色（有机）食品的第一品牌。全国最大的冷凉型绿色（有机）蔬菜生产基地建设正在进行，100栋日光温室大棚投产后，绿谷可有效地解决伊春市区自产蔬菜不足的问题，并为广大消费者的餐桌带来健康的福音。

2. 养殖

在绿谷十七公里半处繁茂的大森林中，有一个周长37.5公里的特大围栏，一个以杂交自繁2、3代特种野猪为主的养殖中心正在兴建。80多只梅花鹿、210多头种猪和仔猪、105只山羊和11头西门塔尔牛已经安家落户。5年时间内，这里将成为占地3500公顷、伊春地区最大的综合野生生态养殖示范区。示范区内，林下养殖与生态放养相结合，特种野猪、鹿、牛、羊在圈里喂，在山里养，回归自然，健康生长。示范区实行产业化模式，养殖与加工形成产业链，带动伊春地区生态养殖业大发展。

3. 加工

伊春项目部把创新作为自己的发展理念，在建设林下种植、养殖基地的同时，注册了"汇源绿谷"商标，着手进行市场调研和产品研发。他们与哈工大极端环境营养与防护研究所进行技术合作，先后研究开发了野菜系列、坚果系列、菌类系列、野果泡酒系列、发酵酒系列和森林食品加工系列共 68 种绿色产品，并研发了花青素口服液、花青素微胶囊、蓝莓花青素、树莓果粉、红松蛋白粉、黑木耳复合胶原蛋白、黑木耳香菇松仁沙司等高端产品。这些来自大森林的绿色产品，在首届中俄博览会和第三届中国（伊春）森博会上表现出了非常好的市场前景。以浆果汁灌装、果干加工、果酱加工、野菜加工、坚果综合加工、菌类加工为一体的综合性加工厂和万吨级冷库，已经完成设计，即将开工建设。项目总投资 12 亿元，年加工量 8100 吨，预计年利润 1.1 亿元。

4. 物流

2014 年 10 月 3 日开始动工兴建的国际森林特产物流广场，总投资 1.5 亿元，建筑面积 4 万平方米。近 400 米长的商业街将打造成一个全新的商贸集聚区，其中包括山特产、木制工艺品、家具、建材、农业机具及配件等货物批发交易大厅；森林食品、木制工艺品、家具等山特产品加工营销；餐饮、小吃、住宿一条街；服装、鞋帽、玩具、小百货厂家批发一条街；五金、家电厂家批发一条街；种子、生产资料厂家直供一条街；水果蔬菜、粮油、副食品散销区，并设有信息、卫生检疫、金融、邮政等系列综合服务配套基础设施。

在物流园区内，有方便快捷的零担专线、可垂直运输的多层冷库和具有当今最先进果蔬保鲜储藏技术的气调库。项目建成后，将成为伊春以至黑龙江省面积最大、功能最全的现代化、国际化物流商贸中心。

5. 会展

在群山环抱、绿树掩映中的伊春汇源国际会展中心，是在朱新礼重点关注下由伊春项目部全体员工和建设者们用心血和汗水浇灌出来的第一朵胜利之花。这座会展中心，建筑面积 47640 平方米，有国际化标准展位 1000 个，会务报告厅 9 个，底商商铺 22 个，还有可容纳 600 人的现代影剧院和集现代化、自动化、信息化为一体的高档综合商务写字楼。从 2013 年 9 月 25 日一台台推土机、挖掘机、装载机和重型卡车开始轰鸣，到冒着零下二三十度的严寒紧张施工，再到 2014 年 8 月 26 日中国（伊春）国际森林产品博览会在这里如期举办，仅仅 11 个月的时间。今天，当人们驻足国际会展中心门前广场，仰望这座雄伟壮观、恢弘大气、富有动感的现代建筑时，莫不为其建设速度之快而发出由衷的赞叹。

6. 旅游

绿谷的生态旅游产业正在兴起。沿着新修建的 37 公里观光大道，既可以在森林日光浴场、观涛平台、石林、野生养殖基地观光览胜，在小浆果种植基地亲手采摘，在山中小溪悠闲垂钓，在崎岖的山路上驾驶全地形车尽情驰骋，也可以观赏传统农业、现代农业、欧洲风情农业等一块块特色景区，还可以到度假别墅、民族风情园、温泉度假村等处体验异情别趣。这种独特的自然和人文景观相融合，传统观光游和产业体验游相结合的旅游方式，会给每一位游客都带来全新的感受。

7. 养生

绿谷为健康养生提供了优良条件，世外桃源般的自然环境，使人们的居住、度假、旅游有了属于自己的自由空间。占地 43200 平方米的养生农庄，具有健康管理、体检、营养和体育指导功能的康健中心，定位于中产阶级和相同社会阶层人士的分立式企业农庄会所，都已经完成设计，即将在绿谷兴建。

汇源伊春绿谷七项产业方兴未艾，如朝阳升腾，也展示了汇源养生农业光辉灿烂的前景。

实施绿色发展　建设美丽、养生产业园

朱新礼喜欢欧美的农场。在他看来，那里的乡村、城镇就像在画卷里一

样，到处青山绿水，到处有花有草，到处干干净净，房子别具韵味。一到周末，城里人都回到乡下的农场享受田园风光。退休了，干脆不回城市，就在乡村里养老。朱新礼把对欧美农场的向往，融入了汇源养生农业的项目选址和规划、建设。他亲自为项目考察选址，甚至对一个项目反复数次考察。他特别看重项目园区的地理、气候、自然景观、名胜古迹和养生文化、长寿文化，并强调，一定要在充分保护、利用这些宝贵资源的基础上实施规划、建设。

朱新礼多次去湖北省钟祥市考察，规划了汇源集团规模最大的生态绿色产业园。钟祥市是中国历史文化名城、中国优秀旅游城市、中国长寿之乡和世界文化遗产地（明显陵）。汇源钟祥生态产业园规划总面积 65 万亩。园区内坐落着国家级森林公园的林场，分布着众多的名胜古迹，有碧波荡漾的水库，有曲折幽静的溪谷，有神秘莫测的溶洞，有气势磅礴的瀑布，有宝贵的飞禽走兽，有古老的珍稀植物。那里地处亚热带季风气候区，冬无严寒，夏无酷暑，是优美的观光之地、幽静的度假之域、理想的养生之乡。在那里，汇源集团启动了生态种植、生态养殖、加工配送、国际会议、游艇运动、宗教旅游、养生养老等"七大中心"的规划或建设。试想，在那样美丽的好地方，发展这样的养生大农业，谁能不说美极了？

朱新礼还多次去云南省普洱市思茅区考察，规划了汇源现代高原特色农业产业示范园。思茅区是茶马古道的源头，承载着博大精深的普洱茶文化，被誉为世界茶源、中国茶城、普洱茶都。思茅区地处低纬度高原南亚热带季风气候区，年均气温 17.9℃，年均降雨量 1517.8 毫米，无霜期 315 天。思茅区的森林覆盖率达 76.9%，林木茂盛，群山葱郁，被誉为"绿海明珠""林中之城""天然氧吧"。那里四季如春，山川秀丽，亦美亦静，宜游宜居，被联合国环境署称为"世界的天堂，天堂的世界"。汇源集团在这个"世界的天堂"，启动了优质水果种植基地、有机蔬菜种植基地、良种培育基地、畜禽养殖基地、高原特色农产品加工基地和旅游、度假、养生区的规划或建设。试想，在那样美丽的好地方，发展这样的养生大农业，谁能不说美极了？

一说起汇源的养生农业产业园，朱新礼就两眼放光，充满自豪和喜悦。他说，我们的汇源农业有几个大农场，有非常美丽的自然风光，像伊春、钟祥、普洱、阿勒泰这些地方，美极了！

在首次汇源农业年会上，朱新礼颇有风趣地说，开始创业时，我们唱《咱汇源的人》，表达我们要干出个样的决心。后来唱《汇源之歌》，倡导健康的汇源品牌和汇源精神。以后，我们要唱《美丽的汇源农业》。发展美丽的汇源农业，就是创造我们理想和向往的新生活！

朱新礼热爱美丽的自然风光和生态环境，热爱美丽的汇源农业。在农业项目的规划建设上，他特别重视环境保护。他说，汇源农业要有三赢：一是让农民增加收入，二是改善生态环境，三是改变人们的居住环境。汇源要对自己的产品和品牌负责，面对当下土地和环境污染的现实，汇源选择基地的前提是没有农药、化肥和重金属污染，侧重于选择比较偏远的林区，并进行长期的培育和保护。汇源集团通过发展种植业、养殖业和加工业，建立内部的绿色循环系统，避免对土地和环境产生污染。

建设养生农业产业园，不仅要选择和建设优美的环境，还要发展绿色或有机产业，生产绿色或有机食品，营造宜居住房和保健养生设施，特别是坚守绿色或有机产业标准。

坐落于北京密云的康民生态产业园，是汇源较早规划、建设的多产业全面发展的养生农业试验园，也是目前汇源有机种植业的示范园。该园区总面积18000亩，四面环山，风景秀丽。前几年，这个园区重点发展了有机蔬菜、有机水果种植业，初步发展了养殖业，开展了旅游观光、现场采摘、品尝体验活动。近两年，又规划或建设畜牧养殖中心、农产品深加工、集散中心、企业第二总部度假、养生基地、国家生态健身基地、农业生物研究院等项目。

目前，该园区已建成有机蔬菜大棚86个，总面积300多亩；建成有机水果大棚67个，总面积200多亩，露天栽培有机水果2000多亩，有机管理野生干果、鲜果园林3000多亩。在有机农业专家组指导下，该园区从栽培、施肥、灌溉，到采收、加工、包装、贮藏、运输、销售等环节，严格执行有机农业标准，并通过了有机农业认证。

坚持有机农业标准，在技术、管理、监控上都有较大难度，特别是化肥的控施难度更大。其中，黄瓜很容易发生霜霉病，而且一旦得病，如果不使用农药就难以控制。在技术上，必须有特别细心的人天天观察，一旦发现病害的预兆，就要采取措施。

2010年11月初，连日阴雨。由于湿度大，两个黄瓜棚发生了严重的霜霉病，施用生物药效果也不明显。越来越多的人认为，不用传统农药就种不好大棚菜。个别人甚至以减轻损失为由，抛弃了三令五申的标准规范，擅自决定喷施传统农药。

这次喷药事件引起朱新礼高度重视。11月7日，他亲自主持召开了一次专题辩论会。辩论会上，时任康民公司总经理的王本富围绕着什么是有机农业，怎样搞有机农业，旁征博引，据理力争，坚持使用通过认证的生物农药进行病虫害防治，确保康民有机农业的牌子不受损害。朱新礼明确表态，失败是成功之母。要将两棚黄瓜全部拔掉，宁可损失数万元，也要保住"康民有机"这块牌子。这次辩论会扭转了某些人的错误观念，坚定了员工坚守有机农业标准的决心，有机产品的质量得到了保障。

康民公司优选农业防治、物理防治、生物防治，配合符合标准的化学防治，将病虫害的危害程度降至最低。如采用悬挂黄板诱杀蚜虫和潜叶蝇。配套使用"土法"防治，如在果蔬垄里种上辣椒、大蒜，利用其天然的抗菌物质和独特气味，对付细菌、驱赶害虫。康民使用的有机肥经过60天的发酵，发酵过程的高温能有效杀死寄生虫虫卵和病菌。

为了让消费者见证有机农业生产，体验有机食品消费，康民公司建立了旅游观光、现场采摘、品尝体验系统。一群又一群的旅游观光者离开雾霾、喧嚣、拥堵的大城市，来到天朗气清、风景秀丽的密云生态产业园，他们的五脏六腑都感到舒服和惬意。他们亲眼看到了优美的田园风光，看到了先进的农业设施，看到了有机生产的规范作业，亲手采摘了有机果蔬，亲口品尝了有机饭菜，亲身体验了有机生活。他们放心地买走了一盒盒有机食品，留下了一张张欢笑的脸。

实施科技化发展　打造产业领先地位

朱新礼坚信科学技术是第一生产力。在汇源事业的发展历程中，汇源人一直大力实施科技化发展战略。汇源集团累计购置了200多条世界先进的水果加工、饮料灌装等生产线，引进、消化、吸收、创新了世界先进的工艺技术。汇源果浆生产的水果冷破碎、浓缩果汁生产的超微过滤、饮料生产的UHT超高温瞬时灭菌和无菌冷灌装等项工艺、技术，均处于世界同行业领先地位。无菌冷灌装，不加防腐剂，成为汇源集团保证饮料质量安全的最大技术优势之一。利用世界领先的设备技术，利用世界领先的管理体系，利用优质的水果资源，汇源集团打造了世界一流的饮料质量，打造了中国果汁第一品牌。

对于汇源农业，朱新礼再三强调，一定要重视并加大科技投入。要充分运用高科技，生产高附加值的产品。他决定在密云生态产业园建设汇源生物研究院，就是为了把首都和国内外的科技人才资源利用起来，为汇源农业的科技化做出贡献。他说，现在把钱投到科技上，为的就是明天的世界第一。要拿出一定经费预算，列出考察计划，到美国、以色列、韩国、日本、中国台湾等国家和地区，去学习他们的先进经验和技术，博采众长。朱新礼去英国访问，考察了当地一家有着百年历史的水果研究机构。他要求汇源农业加强与高科技研究机构的联系与合作，签署战略合作协议，聘请他们的院士、博士、专家、教授以兼职或顾问的形式与汇源合作，提供技术支持，帮助汇源做出领先的东西。

目前，汇源农业集团及其旗下项目部也同国内外多家科研机构、高等院校达成技术合作。

汇源集团计划利用5年时间，在我国的东北、华中、华北地区建设一批规模养殖基地。要整合以色列、新西兰、荷兰和中国农业部、中国农业科学院、中国农业大学的养殖技术优势和管理优势，生产独具特色、高品质、高安全度的肉奶等畜产品，打造国内外领先的畜产品品牌。在养殖业的发展上，汇源集团已同以色列的公司达成技术合作意向。2014年10月18日，从新西兰引进的1900头荷斯坦奶牛已经入住汇源虎林奶牛场。

2014年6月，康民公司和以色列TAP公司合作改造智能温室，升级后的智能温室，充分体现了以色列农业技术的先进性、实用性，不但具有先进高效的育苗科技，而且其生态自动水肥灌溉系统能达到95%的能效循环利用，还能扩大小叶蔬菜产能和冬季蔬菜供应量，更能带给消费者非凡的现代农业生产体验。

2010 年，在农科院、中国农大和以色列农业专家的指导下，康民公司引进了金田翡翠、皇家无核等葡萄新品种；花彩、中油 5 号、中油 12 号等大棚油桃品种；樱桃萝卜、以色列彩椒等蔬菜品种。2010 年底，从德国引进高山杜鹃高档花卉。在比利时专家指导下，通过智能温室调控，实现高山杜鹃、洛阳牡丹等花卉在春节前开花上市，繁荣了节日市场，也为带动农民致富增收开拓了新渠道。

汇源农业生物研究院工程是汇源农业科技化发展的标志性工程，将引进以色列、英国等国家的农业科学家，并与农业部、农科院、中国农大、河北农大等单位合作，将其建成国家级农业生物科研基地、农业科研成果转化平台、国内外农业生物技术交流推广平台和现代农业科学管理、高新技术人才输出基地。该工程已于 2014 年 9 月完成主体封顶，年底将投入使用。

实施合作发展　做大新型农业

实施合作发展，是做大产业的基本保证之一。朱新礼一直重视合作发展，特别是在资本运作、资本合作上创造了一个个传奇，并被誉为"资本运作的高手"。

2008 年第 2 期《当代经理人》杂志公布了"2007 年 50 位最具领导力CEO"，朱新礼以高分当选。该刊发表的《朱新礼：资本高手》指出："这位一向以谦虚、微笑示人的山东大汉，不断地向外界展示其在资本运作方面的过人本领……事实证明，每一次合作都为汇源下一步的发展奠定了坚实的基础。"

朱新礼实施资本运作的第一个杰作，是同德隆的合作。2001 年 3 月，德隆出资 5.1 亿元，持股 51%，做合资公司的大股东。到 2002 年底，德隆累计向汇源借款达 3.8 亿元。朱新礼敏锐地判断，德隆的资金链发生了危机。2003 年初，朱新礼决定同德隆分手，同对方展开了多个回合的艰难谈判。最后，汇源出资回购了德隆所持 51% 的股权。双方分手不久，德隆系全面崩盘，汇源成为德隆危机中唯一全身而退的企业。

2005 年 3 月 21 日，汇源果汁与中国台湾统一集团签署组建合资公司的协议。统一集团在汇源果汁控股持股 5%。然而，中国台湾相关政府部门以统一集团在内地的投资额接近上限为由，不予审批。统一集团不得不在 2006 年 7 月放弃同汇源的合作。

2006 年 7 月 3 日，汇源集团引进战略合作者新闻发布会正式宣布：法国达能、美国华平、荷兰发展银行、香港惠理基金共同投资 2 亿多美元，持有汇源 35% 的股份，其中法国达能独家持有 22.18% 的股权。这个战略合作的达成，为汇源构建了一个新的国际型合作平台。

2007 年 2 月 23 日，汇源果汁迈出关键性的一步，在香港联交所正式挂牌上市。汇源首次公开发行（IPO）即受到投资机构及股民的热烈追捧。200 多家全球顶级投资机构、30 多万股民对汇源股份的认购热情高涨。国际配售部分，汇源斩获超过 200 倍的超额认购；在股民认购方面，一举获得 937 倍的庞大超额认购。全日成交 3.19 亿股，成交金额达 30.48 亿港元，成为当天成交金额最大的股票。汇源果汁成功上市，反映了汇源强劲的果汁品牌、庞大的生产规模和分销网络获得国际资本市场的肯定和认同，也标志着汇源果汁进入了国际公众公司行列。

2010 年 7 月 28 日，汇源果汁公告，赛富基金以每股 6 元，总金额约为 20.24 亿港元的成交价，购买了法国达能集团所持有的股份 3.37 亿股，成为汇源果汁的第二大股东。业内人士分析，赛富基金此次与汇源合作，再次证明了汇源的市场价值和品牌价值。

汇源的发展历程证明，朱新礼运作的每一次资本合作，都在不同程度上促进了汇源事业的发展，增添了汇源品牌的光彩。

对汇源农业，朱新礼强调，我们要建立开放的汇源农业，充分体现合作，实现资源整合。谁能充分体现合作，谁就能在未来的时代成为赢家。汇源农业集团不能孤军作战，要在全球范围内开放搞活，广泛合作，向世界级农业进军。他说，汇源农业产业园的项目很多，汇源自己的力量是微不足道的，对我们不擅长的，一定要寻找好的合作伙伴。要好好分析判断对方的优势，寻找那些能补我们短板的公司。他提出，要在产业园里边融合很多企业，大家有人才的出人才，有钱的出钱，有项目的带项目，团结起来做大做强这个事业。

目前，汇源农业集团在开放搞活、实施合作上已经取得了可喜的进展。为发展康民保健养生产业，汇源集团已与熙康集团达成股份合作，并已启动项目实施。在玉米深加工项目的发展、经营上，已同京粮集团达成合作。吉林柳河的猪牛羊养殖业比较发达。汇源柳河项目部就同这些养殖企业建立了合作关系，利用他们生产的有机肥，发展葡萄种植业，构建葡萄种植、葡萄酒庄产业链。2014 年 4 月 10 日，汇源集团又与亿利资源集团签署了合作开发库布其沙漠生态现代农业的框架协议。协议确定，双方合资组建公司，充分发挥各自的优势，共同致力于库布其沙漠的治理与开发，发展集约化、生态化的养殖业、种植业、加工业和旅游观光业。此后，双方组建了项目部，启动了项目规划建设。

忠实履行责任　责任铸就辉煌

汇源集团自 1992 年成立以来，在全国各地创建了 80 多个现代化工厂和农业项目部，链接了 1000 多万亩果蔬种植基地和产业园区，建立了基本遍布全国的销售网络，营造了汇源果汁、汇源果业、汇源农业互相促进、共同发展的产业格局，构建了一个横跨东西、纵贯南北的全国性农业产业化体系，打造了中国果汁第一品牌，创建了汇源养生农业模式。

汇源集团奉行"营养大众、惠及三农""发展养生农业、创造健康生活"的理念，生产、销售了大量多口味、多规格的健康饮品和食品，累计加工、消化 150 多亿公斤农产品，带动了千百万农民致富奔小康，促进了经济发展、城乡建设和环境保护。汇源集团累计缴纳各类税金上百亿元，向社会公益、慈善事业捐献资金、物资价值 5 亿多元。汇源产业平台直接安置了 40000 多名员工上岗就业，为更多的城乡居民间接提供了就业机会。2014 年，汇源集团陆续接收百名营团师级军转干部加盟。分别经过 5 期培训，他们走上了新岗位，踏上了创业路。这项举措，不仅将他们转变为企业管理人才，而且减轻了国家安置军转干部的压力。

能够履行社会责任，为国家、社会和农民做出贡献，是朱新礼最大的乐趣。成千上万辆装满水果的汽车排成长龙开进汇源工厂，成千上万个家庭的餐桌上摆上汇源果汁，就是朱新礼最大的欣慰。看到果农的钱包鼓起来，脸上笑起来，就是朱新礼最大的快乐。

2007年9月，在汇源集团成立15周年联谊会上，山西省万荣县的一位果农登上主席台，代表万荣果农表达心声。他说："我们万荣43万果农让我代表他们来感谢汇源，感谢朱总。你们在万荣建厂，为我们广大果农办了一件大好事。就说苹果吧，那价格是嗖嗖嗖地往上涨。去年，全县果农赚了一个多亿啊！"接着，当时的万荣县委书记卫孺牛、县长张汪尤向汇源集团赠送了硕大的万民匾，上书"万荣农民得实惠，果乡百姓颂汇源——万荣县四十三万果农敬贺"。在朱新礼的眼里，这块匾牌胜过了金牌银牌，这样的口碑胜过了金杯银杯。

朱新礼特别注重维护农民的利益，提高农民的收入。他要求汇源农业必须遵循"三不"原则：不与农民夺地，不与农民抢活，不与农民争利。我们发展的是现代化的新型农业，要做农民做不了、做不好的产业和产品，要做高科技含量、高附加值的东西，以此带动农民富起来。在汇源农业产业园，农民既有土地收入，又有工资收入、合作经营收入或承包经营收入，加班还有加班费。汇源产业园安置了周边地区的大批农民就业，与农民分享利益，并对农民进行有效的组织和培训，让他们自身的工作能力、生存能力和经济收入都有明显的提高。

汇源阿勒泰沙棘产业化项目实施5万亩荒漠化草场开发，发展沙棘种植、加工业。项目建成之后，就把5万亩荒漠变为防风固沙、保持水土的绿洲，就为当地农民开辟了大有作为的广阔天地，经过培训的农民就会成为种植管理的主力军，成为增收致富的受益者。可以说，这个项目的建设，实际上为农民增加了土地，增加了农活，增加了收入，充分体现了"三不"原则。

对汇源养生农业的发展前景，朱新礼既高度乐观、自信，又十分冷静、清醒。他指出，汇源农业的前景非常灿烂，但短期内还不可能赚钱。我们根本没打算让汇源农业这个板块在三五年内就盈利。我们看中的是汇源农业未来10年、20年甚至50年的价值。我们打造这个模式，5年、10年做出来以后，其价值就可能比我们过往20年打造的汇源果汁这个品牌的价值更高，对国家、社会和农民的贡献更大。那也是我的一个新的梦想！

30 年来，朱新礼一直在奋斗，一直在创业，一直在追梦。他带领东里东村的村民调整农业结构，发展水果种植业和工商业，为该村开辟了一条农业产业化之路。他创建汇源集团，发展水果加工、饮料灌装产业，为汇源开辟了一条更宽广、更高档的农业产业化之路。而他带领员工开创的汇源养生大农业，则是现代农业产业化的创新版、升级版。朱新礼 30 年奋斗、三次创业的道路，就是一条越走越宽、越走越新的农业产业化转型升级之路。

导师点评

汇源集团讲述了一个典型的中国故事，一个偏远的山村小厂如何走向全国，走向国际，实现企业多元化扩张，实现企业上市，在资本市场中发展。一个企业的文化和发展道路与企业家密切相关，汇源的创始人在企业的不同发展阶段奋力拼搏，提出了正确的主张。汇源所处的行业是一个传统而又巨大无比的行业，既是竞争激烈，又是永恒存在的一个大产业。

集团通过在狭义的果汁行业站稳脚跟，然后扩张到大农业的范畴，通过企业上市运作，进入了资本运作的时代。其实无论经营任何一个行业，最终都会面临和资本市场打交道，和国际同行打交道，因为抽象到财务报表，投资人关注的是风险和收益。汇源在发展道路上都经历了这些过程，与可口可乐的股权交易问题，与国际投资银行和私募基金的合作，都证明一个传统的行业也需要运用资本化的手段去发展。

汇源已经将视角对准大农业范畴，这是一个市场更加广阔的空间，题材更多，充满机会和挑战，汇源管理层面对的问题是如何优化商业模式，在未来的市场上仍然引领潮流。

孟庆轩

斯坦福大学博士、研究员

中国人民大学苏州校区特聘教授

山东五征集团有限公司成长报告

姜卫东

国研·斯坦福一期二班学员

山东五征集团有限公司董事长

扫码直达五征集团报告精华版

在结构调整中转型　以转型促跨越发展

山东五征集团成立于 1961 年，前身为一个县级拖拉机厂，历经半个多世纪的转型，现已形成农用车、汽车、专用车、农业装备和现代农业五大产业，拥有 5 个制造事业部、8 家子公司。总资产 89 亿元，员工 14000 人，2013 年销售收入突破 160 亿元，经济效益连续 10 余年保持较高水平，是山东省重点支持发展的 50 家企业集团之一。

自 1984 年转产农用机车，五征集团以胆识与魄力，抓住了改革开放的市场机遇。进入 21 世纪以来，农机车行业的衰退促使集团加速转型，在国企改革的浪潮中，集团于 2000 年率先改制为民营企业。逆势而上，以小博大，五征集团通过控股浙江飞碟汽车、并购山东拖拉机厂，实现了由传统制造向现代制造的转变和健康高效发展。

五征在发展汽车与现代农业装备产业的同时，也不忘回归本源，在农业领域大展身手。2010 年 5 月，中央新疆工作座谈会在京召开。五征积极响应援疆号召，在新疆麦盖提县建设现代农业示范园，先后投资 1.52 亿元，对园区 8000 亩荒地进行了高标准土地整理，建设了 1500 亩林木种苗示范基地，引领当地的现代化农业产业走向发展的大路。

五征集团获奖颇丰，曾先后获"全国五一劳动奖状""中国机械工业质量管理奖""山东省企业管理奖"和"山东省省长质量奖"等荣誉称号。

（一）转方式、调结构需要智慧。转好了企业就会绝处逢生、异军突起，调错了就会头破血流、被更快地淘汰出局。五征集团在多年的砥砺发展中，积聚了转方式、调结构的丰富智慧

缺资金、缺人才、缺技术是中小企业发展初期普遍面临的难题。但事业成败的关键因素是人的精神和智慧。只要精神不滑坡，办法总比困难多，五征用发展实践做出了有力的诠释。

1. 敢为人先抓队伍

企业发展伊始，五征和众多的中小企业一样，什么优势也没有，可谓一穷二白：人才匮乏、设备陈旧、技术落后，没有任何竞争力和优势。五征集团在国有企业中率先进行管理体制改革，以壮士断腕的气魄，大刀阔斧地进行内部改革。压缩机构、精简人员、推行岗位工资制、完善分配机制，机构压缩了一半，人员精简了2/3。在此基础上，在不同的历史发展阶段，用不同的企业精神激励广大员工。在企业发展初期，用"勤奋严谨、求实创新、规范有序、忘我奉献"的企业精神激励广大员工甘作老黄牛，无私奉献；在企业小有成就时，用"求实、创新、高效、发展"的企业精神激励员工踏踏实实做事，不急躁，不冒进；在企业实现了大发展后，提出了"诚信、协同、创新、卓越"的企业精神，诚信经营，追求卓越。正是靠这种敢为人先的精神，提振了广大干部员工的精、气、神，生产条件逐步改善、产品竞争力逐步提高，企业逐步进入良性发展的快车道。

2. 处变不惊破困境

市场竞争既是产品的竞争、经济实力的竞争，更是策略之争、心态之争。不管面对的是利益还是风险和困境，都必须保持一种良好的心态，学会理性思考、理性对待。五征集团在发展过程中，始终把"服务社会、造福大众"作为经营理念和追求目标。在考虑当前利益时，更注重长远发展、战略发展。在同行业大发展、抢上规模时，五征没有盲目跟风而上，而是静下心来抓产品、抓质量、上水平；在同行业纷纷降价争市场的时候，没有人云亦云，而是静下心来抓管理、抓成本、增效益，处变不惊。在最困难的发展时期，资金紧张，生产经营难以为继，银行不贷款，供应商不供货。面对如此困境，

五征坚定"事在人为"的信念，勒紧腰带，集中人力、物力、财力，加快新产品开发，实施管理创新和制度创新，加强企业文化和人才队伍建设，靠内涵式发展增强竞争优势，企业起死回生，走出了独具五征特色的发展之路。2008年下半年，世界金融危机肆虐全球，五征同样经历了严峻的考验，最困难的10月份产销量不及产能的1/5。面对复杂多变的外部环境和市场形势，五征没有被吓倒，而是努力在产业结构优化升级、产品创新和提升装备水平等方面寻求突破，积蓄发展优势。一是致力于研发团队的建设和产品研发能力的提升，靠产品拉动市场；二是调整优化产业结构，创造新的产业优势；三是在整体制造水平和关键零部件上下工夫，努力增强企业核心竞争优势。一系列举措的实施，收到了明显的成效。

3. 反弹琵琶赢市场

哈佛商学院学者总结认为，企业成败主要取决于决策和管理两大因素，其中决策因素占80%，管理因素占20%。然而任何决策都与风险相连，企业在生死攸关时刻，等待决策层的是艰难抉择，"盲目跟风"与"独辟蹊径"会导致不同的后果。五征集团在发展过程中，面对危机，经常反弹琵琶，独辟蹊径，不断创造优势，实现企业突破性发展。

农用车市场进入买方市场后，规模排在行业前几位的厂家为扩大市场份额，凭借雄厚的资金实力掀起了一轮又一轮价格大战，有的甚至提出"宁要市场、不要效益"。在急剧变化的市场面前，五征不主动参与价格大战，眼睛向内，苦练内功，决不因争夺市场而使效益受损、质量下降，不搞粗制滥造。在农用车行业普遍没有效益的情况下，个别厂家仍然咬牙降价，而五征却瞅准时机，反其道而行之，每辆车上涨100~400元不等，销售量反而大增。绵延不断的价格大战打了好几年，五征从没有被动跟随降价，反而适时提价。虽然业内很多人士不理解，但五征却"赢"了，赢在了质量上。而有些企业却因为盲目跟随掉入了陷阱，盲目发展陷入了泥潭，最终被市场无情地淘汰出局。

（二）转方式、调结构不是心血来潮，而是要兑现"真金白银"。五征集团依托自身优势，通过资产并购、优化资源配置，赢得了转、调"稳中求进"的新胜利

五征集团自1984年开始生产农用车，随着农用车市场的变化，特别是进入新世纪以后，在农用车行业衰退与下滑，业内众多企业相继倒闭、破产的形势下，逆势而上，以小搏大、以弱胜强，逐渐形成了独特的发展优势。销售收入连年大幅增长，经济效益不断翻番，行业竞争地位不断巩固，使公司上下产生了一种"小富即安"的不良思想。但是，随着社会的发展和进步，农用车行业在经历了近 20 年的快速发展后进入了平稳发展阶段，局部市场甚至呈现下滑趋势，企业发展后劲明显不足，迫切需要寻找新的经济增长点。如何实现企业的持续健康发展，成为摆在五征决策者面前最大的"瓶颈"。公司领导层经过反复论证，认为必须走多元化发展之路，规避行业风险，最终决定利用在农用车产业形成的优势，以资产并购为纽带，向关联产业发展，实现产业结构的优化升级。

1. 进军汽车产业

公司最终决定向与农用车关联的汽车产业发展，行业领导、专家也建议五征向汽车行业靠拢。如何跨出第一步，非常不易。五征地处县城的厂区所在地块狭窄，企业后续发展缺乏腾挪的空间，对此，五征的决策者将眼光瞄向了与日照市区相隔不远、地域开阔、交通便利的潮河镇。2003 年，五征在离县城 40 公里的潮河镇投资 1.2 亿元开始建设轻型车厂，按照汽车生产工艺建起了车身组焊、涂装以及总装生产线，具备了载货汽车的基本生产条件，这成为五征迈向汽车产业的第一步，也由此拉开了五征汽车城乃至日照市北经济开发区建设的序幕。要进入汽车产业，首先要获得汽车生产资质。2004 年，国家发改委发布《汽车产业政策》，鼓励汽车产业结构调整和重组。2005 年底，经过多次商谈，并购浙江飞碟汽车，拥有了载货汽车、客车、MPV、SUV 等产品的生产资格，其中载货汽车于 2006 年通过了国家发改委异地生产审核。至此，五征正式进入汽车制造业。初涉汽车行业，产品不成熟，加之技术和市场没有积淀，有人认为五征是"搅局者"。五征通过加强人才引进与培养、加快新产品开发、加大技改投入、完善市场营销服务网络、提高员工素质等一系列举措，逐步形成了汽车产业发展新优势，产品的质量、性能、外观水平不断升级。2009 年，"奥驰"汽车在与全国轻卡行业众多优势产品的较量中，凭借过硬的产品设计、制造工艺水平及产品综合性能，一举摘得"2010 年中国卡车年度车型轻卡奖"，成为行业标杆产品。2010 年，五征载货汽车产销 3.52 万辆，同比增长 125.7%，远远高于行业增长幅度，进入行业前 10 位，五征汽车在国内市场上站稳脚跟。五征用实力证明了自己是中国汽车工业强有力的参与者、竞争者。成绩面前，五征没有骄傲自满、裹足不前，而是铆足干劲往前冲。五征在巩固现有优势的同时，全力向高端、轻量化、高速物流方向调整。在奥驰基础上不断拓展、升级，推出了"奥驰"高速物流车系列产品，各项性能指标均达到国内同行业先进水平。投放市场后，以良好的性能和可靠性得到用户的普遍肯定，形成了新的竞争优势。经过多年努力，五征汽车市场现已呈现出覆盖面广、大点多、增长快的特点。今年以来，五征积极响应国家环保号召和汽车排放升级要求，秉承"绿色奥驰"、"低碳生活"的环保理念，研发了奥驰 A 系、V 系、D 系、T 系、Y 系等五大国 Ⅳ 排放升级系列产品，继承了奥驰系列优秀的通过性和适应性、强大的动力及坚固的车身等优势，并在内饰、外观、配置、排放处理等方面全面优化升级，覆盖了高端、中高端、经济型各产品段，全力为用户提供绿色、最佳的用车方案。

2. 壮大农业装备产业

2004 年，国家开始实施农机购置补贴，加快推进农业机械化，大力发展现代农业，农业装备产业展现出广阔的发展前景。五征以市场、技术相对成熟的小拖为切入点进入农业装备产业，整合公司优势资源，借助三轮车的营销渠道，迅速打开了市场。产销量连年翻番，小拖实现了迅速发展，迅速进入行业前 3 位。2009 年春，世界金融危机的影响还在蔓延，五征在危机中优化升级产业结构，创新产品和提升装备水平，继续扩大了优势，并保持了良好发展态势。抓住国家大力发展农业机械与加快企业并购重组的机遇，五征发挥市场、资金等方面的优势，2009 年 5 月一举并购具有 50 多年发展历史的山东拖拉机厂。并购山拖后面临诸多问题：山拖已有 10 余年没有进行过技术改造、设备更新；多年没有新产品，现有产品缺乏竞争力，并且质量问题不断，市场声誉严重受损；机制僵化、人员老化等。为此，五征从转换机制、文化整合以及产品整顿入手，全力转换山拖运行机制，转变职工思想观念，努力优化提升产品设计水平和质量水平，积极开拓市场，取得了一定成效。同时，对生产线进行全面的技术改造，投资 3 亿元在山拖实施了山东省工业转方式调结构重点项目——大马力拖拉机技改项目。新建涂装、总装和齿轮加工生产线,生产条件得到彻底改善,山拖公司以崭新的姿态蓄势待发。近几年,五征又定位高端农机市场,致力于研发高附加值、具有国际竞争力的农机产品,高端品牌竞争优势开始显现。拖拉机覆盖 25～230 马力,其中:55 马力 WA 拖拉机与欧洲设计公司联合开发,采用独立操纵的双作用离合器、同步动力输出,并在国内同功率段率先应用同步器换挡,填补了国内空白。经过 5 年研发、试验、验证,各项性能均达到国内领先水平。小批量投放市场后,以高性价比在区域市场表现良好。与国际著名设计公司联合开发的 180～230 马力"雷诺曼"大型拖拉机定位高端市场,动力换挡,GPS 定位,可替代进口产品,批量投入市场后迫使国际品牌产品纷纷降价竞争。目前公司正在研发 260 马力拖拉机。玉米收获机现已形成两行、三行、四行三个平台,扩展到小三行、小四行、小五行等系列,四行、五行玉米收获机采用液压传动,产品性能和可靠性在市场上表现突出,得到用户的充分肯定。烟草全程作业机械批量投放市场,得到国家烟草公司以及各产烟省区和用户的广泛肯定和好评。植保机械、马铃薯全程作业机械、青贮机械研发试验亦在全力推动中。

3. 巩固农用车产业

五征农用车产业已发展 30 年,五征始终把农用车产业作为主业培植,围绕农村市场的高端客户需求,致力于新产品研发,满足了不同地区客户不同需求,通过积极引导市场需求,继续保持了农用车优势,营销网络与售后服务体系遍布全国。特别是随着汽车研发能力的提升,通过引用汽车设计理念及设计手段对农用车产品进行优化、升级,提高了农用车产品水平。自 2010年以来,产销量稳居行业第一,且与竞争对手的差距逐年拉大。

4. 发展专用车产业

随着社会经济形势的变化,物流方式转变、专业化产品及专业化服务等特点日益突出。五征在充分整合现有研发、制造条件、市场网络体系基础上,不断加大专用车开发力度,成立了专用车研究所和专用车生产工厂。开发的农用车、汽车等系列专用车产品迅速形成新的亮点,成为各级政府重点选用、推广的产品。2013 年实现销售收入 1.2 亿元。养蜂专用车现已进入国家农机推广目录，破例被列入国家农机补贴范围，山东省政府还拿出专项资金，每台补贴 5 万元。养蜂车是养蜂业的一项革命性创新，改变了传统的生产作业方式，降低了劳动强度，提高了工作效率，大大增加了蜂蜜产量，提高了蜂农经济效益。三轮、微卡、轻卡环卫车现已形成钩臂式、摆臂式、垃圾压缩式环卫车，餐厨垃圾车等垃圾收集系列环卫车以及自卸式、自装卸式、自卸盖式环卫车，移动式、固定式中转站等垃圾中转系列环卫车，为城乡垃圾的快速收集、转运提供了系统解决方案，成为加快推进城乡环卫一体化的理想工具。汽车、农用车和拖拉机系列多功能抽渣车具有沼气抽排、抽水和农村消防等功能。三轮、汽车罐式车具备生活储水和农业生产抗旱功能，非常适合西部干旱地区广大农村。五征专用车还拥有洒水车、扫路车等道路清洗清扫系列专用车以及随车吊、汽车吊、散装饲料运输车等特种车辆。

5. 发展现代农业

2010 年 5 月，中央新疆工作座谈会在京召开。会后，五征积极响应援疆号召，充分发挥农业机械和农业产业优势，一场以加快现代农业开发为轴线的援疆行动如火如荼地展开。提出在新疆麦盖提县建设现代农业示范园，先后投资 1.52 亿元围绕农业、林果业、农机等现代农业技术于一体的生产、示范和观光旅游基地，同时结合五征产业基础，对开发的产品进行试验、示范、销售服务和小批生产。对园区 8000 亩荒地进行了高标准土地整理，修建道路、水渠、防风林带、闸门桥涵，全部实施高效节水滴灌，并对供排水系统实现了网络管理，遥控开关；建设了 1500 亩林木种苗示范基地，每年为社会提供苗木 20 多个品种、500 多万株；建设了设施农业示范基地，其中智能温室 6000 平方米、日光温室大棚 400 亩，全部用作花卉繁育、蔬菜育苗、新优瓜果示范种植；建设了机械加工组装车间及研发楼，对大型农机具、电动三轮车等适合当地需求的产品进行研发、生产；与园区内的喀克夏勒村进行村企合作，新建 105 户高标准住宅及基础配套设施，喀克夏勒村实现了整体搬迁，提前实现了城镇化；与当地农机用户联合成立了麦盖提县惠民农机农民专业合作社，为当地农民提供机械化服务。

经过苦心耕耘，昔日的戈壁荒滩演变为现代农业科技示范园区，对当地现代农业发展起到了示范带动作用，促进了当地群众就业，培养了大批农业生产和农机作业技术人才，转变了传统农业生产理念，带动了农民增收致富，使村民的生产、生活方式发生了根本的变化；进一步加强了民族团结，也成为五征农机产品开发、试验、示范、培训、推广的重要基地和面向周边国家农产品和机电产品的出口基地。未来，五征将在发展中国家开发农业，同时推动农机、运输车辆及专用车市场的开拓，并在具备条件的国家和地区建立生产工厂。

目前，汽车和农业装备两大新兴产业的发展也推动了传统农用车产业稳定、高效发展。五征实现了由单一农用车产业向汽车、专用车、农业装备和现代农业的转型、升级，竞争优势明显增强。

（三）转方式、调结构离不开现代化管理保障。没有现代化管理保障，转方式、调结构就无法顺利、高效开展。五征集团推广学习现代化管理方法，实现企业管理变革升级，坚定不移调结构，脚踏实地促转变

在企业发展中，五征始终认为，管理的目的不单纯是为了增加效益，管理要覆盖开发、生产、销售以及服务全过程。通过规范有序的管理，实现零缺陷、零库存、无漏洞，使工作质量、产品质量和经济运行质量全面提升。

过去，五征管理粗放，管理水平低。自改制以来，五征不断从企业内外两方面入手，建立健全质量管理体系，将质量管理贯穿到企业生产经营活动的全过程。一方面，加强对内部生产过程的监控管理。2002 年导入 ISO9001 国际质量认证体系，努力将各项质量管理措施落到实处；另一方面，狠抓配套产品的质量管理。为保证配套产品质量，制定和完善《外协配套管理规定》，理顺配套秩序，建立了较为完善的市场化运作机制，对配套企业实行 ABC 分类动态管理，有效地提高了产品质量保证能力。在生产经营过程中，认真做好收益分析，实施 1% 战略，促进各项工作循序渐进地提高。为有效降低企业生产经营成本，五征建立了以成本费用考核为主，质量、计划、工艺、现场等专业管理与考核结果挂钩的成本核算体系，通过抓成本管理，营造了从车间到班组、从班组到个人，从节约一滴油、一度电、一滴漆入手，处处抠成本、人人搞节约的浓厚氛围。不断加强财务管理，制定了完善的《财务管理办法》，严格财务监督，加快资金周转，提高了资金利用率；完善了贷款支付方式，将原来的不定期付款改为一月两次定期付款，成为同行业率先规范付款制度的企业之一，此举也成为供应商纷纷加盟五征的一大亮点，提高了供货效率；加强了应收账款管理，变经销商代销、赊销为带款提货，彻底扭转了过去货款受制于人、两项资金占用居高不下的被动局面，使产品库存和应收货款降为零，大大加快了资金周转，降低了生产成本，企业实现了良性发展。创建了现代化的生产、营销、物流管理体系，使产品水平和市场竞争能力不断提升，提高了生产效率和经济效益。

近年来，五征积极学习借鉴国内外先进管理理念、管理方法，导入"零缺陷"、"卓越绩效管理"、6σ 等先进管理理念、手段和方法，广泛应用水平对比法、5S 现场管理法、平衡记分卡等管理方法、手段；大力推进实施精益管理，成立精益学院，对管理和技术骨干全部进行系统的精益研发、精益采购、精益制造、精益营销、精益人才、精益财务、精益信息化、精益班组、精益现场等方面的理论培训及实操培训，全面提升企业精益管理水平；组织基层管理人员、技术人员、供应商、经销商赴美国、日本、意大利、德国考察学习，开阔眼界，提高境界，学习国外严谨的工作态度和高效的工作效率，精益理念已渗透到研发、采购、制造、管理、营销等各环节；启动了 TS16949 质量管理体系建设，从研发设计环节就关注产品质量，并将精益管理、TS16949 等管理方法导入配套企业，实施同步提升工程，广大供应商的观念得到极大转变，产品水平和管理水平进步明显；成立了专业的供应商质量工程师队伍，把质量管理工作的重点从过去入厂检验向研发设计质量控制、供应商制造质量控制与提升、巡检方向调整，逐步取消零部件入厂检验，全力实施供应商产品质量免检；实施全面信息化建设，选择世界著名 SAP 信息化管理系统，由美国知名公司负责实施，2014 年 10 月份已上线运行，在计划管理、物流管理、成本管理、数据共享方面实现了重大突破。

2014 年，五征又导入了卓越绩效管理理念，从决策过程、战略管理、顾客与市场洞察以及业务流程优化、业绩差距分析改进等管理工具和方法，推动企业核心竞争力的可持续提升。与北京咨询管理公司合作，共同开发《五征销售公司基础管理标准手册》和《五征经销商运营管理标准手册》，为五征和经销商建立规范统一的营销工作流程和运营标准，不断提升营销管理水平和经销商经营管理水平，增强营销网络的整体竞争力。为提升水平、提高效率、消除浪费、提升经营业绩，五征还对运行组织管理体系、管理制度、部门职责、工作流程、考核体系、薪酬政策进行了重大变革，建立了新的运行机制。五征逐渐搭建起了精益管理体系，实现了由粗放向精确转变。

（四）转方式、调结构需要科技支撑。没有科技支撑的转方式、调结构只能是一句空话。五征集团加大科技投入，积极推进自主创新，为转方式、调结构提供了强有力的保障

五征进入汽车和农业装备产业时，同行既有国内大型汽车制造企业，也有世界著名的农机制造商。面对巨大的发展压力和强有力的挑战，五征在推进产业结构调整和升级过程中，大力推进自主创新，积极构建高端科研团队，优化产品研发流程，提升产品研发能力，不断增强产品科技含量，加快推进企业由传统制造业向现代制造业转变。

1. 组建并升级五征技术中心

2000 年组建了五征技术中心，2004 年被山东省经贸委认定为"省级企业技术中心"，2007 年被评为"山东省重点企业技术中心"，2009 年被国家发改委、科技部等五部委认定为"国家认定企业技术中心"，下设汽车设计研究院、农业装备设计研究院、农用车研究院、电动汽车研究所、专用车研究所、基础技术研究所、技术装备部、试制车间、试验检测中心、山大－五征机械研究院等部门，集技术决策、咨询、管理、研究及推广应用为一体，形成了一套完整的技术创新体系。五征技术队伍超过千人，博士 7 人，硕士（含工程硕士）85 人，博士生导师 1 人，研究员 3 人，享受国务院特贴专家 2 人，泰山学者 3 人。目前，五征技术中心已成为支撑企业科技发展与进步、对外开展技术合作与交流、参与国内重大科研项目的自主研发创新机构，新产品、新技术、新工艺的研究开发中心以及人才培训、技术服务中心。2011 年综合排名列全国 729 家企业技术中心第 246 位。先后承担了多项国家"863"和"十一五""十二五"科技支撑计划项目，同时与国外设计公司共同开发产品，实现研发体系和研发流程与国际接轨，产品研发能力不断提升。

2. 加大人才引进培养力度

大力实施人才兴企战略，着眼构建高端科技研发梯队，2007年从国外引进了一批高水平的汽车专家、博士，组建了由国外专家领军的产品研发团队。目前在五征工作的美国、日本、德国等外国专家达20余人。海内外高层科技专家的加盟，也吸引了众多大学生、研究生的关注。近几年每年都有200多名大学生加盟五征，搭建起了专业、年龄结构完善，梯次合理的技术、管理和营销服务人才队伍。加强对技术人员的培训、培养，与吉林大学、山东大学、中国农业大学、上海交通大学、中国农机院等著名高等院校和科研院所建立长期产学研合作关系，开办硕士研究生班，每年外派300余人次赴国内高校及国外设计公司学习。建成了国内一流的职工培训中心，每两年评聘一次技术能手，涌现出了张念利、闫丰贞、冯展帅等一大批全国技术能手，省、市首席技师等技术型拔尖员工。同时，充分发挥专家团队作用，加强对技术人员理论水平和新技术应用能力的业务培训指导，积极应用先进制造技术和现代设计方法，大大提高了技术人员的能力与水平。五征产品研发设计已由传统的经验、类比设计上升到理论、量化设计，引进、消化、吸收和再创新能力不断提升。

3. 全力推动研发创新能力升级

五征参照国内外先进经验与做法，结合企业自身实际，建立了科学的产品研发流程与比较系统的设计方法和技术规范，逐步建立了从关键零部件设计研发到整车集成优化的理论体系；按照汽车生产工艺要求，新上汽车模具、冲压、涂装项目与汽车桥箱、车架等关键零部件制造项目，并对原有涂装、焊装、总装生产线进行升级改造；广泛应用三维设计、计算机仿真和CAE分析等技术，广泛开展精益设计、价值工程，推广应用大型加工中心、三坐标测量仪、三坐标激光扫描仪、汽车性能综合试验测试仪、曲面成像建模系统、汽车综合试验场、齿轮测量设备等各类制造检测设备及各类理化试验仪器设备，具备了汽车车身大型覆盖件模具开发制造能力及逆向设计能力，搭建起了高水平的产品研发软、硬件平台。投资4000余万元新建试验检测中心，具备了整车及传动系、悬架、电器、液压等综合试验检测能力。五征理论设计、量化设计水平不断提升。

（五）转方式、调结构不是天马行空，想到哪干到哪。五征集团瞄准现代化机械制造业这一目标，不断加快转方式、调结构进程，全力向现代先进制造业迈进

企业发展初期，五征装备水平差，产品质量靠工人的技能和责任心来保证，没有能力与大企业抗衡，只能选准必需的技术装备做突破口，创造最基本的生产条件。2000 年改制后，五征实现了良性发展，开始有资金、有能力进行大规模的技术改造，逐步创造基础生产条件，扩大生产规模。"十五"期间，五征共投资 3.8 亿元，新上农用车总装线、底漆线、车架生产线、喷涂线，极大地提高了产品质量和产品自制率，使公司年生产能力达到 20 万辆。新上轻型汽车生产线、汽车检测线、农业装备生产线、车桥生产线和汽车配件制造基地，具备了年产农用车 50 万辆、汽车 10 万辆、农业机械 10 万台、汽车配件 30 万套的生产能力。

2005 年，五征制定了"十一五"发展战略规划，提出加快产业结构调整与升级，依靠科技发展与进步，瞄准国内外前沿技术，实现由传统制造业向现代制造业脱胎换骨转变的战略目标。围绕这一目标，五征高起点规划，先后投资 20 多亿元进行了核心制造能力建设，建立了先进的汽车车身冲压和焊装生产线，实现了覆盖件模具的计算机集成制造，车身制造水平和能力得到了质的提升；车架制造工程采用大型数控技术、自动中频焊技术、模块化模具系统、柔性铆接工艺系统和具有计算机自动校平技术的 6300 吨大型数控压机系统，具备了一流的车架制造能力。车架制造工艺获国家发明专利，居国际先进水平；采用模块化柔性制造技术和敏捷重构思想实现了车桥和变速箱制造工程，具备了车桥和传动系的制造能力；建设了具国内先进水平的自动化总装线，实现了工位信息智能化、设备仪器自动化、输送搬运轻松化的现代化智能生产；数控激光切割、数控折弯、自动化焊接、自动化冲压、机器人等先进装备得到广泛应用。五征装备制造能力与水平大幅提升，逐步掌握了核心、关键零部件的设计、制造技术，五征由传统的农机制造企业阔步迈入现代先进制造业。

（六）路漫漫其修远。任何一家企业的发展之路都不会是一片坦途，总是布满荆棘和坎坷。目前中国经济数据走弱、增长速度下行，这是一种结构性调整，大转型势在必行

当前，国家正在进行深层次的改革，不断加大宏观调控力度，由过去粗放式的发展向更加务实，追求环境保护、节约能源，提高生活质量、经济运行质量，规范化、法制化方向推进，导致市场形势和市场需求发生了重大变化，这对企业来说是一种挑战，但更是企业加快转型升级的好机遇。

未来，五征将认真研究国内外宏观经济形势和市场变化对企业的影响，以工业化和信息化推动企业研发能力、自动化制造水平提升和管理变革与升级，以城镇化和农业现代化促进产业结构调整和产品升级，通过持续变革不断提升水平、提高效率、降低成本，最终实现企业综合竞争力和经营业绩的全面提升。

目前，五征正全力实施"十二五"发展战略规划，瞄准"国际化"发展目标，充分发挥现已形成的内外资源优势，进一步加快产业结构调整与升级，努力提升研发、制造能力，积极引进和培养人才，加强国内外经济技术交流与合作，着力提升企业和产品的国内外竞争优势，推动企业国际化经营与发展实现新突破，农用车继续保持行业第一，载货汽车进入行业前五位，农装成为农机工业民族第一品牌，专用车产业和现代农业快速发展，集团进入中国机械制造业第一梯队，把五征建设成为具国际竞争力的现代化机械制造企业。

展望未来，五征将会续写新的壮丽诗篇。

导师点评

五征集团是一家由国有企业改制而来的民营企业，产业定位在有一定技术门槛的现代制造业，面对的市场竞争比较激烈。

五征集团的领导层头脑清醒、执行力很强。企业在发展中培养出这样几种能力：一是推进改革、转换机制的能力。这表现在企业自身的内部改革，以及对山东拖拉机厂等国有老企业有效的并购和整合上。二是把科学管理落实到位的能力。企业广泛引入和采用了先进的管理方法和手段，并在管理的标准化方面进行了有价值的探索。三是坚持自主创新不动摇的能力。一家地处偏远的企业，能建成千人规模的技术队伍，并由外国专家领军汽车研发团队，是很不容易的。

机制、管理、技术创新是五征集团核心竞争力之所在。在经营战略方面，五征集团不为市场短期波动或变化所左右，始终坚持为用户提供质量有保证、技术性能不断提高的产品。这一点上的坚持，说明集团决策层心中有定力、眼光长远。

五征集团目前的产业定位比较合理。农用车、轻卡、专用车、农业机械和现代农业有一定的技术素质要求，但又不属于真正的高端产业。因此，五征集团应着力巩固住目前产业层次上的竞争力和市场地位，做好充分准备，具备条件时再进入更高层次的市场。

邵　宁

国务院国有资产监督管理委员会原副主任

全国人大财经委副主任委员

内蒙古太西煤集团股份有限公司成长报告

王以廷

国研·斯坦福三期二班学员

▶ 内蒙古太西煤集团股份有限公司董事长

王海霞

国研·斯坦福五期三班学员

内蒙古太西煤集团股份有限公司总裁

扫码直达太西煤集团报告精华版

而今迈步从头越

内蒙古太西煤集团股份有限公司（简称"太西煤集团"）的前身是阿拉善盟古拉本地区煤炭联合公司，始建于 1986 年，如今是全国煤炭百强企业之一，内蒙古自治区 20 户重点煤炭企业，阿拉善盟的骨干企业，是集生产、加工、经销（出口）煤炭及煤化工产品、非煤矿产品、高载能产品于一体的跨地区、跨行业的大型民营股份制企业。太西煤拥有 6 大循环经济园区，30 个基层生产经营单位，1 万多员工，各类专业技术人员 2000 多人的强大科技骨干队伍。

进军节能环保产业和沙产业，成为低碳经济的先行者，是目前太西煤集团的战略目标。集团在京、苏、甘、宁、蒙 5 省区，拥有 6 大循环经济工业园区，包括兴泰煤化工业园、乌斯太煤焦化工业园、阿右旗常山硅化工业园、民勤红沙岗煤化工业园、额旗策克口岸太豪国际物流园和金昌物流园等。

王以廷董事长带领公司于 2002 年完成了民营化的股份制改造，激发了企业的生机和活力。集团公司总资产由转制前的 4.7 亿元猛增到 2012 年的 150 亿元；上缴国家利税由转制前的 2000 万元增加到 2012 年的 7.1 亿元。上阵不离父女兵——集团公司总裁王海霞女士也是商海里的巾帼英雄，荣获"2012 中华儿女年度人物"、内蒙古"五一"劳动奖章获得者、2013 内蒙古经济年度人物等称号。

坚持多元发展、创新发展是内蒙古太西煤集团股份有限公司一贯秉承的战略，如今内蒙古太西煤集团又敲定了下一步发展目标——进军节能环保产业和沙产业。

2012 年 4 月 29 日，京城喜迎红五月，科技创新结硕果。由中华环保联合会主办、内蒙古太西煤集团协办的煤炭深加工创新技术推广应用会暨节能与循环经济示范企业授牌仪式在首都钓鱼台国宾馆举行。作为全国唯一受表彰企业的内蒙古太西煤集团董事长王以廷从顾秀莲手中接过循环经济示范企业的牌匾。

"2012 中华儿女年度人物"、内蒙古"五一劳动奖章"获得者、"2013 内蒙古经济年度人物"、内蒙古太西煤集团公司总裁王海霞在介绍企业科学发展和科技创新情况时说，煤炭仍是中国能源的主体，分别占一次能源生产和消费总量的 77% 和 70% 以上。可以预见，中国以煤为主的能源结构在今后相当长的时间内不会有根本性的改变，这对中国节能减排和应对气候变化都提出了严峻挑战。一方面，从资源禀赋角度讲，煤炭满足了中国 70% 以上的能源消费需求；另一方面，因为技术等原因，煤炭又是 80% 以上生态环境的主要污染源。因此，重新审视煤炭行业的发展模式，改变煤炭行业高耗能、高污染、高温室气体排放的发展现状，提升煤炭深加工技术水平，使煤炭行业真正走上合理开发、高效利用的道路，这对推动国家未来能源战略布局、加快转变经济发展方式具有重要的战略意义。

内蒙古太西煤集团通过与中国煤炭科学研究总院、中国矿业大学等科研院所的长期合作，以产学研的模式，合作研制太西无烟煤深加工技术，将煤基活性炭生产设备活化炉提升至 1 万吨/年，成为我国年产量最大的单体活化炉，解决了长期以来制约企业发展的瓶颈。内蒙古太西煤集团还与中国煤炭科学研究总院承接了科技部"饮用水深度净化专用活性炭生产技术及大型设备开发"重大课题，向世界级煤基活性炭生产技术水平迈进，目前研制工作已取得重大进展。内蒙古太西煤集团还能根据客户需求生产出多品种高性能的活性炭产品，不仅给企业带来了良好的经济效益和社会效益，而且为企业未来发展成为全国最大并具有相当国际竞争力和影响力的现代化大型活性炭企业提供了强有力的技术支撑。

内蒙古太西煤集团以科学发展为主题，以提升煤炭深加工科技水平为目标，围绕市场需求和企业生产经营需要，把煤炭深加工技术创新摆在更加突出位置，建立健全企业技术研发体系，加大自主创新力度，加快技术革新步伐，促进技术创新成果向现实生产力转化，使企业真正成为研发投入、技术创新活动和创新成果应用的主体，提升煤炭深加工技术水平，加快产业结构调整，促进经济发展方式转变，为人民实现绿色低碳生活、为我国的节能减排事业和环境保护事业做出应有的贡献。

企业过去十年发展概况

内蒙古太西煤集团股份有限公司的前身是阿拉善盟古拉本地区煤炭联合公司，始建于 1986 年。2002 年，公司完成了民营化的股份制改造，再一次激发了企业的生机和活力。集团公司总资产由转制前的 4.7 亿元猛增到 2012 年的 150 亿元；上缴国家利税由转制前的 2000 万元增加到 2012 年的 7.1 亿元。

目前，集团公司已发展成为地跨京、苏、甘、宁、蒙 5 省市，拥有 6 大循环经济工业园区、30 个基层生产经营单位，10000 多员工，各类专业技术人员 2000 多人的强大科技骨干队伍的大型企业集团。

面对全球金融危机、产业政策调整和极其严峻的市场形势，内蒙古太西煤集团克服资金短缺、原材料涨价、产品降价等重重困难，坚持"以人为本"，做到"不裁员、不减薪、不放假"保民生，立足于"强队伍、强文化、强信心"聚后劲，吹响了"二次创业"的集结号。以"培养太西人，铸造太西魂"为核心，进一步把"品质高尚、敢担责任，创新发展、绩效优良，团结务实、追求卓越"太西煤价值观体系建设推向新高潮。在办好《太西煤专版》的同时结合公司生产实际开展富有实效的企业文化活动，并积极做好文明企业创建、达标、评选活动，使得精神文明创建活动成绩显著，目前集团所属各单位全部被评为旗级以上精神文明单位。

"十二五"期间，公司立足于打造绿色、低碳、环保型企业为目标，以"二次创业"为主线，团结带领广大员工，求真务实，锐意进取，扎实工作，积极投入到以"比任务，赛业绩；比产品，赛质量；比减排，赛环保；比管

理，赛效益；比素质，赛创新；比劳动保护，赛安全生产"为主要内容的
"我爱太西爱岗位，我为公司'二次创业'立新功"和"心系太西煤、热爱
太西煤、建功'十二五'、再创新业绩"创先争优劳动竞赛活动，以及"传
承企业文化，培养适用型人才，提升全员素质，服务企业发展"为主题的
"导师带徒"中，通过这些活动的开展，有力地促进了企业的三个文明建设。

企业的主要做法及成效

（一）制度营造环保理念

在 20 多年的企业发展历程中，内蒙古太西煤集团始终将实现清洁生产、
经济效益与环境保护同步发展作为基本工作思路，严格按照国家《建设项目
环境保护管理规定》，严把项目中环境保护设施必须与主体工程同时设计、同
时施工、同时投产使用的"三同时"关。如焦化项目建设初期，为减少焦化
装置投产后可能给环境带来的影响，企业建成并与生产装置同时投运了多套
处理废水、废气、废渣、噪声等的环保设施，使主要污染物 PH 值、NH3-N、
COD、烟尘、粉煤灰、噪声等得到了有效处理和控制，不仅达到国家的排放
标准，总量也控制在地方环保部门要求的范围内。粉煤灰蒸压砖项目，充分
利用电厂排出的粉煤灰、炉渣，做到了保护土地、节约能源、环境治理、环
境保护、利用废渣、变废为宝、改善建筑功能的作用，是一项循环利用、利
国利民、属国家扶持的重点项目，建成后将电厂每年产生的粉煤灰炉渣全部
消耗，节约墙体材料的生产消耗和建筑能耗。本工程工艺生产过程中产生的
废料、废水重复循环利用，不产生废料、废渣、废水。积极有效的"三同时"
管理为内蒙古太西煤集团环保指标达标奠定了坚实的基础。

近年来，环保理念更是深入人心。为了使环保工作制度化、规范化，在
深入贯彻落实国务院印发的《大气污染防治行动计划》《关于加快推进生态文
明建设的意见》《2014～2015 年节能减排降碳行动计划》和自治区环保管理
规定的基础上，各子、分公司制定了《环保管理规定》《环保指标考核办法》
等规章制度和重大节能、环保、资源循环利用等技术装备产业化工程实施方

案。完善能评法规制度，从源头控制能耗增长。推动循环经济加快发展，制定年度循环经济推进计划。加大环境综合治理，解决突出环境问题。在公司的各种考核中，实行能耗强度与能耗增量"双重"否决考核，环保指标具有一票否决权。

如今，环保监测部门长期对各项目进行监测，当有指标超标或异常时，及时反馈到相关单位，立即启动应急预案，及时解决存在的问题，确保各项指标符合要求。在每月公司的生产动态分析会上，通报本月环保设施运行、指标执行、考核评比等环保相关情况，并按经济责任制考核兑现。通过规范化、制度化的管理，公司内部形成了公司、车间二级和覆盖整个生产装置的环保管理及环境监测网络，确保了生产装置和设备运行达到环保标准。

按照集团公司"十二五"规划的战略，公司大力实施标准化环境管理体系，积极推行实施 HSE（健康、安全、环境）管理体系，对整个生产工艺过程中可能产生污染的环节及环保设施进行监控，最大限度地降低了环境污染的风险。HSE 管理体系的建立和实施，使内蒙古太西煤集团股份有限公司在二次创业的道路上迈出了扎实的一步。目前，公司焦炉煤气发电项目及瓦斯发电项目、年产 3 万吨煤基气体分离（碳分子）等项目已经建立起有效的管理机制，并积极推行业主、总包、监理、施工单位四级安全监管体系，努力打造项目 HSE 高效管理团队，对建设过程中环保项目"三同时"进行全面监管。

（二）技改铸就环保特色

内蒙古太西煤集团作为内蒙古阿拉善盟的骨干企业、纳税大户企业、出口创汇企业，义无反顾地率先承担削减环境污染的重大责任。为此，认真推行能源管理新机制，严格按照 2011 年以来国家发布的 2 批《国家重点节能技术推广目录》和 5 期《节能产品政府采购清单》，组织实施"百项能效标准推进工程"。大力发展节能服务产业，扩大能效标识和节能认证实施范围。在确保现有环保设施正常运行、生产装置环保达标的基础上，不断加大污染治理设施的投资力度，不断降低污染物的排放量。公司投资大量资金，完成了脱硫工艺技术改造工程；完成了焦粉回收工艺技术改造工程；完成了乌达运销站、兴泰煤化公司等挡风抑尘墙的安装工程；完成了焦炉烟气改造工程。煤焦化生产线已实现了自动化生产，全部采用电子自动配料配煤，选用大型捣固焦炉，利用冷鼓、电捕、脱硫及硫回收工艺进行煤气净化回收，剩余煤气用于发电。废水生化处理后用于熄焦，实现污水不外排。公司还对洗煤产生的中煤、矸石进一步综合利用，形成煤—电—化工为一体的产业链，既增加了企业的经济效益，又保护了生态环境，促进了企业全面发展。

内蒙古自治区阿拉善是西部欠发达地区，水资源短缺、生态脆弱，给各项目顺利进行带来一定困难，为了节约每一滴水，公司按照"十五""十一五"节水规划，通过技术改造、加强管理、提高循环水浓缩倍数，降低补充水用量、杜绝长流水及不合理使用，增建污水处理回用装置和中水系统等方法，降低生活、工业用水量，使厂区新鲜水用量和工业废水排放量不断减少。

（三）低碳谱写环保华章

内蒙古太西煤集团坚决推行科学的合理化管理模式，为企业低碳经济发展之路创造了广阔空间。阿拉善盟是我国生态荒漠化治理保护的前沿阵地，是黄河上中游生态系统中的关键部分，属于生态脆弱、敏感区域。其生态环境直接影响黄河、河西走廊、银川平原、河套平原，波及西北、华北及更远的江南地区。沙漠治理虽然取得了一定的成效，但由于自然环境恶劣、投入资金严重不足，生态环境局部好转、整体恶化的趋势没有从根本上得到改善。

近年来，随着国家产业结构调整和发展绿色经济，打造生态保护与经济发展的良性互动，以生态保护为基础，在发展经济中保护生态，在保护生态中发展经济，实现经济发展与生态保护双赢成为我国突破发展的战略方向。在此背景下，内蒙古太西煤集团围绕国际国内绿色产业发展机遇，积极参与地方荒漠治理，大力发展沙产业，确立了腾格里沙漠 4000 亩生态沙产业示范区重点建设项目。在腾格里沙漠边缘地带和民勤县红沙岗的几千亩荒漠上，建成集花卉、能源植物、养殖、生态农业等系列开发于一体的绿色工业园区，该项目对保护巴彦浩特及周边的生态安全、阻止沙漠入侵意义重大。同时，可发挥利用优势，发展沙产业，达到以开发利用促治理，以治理保开发，达到沙区的生态、经济和社会效益相统一。项目区位于巴彦浩特通古淖尔嘎查，产业基础较好，区位优势明显，对区域经济将发挥积极作用。同时上述区位优势，也为沙产业特别是旅游业的开发创造了得天独厚的条件。项目以防风治沙为主，种植养殖为辅，秉承阿拉善左旗深入实施转移发展战略，按照生态保护建设并举，造林和经济效益并重，政府和民间携手的生态建设思路，因地制宜，利用荒漠土地水、光、温度、土地资源的优势种植植被，以达到生态治理、绿色种植养殖的目的，把沙漠化土地充分利用起来。

该项目建成后，所在区域的流动沙丘基本得到控制，有效阻止流沙入侵城市，保障地区经济社会发展。其次，通过沙产业特别是清洁能源的探索和开发，实现经济产出，增加地方税收，创造就业岗位，增加当地农牧民收入。再次，通过项目示范，探索并建立中药材种植、生物制药、观光旅游及清洁能源利用模式，充分挖掘当地自然资源，延伸产业链，提高资源转化率和附加值，培育地方新兴产业和经济增长极，加快地方产业结构调整和城镇化步伐。

未来，内蒙古太西煤集团将全力营造生态文明建设的良好氛围，积极抓住国内防风治沙工程逐渐进入生态经济产业化和公益事业大众化的机遇，积极发展沙产业，充分利用得天独厚的条件，力争做到生态建设产业化、产业发展生态化，不断改善生态环境，使生态建设走上一条可持续发展的道路。

该项目打造地方治沙历史的又一个亮点，并为企业下一步争取碳减排指标达标奠定基础，同时在全公司推行世界一流管理——"5S"管理，以安全、低碳、环保为主题，开展生产现场、工作间等环境的整理、整顿、清扫、清洁活动。并配套抓好废旧物品综合利用，提倡节约一度电、一滴水、一滴油、一张纸，推进现场文明整治和持续改进。员工低碳意识、环保意识、文明意识显著提升，生产工作间、道路及环境绿化、美化整治工作上一个新台阶，公司软硬件环境发生了根本变化，公司的社会知名度、美誉度不断上升。

"问渠哪得清如许，为有源头活水来。"内蒙古太西煤集团坚持可持续发展战略，以科学、标准、规范、绿色的管理模式，构筑了一个从项目建设全过程、从生产工艺全过程、从源头控制污染的环境保护管理体系，使企业的经济效益、环境效益和社会效益不断提高。到2011年，随着内蒙古太西煤集团各项目建成投产，公司必将成为内蒙古自治区规模最大、效益最好的工业企业之一，必将为阿拉善的经济社会发展做出更大的贡献。

（四）绿色吹响环保号角

在经济不景气的大环境下，实体经济持续低迷，虽然困难和压力并重，"而今迈步从头越"既是王海霞的心声，更体现了全体太西人的豪气。

2012年，内蒙古太西煤集团组建了太西煤集团（北京）古太能源环保科技有限公司，进入节能环保领域。公司的目标是致力于成为全国最大并具有相当国际竞争力和影响力的现代化大型活性炭企业，最终成为活性炭行业中的领航者。

古太能源环保科技有限公司依托太西煤集团公司的实力和资源，在活性炭应用领域和环保科技产业上拥有自己独特的产品。公司拥有优秀的管理团队和技术专家，并与清华大学、中国矿业大学、煤炭科学研究院等院校及研究机构合作，在活性炭专业和应用领域具有独有的研发实力。

"兰山"牌活性炭是以世界稀有、中国独有的太西无烟煤为原料加工生产的煤基活性炭，广泛应用于饮用水净化、工业废水处理、大气脱硫脱硝、医用、食品脱色脱味等领域。公司自主研制生产的"LANSHAN"牌空气净化器等系列产品，亦将"兰山"活性炭赋予了高科技附加值。煤基活性炭滤网获得了业内较高的赞誉，成为民用空气净化领域的新秀，开创了进入节能环保领域的良好开局。

企业未来发展战略

"十二五"时期是国家深入实践科学发展观、全面落实党的十八大战略目标的重要时期，也是中国煤炭产业结构调整、产业升级的关键时期，公司将紧紧抓住我国经济发展的战略机遇期，以科学发展观为指导，以创新发展为主题，以"二次创业"为主线，以科技进步为动力，以"做大、做强、做优、做好百年企业"为最终着眼点。重点把资本投向主业的上下游产业，投向自己有人才、有技术、有管理经验的产业，全面实施"立足资源优势，就地转化升值，提高科技含量，拓宽经营领域，发展循环经济，促进企业发展"的发展战略。以煤为基础，坚定不移地走立足煤、延伸煤、超越煤之路，致力于经济、社会和环境协调发展，实施资源转化战略，促进资源永续利用，坚持开发与节约、规模和效益并重以及节约优先的原则，转变经济发展方式，发展循环经济，全面建设兴泰煤化、乌斯太焦化、阿右旗常山多元合金、民勤红沙岗煤化、额旗策克口岸太豪国际物流、金昌物流 6 大循环经济工业园。力争在"十二五"期末，把集团公司建成跨行业、跨地区、跨国经营的现代企业集团。

太西煤集团将根据国家进一步调整优化煤炭产品结构和煤炭开发战略布局逐步西移的政策导向，利用国家和地区优惠政策，根据国内外市场需求，合理提高煤炭产量，充分利用公司煤炭资源优势，加大科技创新力度，大力推进循环经济发展、改善员工生活水平，加快生态企业建设，推进资源节约型、环境友好型、安全和谐型建设，实现企业安全、高效、创新、和谐、绿色和可持续发展，力争进入中国煤炭百强企业前 50 名。

经验与评价

（一）坚持理念先入，全面实施绿色转型发展

理念先入是以理论为先导，体现为思想先到。绿色转型的关键在"转型"，其核心内容是从传统发展模式向科学发展模式转变，这必然要求参与其中的企业进行观念创新、产业创新和科技创新，实现企业绿色运营、产业绿色重构、社会绿色发展。多年来，内蒙古太西煤集团股份有限公司坚持"立足资源优势，就地转化升值，提高科技含量，拓宽经营领域，发展循环经济，促进企业发展"的发展战略，坚定不移地走发展煤、延伸煤、超越煤之路，致力于经济、社会和环境协调发展。党的十八大报告提出大力推进生态文明建设，进一步为企业发展指明了发展方向，面对可持续发展的众多现实问题，太西煤集团以科学发展观为指导，以循环经济理论、规模经济理论、低碳经济理论、产业价值链理论为支撑，实施资源转化战略，促进资源永续利用，坚持开发与节约并重以及节约优先的原则，在安全生产、环保治理、节能降耗等方面做了大量工作。理念的超前引导，广泛传播，使企业上下在思想上

产生了高度认可，带来了行动的高度统一，对循环经济建设起到了重要的推动和催化作用。

（二）坚持战略先谋，以大战略引领大发展

战略先谋在于超前谋划。对于传统产业而言，通过绿色转型解决内在问题已十分迫切。系统的、统一的战略规划对于企业明确阶段性任务，落实相关责任具有提纲挈领的作用。早在 2001 年在煤炭市场持续低迷的情况下，以王以廷董事长为核心的集团领导班子，就制定和实施了以"以煤为主，循环发展，转化升值，突出效益"为总体思路的发展战略，扎实推进兴泰煤化工业园、乌斯太焦化工业园、常山多元合金工业园、民勤红沙岗煤化工业园、额旗策克口岸太豪国际物流园、甘肃金昌物流园 6 大工业园的规划和建设，构建了"太西煤—煤化工—电力—建材""焦煤—焦炭—焦化—电力—建材""煤炭—电力—多元合金—建材"等具有竞争优势的循环产业链条。形成煤（化）、焦（化）、冶金、物流 4 大行业近 30 个品种，包括无烟煤、超低灰精煤、增炭剂、碳素、活性炭、工业型煤，焦煤、焦炭、兰炭、长焰煤、多元合金等系列产品，除供应国内市场外，还远销德国、法国、美国、荷兰、英国、日本和中国香港等十几个国家和地区，实现了集团内部新老企业之间的统筹协调、整体提升、跨越发展。

（三）坚持科技引领，强力培育核心竞争优势

依靠科技求生存、求发展。科技创新是煤炭产业提升生产力水平和市场核心竞争力的主要因素。首先是充分发挥企业技术中心的作用，建立健全技术开发体系和有效的运行机制，不断开发新产品、新工艺和新技术，增强企业自主创新能力。其次是加强与国内科研院校的合作，逐步形成了以企业为主体，以煤炭科研院校为依托的产、学、研相结合，相互渗透、互为补充的新产品研究开发体系，使研发成果尽快转化为生产力，生产的主要产品煤基活性炭已全面销往欧洲、日本、美国等地，进一步提高了企业的社会效益和经济效益。其中，《金属化合物催化活化煤质活性炭机理研究》，获中国煤炭

工业科学技术二等奖。科技的创新和应用，使各园区实现了投资最省、见效最快、质量最好，已经成为企业最核心的竞争力。

（四）坚持文化铸魂，打造太西煤循环发展模式

"制度管企、文化管人"是太西煤集团的核心管理理念、管理文化。在大集团大文化的指引下，集团内部进一步完善集团公司组织结构，深化内部管理改革，继续探索有效的企业管理模式，规范公司的运行机制，优化组织管理机构，转变公司管理职能。大力实施"三个创新"的管理模式，即创新理念、创新技术、创新管理，并坚持以市场为导向，充分发挥市场在资源配置中的重要作用，进一步提高资源配置效率，有针对性地开展体制、机制创新，建立合理、有效的激励机制，构建起一套良好的组织、决策、激励、控制在内的创新机制，保证企业拥有持续不断的创新能力。大力培养和引进人才，建立起一套完善、有利于人才脱颖而出的机制。同时全面实施名牌战略，形成品牌优势。

内蒙古太西煤集团的发展，得到了国家各部委、各级政府以及社会各界的大力支持和鼎力相助。近年来，集团公司先后荣获盟级和自治区级重合同守信用企业，特级（AAA）信用、诚信企业，创新与发展优秀企业，自治区用户满意产品、自治区用户满意服务、全国用户满意企业，全区质量效益型先进企业，全国第一批国家征信企业，全国煤炭企业100强企业等多项荣誉。并通过了 ISO 9001—2000 质量管理体系、ISO 14001—2004 环境管理体系、T28001：2011 职业健康安全管理体系认证。"兰山牌"太西无烟煤，是自治区级名牌产品，获"全国用户满意产品"称号。

内蒙古太西煤集团的发展表明，绿色转型发展不仅是世界与中国产业实现转型升级的必由之路，更是当前微利时代中国企业生存与发展的必然选择。

十年栉风沐雨，十年春华秋实。在王海霞的带领下，内蒙古太西煤集团已经从单一的煤炭开采发展成为一个涉及煤、煤化、焦化、冶金、物流、自动化控制、节能环保、旅游服务等行业多元化发展的大型民营企业集团。

内蒙古太西煤集团的宏伟蓝图已经绘就，百年企业愿景可以预见！

导师点评

内蒙古太西煤集团是中国西部的民营企业，以经营煤炭加工起家，20多年的发展历史越做越大，通过合理的多元化策略做强，可以看出公司是很注重战略的，在国研·斯坦福项目中推广的战略金融理念、产融结合、资本扩张理念在这个公司中运用得比较成功。比起很多大企业，太西煤集团不是真正的航空母舰型企业，但是越是小的企业，其实越是需要运用战略。气候变化和环境约束就是传统能源发展的瓶颈，所以绿色和低碳是硬性的约束条件，转型升级的难点就在于既要发展也要满足环境约束，这是中国经济可持续发展的难题，企业层面能够运用自己的主动战略探索求解是很好的尝试。我们看到红极一时的企业不在少数，但是可持续发展、不断地在动态企业生态环境中转型升级才是能够永续发展的。

国家的"一带一路"又为企业开辟了新的契机，中国的资本要走向国际，中国的企业也要形成舰队走向国际，民营企业如何介入金融，运用资本手段快速扩张，即将成为关键。希望内蒙古太西煤集团能够及时丰富自身的战略性资源，巩固核心竞争力，未来在资本市场上为公司转型升级和非线性扩张找到路径。

孟庆轩

斯坦福大学博士、研究员

中国人民大学苏州校区特聘教授

1 号店成长报告

刘峻岭

国研·斯坦福一期三班学员

1 号店 CEO

拥抱变革　创新驱动

　　1 号店是国内首家网上超市，由世界 500 强戴尔公司前高管于刚和刘峻岭联合在上海张江高科技园区创立。刘峻岭曾被评选为"2005 年中国 IT 十大财经人物"和"2006 年计算机世界十大新闻人物"。他们二人带领 1 号店于 2008 年 7 月 11 日正式上线，短短 6 年后成功跻身国内综合电商第一梯队。2013 年底，1 号店实现了全年 115.4 亿元销售额，在线销售 400 万件商品，注册用户数达到 7000 万。

　　1 号店是国内最大的 B2C 食品电商，尤其在壁垒级优势品类——进口食品，通过与各国机构、品牌直通合作、进口直采等通道，牢牢占据该行业的第一份额，打造了网上的"舌尖上的联合国"。2013 年 12 月 7 日，1 号店宣布正式入驻自贸区，全新升级进入 2.0 时代，致力于为顾客提供更优质的购物体验。

　　移动互联网是未来中国电子商务的主流。作为业界最早布局移动互联网的电商企业之一，1 号店移动端业务在 2013 年也取得了长足进步。1 号店移动业务全站占比已经从 2012 年底的 6% 上升到 21%，移动端用户数已达到 1800 万。"无商不电商""无商不移动"，在未来，1 号店将加快区域布局，创新商务模式，加强大数据深度发掘和应用，为二、三线城市的电子商务市场的爆发做好准备。

高速成长中拥抱变革

　　2013 年，中国的电子商务行业不仅再次将中国的商业格局推向变革，也更加深刻地改变着我们的生活。

而对于 1 号店来说，2013 年更是一个显得格外重要的年份，它以高速成长一马当先，以创新发展拥抱变革。

2013 年，网上超市起家的 1 号店迈出了向"综合性电商"发展的坚实步伐，受到顾客和业界的广泛认可。在 2013 年，1 号店单日流量峰值接近 2000 万，位列中国电商前 3 名。1 号店食品饮料、百货、消费电子 3 大类目均实现了翻番增长。2013 年，首度成为"企业级战略品类"的手机品类有着卓越表现，1 号店手机在线销售的市场份额已经跻身中国 B2C 电商行业前 3 名。同时，1 号店家电、电脑品类亦有显著增长，连同手机品类一起，带动了 1 号店在消费电子领域的迅猛增长。2013 年，1 号店消费电子 SKU 数增长近 80%，销售额增长超过 130%。

作为具有壁垒级优势的品类，1 号店在食品饮料尤其进口食品方面，依然牢牢占据中国 B2C 电商行业第一的市场份额。食品饮料销售额年度增长率超过 100%，其中进口食品的年度增长率更高达 137%，显现出 1 号店在进口领域的发展潜力。

2013 年 3 月 28 日，1 号店在上海以水果品类切入生鲜领域，成为中国第一家自营生鲜的综合性电商。现在，北京、上海两地的 1 号店顾客可以在线购买水果、蔬菜、冷藏、冷冻食品等，品类丰富程度已经与线下实体超市不分伯仲。2013 年，1 号店仅在上海一地的生鲜订单量最高达 5000 单/日，接近规模化运营。

在各大电商纷纷抢占的百货市场，1 号店亦保持了行业内的领先地位。2013 年，1 号店百货类目销售额翻番，同时在洗护发、沐浴、女性护理、口腔护理产品等细分品类保持了中国 B2C 电商行业第一的市场份额。母婴玩具、美容护理等品类依然是消费者在 1 号店的重要购物选择，而厨卫清洁、家居用品等新晋品类的销量也在迎头赶上。2013 年，1 号店售出的美护用品共计 4200 万件。

厚积而薄发，1 号店已经显现出其创立 6 年来的深厚积累，综合运营能力进一步稳健扩张。2013 年，1 号店在福建泉州、山东济南设立运营中心。加上此前设立的北京、上海、广州、成都、武汉运营中心，1 号店已拥有全国 7 大运营中心，并在全国 40 个主要城市设立了 200 个自配送站点，形成了一张覆盖全国主要城市的物流配送网络。

与此同时，1号店还与广东东莞洪梅镇、上海浦东新区航头镇签约入驻建仓，预计分别于2015年和2016年初启用。

2013年，1号店不断"因需而变"，来自消费者和产业链上下游的实际需求推动了1号店的创新和探索。更为重要的是，1号店以非同一般的敏锐洞察，紧抓来自移动互联网的机会，拥抱变革，不断发展自己的移动战略，并积极探索与社交网络平台的创新合作。

入驻上海自贸区，迈进2.0时代

2013年12月7日，1号店宣布正式入驻自贸区，并升级进入2.0时代。"致力于为顾客提供更优质的购物体验，1号店完成了此次全新升级并入驻上海自贸区。"1号店董事长于刚表示，"1号店2.0有商品更丰富、活动更多样、购物更便捷、服务更完善等显著特点。"

1号店2.0集合1号店自营和入驻商家的资源和优势，为顾客提供了更丰富的商品选择。随着正式入驻上海自贸区，1号店未来在进出口业务方面的表现将更值得业界期待。"作为国内进口商品的领头电商，入驻上海自贸区后，1号店将有望在推进进口贸易发展、降低国际结算成本以及未来从事跨境电商业务尝试等方面获得强有力的政策支持，"于刚表示。

数据显示，1号店当前进口品类拥有68个国家和地区、超过18000种进口商品。其中，进口食品占比超过75%，涵盖了进口牛奶、酒类、饼干糕点、糖果及巧克力、水及饮料、大米面食等13个品类。仅进口牛奶一个品类，1号店就拥有来自29个国家和地区的近300种产品。2013年1号店共售出进口食品2.5亿件，其中，日销进口牛奶达15个集装箱。根据海关的统计数据显示，2013年9月，1号店进口牛奶的销量占到全国海关进口总额的43.4%。这意味着，中国每售出10盒进口牛奶，就有超过4盒来自1号店。

随着自贸区相关政策和做法的进一步明朗，1号店在进口商品方面的优势有望进一步加强，将带动1号店进口商品销量的进一步增长。

多维合作，与上下游合作伙伴共赢

电子商务是一套上下游合作伙伴众多、产业链极其复杂的生态系统，能在这套生态系统中取得高速成长，就必须拥有来自电子商务产业链各个环节的支持。

2013 年，1 号店与美国、澳大利亚、韩国、英国、意大利、西班牙 6 国驻华机构战略携手成立"舌尖上的联合国"，借助政府渠道推荐，为中国消费者引入各国最具市场基础、口碑最好的品牌和商品。

与此同时，1 号店通过业界首创的"品牌直通车"模式，与宝洁、联合利华、欧莱雅、资生堂等全球美护巨头，以及雀巢、百事、卡夫等全球食品行业巨头，达成了销售信息、市场营销活动、库存备货、物流绿色通道、顾客满意度、运营数据、全球经验 7 个层面的"直通"，从而为消费者提供更安全可靠、更具价格优势的产品和服务。目前，与 1 号店达成"品牌直通车"合作的品牌数已经超过了 300 个。

凭借"品牌直通车"模式，1 号店与各大品牌商之间的相互角色也已经从一个零售商，拓展成为品牌宣传载体、数据合作伙伴和新品试验田。1 号店是最好的新品试水基地，通过"试用中心"、新品试销途径，品牌商可以从 1 号店收集到来自消费者的第一手反馈。通过对 1 号店特定消费人群的市场分析，1 号店和各大品牌商甚至还可以度身定制符合 1 号店消费者喜好的组合装、特供品。

1 号店与各大品牌商在物流领域的合作亦将节省一定的成本，这些节省下来的成本可以让利给消费者。荣获"2013 年度中国电子商务供应链优秀案例"大奖的 1 号店"托盘共用体系"，已经被"品牌直通车"合作品牌商宝洁、联合利华、雀巢、百事等跨国巨头采用，并已经成功部署在上海和河北廊坊，辐射华东和华北区域。

传统供应商送货都是带上搬运工从托盘上将商品搬上搬下，这种方式用时长、效率低、货品损耗率高。为了改变这种低效的物流运作方式，1 号店与托盘供应商以及上游供应商联合，优化作业模式，采取托盘共用的模式，供应商送货时直接将商品和托盘一同交接给下游,实现上下游标准化运作,提高了 90% 的效率,降低了 50% 的货品破损,为整个电子商务行业树立了高效供应链的标杆。

"物流对电子商务的发展是很重要的环节,目前来看,是一个瓶颈",商务部流通发展司副司长王选庆表示,标准化问题是一个影响物流效率提升、造成物流成本偏高的非常重要的原因,下一步将加强物流标准化建设,托盘的循环共用是重点推广的两大标准之一。

对第三方配送公司,1 号店也实现了数据互通,避免其成为销售高峰时的运力瓶颈。通过 1 号店 IT 系统的柔性和可扩性,1 号店可以实现订单在自营配送站点、第三方配送公司之间的有效分配。比如说,当系统预测配送站点或第三方配送公司运力不足时,会自动将订单分配至周边配送站点或其他配送公司,这样可以让每个站点、每个配送员、每个第三方配送公司的配送效率最大化。基于此,1 号店在"双 11"时的配送满意度依然超过 90%。

从 APP 到微信,拥抱移动电商革命

2013 年,中国的电子商务行业不仅再次将中国的商业格局推向变革,也更加深刻地改变着我们的生活。同时,互联网甚至移动互联网对中国传统经济形态的改造还远未结束。大数据、社会化电商、O2O、生鲜电商、微信支付、互联网金融等新鲜概念层出不穷,中国电商行业在这些新鲜概念的催化下不断进化。而移动互联网所带来的"掌上经济"从未像如今这样真切,如同梦想照进现实,点点鼠标变成了动动拇指,移动网购开始出现在每个人的身边。

未来 5 年内,移动互联网有望成为中国电子商务的主流,未来的景象将是"无商不移"。据 iResearch 最新统计数据显示,2013 年中国移动网购的渗透率达到 9.1%,同比上年增长超过 4 个百分点,预计到 2017 年移动购物渗透率将达到 24.1%。对于电商来说,移动互联网成为必须拥抱的业界形态。据报道,2013 年的前 3 季度,全国智能手机出货量 3.47 亿部,智能机国内市场占比达到 74.3%,标志着中国手机已步入"智能时代"。

作为业界最早布局移动互联网的电商企业之一，1 号店移动端业务在 2013 年也取得了长足进步。1 号店移动业务全站占比已经从 2012 年底的 6% 上升到 21%，移动端用户数已达到 1800 万。以武汉、成都为代表的二线城市移动销售增长迅速，其中，华中地区销售额年度增长率超过 1400%，西南地区超过 800%。与此同时，与微博、微信等网络应用的互联互通成为 1 号店在移动互联网时代的新选择。

做业界第一的客户体验

"电商行业的竞争就是顾客体验的竞争，1 号店要做业界第一的顾客体验，"1 号店董事长于刚曾多次强调说，"顾客体验将是区分优劣电商的分水岭。"他认为，顾客体验是实实在在的，对于一个电商企业来说，顾客体验是可以细化到每一项数据的。另外，它又是很宽泛的，在整个购物的过程，包括网站浏览、选取商品、下单付款、收货以及和快递员的互动，包括售后服务，每一个环节都可能影响到顾客体验。

为提升顾客体验，1 号店请第三方公司做顾客体验指标调查，并把顾客体验指标和每位员工的薪资奖金都挂钩，把和顾客体验相关的 KPI 指标分解落实到各部门。比如，配送环节的考核指标包括配送的及时率、配送成功率、商品破损率、顾客满意度等；客服岗位的考核指标包括一次问题解决率、24 小时顾客问题解决率、顾客问题解决完整率等；商品部则是商品丰富度、商品缺货率，等等。通过制度让每位员工都认识到，每个人的工作都与顾客体验密切相关，"顾客体验的改善"必须成为每位员工的聚焦点。

1 号店每个星期都有一个回顾一周业务的会议，前半个小时都固定为 VOC（Voice of Customer）环节，各位与会人员直接聆听顾客的声音，把所有的顾客体验指标和顾客体验调查都和盘托出。同时，每天都会有 VOC 以邮件的形式发给高管层，一事一办，立刻解决。1 号店所有高管都必须定期体验一线的客服、配送和仓储环节，做"一日客服""一日配送"和"一日仓储"，亲身感受一线员工的工作情况，真正倾听到顾客的声音。

通过这样的持续措施，1 号店的顾客满意度已经稳居业界前列。2013 年初，某国际知名市场调研和咨询机构的顾客满意度调研中，1 号店在订单的准确性、物流的服务保证、配送的及时性和网站的售后保证等调研项目的得分，均位列第一。

据中国统计信息服务中心（CSISC）联合新华网、中国质量新闻网的发布《2013 中国综合电商品牌口碑研究报告》显示，1 号店品牌知名度、消费者互动度、质量认可度以及产品好评度方面均位列三甲，整体口碑位居总榜单前三。"1 号店希望通过黏性很强的快速消费品抓住消费者，让消费者产生依赖，这样一来不管提供的是什么产品和服务，消费者都会去尝试和接受，"于刚说。

从需求出发，以创新驱动创造性增长

"创新是一个企业的生命线，决定着企业的生死存亡，"于刚认为，"企业有了创新机制，也要有创新平台；要在创新上投资，才能成功创新。"对于 1 号店来说，不仅要通过组织创新论坛、邀请优秀的业界领袖讲创新案例和创新过程、分析解读优秀企业创新案例来丰富企业文化中的"创新"因子，还要通过固定的创新平台和创新机制来甄选和孵化创新项目。1 号店成立了"1 起创"创新平台，不仅面向 1 号店全体员工，同时还对所有的顾客开放，欢迎每个人给 1 号店提出创意。1 号店创新中心选择相应的专家团队对创意的可实现性、所需投入资金做评估，提交报告给决策团队；决策团队再根据创意本身对企业战略重要性和投资回报率决定具体孵化哪些项目。

"1 号店创新中心每年孵化 30～40 个项目，"于刚说，"如果项目成功就将成为 1 号店正式运营的一个模式，1 金融、全球团、1 号团、1 号闪购、试用中心都是创新中心孵化出的项目。"从 1 号店的创新经验来看，从真正的业务需求出发的创新，往往都能取得成功。1 号店在今年创新推出的手机"以旧换新"服务和"准时达"甚至"准点达"配送服务，都是这方面的好案例。

日前，1 号店面向供应商、入驻商户、第三方合作伙伴和顾客的全方位金融平台"1 金融"正式上线。1 号店也成为继阿里、京东之后，深入涉足互联网金融领域的又一大型综合电商。"1 金融"平台是结合 1 号店的开放物流平台、大数据平台、商家管理体系、顾客管理体系打造的金融平台。在供应链端，目前与 1 号店合作的机构有邮储银行、平安银行、中国银行。

在手机每隔一年到一年半就需要更换的今天，如何处理旧手机成为很多人挠头的问题。1 号店创新推出的"以旧换新"服务，可以让消费者足不出户、直接在线查询回收价格并享受旧手机的回收服务。在确认并完成回收后，顾客获得的抵用券可以作为购买新手机时的"起步资金"。一台使用过将近一年的九成新 iPhone5 手机，最高可抵 3900 元，这一价格比早前苹果在北美地区的回购价还要高出许多。这一差异化服务受到了消费者的广泛欢迎。

"准点达"配送服务则满足了消费者对于"准"的要求。选择"准点达"服务后，消费者就能自由"订制"收货时间，最短可将订单抵达时间精确到1 小时的时间段内。顾客在一个地方等收货的时间是有限的，既不希望空等着，也不希望配送员白送一趟，"准点达"创新服务无疑帮助消费者实现了关于物流配送的实际需求。1 号店内部数据显示，选择"准点达"服务的消费者，其顾客满意度高达 96.3%。继 2013 在上海推出"准点达"服务后，接下来该项服务还将继续在其他一线城市推出。

在电商 O2O 方面，1 号店也早已迈开步伐并不断加码，先后开设中远两湾城大型社区服务中心，牵手山西美特好连锁商超，以及与全家 FamilyMart 战略签约，提供上海地区 300 家门店的自提服务。

2013 年，1 号店开始对仓储、配送进行 ISO9001 质量管理体系认证，并推出名为"4 + 1"的质检体系，即在供应商审核、产品入库检查、存储配送管理、产品质量问题追溯等 4 个关键环节制定详细的产品质量安全监督流程，并对供应商违法违规供货行为一查到底，全力维护消费者权益。通过严格的标准管理，在 2013 年，1 号店临期商品投诉达到 5.6 个西格玛水平，即临期不良商品投诉率仅为十万分之二。在 2013 年，1 号店通过 PIS 系统（价格智能管理系统）对商品价格进行科学管理。PIS 系统通过实时监控全网 70 多家主流电商 1700 万种商品的价格和库存信息，根据 1 号店的价格策略实时调整价格，保证了 1 号店的价格竞争优势，为顾客省钱。同时，在价格规范监管方面，1 号店在 2013 年上线了基准价流程，并在公司内部设立专人负责价格巡查，通过系统和人工方式对价格进行更严格的规范管理。

创新是企业的生命线

企业必须把创新提到一个绝对的高度：创新是企业的生命线，直接关系到企业的生死存亡。这绝不是耸人听闻。于刚曾经服务过全球两个非常优秀的企业：戴尔和亚马逊。亲历这两家企业因在创新方面表现的差异，而导致了两家企业当前现状的各异。戴尔虽是全球执行力最强的企业，但创新之举泛泛可陈；而亚马逊——全球最成功的企业之一，则非常注重创新。不仅如此，大家可以看到，很多曾经非常优秀的企业，因为缺乏创新停滞不前，甚至无法存活。比如柯达，曾经公认的全球顶尖、一流的公司，因为缺乏创新而被淘汰。而苹果公司，重新定义音乐、重新定义电脑、重新定义通讯，每一代产品都以创新的形象出现，改变大众的生活方式，不断引领着潮流。

于刚表示，这些年，看到这些企业的沉浮，明白创新是企业的生命线，是企业能否生存的基石。对电子商务企业来讲，创新尤为重要。在计算机和互联网时代，速度成为最为重要的因素：产品更新换代越来越快，信息量爆炸，竞争加剧，信息传播速度光速，决策速度更快！在这种情况下，企业不创新肯定会被淘汰。

创新，要植入企业的基因

在创建 1 号店时，于刚和刘峻岭花了两星期的时间，专门讨论企业文化的内容。最开始写了两页纸，强调执行、强调顾客等等诸多的内容，但最后他们把它缩减至 8 个字："诚信，顾客，执行，创新。"创新，是 1 号店的企业基因之一。

此后，1 号店始终坚持不断创新。首先，1 号店的商业模式就是一种创新。以大品种、快消品方式切入其实是非常难的。海量的商品，体积大、分量重、易漏、易损，但于刚和刘峻岭认为，只要迎难而上、克服壁垒，这些难点就能成为 1 号店的竞争力。另外，除了商品，1 号店又加入了很多的服务项目，早期有药网、医网、手机充值、信用卡还款、银行转账、水电煤缴费等。真正实现了"让顾客足不出户，享受一切商品和服务"的使命。同时，于刚和刘峻岭认为顾客、商家的需求都是多样化的，一种商业模式没办法满足所有顾客和商家的需求。因此，他们有一个概念：让1号店的系统非常柔性，流程非常柔性。让1号店的系统能够同时容纳很多的商务模式，能让企业迅速引进新的商务模式。1号店可以同时孵化十几个项目，看哪些项目可以生存下来，不好的项目就淘汰。1号店很多发展得非常好的项目都是这样慢慢孵化出来的。

比如说"店中店"。现在1号店不光是有自己经营的产品，也可以为其他很多的商家提供平台服务。这种方式既可以增加1号店的产品品类，也能帮助1号店增加地域覆盖。比如"名品特卖"。很多的优秀大品牌，如需要清仓过季商品，或者需要做新品促销等，因此1号店专门开辟了"名品特卖"频道，满足这些商家的需要。比如1号店有专门的团购频道"1号团"，最多3个月，销售额就能翻一番，发展趋势非常好，而且是盈利的一块业务。比如"企业频道"。现在企业都会有采购的需求，像员工福利、日常办公用品等。很多企业希望有一个能为其提供特定服务的商家。而在1号店企业频道，通过事先认证，每个企业客户有自己的特定入口，并能享受账款定期结、特需定制等服务。这类服务非常受企业的欢迎，比如"EPP"。像一些几万至几十万员工的大企业，成为1号店的EPP客户后，这家企业的员工通过这个频道购买，就可以享受更优惠的价格等特定服务。而企业则通过这种形式给自己的员工创造一项福利，商家也借用这个频道推广自己的品牌和商品。

创新，要营造开放、鼓励尝试和容错的氛围

创新，要不怕犯错误。所有新的方法新的模式有成功的概率，也需要冒很大的风险。因为好的做法恐怕大多已经被做过，1号店去尝试的一些新的做法，可能很大程度都会失败。所以企业要有容错的心态。举个此前1号店错误的例子：在1号店上线之前，在没有做市场调查和尝试的情况下，公司筹备了3个月的时间做了一本非常精美的300多页的目录，一次印出了10万多

本，100多万砸了进去。但后来的结果是，这种推广效果非常不好。1号店早期都是一些低单价的快消品，这种目录形式，价格不能动态改变，于是1号店很果断停掉了。又比如，之前1号店做了很多海报，通过地铁站、小区发放。当时每次一发海报，订单就上去，一停，订单就减少，后来也忍痛停止了这种海报的方法。

于刚和刘峻岭发现，这些不是电子商务的做法，于是逼着自己去创新，去找适合电子商务的推广方法。接下来，介绍一下1号店几个比较成功的创新案例。

"品类中心"。人们可能觉得去实体店购物，可以看看、摸摸、走走，实实在在去体验这个购物过程，而电子商务缺乏的正是一种"逛"的感觉。其实不然，电子商务也可以有逛街的感觉。像1号店做了很多的品类中心，不仅是购物，顾客还能了解到不少的知识。像葡萄酒品类中心，不仅销售各类葡萄酒，也介绍酒文化。比如介绍世界10大酒庄，葡萄酒酿造过程，什么样的酒搭配什么样的食品和酒杯等大量的信息。比如电压锅品类中心，会向顾客介绍电压锅的优点是什么，使用方法是什么，还有一些菜谱。所以说，顾客不光是来购买，也是来学知识，体验和享受购物过程。

"社交购物"。现在大家知道社交购物非常时髦，其实1号店在2008年刚上线不久，就开始做社交购物。最开始与新浪乐居频道合作。这个频道直接链接入1号店。像1号店与天涯合作，网友可以在天涯看到"天涯1号店"。1号店甚至植入到论坛里，做一些知识性帖子。后来发现，朋友的介绍和意见领袖的介绍更容易被信服。另外，1号店与门户网合作，与游戏公司合作，与很多的本地社区如篱笆等合作。这些，都是1号店早期的创新之举。

"购物工会"。早期1号店推出了一个购物工会。1号店发现，在办公室这样的环境，口碑效应是非常好的，一个人买了一个商品会告诉他周边的朋友和同事。于是就推出了这个服务。顾客可以把他的朋友或兴趣相同者一起组建起购物工会，只要一起购买，达到一定量，下次他购物就可以一起享受一定的折扣。

"个性化服务"。顾客购物行为有很多的规律。如商品的关联性，频次的规律性，企业可以通过这些数据研究出顾客的购物规律。1号店基于顾客行为做很多的数据挖掘，并做个性化推荐。通过数据挖掘，建立顾客行为模式，从而形成系统化的对顾客的个性化服务。

"1页购"。通过顾客的消费行为模式，1号店推出了这个功能。顾客一登陆，就有一个自己专属的个性化页面，顾客可以在一页内就完成购物。当时开发这个功能的初衷就是，顾客每次购物时需要去搜索，去寻找。1号店希望让顾客的购物流程更简化顺畅。后来发现，顾客用得很多。现在，1号店还有一个专门的团队在做更多的研发，以便更好优化这个功能。

"早市、夜市"。很多顾客是很早开始购物，有的顾客要到下班才购物，因此1号店推出这样的频道以满足这些顾客的需求。而且1号店还可以提供特定的商品，特定的促销等。

创新一方面需要跟上新的潮流，另一方面通过新的技术把一些常识性功能重新优化利用，给顾客带来便利和实惠，也是一种创新之举。如1号店站内的首字母搜索、语音搜索等创新搜索功能。

创新，要放眼未来

电子商务在中国还是一个非常新的行业，没有许多经验可供借鉴。企业在创新时，不仅要不怕失败，还要放眼未来。说创新，很多人可能只看到眼前的事情，会更多思考"我现在要做什么"。于刚认为，企业还要花很多的时间去看未来，创新要为未来做准备。像1号店同时孵化很多项目。这些项目可能只能成功几个，但是只要成功几个，就能奠定企业未来发展的基础。

像1号店的店中店，两年前就开始孵化，2011年才开始推出。目前入驻商家已经超过20000家，发展非常快。比如1号店的"掌上1号店"以及虚拟超市等。这也是1号店为未来投资，为手机购物打下基础。目前1号店已经积累了2400多万手机用户。此外，1号店还尝试电影植入，并结合电影做整合营销，在电影院门口发巧克力，发抵用券，在情人节时候，给顾客送玫瑰花等。

比如1号店尝试的情景营销，事件营销。2012年3月20日，1号店做了一次家电促销。1号店卖什么，顾客可能没有直观的概念。于是1号店做了一个模拟场景，所有的商品摆在厨房里，顾客一目了然。比如此前做过的"最美前台"评选与顾客互动，收到 4000 多张照片，最多的一个候选人有 2 万多人投票。

1 号店的团队有一个非常开放的心态，愿意接受创新的做法。很多的想法和做法是员工自己自发去做。1 号店也很乐意听到这样的想法和做法。也许做了十几个项目，八九个是不成功的，但没关系。这是 1 号店企业的文化，鼓励员工去尝试，去不断创新。

其实 1 号店更多的创新是后台的创新：怎么提供全程的电子商务解决方案。比如："Last mile（最后一公里）。"1 号店在 40 个城市有 200 多个自配送站点，自己送货的及时率达到 98.6%。1 号店有很多能力：仓储能力、配送能力、采购能力、系统能力、CRM 能力。1 号店把它打包起来，可以给 1 号店的商家提供服务："Service by Yihaodian（SBY）。"1 号店在仓库运营、配送方面有大量的创新，比如，全流程的 RF 操作、自动分拣、语音分拣、波次拣货等。通过这些创新行为，1 号店大幅降低了运营成本。

五大战略继续加速发展

未来，1 号店将一如既往聚焦顾客体验，将持续打造在供应链管理的核心竞争力，敏锐把握市场趋势，全面推进五大战略。

一是继续大幅扩充品类，在 2013 年的基础上，实现再翻一倍的目标。食品、美容护理产品、手机、服装等是 2014 年 1 号店重点发展的品类。食品方面，将大幅引进进口食品，实现进口品类翻倍、直采食品成长数倍的目标；同时大力开拓"特产中国"项目，通过"百县县长推荐"等方式引进大量的国宝级地方特产，打造差异化优势。美容护理品类方面，在目前已有的 100 多家品牌直通的基础上，继续扩大品牌直通范围，为消费者提供更多的"1手正品"。手机方面，不断拓展产品的丰富度，继续提供"以旧换新"个性化服务，以"低 50"价格优势等措施打造核心竞争力。服装方面，将针对 1 号店顾客特性，选择时尚女装、童装等品类进行扩张，并加速引进知名的服装品牌商家。1 号店在品类扩展方面的目标是，未来顾客不出家门、国门，即可购买到国内外各地的优质商品。

二是加速移动业务的发展。至 2013 年年底，1 号店移动注册用户达到 1500 万，整体业务占比从 2012 年的 6% 上升到 15%。2013 年，1 号店在移动端上线了如"每日惠""购物足迹""摇一摇""扫一扫"等移动端的服务和特享促销，不断提升移动端购物体验。2014 年，1 号店移动端继续从营造优质的顾客体验、营造移动端顾客的特权和权益、探索创新业务模式以及营造行业服务能力 4 个方面进行优化。其中，O2O 将成为 1 号店接下来在移动端重要的实践探索。未来，1 号店希望移动端的业务与 PC 端达到平分秋色。

三是加速区域业务拓展。继续在区域市场扩充品类，优化物流体验等。在现有北京、上海、广州、成都、武汉、泉州、济南七大运营中心的基础之上，除了在广东洪梅开建华南地区最大的自动化 B2C 电商仓库，还将继续寻找合适的城市建仓。2014 年，1 号店还将加强在本地市场的推广和本体化的市场营销及服务。如在区域市场推广月末"疯狂日"，精选当地地采商品，打造"免费领 + 新品 5 折"模式；还会加强与各大品牌在区域合作上的联动，通过强强联合，获取双赢效益。

四是推动发展创新商务模式。大力推进 1 号店的特色频道，如凭借质优价廉、商品丰富、全国包邮而广为消费者喜爱的"1 号团"频道，以大品牌、深折扣为主的特卖形式设立的"名品特卖"频道，集结特色促销和优质商品的主题馆如"服装馆""美食城""药品商城"等。同时，加强基于社交平台的网购推广，在会员营销方面进行创新等。

五是加强对大数据的深度挖掘和应用。对大数据的应用将体现在 3 个方面，一方面是充分利用数据挖掘和商业智能实现精准化营销和对顾客的个性化服务。目前，1 号店已经建立了顾客"会员运营体系"。2014 年，1 号店会更深入研究顾客的购物偏好，加强对顾客的理解，基于此提供精准化和个性化的服务。另一方面是通过大数据应用在内部实现运营的进一步优化、降低成本。根据 1 号店最新数据显示，通过大数据的应用，2013 年，1 号店库存周转天数下降了 41%，缺货率下降了 59%，供应链效率得到进一步提升。最后，1 号店上有成千上万的供应商和入驻商家，1 号店将逐步对合作伙伴开放运营数据，以利于其商业决策。

1号店董事长于刚认为，2014年，电子商务行业将继续快速增长，"无商不电商"的趋势越来越明显，二、三线城市的电子商务市场将进一步爆发。移动商务在未来的5年内将成为电子商务的主流，将来是"无商不移动"。而1号店将一如既往为顾客提供优质的网购体验。

导师点评

"无商不电商""无商不移动"的趋势越来越明显。很多企业家希望进入移动电子商务领域，但电子商务是一个上下游合作伙伴众多、产业链极其复杂的商业生态系统，要想获得成功，必须在每个环节、每个细节都精益求精、不断创新。

越来越多的企业家追求创新，包括技术产品创新、商业模式创新。但从何处入手创新？如何创新？创立只有6年的1号店向我们展示了一个企业创新的精彩案例。

1号店的创新从发掘客户真实需求出发，创新无处不在、持续不断，包括产品供应品类、供应链过程优化和管理、内部创新机制、客户营销、客户服务等电子商务产业链各环节、全过程、多方位的创新，从而获得了客户最佳体验以及供应链生态各利益相关者的支持。

1号店很多创新极具亮点，例如，PIS价格智能管理系统，开放的"1起创"创新平台、"1金融"平台，手机"以旧换新"服务等。

创新知易行难，1号店丰富多彩的创新会给我们很多启示。

朱武祥

公司金融学、商业模式学教授

清华大学经济管理学院金融系

太平洋恩利集团成长报告

黄裕翔

国研·斯坦福四期一班学员

太平洋恩利集团副主席兼董事总经理

全球并购实现快速增长
绿色环保实现可持续发展

太平洋恩利集团是一家综合性跨国水产企业，总部设在香港，是集团创办人黄垂丰先生及其子女于 1986 年创立。作为全球最具规模的冷冻鱼产品生产商之一，集团业务涵盖整个水产供应链，包括捕捞、冷冻海洋运输、加工、贸易以及分销，业务网络遍及全球各大洲超过 60 多个国家。

太平洋恩利高瞻远瞩，以建立国际化的融资平台的眼光支撑了其多年来高速的发展。1994 年，太平洋恩利国际控股有限公司在香港联合交易所主板上市；两年后，集团分拆其冷冻鱼供应链管理业务，并以太平洋恩利（控股）有限公司名义于新加坡证券交易所主板上市。2004 年取得中渔集团有限公司的策略性控股权，于 2006 年在新加坡交易所主板上市。至此，集团成功建立了一个结合三家公司、分别于中国香港及新加坡上市的集团架构。

集团营业收入在过去十年增加超过 2.5 倍，从 2003 年的 38 亿港元增加至 2013 年的 133 亿港元；利润更从 2003 年的 9400 万港元增长超过 3 倍至 3.86 亿港元。2013 年，集团三大业务板块——渔业及鱼类供应板块、冷冻鱼类供应链管理板块、加工及分销板块营业额分别为 43 亿港元、44 亿港元及 45 亿港元。

集团并购动作连连，1997 年收购美国 National Fish & Seafood Inc（National Fish）；2006 ~ 2012 年，集团在秘鲁完成超过十项大大小小的收购活动，成功跻身秘鲁主要鱼粉经营商之列。集团在 2013 年收购当时秘鲁国内第二大鱼粉生产企业 Copeinca AS，跻身世界上最大的鱼粉生产企业之一，这也是集团成立以来最大的一宗收购投资项目。

渔业，不论是捕捞渔业或是养殖渔业，其发展必然消耗天然资源。

太平洋恩利集团作为行业一份子，可持续发展乃是企业文化的支柱。集团已加入的国际组织包括亚太经济合作组织（APEC）粮食安全政策伙伴、道德贸易联盟、IFFO 负责任供应计划、全球水产养殖联盟等等。2012 年，副主席兼董事总经理黄裕翔先生成为亚太经合组织新成立粮食安全政策伙伴关系机制（PPFS）的成员，是 PPFS 的创始会员之一，并且是香港获提名担任该职位的三位商界代表之一。

在过去的 30 年间，世界经济可谓波澜壮阔、跌宕起伏。太平洋恩利集团审时度势，紧紧把握全球经济社会发展形势和各国经济、金融等政策动向，通过全球并购和绿色环保等战略措施，实现了集团的快速增长和可持续发展。

集团概况

太平洋恩利集团是一家综合性跨国水产企业，从事远洋捕捞、加工及销售，总部设在香港。经过多年发展，现在已成为全球最具规模的冷冻鱼产品生产商之一。目前，集团业务涵盖整个水产供应链，包括捕捞、冷冻海洋运输、加工、贸易以及分销，业务网络遍及全球各大洲超过 60 多个国家。

太平洋恩利集团营业收入在过去 10 年增加超过 2.5 倍，从 2003 年的 38 亿港元增加至 2013 年的 133 亿港元；经营利润更从 2003 年的 9400 万港元增长超过 3 倍至 3.86 亿港元。2013 年，集团三大业务板块——渔业及鱼类供应板块、冷冻鱼类供应链管理板块、加工及分销板块营业额分别为 43 亿港元、44 亿港元及 45 亿港元。

太平洋恩利集团的发展史，其实质就是一部国际化和绿色可持续化的发展史。先后经历和践行了从国际贸易、全球贸易管道建设，到全球绿地投资、全球并购等国际化发展模式的过程。特别是在 20 世纪末、21 世纪初全球各主要政治经济体加大了对全球经济绿色环保理念和可持续发展的关注和监管，集团及时调整自己的战略，使集团的发展更加贴近社会发展的要求和消费者的需求。

1. 国际贸易与管道的建设，是企业高速发展的基础

集团创办人黄垂丰先生及其子女于 1986 年在香港创立太平洋恩利。集团创业初期的主业务为冷冻海产贸易，在中国沿海省份采购虾及各种冷冻水产品，出口至美国及欧洲市场。

20 世纪 90 年代初期，太平洋恩利察觉到冷冻白肉鱼在全球市场的发展潜力庞大，因此集中发展这种用途广泛、营养价值极高、价钱大众化的海产。此外，集团亦同时以分包方式在国内开拓冷冻鱼柳加工业务，成为当时最早抓住先机进入中国市场的企业之一。为了巩固供货渠道，集团积极与远东地区的渔业公司建立业务关系，并为该等公司提供船务代理服务，为日后发展供应链管理业务奠定稳固基础。

与此同时，集团加大与生产能力相配套的全球销售管道和市场的建设和开发、贸易以及分销，业务网络已遍及全球各大洲超过 60 多个国家。

2. 建立全面及国际化的融资平台，支撑企业高速发展

经历 20 世纪 90 年代初的快速发展，单纯依靠内部资源已经很难充分满足企业发展的资金需求，而集团亦深明建立全面融资平台的重要性。为了支持集团的长远发展，集团必须建立全面且有效的国际资本市场融资平台。因此，于 1994 年，集团以太平洋恩利国际控股有限公司（下称"太平洋恩利国际"）的名义在香港联合交易所主板上市。

两年后，集团分拆其冷冻鱼供应链管理业务，并以太平洋恩利（控股）有限公司（现名为"太平洋恩利资源发展有限公司"，下称"太平洋恩利资源发展"）的名义于新加坡证券交易所主板上市。

集团于 2004 年取得中渔集团有限公司（下称"中渔"）的策略性控股权，把业务拓展至产业链上游之工业捕捞业务。透过中渔，集团在全球多个海域捕捞及采购多种远洋鱼类。为进一步推动此业务的发展，中渔于 2006 年在新加坡交易所主板上市。至此，集团成功建立了一个结合三家公司、分别于香港及新加坡上市的集团架构。

有了资金平台的支持，通过相应金融手段的实施，使得集团很好把握住了当时全球对海产食品需求持续上升所带来的商机，使企业得到了快速的发展，为集团整体创造了更高的效益和更长远的增长。

3. 绿地投资、全球并购是企业高速发展的关键

纵观太平洋恩利集团近30年的高速发展，绿地投资和全球并购是提速的关键。从最初的海产贸易，集团逐渐将触角伸向下游的海产岸上加工、采购、分销、自家品牌发展，以及上游的远洋捕捞、秘鲁的鱼粉及鱼油的加工及分销领域。在最近十多年，集团在世界各地成功进行了超过30多项投资和并购。目前在美国、秘鲁、德国、法国、非洲、澳大利亚等地均拥有投资项目。同时通过合资方式，投资捕捞和养殖业。

下表为集团及其相关企业过去在国外投资项目一览。

时 间	国 家	项 目
1997 年	美 国	食品品牌、海产加工及分销业务 – National Fish and Seafood Inc
2005 年	日 本	食品品牌、海产加工及分销业务 – Kyoshoku
2006 ~ 2013 年	秘 鲁	鱼粉及鱼油生产及分销
2010 ~ 2011 年	澳 洲	Tassal Group Limited 一家在澳洲证券交易所上市的垂直整合鲑鱼养殖、加工、销售及推广商
2011 年	法 国	海产加工及分销业务 – Gelmer
2011 年	德 国	海产加工及分销业务 – Pickenpack
2012 年	纳米比亚	捕捞业务
2013 年	德 国	海产加工业务 – The Seafood Traders

4. 行业发展情况

全球人口不断增加，对食物供应的需求亦越趋强烈。但是在全球土地及海洋资源减少的情况下，可供作食用的资源或种植畜牧的面积却持续减少。蛋白质是人类不可或缺的营养来源，而鱼类产品富蛋白质，鱼和渔业产品提供了至关重要、廉价的优质蛋白来源，因此，人类对渔业资源的依存度只会越来越高。根据联合国粮农组织估计，2030年世界的平均鱼类产品消耗量，将由现今的每人每年16.7公斤上升到每人每年约20公斤。同时，该组织更预期到2020年，中国每年人均海产消费量将增至36公斤。再加上全球人口上升所带来的额外需求，由此可见渔业的产量、发展与未来食物的需求息息相关。

鱼类及海产食品乃人类主要食品，也是蛋白质以及其他重要营养之最佳来源。同时，在一些发展中国家日渐富庶，消费者对健康意识增加所支持下，人们倾向食用更多海产。可以预期，全球消费者对海产之需求将会稳步上升。

捕捞及水产养殖是目前两项取得渔获的方式。海洋资源有限，捕捞产量自 1988 年超越 8500 万吨之后，往后的近 20 年，捕捞产量始终介于 8500 万吨至 9300 万吨之间，产量停滞不前。相反，水产养殖的渔获量自 1950 年起快速增加，由原本的 60 万吨跃升至 5000 万吨，近 20 年来产量的增长率更高。

目前水产养殖业发展迅速，致力满足全球消费者对鱼类日益殷切之需求。基于此趋势，集团看到鱼粉作为水产养殖业及畜牧业的重要饲料，其需求将持续增长。

太平洋恩利集团国际化发展的背景及主要做法

很多企业多元化发展失败的一个重要原因在于盲目追求多元化，业务组合没有协同效应。在过去十多年，太平洋恩利在并购过程中不断调整并购方向，但始终坚持加强主营业务的发展，及时剥离与核心业务无关的业务，令集团得以发展致今天的规模。

在发展初期，集团除了透过自身有机发展外，同时利用并购，不断拓展业务、扩大规模。期间亦不断巩固并购成果，确定战略业务，随后通过海外并购成功实现国际化进程。

（一）订立清晰目标，物色切合集团远景的海外投资项目

在海洋资源有限，但需求不断上升的大环境下，太平洋恩利的领导层为集团订下发展理念及使命，及后所有的投资/收购或发展均按照以下方向推进。

理念：

成为全球于海产食品采购、加工、分销及销售的领导者，每日为世界各地数以百万人士提供源自天然的健康蛋白质。

使命：

- 提供最优质的世界级海产食品，同时秉持海产资源及环境的可持续发展。

- 成为领导市场最佳准则及行业标准的先驱，时刻履行向全球消费者及客户、监管者、雇员、投资者及我们经营所处的小区所承担的责任。

- 透过供应安全优质的海产食品，满足全球各地消费者对营养产品持续增加的需求，于全球食品安全方面担当领导的角色。

- 雇员是集团的命脉所系。我们致力确保工作环境的安全，同时团结并激励雇员发挥其活力及热诚。

核心价值：

- 业界领袖——塑造业务未来、引领业界成长。

- 勇于创新——鼓励创新及技术开发，以推动业务发展、抓紧机遇。

- 正直诚实——以诚待人、信用至上、一视同仁。

- 相互尊重——重视所有与业务相关的人士，并展现关怀和体谅。

- 热诚和承诺——全心全意、致力实现集团目标。

- 转化革新——不能故步自封，要不断求变、持续进步。

集团本着以上的发展理念，于1997年在中国内地收购海产加工厂房，为太平洋恩利成为全球领先的综合海产食品企业迈出重要的一步。自此，集团在中国青岛的海产加工中心快速发展。

在中国内地发展的同时，集团收购美国 National Fish & Seafood Inc（National Fish），并开始从事冷冻海产食品的零售及分销业务。Matlaw's 为 National Fish 的旗舰品牌，美国大部分地区的主要超级市场及连锁店已售卖此品牌的各种产品超过40年。

中国食品加工业在过去数十年来经历前所未有的高速发展，食品安全及食品来源追溯能力等议题日益受到关注。2003年，太平洋恩利与英国顶尖科研专家合作，成立中国第一所独立食品检测实验室—诺安检测服务有限公司

（下称"Sino Analytica"或"诺安"）。诺安的成立标志着集团发展的另一个重要里程碑，并充分体现管理层高瞻远瞩，以最佳作业守则为本，致力提升中国食品加工业水平。

太平洋恩利能够把业务扩展至目前水平，主要与集团以"并购推动的多元化扩张"发展战略有密切关系。集团在过去十年进行并购的目的是为了达到产业链的上、中、下游垂直整合，使集团能掌控整个产业链，从上游的资源控制，一直到在欧美市场对超市的零售分销及餐馆配送。集团的每一项投资项目均经过深思熟虑、从长计议。在发展多元化业务的同时，每项投资项目都有共同一致的"核心"，就是能为集团整体业务带来效益。

（二）建立项目团队，深入研究投资机会

集团过去进行的海外收购，在过程中不断摸索经验，已在企业内部形成太平洋恩利自家的一套完整模式。管理团队亦已累积了相关经验，能够按照实际需要运用成本较低的融资手段，包括拥有国际信用评级、发债或银团贷款等，加上集团在香港及新加坡的上市地位亦建立了融资管道的基础，可以灵活运用包括杠杆收购等财务模式，为集团的投资提供资金。当中例子包括向国际机构投资者发行美元、人民币、新加坡币定息债券，充分利用国际债务市场融资。另外，集团旗下新加坡上市附属公司中渔亦成功引入国际知名的私募基金作其策略股东。

除了建立有效的融资管道外，更重要的是建立项目研究团队。市场的收购或投资机会极多，如何从这千万个机会中挑选出最合适集团自身发展需要的项目，确实是不容易。在评估收购项目方面，集团贯彻谨慎态度，通过深入的研究和分析，以及考虑重要因素（例如潜在项目的预期回报、发展前景以及其对集团整体业务的裨益等）后方作出决定。此外，如有合适机会，亦会建立合资企业或投资于拥有合适业务的公司，以作选择性投资。

经过多年的收购投资经验累积，集团已完善建立了研究机制及团队，对收购目标进行审慎的前期尽职调查、收购目标与已有业务全方位协同评估等。团队亦懂得如何游刃有余地与出售方及利益相关方进行磋商谈判。

（三）个案分析

1. 看准秘鲁作为全球最大捕鱼场的前景，把握收购时机

在全球渔业资源日趋紧张的大环境下，远洋渔业企业在国际市场通过兼并收购获得海洋渔业捕捞配额的情况屡见不鲜。早在 2006 年，集团就看准全球最大的凤尾鱼生产国秘鲁的投资机会。

秘鲁沿岸海域是世界著名渔场，水产资源十分丰富，盛产秘鲁凤尾鱼等八百多种鱼类及贝类等。秘鲁是全球最大的鱼粉出口商，亦为全球非养殖鱼类生产力最高及最大鱼粉生产之国家。

秘鲁的鱼粉主要以秘鲁凤尾鱼为原料，经去油、脱水、粉碎加工后制成高蛋白质饲料，目前主要用于养殖鱼及家畜（猪、鸡和牛等动物）的饲料，这些饲料需要含有高质量的蛋白质，尤其是用于幼龄的猪和鸡。因为幼龄动物处于生长旺盛期，对蛋白质的需求以及要求蛋白质中氨基酸比例较大，鱼粉作为动物蛋白，其中的氨基酸比例与动物所需的氨基酸最接近。鱼粉亦是用于水产动物如鱼、蟹、虾等饲料蛋白质的主要原料。

集团早在 2005 年已开始对秘鲁鱼粉业务进行研究，以了解此业务的发展潜力。就在集团旗下子公司中渔集团成功在新加坡主板上市后，集团透过进行连串收购行动，于秘鲁开展业务。在此之前，集团业务都集中在野生海产领域，由于鱼粉乃饲料之主要成分，投资秘鲁鱼粉及鱼油业务所带来之实时效果，让太平洋恩利实时抓住来自全球水产业及畜牧业之庞大鱼粉需求，令集团可受惠于水产养殖行业的增长。

集团于 2006 年 5 月开始捕捞秘鲁凤尾鱼，并于同年 11 月开展鱼粉加工业务。2006 年至 2012 年，集团在秘鲁完成超过十项大大小小的收购活动，成功跻身秘鲁主要鱼粉经营商之列。

除了看好秘鲁凤尾鱼的长远发展潜力外，集团通过前期对该国家政策等方面的研究，成功把握了合适的时机。在 2009 年以前，秘鲁的捕捞制度称之为"奥林匹克"捕捞系统。当地政府设定最高可捕捞总渔获量，但并无限制个别渔业参与者的捕捞量。因此，所有持牌参与者均有权于特定捕鱼期内尽量捕捉特定鱼类，直至达到该捕鱼期内该种鱼类的捕捞限额为止。此系统鼓励渔业参与者争相捕鱼以提高其总渔获。由于"奥林匹克"系统导致秘鲁业者在捕捞时产生你争我夺的心态，间而使到秘鲁凤尾鱼渔获质量向来都不理想，所以这类鱼仍未被充分利用，几乎全用作鱼粉加工。由于此捕捞系统的不足，一方面不能保护凤尾鱼资源以确保其可持续发展，同时亦未能让市场充分利用此资源，造成浪费。因此，集团深信此制度将有一日给"配额制度"取代。

集团在 2009 年前已完成部分的收购。所以，当秘鲁政府公布将捕捞制度由"奥林匹克"系统转为个体可转让配额（Individual Transferable Quota System，下称"ITQ"）系统，旨在加强秘鲁捕捞行业的竞争力时，集团获政府分配捕捞配额。根据此 ITQ 捕捞制度，当时秘鲁持有效捕捞牌照渔船的捕鱼公司均有权获得捕捞配额，政府一般会根据渔业参与者或渔船的捕捞记录及/或其捕捞能力来决定个别可转让配额的分配。个体可转让配额系统分配渔业参与者或渔船独家专有的捕捞权利，配额以各鱼类总可捕捞量所占之百分比为单位表示，配额一般可转让或买卖。透过配额分配，系统可解决渔业参与者争相捕鱼的问题。一般人认为此系统可减少渔船捕捞产能过盛的问题，并改善作业安全，而且将捕鱼活动更平均地分配在捕鱼期内进行，从而提高渔获的市场价值。

ITQ 系统的实施，对秘鲁渔业起着巨大良性作用，除了提高行业整体竞争力，渔获质量也得到改善。集团亦更有可能实践所定长远计划，推广秘鲁凤尾鱼的食用，例如把部分渔获制成罐头产品。为达此目标，集团在当时继续寻找更多整合机会。因此在 2006 年至 2012 年的六年期间，集团继续在秘鲁不断物色合适的收购机会，以增加集团的配额。在 2012 年底，集团在秘鲁大概拥有 6% 的配额，成为当地第六大的鱼粉公司。

2. 进一步扩大秘鲁鱼粉业务，收购 Copeinca

随着全球水产养殖业和畜牧业生产的增长，集团在 2013 年公布收购当时秘鲁国内第二大鱼粉生产企业 Copeinca AS（下称"Copeinca"）的计划，以进一步整合秘鲁鱼粉业务，充分体现规模效益。如太平洋恩利与 Copeinca 交易成功，集团便拥有秘鲁国内最大的凤尾鱼捕捞配额，同时也是世界上最大的鱼粉生产企业之一。这项收购乃是集团成立以来进行的最大的一宗收购投资项目。

Copeinca 是秘鲁国内主要鱼粉和鱼油生产企业，拥有 5 家鱼粉鱼油加工厂。2007 年 1 月，其股票在挪威奥斯陆证券交易市场上市交易。Copeinca 拥有在秘鲁中部和北部海洋渔业捕捞配额的 10.7%，以及秘鲁南部海洋捕捞配额的 3%，在秘鲁国内同类企业中排名第二。其生产的鱼粉、鱼油几乎全部用于出口，中国是其最大的出口目的地。由于 Copeinca 拥有秘鲁国内相当的海洋渔业捕捞配额，完成收购后将有助于集团发展长期及稳定的业务。

集团在早期已建立了完整的融资平台并亦在市场集资，投资市场早已对太平洋恩利集团有一定了解。因此，集团利用附属公司中渔集团在新加坡发行新股募集资金。另外，亦成功向一些国际银行包括荷兰合作银行、渣打银行及新加坡星展银行等金融机构贷款作收购的资金。

2013 年 2 月，太平洋恩利集团发布公告，计划以现金方式收购 Copeinca 的全部股份。

此次收购道路并不平坦，整个项目并不是直接能完成，当中包括几次提价，其间亦出现了竞争对手。集团与相关各方进行了多轮谈判与磋商，但凭借集团过往积累的丰富经验，在收购战上灵活的变通，在公布收购计划的半年后，最终于 2013 年 8 月完成收购 Copeinca。

（四）并购后的整合是决定并购成败的关键

在全球渔业资源日趋紧张的大背景下，水产企业参与跨国并购日趋频繁。尽管并购重组可以快速扩大企业经营规模，完善企业的产业链，为企业提供更加广阔的战略发展平台，但另一方面，进行跨国资本并购目前并不是亚洲水产企业的强项。加上整合与重组是一个非常复杂的过程，而且需要较长时间的磨合。

众所周知，并购后的整合是整个并购过程的核心，也是决定企业并购成败的关键。进行并购的一个主要目的，就是发挥协同效应，实现被收购企业业绩持续增长，及后推动企业与当地资本市场作融资，以支持其日常经营业务，令被收购企业自我良性循环发展。收购完成后的下一步，就是要让并购双方产生 1+1 大于 2 的效果，也就是协同效应。而这仅仅靠企业规模的扩大是远远不够的，还需要对被并购企业的治理结构、企业文化、原有业务等要素进行认真协调，全面整合，避免企业内部出现权利纷争、利益冲突、财务资源不足等问题。最终形成双方的完全融合，并产生预期效益，才算真正实现了并购的目标。

过去的经验让集团了解到，由于不同企业的成长经历和外部环境，它们在价值观以及行为规范和经营风格、组织结构、管理体制和财务运作方式上都存在差异。尤其在跨国并购的情况下，双方所处国家的文化差异会进一步扩大彼此的文化距离。所以，在整合过程中不可避免地会出现摩擦。如果不小心处理，便会出现如合并的企业因规模过于庞大而产生规模不经济，甚至整个集团的经营表现都被购回来的新业务所拖累。

此外，海外并购要额外注意的是政治风险。此等政策风险主要体现在国家对外资的政策、税收政策以及利率汇率政策等方面。政府在许多跨国并购中扮演着重要角色，政府对跨国并购的态度，反映在其制定的相关政策与法规中。加上不同的企业处于不同的文化习俗、企业制度之中，因此，整合战略规划实施的重点也各不相同。在整合的过程中，除了要培育企业一体化的经营理念，努力化解整合过程中出现的各种冲突和潜在冲突外，集团亦要建立新的企业文化，反映合并企业内部各方共同发展，使两种文化水乳交融，吸收一切有利于新企业发展的文化，达到企业文化的协同效应。

在运作中需要充分考虑各种因素，熟练运用规则，逐步推进。为了尽快融入当地的社会环境，减少地区及企业文化差异的影响，太平洋恩利集团所有海外公司及加工厂的员工及管理层，都是雇用当地人担任的。集团深信，在收购后的合并期，最重要的人事政策就是要让两家公司的管理人员能够互相调升，使这些管理人员相信，集团有意在人事政策上给每一个人平等的晋升机会。这既降低集团海外收购及营运的风险，又可以充分激励被收购企业管理团队的经营积极性，还能够提升被收购企业乃至整体集团在当地市场、当地小区的企业责任形象。

在管理方面，收购后可能会无法体现使整个集团产生经营上的协同效应，难以实现规模经济和优势互补，管理层面增大而产生规模不经济，导致经营不善，竞争力下降等。集团对海外公司的管理方针是制定重要的战略性发展方向，由香港总部与各海外公司分别研讨制定，也据此建立绩效管理体系。当然，这些指标必须跟集团的整体发展策略连贯一致。与此同时，亦透过建立实线及虚线的管理和报告模式，互相制衡各管理层的决策。而在重大事项的决策上，必须得到总公司相关部门及管理层同意方能落实操作。这样，集团就能对海外公司的情况有透彻的掌握。

除了营运管理外，集团更着重在收购企业常资金流的管理。充分利用香港作为一个成熟国际金融中心的优势，在香港进行所有银行贷款、流动资金出入及融资安排。所有海外业务的资金安排也是集中在集团总部做统一统筹分配。所以在资金链方面，在香港有效控制海外业务，这样也同时令集团对海外业务的日常财务、现金流等方面有全面的掌控。

以上是太平洋恩利在过去二十多年的海外并购及业务整合过程中所获得的一些经验分享。事实上，在过去十年，集团除了集中精力于海外并购及扩充业务外，在行业内推动可持续发展是集团另一个主要任务。作为一家业务遍布全球的企业，集团致力提高透明度，亦决心与最好的国际标准接轨。

太平洋恩利集团致力绿色发展的背景及主要做法

（一）背景和做法

渔业，不论是捕捞渔业或是养殖渔业，其发展必然消耗天然资源。而这股消耗的动力，随着人口数攀升，越趋强劲。因此，维持海洋渔业的可持续发展，不但具有重要的政治和社会意义，而且具有重要的经济和生态意义。

太平洋恩利集团作为行业一份子，在业务扩展的同时，可持续发展乃是太平洋恩利企业文化的支柱，集团深明作为负责任的企业公民之重要性。集团一直以来推动大家探讨如何善用拥有的资源与技术，并且以符合未来趋势为发展主轴，鼓励全球各国及业界持续多边对话与合作，致力确保全球鱼类资源得以持续健康发展，生生不息。

集团透过内部监察，以及透过与供货商、客户及其他机构合作，致力提升集团内部营运及供应链之可持续发展。集团亦早已制定措施支持渔业资源的长远持续发展，当中包括：（1）支持监管改革和可持续发展渔业管理；（2）为旗下所有船舶安装渔船监测系统（VMS）；（3）利用条形码技术对供货商实施世界级的溯源系统；（4）对作业的主要渔业展开可持续发展内部审核；（5）在具严谨配额和捕捞份额制度的渔场作业；（6）取得部分产品的产销监管链认证。自 2010 年起，集团成立由董事会成员领导的企业社会责任委员会。此委员会制定集团的可持续发展政策及方向，推动并监督集团及其所有海外业务致力实践相关的政策。

（二）个案分析

以下分别为集团在非洲纳米比亚及秘鲁鱼粉及鱼油业务在可持续发展方面所作出的努力成果。

太平洋恩利的渔业及鱼类供应附属公司中渔于 2012 年在纳米比亚成立一家合营捕捞公司。2013 年，该公司继续与两家纳米比亚当地财团合作，并成功捕捞竹荚鱼。为配合公司的可持续发展定位——"永航之道"，与纳米比亚公民建立合营公司不仅就商业而言属合理决定，更让管理层深入了解纳米比亚的历史及社会背景，以及纳米比亚劳工的标准规定和期望。2013 年，纳米比亚只成立了一个新配额持有人集团，该集团决定与太平洋恩利集团合作，捕捞其获分配的竹荚鱼配额。太平洋恩利提供可持续发展的长远业务模式，同时为配额权持有人集团之股东带来最佳回报。目标是为纳米比亚人创造长远的就业前景，以及为行业带来技术及知识交流。为确保策略符合当地持份者的期望及需要，太平洋恩利与持份者互动交流，以及与纳米比亚当地的顾问及渔业专家合作。邀请来自渔业及海洋资源部及其他政府部门、工会、非政府组织、小区组织、合资企业股东及媒体等代表，就纳米比亚业务在企业管治、社会及环境事宜方面的表现及期望提供意见。

在秘鲁鱼粉及鱼油业务方面，2013 年，该业务获得 Friend of the Sea（"FOS"），此认证涵盖所有秘鲁加工厂及船队业务，并符合欧洲客户制定的鱼粉及鱼油标准。除此以外，集团所有秘鲁加工厂也持有国际鱼粉及鱼油组织颁发的负责任采购认证，这是集团致力推动旗下业务必须重视可持续发展的成果。

（三）从各层面推动渔业的可持续发展

在许多政府的议程中，粮食安全和满足营养需要的能力是首要议题。作为业界一份子和企业公民，集团需要制定策略，以满足未来不断变化的鱼类蛋白质供需缺口。虽然粮食安全是个潜在威胁，但对于准备最充分的企业而言，亦是一个机遇。太平洋恩利积极协助各国及业界进行多边讨论。集团已加入之国际组织包括亚太经济合作组织（APEC）粮食安全政策伙伴、道德贸易联盟、IFFO 负责任供应计划、全球水产养殖联盟、底栖鱼类论坛（担任理事）、全国渔业协会执行委员会、秘鲁国家渔业协会、白鱼 CEO 论坛。

2012 年，太平洋恩利副主席兼董事总经理黄裕翔先生成为亚太经合组织新成立粮食安全政策伙伴关系机制（PPFS）的成员，是 PPFS 的创始会员之一，并且是香港获提名担任该职位的三位商界代表之一，首届任期三年。PPFS 发挥显著作用，确认在 APEC 区域内粮食安全的重大挑战，并提出今后的适当政策措施建议。PPFS 的长期目标是在 2020 年之前建立一个足以为 APEC 成员持续保障粮食安全的粮食系统结构。太平洋恩利积极参与 PPFS 辖下的两个工作小组："迈向 2020 年的评估及发展蓝图"及"农业及渔业的可持续发展"。作为政策小组中唯一直接的捕鱼公司，太平洋恩利在推动可持续渔业和水产养殖议程方面扮演重要的角色。集团的角色为向组织提供商界的知识和资源给 APEC 各成员国政府。集团作为业界的重要持份者，将继续发挥领导作用，协助各国政府、商界和民间社会进行讨论。

另一方面，自 2011 年起，集团每两年发布可持续发展报告，报告涵盖太平洋恩利集团业务。在报告内，集团响应持份者意见，就业务面对的各项关键风险和可持续发展议题作出全面汇报。同时，报告内亦展示集团到目前为止的可持续发展成就，并概述各地业务的未来举措。报告准确反映整个集团在可持续发展道路上的进程，以及如何透过业务营运，致力创建社会价值而非觊觎短期利益，务求让集团、小区和持份者同时受惠。而在 2014 年发表的第二份可持续发展报告，已符合全球报告倡议组织 Global Reporting Initiative（下称"GRI"）指标，并且纳入食品加工行业补充指标。报告更超出 GRI 指标的要求，将其他切合渔业的环境、社会和治理议题纳入其中。

总结与展望

在过去十多年，太平洋恩利的业务快速增长。不论在业务规模、市场覆盖以至营业额及盈利，均有可观的增长。作为一家环球企业和业务所在小区的一份子，集团的着眼点并不只限于扩充业务，集团深明必须增加力度去实践可持续发展，在致力生产及供应优质安全的产品同时，尽量减少对环境的影响，并为行业及所处小区创造可持续价值。

凭借太平洋恩利的稳健业务根基、在业内的领导地位、产品创新实力，加上遍及全球的销售及分销网络，集团在开拓现有增长机遇及进一步扩大其价值链上尽占优势。

展望未来，集团将继续通过切实执行其经营效率及资产使用率最大化的业务策略，坚持将加强核心竞争优势及长期领先地位放在首要位置。

经历过去十年的快速高增长发展，在未来 1～2 年，集团将致力整合其业务、专注于核心业务、减少负债及增加溢利。同时，加强生产力及整合资产，致力提高核心资产的回报。集团亦将一如既往，严格遵循审慎的财务管理政策，并不断提升其内部监控机制，进一步巩固财务根基，以支持集团长远的持续发展。

导师点评

成为产业领导者，是很多企业家和企业的追求，但往往只有少数企业可以实现。太平洋恩利集团的经验值得借鉴。

第一，守正出奇。守正是指基于前瞻性的深度研究选择业务领域，长远的眼光和持久的耐力相结合，坚持深耕，不因为一时的外部经营环境不利变化导致经营业绩下降而轻易转向。出奇则是择机收购，在产业低谷期实现跨越和超越。

第二，注重构建并购成功需要的协同效应能力和并购后的经营能力。

企业家都知道并购是企业快速成长的重要路径，以及并购后的整合是并购成败的关键，但并购成功率仍然不高。太平洋恩利集团并购意图明确：实现产业链上、中、下游垂直整合，同时，不断在并购实践中积累并购整合能力。两种结合，使得集团对被并购企业的整合能够实现预期效益和发展规划。

朱武祥

公司金融学、商业模式学教授

清华大学经济管理学院金融系

深圳华昱机构成长报告

陈阳南

国研·斯坦福三期一班学员

深圳华昱机构董事局主席

从绿色取向到"三生"发展

——华昱机构产业转型纪述

深圳华昱机构创建于 1993 年,至今已走过 20 年发展历程。华昱机构的初期成长,主要是依靠核心产业——高速公路的开发、建设和运营。企业的高速公路核心资产已逾 100 亿元。同时,围绕着主导产业,附集生成有超过 35 亿元资产的辅助产业。集团员工 2000 多人。

华昱集团创始人,有"深圳公路大王"之称的陈南阳董事长在 20 世纪 90 年代弃政从商,历经市场的洗礼后,终于在高速公路投资和运营领域大展身手,建立起华昱集团的根基。

经过 90 年代高速发展以后,中国的高速公路产业已经进入开发建设的尾期,而绿色发展则是一种大势所趋的模式创新。因此,华昱机构选择了具有"生命、生活、生态"价值取向的健康产业、新能源产业和海洋产业作为转型发展的绿色方向。

1997 年,乘着广东省政策性推行发展产业转移的东风,华昱机构在广东湛江开发建设了深圳(吴川)产业转移工业园,总投资 56 亿元,跻身 36 家规模化省级产业转移工业园。

2009 年,华昱机构开始探索健康产业领域,并在广西巴马瑶族自治县实施产业项目投资,累计投入 13.7 亿元,完成了项目一期的资源性切入、整体规划,以及部分经营区块的初步运行。

2009 年,华昱机构与华中科技大学、湖南大学合作,开展多项建筑节能方面的应用试验研究,并与江西省新余市开展节能减排领域的投资开发。

未来，华昱将构建以健康产业、新能源产业和产业转移为核心主导产业，高速公路及辅助产业为调整产业的绿色发展战略格局。

华昱机构过去十年的经济发展指标

表1　　　　　　　　华昱机构 2004～2014 年主要经济指标

序号	产业类型	产业投资（亿元）	累计经营收入（亿元）	累计利润（亿元）	投资利润比率（100%）	备　注
1	高速公路产业	62.27	61.3	41	67	
2	高速公路辅助产业	27.4	11.4	4.1	15	
3	产业转移工业园	12.87	5.8	3.4	26	
4	健康产业	13.55	1.6	0.42		局部经营生成期2年，未计投资成本
5	新能源产业	2.23	1.7	0.3		局部经营生成期4年
	合计	118.32	81.8	49.22	36（平均）	未含4、5项

注：产业投资额与资产价值概念不同，因而数据有差异。

由表1可以看出，一段时期内，高速公路产业的运行仍将占据着华昱机构的经济发展和财务指标主导地位。但是，高速公路的发展和运行，面临着三项大的问题：一是高速公路资源殆尽。到"十二五"末，按照我国高速公路建设目标，总规模约8.5万公里的"7918"国家高速路网将基本建成。届时加上地方的高速公路，全国高速公路总里程将达到12万公里左右，我国高速公路在未来若干年的发展，从规模、密度和速率上均尘埃落定，不会再有大的总量增加。二是国家政策正在显现出关注民生的趋向，节假日免费通行，调整收费标准，减少收费乃至取消收费公路的政策和民意环境收窄了高速公路的发展空间。三是高速公路的建设和运营成本愈来愈高，但通行费收益愈来愈低，难以支撑高速公路产业的可持续发展。对于华昱机构而言，这种单一的产业布局面临着巨大的发展风险，无论是被动还是主动，产业转型已是不可避免。

华昱机构的战略调整举措

华昱机构的产业发展战略调整,主要原则和思路是:其一,以国家产业政策为导向;其二,以市场发展为导向。在产业调整转型实施过程中,其优势在于,专注和强化对国家产业政策以及市场发展趋势的研究与把握,认识深刻,决策果断,实施坚决,时机得当。

(一)把握产业发展走向,抢占政策优势

深圳(吴川)产业转移工业园的开发建设,就是在广东省委、省政府决策发展粤北和东西两翼,全力推行产业转移工作的大形势下进行的。该项目的立项时序,居于全省第五位,并且是首批通过认定的省级产业转移工业园,也是目前全省36家省级产业转移工业园中两家民营企业之一,在享受政策扶助上有一定的获益。1997年立项申报时,华昱机构提出的"建设产业城市"规划概念,无疑与当今倡导的"城镇化"发展思路不谋而合,使园区开发建设少走了弯路,成效十分明显。华昱机构在巴马开发建设健康产业项目,在德米特有机农业、生态农业概念,以及土地流转使用的概念上,也是先前一步,取得了政策示范性的效应。

(二)优先控制关键资源,抢占成本优势

发展绿色产业有一个核心内容,就是生态资源。绿色经济的原旨,就是谋求人与自然、生态与经济相互协调的可持续发展,所以生态资源本身即是一种资本,可称为生态资本。随着现代经济的扩张,生态环境由影响企业生存和发展的外在因素转化为内在因素。绿色产业的发展,其市场竞争性不仅体现在经济的竞争,更体现在生态的竞争上,企业竞争归根结底就是生态资本的竞争。华昱机构在产业转型的选择上,非常重视生态资源的掌控。

开发建设深圳(吴川)产业转移工业园,其中一项就是充分利用了湛江占有全中国1/3海岸线的资源优势,规划发展海洋产业项目;目前更是适逢

"建设21世纪海上丝绸之路"国家战略的提出和实施，所占有的生态资源转化为生态资本，减少了市场进入成本。巴马健康产业项目，原本区域面积较小，华昱机构在进行项目规划时分析认为，巴马县与相邻的东兰县、凤山县等具有同质化的资源特性，于是修订扩充了规划内容，将三门海、红水河等旅游和养生资源纳入产业开发体系，使一个项目演变成一个初具雏形的产业布局，并在广西壮族自治区开发东巴风一体化大产业区的产业政策决策前，先行拥有了关键生态资源。江西省新余市是全国优秀的节能减排示范城市，华昱机构与新余市达成战略合作，成为该市节能减排领域投资以及新能源项目应用开发的主导企业，形成了局部市场竞争中的高门槛设置优势。

华昱机构转型发展绿色产业，主要依据企业实际，以及产业发展的节奏、规律性而进行，具体做法及途径，因各产业的不同而有差异化。

华昱机构战略布局和重点领域

（一）健康产业

健康产业是华昱机构未来的核心主导产业，从选择世界长寿之乡巴马试点开始，逐步着手在巴马、凤山、东兰布局，总称为巴马三生（生命、生活、生态）项目。巴马三生项目是华昱机构在广西落地的超大级综合性生态旅游养生项目，作为广西壮族自治区重大建设项目，由华昱机构于2009年第六届东盟博览会上签约，近期投资30亿元，总体投资100亿元。该项目承载巴马及周边地区产业升级、城市拓展和社会发展功能，将开发形成以健康养生产业为主线，集旅游观光、休闲度假和长寿养生为一体的发展格局。目前，巴马境域内的百魔洞天景区、坡那田地生态农业区、龙洪山人体育公园、太上清和养生区已经完成总体规划，并逐步实施开发建设。东南境域旅游观光景区和养生度假区战略合作框架已经搭建。凤山境域三门海旅游观光景区和养生度假区已经开始进行初步规划。

1. 开发理念的确立

巴马三生健康产业项目承载了"生命、生活、生态"的理念。对于健康产业而言，脱离了生命的主题，即是失去了核心价值；而生活，是每一位鲜活的人所需要的鲜活的状态；生态是一种环境，是人类追求高质量生活和生命的基础。开发巴马健康产业项目，首先便是对产业和项目进行主题、理念的定位，以指导整体开发的方向，这也是华昱机构从事项目和产业投资的惯例之举。

2. 开发原则的确立

"控制、保护、适度开发"的原则是基于巴马区域的现状提出的。从目前国内产业开发现状看，过度商业开发、项目地域秩序混乱、环境污染、生态活力凋敝等乱象已成为普遍的短视之况。巴马的资源开发是以水、空气为核心的，极易因为过度开发和污染而遭毁灭性破坏。因此，华昱机构提出了开发的适度性、整体性和科学规划性原则，以生态环境保护为前提，以规划控制为准则，以整体统一开发为尺度，不搞竭泽而渔，这既是一种企业的长远利益体现，也是企业应该对社会肩负的责任。

3. 产业结构的确立

巴马及东兰、凤山地域，其资源优势独特，一是长寿现象，拥有较为高比率的长寿人口，二是空气中负离子浓度极高，三是水质为呈天然弱碱性的小分子团水，四是特有百姿千态的溶洞天坑，五是具有地域特点的饮食材料。从这些优势资源中联系产业结构的缘起，需要有一个提升和超越的过程。经过反复论证，华昱机构选择了有机农业、矿泉水、旅游业和高端养生业作为产业主结构，并以此四项为产业整体开发的关节点，全面进行规划开发和建设。其中，有机农业项目选择与国际德米特组织合作，由德米特组织派出专家，采用欧洲最高的有机农业标准开发有机农产品；高端养生以中国的东巴凤养生区、法国的波尔多纳福葡萄酒庄园、印度的大吉岭茶区为经典连贯线路，体验多地迥异风物和养生情调。

4. 文化品牌的确立

养生是一种对健康生命的体验，也是一种生活态度。中国传统的养生思想，本质上就是一种深邃的文化思想，包含了哲学、宗教、文学、医学等多个方面。从这个意义上论究，华昱机构认为没有文化的项目，难以提升其产业层次。从现代商业营销的角度看，产业和项目的品牌树立，也离不开文化的内涵支撑。因此，在具体做法上，把商业的经营与文化的经营、品牌的经营紧密维系在一起，以保留和宣扬东巴凤本地传统文化习俗、长寿养生习俗为基本元素，不断扩充文化内涵。无论是捐资助学等公益实例，还是体育公园的辅项；无论是巴马小屋的奇思，还是农耕博物馆的妙想；无论是茶与红酒的存在，还是桴基金的建立，都是在以文润商，以商滋文，共同促进巴马三生健康产业品牌的不断成长。

5. 精英团队的确立

一个产业的形成，需要有一批有着共同理想和抱负，工作热情、勤奋和踏实，精干团结，富有朝气的职业经理人团队；此外，还需要得到社会各界的广泛支持。华昱机构自项目伊始，便四处"招兵买马"，骨干人员到位早、阵容齐，走在项目前面，参与项目其中，较好地与项目共融，这是项目成功至关紧要的一步。与此同时，还与美国哈佛大学、英国诺丁汉大学、比尔·盖茨基金会、查尔斯王子保护地球基金组织、欧盟德米特组织、中国香港凤凰卫视等建立了密切的合作关系，形成了强大的外援团体，有力地保障了项目产业的顺利进行。

华昱机构在东巴凤的健康养生产业项目，经历了一个不断探索的过程。从对地域资源的认识和深度再认识，到对项目乃至产业开发的定位、开发原则和思路，每推行一步，都集纳了专门机构、社会各界、专家学者以及企业团队的智慧，调动了广泛的群体力量。

（二）新能源产业

新能源产业是华昱机构转型发展绿色产业的重要组成部分，主要专注于新能源复合系统集成研究开发、可再生能源的规模化利用、区域能源的规划和投资、建筑节能改造系统工程等领域，为客户市场提供技术研发、方案设计、工程管理、运营维护等一体化服务。并开展节能技术咨询、能耗检测、能源审计诊断评估、节能项目融资、节能技改等配套服务。以"零能耗、零污染、零舒适度"为技术核心，华昱机构在香港科学园设立了三零新能源舒适建筑国际研发中心，在深圳设立了三零新能源舒适建筑实验室及设计研究院。作为华昱机构的下属产业板块，三零集团拥有建筑节能技术、新能源系统集成技术、建筑节能与建筑智能化集成技术等多项发明专利，为企业的持续发展提供了强有力的技术保障。

地热能是清洁环保的新型可再生能源，资源储量大、分布广，发展前景广阔，市场潜力巨大。积极开发利用地热能对缓解我国能源资源压力、实现非化石能源目标、推进能源生产和消费革命、促进生态文明建设具有重要的现实意义和长远的战略意义。

根据国家能源部、财政部、国土资源部、住房和城乡建设部关于促进地热能开发利用的指导意见，中央政府的主要目标是，到 2015 年，建立国家地热能资源数据和信息服务体系。全国地热供暖面积达到 5 亿平方米，地热发电装机容量达到 10 万千瓦，地热能年利用量达到 2000 万吨标准煤，形成地热能资源评价、开发利用技术、关键设备制造、产业服务等比较完整的产业体系。到 2020 年，地热能开发利用量达到 5000 万吨标准煤，形成完善的地热能开发利用技术和产业体系。

作为一种新的清洁能源，地热正成为越来越多国家的选择。中国已成为全球利用热能量最大的国家。可以预期，有关地热利用的能源服务产业也将获得长足发展，相关行业或将长期受益。

华昱三零集团的技术组织以及市场拓展目前较为顺利，其成长指数在国内同行业居于领先水平。主要有以下三项发展特点。

1. 掌握有核心技术

华昱三零集团掌握的地源热泵技术是一种可再生能源技术，它利用浅层常温地热能解决供暖和制冷问题。该技术具有三大优点：一是比其他常规供暖技术可节能 50% ~ 60%；二是环保，不排放任何废弃物；三是运行费用可降低 30% ~ 70%。掌握核心和关键技术成为华昱三零集团介入并促进产业发展的基础与前提。

2. 积极合作联动，探索和积累技术应用经验

一是以华昱机构自身建筑系统为平台，开展实验性技术研究和开发，先做自己的试验田，后为他人插秧。地热能源、再生能源和太阳能光热复合系统先后在华昱高速公路产业、巴马健康产业多处进行运用，取得了非常满意的效果，为进入行业竞争市场奠定了坚实的基础。二是作为拓展市场的重要步骤，华昱三零集团与江西新余市构建了战略合作关系。新余市是全国优秀的节能减排示范城市，华昱三零集团在新余市公用项目和市政项目的全面工程运用中起到了较强的示范和辐射效应。以新余为示范基地，对于企业在长三角乃至全国市场的拓展影响力已经开始得到体现。

3. 加强技术交流，保持技术研发和应用的前沿性

华昱三零集团是国际地源热泵协会会员（IGSHPA）会员单位，以及中国建筑节能协会会员（CABEE）、中国制冷协会会员（CAR）、深圳市太阳能协会会员（SZSES）。借助这些地位与相关管道，近年来与美国卡内基－梅隆大学、英国谢菲尔德大学、英国诺丁汉大学、香港大学、香港城市大学等院校和研究机构开展了大量的学术交流活动，取得了大量的国际行业发展前沿信息。同时，企业还与华中科技大学、湖南大学合作，开展多项建筑节能关键技术的科研攻关，取得了不少技术突破，这为企业的实践运用提供了先进的技术支撑。

4. 以境外环境为后盾，强化企业技术组织和企业管理的中继地位

作为新能源领域的创建企业，华昱三零集团始终把企业技术组织与企业管理放在重要一环，力求通过先进的现代企业管理制度实现企业的管理体系最优化和技术组织最优化。为此，企业以香港为注册地，并将研发中心设置在香港科学园，通过优良的环境藉以提高企业技术组织和研发效率；同时，以香港科学园为中继站，不断推动全球新技术向国内的输入能力，提升了本企业的中继影响垂范作用。

新能源产业种类繁多，技术精粗程度不同，国家的产业政策细则不尚明确等等，这些都是目前阻碍该产业尤其是新型建筑节能产业进一步发展的瓶颈。但毋庸置疑，作为能源消耗大国，中国的新能源市场十分广大，尤其是建筑综合节能产业，承担着重任。华昱机构选择新能源产业作为企业绿色发展的一翼，认识到技术应用和市场推广将是产业发展的成败关键。从发展思路上，着重于资金、人力和技术的投入，强化建立与科研机构、社会组织的利益合作关系，这是一种能够在技术、应用和规模上一步到位的高起点途径。

（三）工业园投资开发

深圳（吴川）产业转移工业园由深圳华昱机构与湛江吴川市政府合作开发建设，规划占地面积约 483.4 公顷。作为园区开发，华昱机构摒除以往工厂扎堆的开发建设方式，在开发规划上以创新为原则，立足于以海洋产品深（精）加工为主导的绿色发展。

按照 "城镇化" 建设的总体原则要求，实施以产业为龙头，以信息化为枢纽，以绿色发展为特质，以商业和完善的生活配套为支撑，在人口规模化并具有较强经济发展和效益衍生效应的产业城市建设开发。在这个规划原则下，产业转移园区不是单一的工业园区，而是产业链的高端生成，功能的完善配套，人口的规模化集聚，并对周边区域产生重要经济影响。

在吴川产业转移工业园开发建设海洋产业，借国家发展 "海上丝绸之路" 战略的东风，依托中国－东盟自由贸易契机，发挥湛江的海洋产业优势和地域优势，利用海产品进出口互免关税的优惠政策，整合中国粤桂琼三省区和东盟六国海产资源，建设亚洲最大的海产品集散、交易基地，以及海洋产品深（精）加工区，无疑具有机遇优势。

1. 在大规划下突出产业详规的核心作用

深圳（吴川）产业转移工业园的总体规划以 "产业城市" 为总出发点，但如何推进实施 "产业城市" 的绿色发展，需要各项目阶段的详细规划和布局上的精细谋划。在反复论证的基础上，华昱机构对产业园二、三期的项目方向、产品方向、绿色指标（环境保护、生态指标、能耗指标）都做了定性和定量的模型套定，这就使以海洋产业为主导的绿色发展具有了实际的可操作性。

2. 坚持以自有投资带动整体产业发展

产业转移主要以建好园，引入企业为基础点。在实际开发建设过程中，华昱机构认识到，这种 "招商引资" 的方式固然可以 "填满" 园区，但并不能在绿色产业的发展上起到真正带动和促进作用。华昱机构选择把保健级深海鱼油加工、精细饲料级鱼粉、海洋生物酶制剂，以及海洋医药研发中心、信息交易中心作为自有投资项目实施开发建设，起到了产业链群的串节点效应，这是产业整体发展的根本保证。

3. 以"虚拟交易"为概念，打造新的绿色产业业态

按照规划，产业园的海产品交易将以"虚拟交易"为概念，充分发挥电子信息平台功能，以及配套金融平台功能和会展功能，建设亚洲最大的海洋产品期货交易平台。这种新型的业态，从规模、环境、经营品种到经营模式都是独一无二的，它具备现代专业市场的具体形式，将新型的交易方式、商业流、物流、资金流，展示与交易有机地结合一起。所施行的创新运营模式，运作模块包括O2O集群、"1＋N"服务、电商物流配套、公共服务中心等，致力于利用电子商务推动海洋产品期货物流的转型升级和协同发展，帮助传统企业应用和发展电子商务。

4. 作为"产业城市"的配套，生活功能的绿色服务将具有鲜明特色

一是环境的配套，包括建设体育公园、闲居修养馆、风情商业街等；二是功能的配套，包括建设一流的中小学、高端酒店、商务会馆、高档住宅区等，同时引入商业、金融、医疗等设施和功能；三是建立一流的物业服务和管理体系，以及交通、通信和文化体系。

海洋产业是绿色发展的重要市场内容，以深圳（吴川）产业转移工业园为平台，借助湛江（吴川）濒临北部湾的海洋地缘优势，紧抓中国政府发展"海上丝绸之路"的契机，依规划而行，创新发展，深圳华昱机构的此项产业选择将会取得羽翼渐丰的实效。

华昱机构未来5年绿色产业发展规划

按照既定的绿色产业发展规划，华昱机构在未来5年内将持续扩大绿色产业的投入，并将开始进入项目的阶段性运营期，企业的主要经济指标将发生根本性变化。

由高速公路产业转型，选择绿色发展，向健康产业、新能源和海洋产业领域三路进发，这种战略的调整是企业的一个必然性选择，方向和路径虽然无可非议，但毕竟目前尚处于初始阶段，能否取得成功尚有待时日。华昱机构认为，企业的任何经营活动、投资行为，尤其是产业的转型，一定要把

表 2　　　　华昱机构 2015～2020 年主要经济运行指标预期

序号	产业类型	产业投资（亿元）	累计经营收入（亿元）	累计利润（亿元）	投资利润比率（100%）	备　注
一	健康产业	16.45	15.5	6.85	23	投资利润率含先期 13.55 亿
1	高端养生项目	14.33	9.85	4.65		分项滚动，未至达产期
2	有机农业项目	0.87	1.55	0.53		分项滚动，未至达产期
3	生态旅游项目	1.25	4.1	1.67		分项滚动，未至达产期
二	新能源产业	3.77	6.75	2.03	54	
1	建筑节能项目	0.65	1.35	0.27		
2	地源热能项目	0.9	2.36	0.71		
3	节能与智能化集成	1.1	2.03	0.67		
4	再生能源项目	1.12	1.01	0.38		
三	产业转移	36.3	29.4	7.64		
1	海洋能源项目	7.3	7.48	2.19		分项滚动，未至达产期
2	海洋医药项目	17.79	12.6	3.67		分项滚动，未至达产期
3	海洋产品集散交易	11.21	9.32	1.78		
合计		56.52	51.65	16.52	29	未含［一］项的先期投入

握好理性和感性两个方面。理性的方面包括国家的产业政策因素、市场需求因素、项目技术因素和过程管理因素等；感性的方面则包括企业的资源掌控因素、利益取舍因素和社会责任因素。在企业面临方向抉择的时候，应该对企业的道德价值取向以及个人心灵价值取向进行认真的思考，造福人类，回报社会，爱护大自然，多一些善良的义举，少一些唯利是图的行为，才是一个有责任企业的真正成功之道。

人类社会的发展促进社会文明形态的不断转变，绿色发展恰好印证了这种转变的必然性；人类的生活方式直接决定社会的生产方式和发展方式。建设资源节约型和环境友好型社会，需要企业在产业转型上以绿色发展为主旨，大胆试验，勇敢创新，承担起实践验证的重任。

导师点评

华昱机构作为一家以高速公路开发运营为起步的企业，在经历了早期发展阶段之后进入转型时期。在寻找产业链开展多元化的问题上，许多企业往往会走弯路，以为产业链的关联性是太容易误导了，横向与纵向整合又是那么似是而非。在多元化问题上，许多企业家和学者的认识也是模糊的，认为只有关联多元化才是可行的，而非关联多元化就是错误的。他们忘记了经济学上提到的外部性概念，还有网络效应，以及耦合效应等。

考虑企业的业务多元化，主要考虑不同业务的互补性，在收益模式上的互补，例如高成长与缓慢成长、波动与稳定、回收期快与慢等方面，最终的目的是稳定企业增长，使增长可持续，并且降低企业的系统风险值。

华昱机构涉足的多元化布局在健康产业，还有面向未来的以海洋为主题的产业园，这是有创意的。未来的关注点在于这些行业的真实利润回报。新兴行业具有很大的不确定性，建议企业管理层敏锐观察、及时调整。

孟庆轩

斯坦福大学博士、研究员

中国人民大学苏州校区特聘教授

陕西金源投资控股集团有限公司成长报告

马维强

国研·斯坦福一期一班学员

陕西金源投资控股集团有限公司董事长

诚信为金　创新为源

陕西金源投资控股集团有限公司（简称"陕西金源集团"）成立于 1996 年，是一家集能源矿产、房地产开发、金融投资等主要产业为一体的综合性、现代化民营企业集团。集团以中国西部为基础，布局全国，旗下共有 20 余家子公司，力求在 2015 年破百亿规模，并确保两个子公司成功上市。

陕西金源集团业务共有四个基础板块——能源、矿业勘探、金融和房地产开发，各个产业板块均高度专业化独立运营。能源板块现拥有 5 个天然气液化项目和年产 500 万吨的煤矿及物流园，携其"百城建站（LNG 加气站）"战略，致力于把集团 LNG 能源板块打造为行业龙头；矿业勘探板块业已形成以煤炭、有色金属开发为主的产业格局；金融板块是集团提高资源整合力，由生产经营迈向资本经营、实现产融结合开发的一大核心业务，目前已投资参股长安银行，是杨凌农村商行第一大股东，全资拥有五星级商洛国际会议中心酒店、西安高新商务酒店；房地产板块在全国均有布局，先后在陕北、西安、汉中、商洛、北京等地已开发面积超过 400 余万平方米，在建项目面积 200 余万平方米，土地储备面积达 3000 余亩。

在创造经济价值的同时，金源集团多年来为社会公益捐资捐物达千万元以上，被陕西省授予"重质量、讲信誉、守法规"先进单位，"陕西省质量服务信誉 AAA 级单位"称号。

陕西金源集团秉承"诚信为金、创新为源"的企业宗旨，坚持"开放合作、整合资源、实现共赢、滚动发展"的经营理念，携手国内外合作伙伴，精诚合作、实现共赢。

集团战略：以西部为基础，布局全国走向世界；到 2015 年打造超百亿企业，确保两个上市公司。

企业精神：办法总比困难多

企业宗旨：诚信为金，创新为源

核心价值观：为客户创造超值价值，为社会作出应有贡献

经营理念：开放合作，整合资源，实现共赢，滚动发展

财富理念：企业追求阳光下的利润，员工享受阳光下的价值

社会理念：社会成就企业，企业馈效社会；社会带给金源发展和施展才干的舞台，成就今天的金源；金源定为西部的现代化建设，构建和谐社会做出贡献。

公益理念：金源集团在创造自身经济价值的同时，始终铭记"为社会作出应有贡献"的企业宗旨。多年来为贫困地区和受灾地区修路修桥、捐资助学，为社会公益事业捐资达千万元以上。2011 年，金源集团创立"金源奖学助学基金"，从帮助大学贫困生到吸纳贫困优秀毕业生就业，从为西安私立学校捐书到为子长县考上大学的贫困生捐资，金源集团爱的足迹遍布三秦大地乃至全国各地。

人才战略：公司将人才视为发展之根本，积极整合社会优秀人才资源，通过社会公开招聘、吸纳军转干人员等多种途径，组建了一批高素质、专业化的人才队伍。并建立"校企合作"人才培养模式，与长安大学、西安理工大学等高校签订"人才联合培养"协议，创建"金源班"，联合培养优秀大学生，为集团公司的持续发展储备人才。

同时，急用着力打造学习型企业，建立金源商学院、帮助员工在学习中进步和成长。

金源集团企业发展历程

1996 年，陕西金源房地产开发有限公司成立，具备国家二级房地产开发资质，标志着陕西金源集团正式进军房地产市场。

2003 年，陕西东海房地产开发有限公司成立，业务涉及房地产开发与销售、物业管理、建筑、装饰材料销售等领域，为集团房地产事业注入新生力量。

2005 年，陕西金石矿业投资有限公司成立，以完备的国家地质勘查资质和矿产资源勘查资质、充足的资金运作，为陕西金源房地产板块发展奠定了基础；西安唐宫实业有限公司成立；皇家园林项目正式启动。

2007 年，西安长韦青海石油长安住宅小区建设有限责任公司成立；陕西金源酒店投资管理有限公司成立，开启了集团酒店投资经营领域的专业化运作；商洛国际会议中心（五星级）开始筹建；商洛金源房地产开发有限公司成立，地产布局深化到三线城市。

2008 年，陕西绿源天然气有限公司成立，向天然气能源领域进军，进一步扩充陕西金源集团能源战略布局。

2011 年，与纳帕地产合作开发"纳帕溪谷·金源"，是陕西金源集团在房地产开发领域的又一具有里程碑意义的重要项目；集团提出核心价值观"为客户创造超值的价值，为社会发展作出应有贡献"。

2012 年，集团开始实行战略管控管理经营体系；成立担保公司等相关金融机构，强势进军金融领域；成立圣地佰城能源股份有限公司，专注"以气代油"，逐步在全国多个城市建设若干个 LNG 加气站。

2013 年，"能源矿产、金融投资和房地产"三大核心产业格局初步形成；集团首个液化天然气项目——子洲天然气工厂全面建成投产，对集团能源板块的发展具有重大战略意义。

开发清洁能源　托起绿色梦想

陕西金源投资控股集团有限公司成立于 1996 年，公司致力于"为社会提供更多清洁能源"，成为清洁能源的生产商和供应商，积极投身地方公用与环保事业当中。公司主营业务包括天然气的液化处理、储运及其应用开发和应用推广，目前是中国内地最具规模的液化天然气生产企业之一、中国经济影响力品牌陕西十强单位之一、陕西省 LNG（液化天然气）产业协会会长单位。

职能部门		总裁办公室
		人力资源管理中心
		财务资产管理中心
		战略投资管理中心

金融板块		长安银行（股东）
		陕西杨凌农村商业银行（股东）
		陕西金源酒店投资管理有限公司
		陕西隆源融资担保公司

陕西金源集团

北京总部

非金融板块	能源矿产	陕西绿源天然气有限公司
		圣地佰诚能源股份有限公司
		志丹天然气有限公司
		米脂天然气有限公司
		汉中天然气有限公司
		榆林金源天然气有限公司
		陕西源成矿业有限公司
		陕西金石矿业投资有限公司
		陕西招贤矿业有限公司
	房地产开发	北京唐源有限公司
		陕西金源纳帕房地产开发有限公司
		陕西金源房地产开发有限公司
		商洛金源房地产开发有限公司
		陕西建元建筑有限公司
		陕西鼎安置业有限公司
		陕西唐鼎景观设计有限公司
		西安唐宫置业有限公司
		陕西东海房地产有限公司
		陕西灞源置业有限公司
		西安长韦青海石油住宅小区建设公司
		汉中中青置业有限公司
		陕西金维物业服务有限公司
		陕西瑞胜商业运营管理有限公司
	现代服务业	商洛国际会议中心（五星级酒店）
		西安高新商务酒店（股东）
		陕西招贤煤业物流园区投资发展有限公司

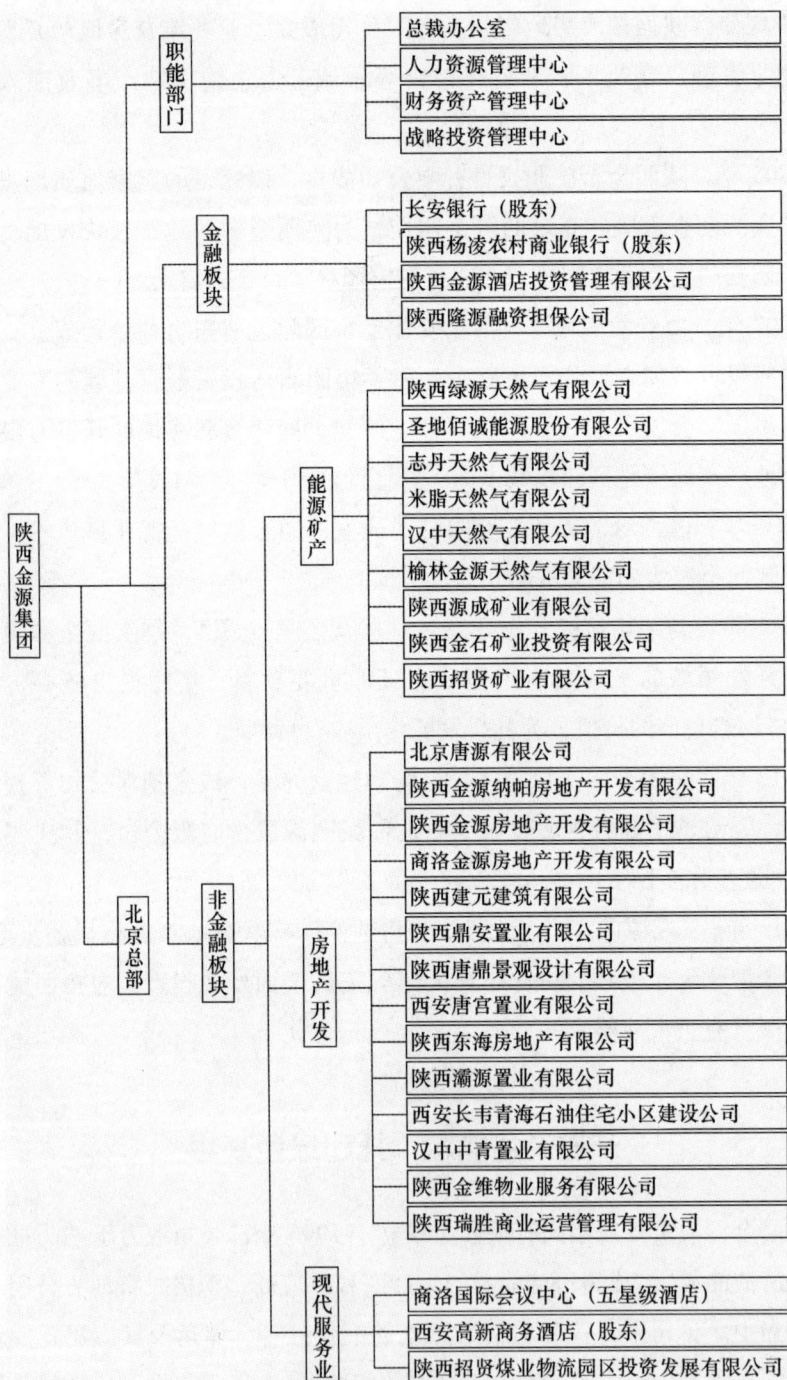

金源集团的组织架构

　　集团秉持"诚信为金，创新为源"的企业宗旨，凭借超前的战略眼光和强大的资源整合能力，始终坚持在多元化的基础上实现各个产业板块高度的专业化。历经十余年的发展，集团现已成为拥有涵盖金融和非金融两大产业板块、二十余家子公司的综合性、现代化大型民营企业集团。其中金融板块成立有融资担保及金融租赁公司，与民生银行共同设立了 LNG 产业基金等相关金融机构，参股长安银行，是杨凌农商行最大股东；非金融板块涉及能源矿产、房地产、酒店物业等多个领域。

　　公司创立以来，充分发挥集团在天然气市场中的资源优势，借助专业化的投资平台，探索和参与大型 LNG 产业链相关项目的投资，实现集团 LNG 能源板块适时、快速进入并占领国内 LNG 能源应用市场的战略目标，力争将陕西金源集团 LNG 能源板块打造成行业内的龙头企业。

　　集团注资 1.5 亿元，成立了专业从事天然气上中下游产业投资建设及管理服务的全资子公司——圣地佰诚能源股份有限公司，总部设在陕西省延安市。其旗下陕西绿源天然气公司、陕西绿源石化运输有限公司分别是专营天然气液化的子公司和专为 LNG 运输提供服务的专业化储运公司。

　　根据全产业链发展、全国性布局战略的要求，公司依托西部资源优势和国家大力发展清洁能源的政策优势，在天然气开采、液化、储运、加气站建设等方面，已形成了互为支撑、高效优质、全方位服务体系和供应体系。

　　目前，公司已开发子洲天然气综合利用存储调峰液化项目、米脂县高效液体金属切割生产项目、陕北志丹液化天然气项目、吴起高效液体金属切割气项目 4 个天然气液化项目。其中，子洲天然气综合利用存储调峰液化项目是陕西金源集团进军清洁能源领域的首个项目，也是陕西省发展和改革委员会核准的榆林市重点能源化工项目。项目总投资 5 亿元，产能 40 万吨/年，位于子洲县苗家坪工业园区，占地 150 亩。2011 年 9 月份开工建设，2013 年 3 月 6 日正式投产，历时 18 个月圆满完成各项建设任务，实现了一次成功投产、完全平稳运行的既定目标。项目一期日处理天然气 100 万立方米，年处理天然气 3 亿立方米，产能 20 万吨/年，属国内 LNG 项目中规模较大的液化工厂之一。

　　米脂高效液体金属切割气生产项目，属于国家鼓励的天然气应用项目。

生产基地位于榆林市米脂县东山梁工业区，占地 300 亩，液化天然气产能 40 万吨/年，项目一期 2014 年 6 月投产，产能 20 万吨/年。吴起液化天然气项目位于延安市吴起县，占地面积 320 亩，液化天然气产能 60 万吨/年，预计 2015 年 6 月投产。汉中天然气项目位于汉中西乡县李河村邓家坝，建设用地 100 亩，项目设计能力为日处理加工原料天然气约 50 万立方米，液化天然气产能 10 万吨/年，解决陕南边远地区和乡镇的燃气应用问题，对促进陕南地区城镇化建设具有十分重要的意义。富县高效液体金属切割气生产项目位于延安富县，年产 15 亿立方米切割气，年液化 100 万吨。

为了填补国内 LNG 铁路运输的空白，有效降低运输成本，为客户提供更经济、更快捷、更专业化的运输服务，公司积极投入 LNG 罐式集装箱铁路运输技术的开发。公司目前拥有 80 辆进口牵引车并投入使用，槽车采用水容积 52.6 立方米 LNG 专用车辆，是目前陕西省最大的 LNG 槽罐车车队。公司计划投入 200~300 辆运输车，所有车辆配备 GPS、罐箱卫士系统，实时监控车辆、罐体各项数据，车辆运行安全、透明。

为了践行"开发清洁能源，托起绿色梦想"的企业使命，公司专注"以气代油"，启动"百城建站"项目，计划 5 年内在 100 个城市建造若干个 LNG 加气站；并与国内外知名厂商及国企巨头合作，共同推进 LNG 燃料车、船的应用和 LNG 加注站的建设。

圣地佰诚能源股份有限公司以陕北为起点，沿物流运输主干线路，依托先进的建站技术，以"加气站连锁店"发展模式在全国进行大范围大规模投资与建设 LNG 加气站，力争形成全国范围内的 LNG 销售终端网络。

与此同时，公司运用国内外领先的仪器设备，安全完善的操作体制，"竭诚服务，顾客至上"的服务理念，从驶入、加气、付费、驶出每一个环节都提供安全超值的服务。

按公司规划，到 2018 年，公司能源板块将实现目标液化天然气年处理 200 万吨储运能力、运输槽车 300 辆、加气站运营 300 座的战略目标。目前，公司在陕西、河南、山西、河北省的加气站已经完成初步建设。

在立足现有产业优势的基础上，集团运用现代物流理念，创新物流运作模式，将成立煤炭集团公司。计划三年内初步形成贸易、物流、生产及加工制造三大业务板块，逐步建立煤炭物流行业品牌，构建集团大物流贸易体系。

金融投资是陕西金源集团提高资源整合力，由生产经营迈向资本经营，实现产融结合开发的一大核心业务。该板块将通过产融结合强化集团兼并、重组、投资、扩张能力，实现集团跨越式发展。

在酒店管理投资领域，集团全资建设的五星级商洛国际会议中心，投资的高新商务酒店，均已成为当地的品牌酒店。同时，集团在物业、建筑、环林绿化等各个领域不断进行拓展，形成整体发展合力。

金源集团在创造自身经济价值的同时，始终坚持"为社会做出应有贡献"的核心价值观，多年来在贫困地区和受灾地区救灾救济、修路修桥、捐资助学，促进农村建设，为社会公益事业捐资捐物千万元以上，爱的足迹遍布三秦大地乃至全国多个地区。

在公司上下的齐心努力下，公司被评为陕西省"重质量、讲信誉、守法规"先进单位、陕西省质量服务信誉 AAA 级单位、慈善公益年度最佳企业、西安城市建设突出贡献企业等。为打造陕西绿色能源物流第一品牌，提升经济效益与社会效益，集团将继续坚持"开放合作、整合资源、实现共赢、滚动发展"的经营理念，携手国内外合作伙伴，精诚合作，实现多赢。

金源集团具体项目介绍

1. 金融投资板块

立足现有产业基础，打造资本聚集平台。实现产融结合，积极融入全球经济。

金融投资是陕西金源集团提高资源整合力，由生产经营迈向资本经营、实现产融结合开发的一大核心业务。目前已投资长安银行，是陕西杨凌农商行第一大股东，成立陕西隆源融资担保有限公司与金融租赁公司，并建立了LNG 产业基金等相关金融机构。

陕西隆源融资担保有限公司是陕西金源集团旗下的专业金融机构，业务范围涉及贷款担保、贸易融资担保、项目融资担保、信用证担保、诉讼保全担保、投标担保等履约担保业务，与担保业务有关的融资咨询、财务顾问等多项业务品种。

2. 能源板块

陕西金源集团能源板块，致力于"为社会提供更多清洁能源"，积极投身地方公用与环保事业当中，主要从事天然气的液化处理、储运及其应用开发和应用推广业务。到 2018 年，能源板块将实现目标液化天然气年处理 200 万吨储运能力、运输槽车 300 辆、加气站建设运营 300 座的战略目标。

"百城建站"项目以气源保供能力和资金保证能力为基础优势，专注"以气代油"，采取多种合作模式，全面整合各类社会资源。计划 5 年内在 100 个城市建造若干个 LNG 加气站，致力于为社会提供更多清洁能源，推动和服务于低碳环保事业。

目前已在北京成立分公司，在山东、陕西、河北、广东、河南等地建立分支机构，并与河南银景实业、苏州港华燃气、广东经石贸易等公司达成合作意向，在其所在省份或城市合作建设、发展清洁能源。同时与一汽解放、中国重汽、安徽安凯、重庆恒通、金龙客车、丹东黄海、福田欧曼等厂商达成战略合作协议，共同推进 LNG 燃料车和 LNG 加气站建设。

子洲天然气综合利用存储调峰液化项目，是陕西金源集团进军清洁能源领域的首个项目。

陕西绿源天然气有限公司坚持以科学发展观统领全局，以率先建成资源节约型、环境友好型企业为目标，增强自主创新能力，推进增长方式转变全环保稳定长效机制，构建和谐企业，实现持续有效较快协调发展。除子洲项目外，公司在陕北米脂县、志丹县以及陕南西乡等地还拥有 3 个 LNG 项目。

米脂县新建高效液体金属切割气生产项目属于国家鼓励的天然气应用项目，生产基地位于榆林市米脂县东山梁工业区，建设用地 300 亩。该项目设计能力为日处理加工原料天然气 100 万立方米，年处理加工液化天然气 20 万吨。

陕南天然气液化项目位于汉中西乡县李河村邓家坝，占地 6.67 公顷，建成后每天可处理液化天然气 45×10^4 立方米，可解决陕南边远地区和乡镇的燃气应用问题，对促进陕南地区城镇化建设具有十分重要的意义。

3. 矿产板块

金源集团充分发挥我国西北地区丰富的矿产资源优势，已形成煤炭开发为主，石膏、有色金属开发为辅，矿产品深加工和矿业服务为补充的产业格局，并与500强国有大型企业皖北煤电展开合作开发招贤煤矿，年产值达10亿元以上。

2011年12月，陕西金源集团与安徽省皖北煤电集团有限责任公司合作开发招贤煤矿的签约仪式在九华山成功举行。招贤煤矿查明储量3.764亿吨，项目总投资25亿元，年设计生产能力将达到500万吨以上。

2012年4月，陕西金源集团圣地投资管理控股公司与内蒙古阿拉善盟行政公署、阿拉善左旗人民政府在阿拉善地区举行"建设高端新型煤化工暨大型物流园项目"签约仪式，项目投资金额共计80亿元。

4. 地产板块

陕西金源集团坚持实践和谐美好人居理念，每个房地产项目都汇集了金源人严谨的开发态度、专业的设计理念和诚恳的服务精神，成功塑造了"金源地产"品牌开发商形象，在市场上赢得一方口碑。集团先后在陕北、西安、汉中、商洛、北京等地成功开发多个房地产项目，累计开发面积达400余万平方米，在建项目面积200余万平方米，储备建设用地3000亩。其中，与北京纳帕地产合作的纳帕溪谷·金源为西安首席高档精装别墅。

金源御景华府近邻西安新市政府，与800亩城运公园一路之隔。项目总占地149亩，建筑面积约40万平方米，绿化率48%，由香港居之艺建筑景观设计公司精心打造，有18栋现代风格高层建筑，社区内规划有幼儿园、网球场、篮球场、3000平方米商业中心等，配套设施一应俱全。

金源御景华府一期9栋沿街高层已全部售罄，推出二期"九珺"——中央9栋核心景观组团，整体采取东南偏转15°设计，更符合西安地理人居，精心设计，创意考究，将都市中心尊贵生活体现得淋漓尽致。

航天逸居是陕西金源集团有限公司在西安开发的一个经济适用房项目，又叫金源逸居。航天逸居项目规划有10栋高层，小区整体设计高低组合，错落有致，形成丰富的天际线。交通组织合理，人车分流互不干扰，建筑立面新颖，彰显了建筑的现代感。

皇家园林住宅项目位于西安北经济技术开发区，小区中心设计为1000多平方米的水景主题公园，温泉热水24小时到户，人车分流，三防安全系统保证社区的内部安全，开发商将小区建设成为东南亚风格的大众精品社区。小区周边医院、银行、学校、餐饮、娱乐、超市一应俱全，市政、生活配套设施完善。

东方威尼斯水城，是"商洛市首席都市综合体"。项目按照商洛市的城市总体规划，该区域将是丹南新城区生活配套最集中的区域，是商洛城南组团最具潜力的人居新城。

金源·纳帕溪谷是陕西金源集团与北京纳帕地产联合打造的浐灞重量级项目，是金源集团在房地产开发领域的又一具有里程碑意义的重要项目。项目位于浐灞生态区内，东面绵延1000米，紧邻860亩桃花潭，面临最宽阔的一段浐河水域，扼守西安东大门，占据浐灞中央商务区、西安金融商务区等交通枢纽位置，是浐灞板块最为优越的位置，项目总建筑面积80万平方米，绿化率高达40%。项目在沿河1000米的水岸线上，规划以现代技术复原地中海沿岸生活形态，结合浐河西岸原始自然坡地，利用自然跌落的原生落差，引入独具风情的地中海沿海台地唯美建筑，建设大型地中海原酿风情社区。

听水花园紧邻浐河，是一个以板式多层为主的大型园林社区，以人性化、生态化为指导，小区绿化率高达39%，户型面积为80~120平方米，结合小区本身的水景生态环境，天然氧吧浑然天成，真正地诠释健康生活，营造温馨静谧、舒适和谐、清新自然的高品位居住环境。

信步闲庭项目位于东高新开发区，由金源集团、东新物业联合投资，陕西东海房地产公司开发。总占地面积21亩，总建筑面积3.9万平方米，由1幢24层高层、3幢小高层及1幢多层合围而成，整体形成一个半围合式悠闲社区。小区景观丰富多样，绿树秀水尽收眼底。

汉中世纪城项目占地1000亩，建筑面积约130万平方米，是汉中市首席滨江千亩大盘。该项目以"城市运营"的高度，规划了多层、花园洋房、小高层、高层、别墅、商业街、酒店等多种产品类型，创造了汉中首席宜人生活区。

导师点评

　　强势多元化。过去 20 年是中国经济持续高速发展的黄金期，新的经济增长点和产业业态不断涌现，给企业通过多元化战略迅速扩张发展带来契机。机会是给有准备和有心的人准备的。金源集团起家于房地产，但不安于现状，而是将"诚信为金，创新为源"作为企业宗旨，锐意开拓进取，密切跟踪中国产业发展变化趋势和国家产业政策导向，积极进军新的产业和领域，为集团的快速成长不断注入新鲜力量，最终成为集能源矿产、房地产开发、金融投资等主要产业为一体的综合性集团。为了克服多元化风险，金源集团坚持在多元化的基础上实现各个产业板块的高度专业化，同时强调开放合作，并将之作为经营理念，携手国内外合作伙伴整合资源实现共赢。金源集团即将跨入百亿企业行列，拥有两家上市公司，立足西部，放眼中国和世界，并积极回馈社会。金源集团必将成为陕西乃至中国西部经济中一颗璀璨的明珠。

丁志杰

对外经济贸易大学金融学院院长

中国金融 40 人（CF40）成员

邢台钢铁有限责任公司成长报告

袁世臻

国研·斯坦福一期三班学员

邢台钢铁有限责任公司董事长

开创钢铁业全新的精品之路

邢台钢铁有限责任公司（简称"邢钢"），始建于 1958 年，是全国最大的优特钢线材专业生产企业和国内品种最多的线材企业。2004 年，邢钢由国有独资企业改制重组为中外合资企业，后成为外国法人独资企业。

邢台钢铁发展的转折点在 1996 年，在计划经济下苦苦走过了 38 年的老国企，面对亚洲金融危机带来的市场低迷也走到了生死存亡的关头。新上任的董事长兼总经理袁世臻，带领邢钢摒弃不具特色的低端生铁等产品，从低端普刚向高技术含量、高附加值产品转变，从依赖资源能源消耗向科技引领、创新驱动转变，使 1996 年利润仅 507 万元的邢钢在 4 年后实现利润 1.41 亿元的奇迹。

2004～2013 年是我国钢铁行业飞速发展的"黄金十年"，但邢钢已经敏锐的觉察到了依靠规模扩张和重复建设所带来的潜在危机。因此，邢钢坚持不追求产能规模的扩张，10 年间线材产量每年保持在 260 万吨左右，却累计投资 50 多亿元改造特钢生产线，调整产品结构，集中精力在专业化上做文章，确保了在线材等细分领域保持领先。

在袁世臻眼中，未来的邢钢将坚定不移地走专业化、精品化、深加工发展道路，充分依托邢钢高端线材的母材优势和邢台市东开发区的资源条件，最终实现"成为国际领先的精品线材和深加工企业集团"的发展战略。

邢台钢铁十年（2004～2013 年）发展概况

2004 年 12 月，始终考虑邢钢如何转型发展的袁世臻成为国研·斯坦福学员。在两年的学习和国务院发展研究中心、中国社科院、斯坦福大学等专家的指导下，他审时度势，紧紧把握经济社会发展和国家政策动向，在国内钢铁行业十余年盲目追求规模之风的情势下，认真调研和总结国内外经验教训。他认为，中国是钢铁大国却非钢铁强国，在向钢铁强国迈进的过程中，不能以单纯扩大产能的方式来求发展。必须要发挥各自的优势，搞专业化生产，向质量要效益、向精品要效益、向技术要效益。他提出并坚定实施"做精、做专、做强"战略，不断进行结构调整。积极推进企业管理、技术、机制创新，坚持走从普钢向特钢转变，从低端向高技术含量、高附加值、深加工产品转变，从依赖资源能源消耗向科技引领、创新驱动转变的"精品之路"，把邢钢建设成为全国制造业 500 强企业，全国最大、品种最全的特钢线材专业化制造企业和线材深加工产业生产基地，高新技术企业。实现了从普钢到特钢的战略转移，经济效益连年实现跨越式增长，销售利润率等主要经济指标高于全国平均水平，示范了钢铁业的转型发展。企业荣获"全国五一劳动奖状"、"中国最佳自主创新企业"、"中国 AAA 级信用企业"、"中国企业社会责任特别大奖"、"全国模范劳动关系和谐企业"、"全国质量奖"等。

2004～2013 年是我国钢铁行业高速发展的 10 年，钢铁企业千方百计扩产能、上规模，全国钢产量从 2004 年的 2.8 亿吨直线攀升至 2013 年的 7.8 亿吨，10 年间新增产能超过 7 亿吨，总产能超过 10 亿吨。超常增长影响了钢铁工业的可持续发展。以 2008 年金融危机为界，前一阶段属于世界经济高速发展带来的暴利时代；后一阶段，由于国内外经济下滑，我国钢铁工业依靠产能扩张发展方式所积累的深层结构性矛盾逐步显现，钢铁总量严重过剩、原料受制于人、下游需求不足三大矛盾越来越尖锐。钢铁行业利润率呈不断下降趋势，直至各行业最差。另外，钢铁企业面临的环保压力空前高涨，处境愈发艰难。

十几年前，袁世臻已经敏锐地感觉到我国钢铁行业依靠规模扩张的发展不可避免，而由此带来的激烈竞争也同样不可避免。为了避免同质化竞争，袁世臻坚持以"做精、做专、做强"为战略发展方针，坚持科学发展观，不追求产能规模的扩张（10 年间未新增产能，线材产量每年保持在 260 万吨左右），着力于产品结构调整，集中精力在专业化上做文章，确立了在线材及其延伸领域发展的方向。通过不断深化企业改革，大力推进技术创新和产品结构全面优化，逐步走出了一条钢铁行业全新的从低端产品向高技术含量、高附加值、深加工产品转变的"精品之路"。

一方面，邢钢实现由普钢向特钢的战略转型。坚持以品种、质量、效益推动企业的持续发展，投资 50 亿元，使装备和技术水平处于国际、国内领先或先进水平，精炼能力实现 100%；前一阶段以 LF 精炼炉等设备为标志生产品种钢为主，后一阶段以 RH 真空精炼炉、大方坯等设备为标志生产精品钢与品种钢并重。10 年的不断努力，使邢钢由一个纯粹的普碳钢企业转型成为真正意义上的从超低碳、低碳、中高碳到不锈钢、合金钢的全系列线材生产企业。优特钢销售比例由 2004 年的不足 15% 提高到 2013 年的 80% 以上。

另一方面，发力延伸产业并实现逆势增长。遵循国家产业政策发展方向，依托高端线材母材优势，着力发展线材的下游深加工制造产业。延伸产业收入占比由前期的 2% 提高到后期的 13% 左右，尤其在后期钢铁主业面临困难的形势下，延伸产业逆势增长，成为公司利润主要的增长点和贡献源。

邢台钢铁转型发展的主要做法

（一）加强战略管理体系建设，为转型发展提供保障

2004～2013 年是邢钢转型发展的关键 10 年。为了保障企业在优化管理模式、精确把握市场定位、打造核心竞争力等方面保持竞争优势，袁世臻选择了强化战略管理体系建设。

借助卓越绩效模式的导入，对战略管理体系进行系统梳理，以信息和数据为基础，借助 PEST 模型、EFE 矩阵、CPM 矩阵、四链模型等多种分析工具进行战略分析，利用 QSPM 定量战略计划矩阵、SWOT 矩阵进行战略定位，应用平衡计分卡理论分解战略目标，形成关键战略指标体系，制定关键战略举措，展开战略部署、战略实施、战略评价、战略调整，全面构建战略管理体系（见下页图）。

邢钢的战略是：以"做精、做专、做强"为指导，坚持走精品之路，推进深加工产业，开创国际化经营，实现可持续发展，向国际领先的精品线材

向国际领先的精品线材和深加工企业集团迈进

财务绩效

公司长期价值
· 利润总额

增加收入机会
· 营业收入
· 切割丝销量
· 不锈钢销量

提高资产利用效率
· 总资产周转次数
· 总资产报酬率
· 库存资金占用

风险管理
· 资产负债率

顾客市场

坚持走精品之路　　推进深加工产业　　开创国际化经营　　实现可持续发展

提升顾客满意
· 顾客满意度

增加市场份额
· 特钢比例
· 主导产品市场占有率
· 深加工产品收入占比
· 出口销量
· 新增国际化高端用户数量
· 高端领域应用销售比例

增加顾客价值
· 定制钢种销量

内部运营

产、供、研、销统筹协作、一体化

加快产品与技术研发
· 转产产品利润率
· 自主研发课题数量

完善运营流程
· A 类供应商供货金额占比
· 生铁毛利
· 优等品率
· 深加工用母材比例

营销管理
· 直销比例

履行社会责任
· 万元产值能耗
· 污染物排放总量

学习成长

提高人力资源管理水平
· 全员劳动生产率
· 员工满意度

提高管理效率
· 新增自动统计应用案例
· 岗位设置优化

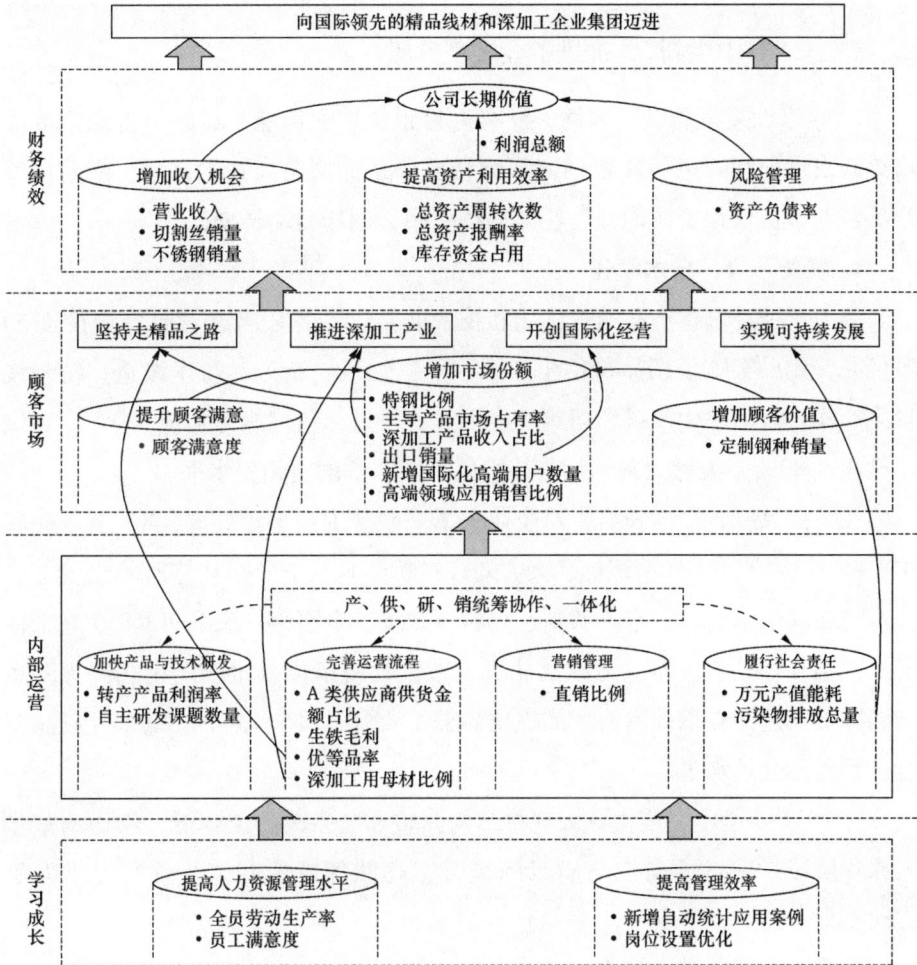

战略实施路线图

和深加工企业集团迈进。

公司战略两条主线：一是主业做精，保持适度规模不扩大，提升产品附加值。二是依托优质母材重点拓展深加工领域。公司在发展深加工产业遵循的原则是不与现有下游客户争夺市场，重点面向国内外高端领域，替代进口产品，进驻高端国际化企业供应商行列。同时进一步带动主业母材产品质量的提升和品牌知名度，达到相互促进的目的。在以上两条主线基础上充分利用国际市场、资源，并通过发展低碳和循环经济，实现经济效益，进一步拓展企业发展空间。

（二）"有中生新"，推进主业转型升级

10 年来，袁世臻带领邢钢，没有盲目跟从扩大产能，始终沿着既定的战略路线发展前行。坚持从普钢向特钢转变，从低端向高技术含量、高附加值产品转变，从依赖资源能源消耗向科技引领、创新驱动转变。

1. 装备升级，技术领先

致力于推进调整产品结构优化和技术创新。邢钢 10 年里累计完成投资 50 多亿元，先后实施了精品特钢生产线、不锈钢线材新产品技术改造、精制线材生产线、汽车件生产线和切割丝生产线等项目，精炼能力实现 100%，特钢比例超过 80%，关键设备和核心技术处于国际、国内领先水平。

在炼钢系统，全国长材生产企业中第一家采用铁水预处理、RH 真空脱气炉、LF 精炼炉、AOD 精炼炉、大方坯连铸机、轻压下、钢坯修磨等集成工艺技术。在轧钢系统，拥有 5 条高速线材生产线，全国第一家采用 Φ850 毫米往复式两辊开坯轧机、短应力红圈轧机、减定径机组以及全线无扭轧制等一系列国际最先进的轧钢技术，产品规格涵盖了直径从 Φ5.5～Φ42 毫米，成品精度达到国际先进水平。

在 2011 年基本完成主业大规模结构调整和装备改造工作后，结构调整步入深化阶段，重点面向产品质量的提升、高端领域的开拓及软实力增强等方面。

2. 柔性制造，产品定制

特钢线材产品全部为工业加工用材，成品精度可达 ±0.1mm，根据用户需要，柔性生产定制产品，可充分满足用户多品种、多规格、小批量、多频次的需求。产品广泛应用于汽车、机械制造、高铁、桥梁、公路、船舶、电子及信息科技业等国民经济生活的各个领域，高科技含量产品已进入欧、美、东南亚和中国港澳台等 20 多个国家和地区，在广大用户中赢得了良好声誉。

3. 细分市场，行业翘楚

坚持企业在细分市场保持行业领先，产品质量不断提升。已有 9 大类 27 个品种获国家冶金实物产品金杯奖，占总产能一半以上的冷镦钢系列产品在国内产量和质量均为领先水平，帘线钢、轴承钢、弹簧钢、纯铁、桥梁悬索

用钢等产品质量也处于国内领先水平，帘线钢、轴承钢用盘条分别荣膺 2011 年、2012 年"冶金行业品质卓越产品"称号。不锈钢和重熔钢生产线于前两年建成，产品研发和市场推广已取得显著成效，将成为未来公司新的效益增长点。

4. 信息化建设，业内典范

坚持以信息化促进工业化生产、信息化支持企业创新发展、信息化支撑企业战略落地为宗旨，构建了覆盖各生产经营层面和上下游供应链的信息系统（包括领导支持决策系统、NC 系统、OA 办公系统、EMS 能源系统、IFS 设备系统，炼钢 NES、条码系统、磁卡系统、客户经销网等系统），实现了产销一体和管控衔接，建成了具有企业特色、满足企业战略运营需求的信息化、自动化业务平台，荣获"中国企业信息化 500 强""河北省信息化与工业化融合示范企业"称号。

（三）"无中生有"，加快延伸产业发展

袁世臻认为，依托高端线材母材优势，着力发展线材的下游深加工制造产业，一方面可作为主业的中试车间，检验线材产品的质量并促进其提升；另一方面可成为公司经济效益的重要支柱。

延伸产业现已拥有新光凯乐、邢钢线材精制、北京邢钢焊网 3 个子公司。产品涉及汽车冷成型件、精制线材、紧固件、切割丝、焊网等多个线材下游品种。

北京新光凯乐（SINGU KELLER）汽车冷成型件有限责任公司于 2004 年成立，2005 年投产，由邢钢和德国 A&E KELLER 公司合作组建。采用世界上最先进的德国、比利时多工位冷成型加工设备，是中国最大的汽车安全件异型件生产线。冷成型产品采用低碳的生产工艺，提高了材料的利用率和生产效率，强度高，质量稳定，填补了国内空白，目前仍为国内独有产品。产量逐年攀升，由 2005 年的 96 万件提升到 2013 年的 6217 万件，成功应用于奥迪、宝马、奔驰、大众、福特、通用、标致、丰田、本田、日产、现代起亚等国际知名品牌汽车，为国内外汽车业做出了贡献。凯乐公司被评为高新技术企业、"中关村高成长企业 TOP100"。

全资子公司邢钢线材精制公司，于 2005 年竣工投产，是目前国内技术最先进、规模最大的精制线材专业生产基地。精线产量由 2006 年的 1.9 万吨提升至 2013 年的 8.7 万吨。大规格精制线材加工和高端紧固件生产能力在全国独具特色，产品广泛应用于中高档紧固件、轴承产品及各种冷成型件生产领域。2013 年，具有国际领先水平的切割丝生产线进入试生产阶段，生产的 0.12mm 切割丝平均达到 3000 公里以上不断丝，最大达到 8000 公里不断丝，接近世界最好的神户水平。产品主要应用于光伏新能源产业和电子产业材料，同时促进公司母材替代进口，产品附加值进一步提升。

全资子公司北京邢钢焊网科技发展公司，是国内最大规模的全自动钢筋焊接网生产与开发专业企业，高新技术企业，全国焊网协会会长单位，具有中国钢筋焊接网制造企业特级资质。产品在鸟巢、水立方、北京地铁、京沪高铁、武广高铁、京津城际高铁、盘营高铁、青银高速等 3000 多个国家重点工程应用，可节省钢材 20%，远销非洲、澳洲、东南亚等国际市场。

（四）坚持自主创新，结合"外脑"，打造高效技术创新体系

"作为企业家，有责任为企业、为国家和民族提供更多创新成果。"这是袁世臻坚持和追求的不变信条。

瞄准世界钢铁冶炼、线材轧制前沿技术，建有博士后科研工作站、国家认可的权威理化检测中心、省级线材工程技术研究中心、线材制备技术研究所；成立技术委员会，下设 13 个专业技术分会，对公司技术系统难题进行攻关。

坚持开展高水平、高层次和实质性的对外技术交流与合作。邢钢先后与东北大学、北京科技大学、武汉科技大学、河北联合大学以及东风汽车紧固件有限责任公司等大专院校、科研机构和企业开展合作研究。与清华大学组建了"钢铁工业智能自动化联合研究中心"，与高效轧制国家工程研究中心联合成立了"邢钢冷成型用材研究基地"，与东北大学联合成立了"线材制备技术研究所"，与河北工业大学材料学院组建了"邢钢产学研基地"。同时与 ABB、奥钢联（VAI）、日本 NKK、英国豪顿等国际知名公司开展技术合作。

通过内外结合，实现了企业与外部科技人才、资源的优势互补。形成了

以技术中心、北京科技中心、河北省线材工程技术研究中心、博士后科研工作站为主体，以技术委员会为覆盖，以金属学会为辅助，以专家委员会为补充的立体交叉的高效技术创新体系；走出了一条企业与科研院所合作，与用户联合开发的"以己为主，两头延伸"的研发模式，在冷镦钢系列、帘线钢、轴承钢、桥梁缆索用钢、工业纯铁等高端线材生产工艺技术和线材新材料研究方面达到国内领先水平。其中，高端冷镦钢 Q10B21-B、GSCM435-C 等产品已应用到大桥精密（本田）、丰田、内德施罗夫、卡迈锡、小出钢管等高端用户，桥梁缆索钢丝用盘条（SWRS82B）已在南溪长江大桥和寸滩长江大桥应用，国内桥梁建设所用到的桥梁缆索钢丝基本上都是宝钢或邢钢产品。

2004～2013 年开发新钢种 222 个，参与国家、行业标准制定、修订 11 个，编制企业产品标准 49 个；拥有有效专利 100 多件（其中发明专利 16 件）；拥有省市级科技成果 50 多项。保持了线材研发、生产的领先地位，成为中国最佳自主创新企业，钢铁行业少有的高新技术企业，第一批国家级知识产权优势企业。

（五）推进管理创新，加强企业软实力建设

1. 对接先进，管理再造

袁世臻常说，对接世界先进管理体系是一个企业管理成熟和发展的标志。在获得 ISO9001（2000 版）国际质量体系认证的基础上，邢钢在全国钢铁企业中首家通过 ISO/TS16949：2002《国际汽车质量管理体系》、OHSAS18001：2001《职业健康安全管理体系》和 ISO14001：2004《环境管理体系》三大体系整合认证，获得了向高档汽车零部件制造商供应原材料所必备的通行证。推进产品质量和服务提升，在冶金行业第一家运行了产品条码识别系统，建立了网上客商服务系统和 400 服务热线。邢钢还先后通过国家实验室体系、计量体系、SA8000 社会责任管理体系、能源管理体系、知识产权管理体系认证。

2010 年全面导入卓越绩效管理模式，期间成立了跨部门推进机构，组织了全员、全过程的卓越绩效系统培训与推进活动。在历时 4 年的时间里，邢钢实现了管理模式的变革与整合，流程的优化与再造。2013 年在荣获河北省

政府质量奖的同时，还荣获第 13 届"全国质量奖"，是当年获奖企业中唯一一家钢铁企业。

2. 提高质量，打造品牌

袁世臻强调，质量是企业的生命。根据公司精品发展战略和工业用高端线材产品的定位，把品牌建设作为一项系统工程，着力培育、树立和维护邢钢"三人"品牌。

利用网络、报刊等进行品牌宣传，强化全员品牌意识；制定《质量发展规划》，争创全国冶金产品实物质量金杯奖，瞄准标杆企业，开展质量攻关，不断提升实物产品质量指标；利用技术创新体系提供技术支持；改进包装质量，迅速处理质量异议，坚持"用心灵创造感动，用服务创造品牌"理念，由售后跟踪服务转变为售前、售中的技术咨询和支持，导入知识产权管理体系，制定《商标管理细则》等制度，加强专利、商标等保护。

线材产品多次荣获河北省名牌产品、用户满意产品，入选中国名优产品数据库；"三人牌"系列产品被评为"同行业最具影响力品牌"，入选中国驰名品牌、中国影响力品牌数据库。凭借良好的品牌形象，公司产品受到国内外欢迎。在国外，出口量不断增加；在国内，产品不断受到国内企业的仿制，成为许多钢铁企业的标杆。

3. 履行责任，共建和谐

（1）依法经营，诚实守信。袁世臻视诚信为企业的生命，提出"信誉至上"理念，并倡导"信誉为本，互利共赢"经营理念，按照"理念引导、专项教育、行为规范"三步骤推进道德规范建设。制定《企业行为规范》《员工行为规范》《诚信行为准则》，对组织内部员工道德行为进行引导、规范；制订《廉洁从业管理细则》等制度，确保员工遵章守纪。按照"明确标准、实时监控、定期评价、信用警示、考核奖惩"的原则，建立覆盖岗位→班组→车间→二级单位/部室→公司的不同层面、逐级递进的信用体系。其本人荣获全国优秀诚信企业家、全国职工职业道德建设十佳标兵，公司连年被评省、市纳税先进企业和重合同守信用单位，获中国 AAA 级信用企业、全国文明诚信示范单位等荣誉。

（2）以人为本，成就员工。在袁世臻心中，员工是企业的根。以提高全员整体素质和创新能力为核心，紧紧抓住培养、吸引、用好人才三个环节；每年投入几百万元用于员工教育和培训，选派优秀员工出国考察和到大中专院校学习；企校联合，开办了在职员工研究生班；建立管理、技术、技师三个系统的人生规划和晋升通道，激发全员的创新活力。落实工资集体协商制度，保障厂务公开，履行职代会职权，全员签订劳动合同，定期开展工资效能监察，保障职工收入水平稳定增长。获"河北省 AAA 级劳动关系和谐企业""全国模范劳动关系和谐企业""全国厂务公开民主管理工作先进单位"等荣誉。

（3）认真履行质量职责。坚持"质量立企"理念，建立质量预警应对机制；在钢铁行业首家推行产品条形码管理，实现了质量安全可追溯。强化全员质量安全意识，提高质量指标在绩效考核中的权重比例，实行质量安全问题一票否决制。

（4）安全生产，榜样示范。本着"以人为本，关爱生命，安全重于泰山"的安全方针，在以推行职业健康安全管理体系为保证的同时，全面开展安全达标工作，大力推进企业安全标准化建设，使炼钢、炼铁、烧结、轧钢、煤气以及焦化 6 个主要生产工序，全部通过了河北省安全生产监督管理局冶金企业安全标准化二级企业达标的验收，提高了安全管理的科学化、规范化水平，有效杜绝了重特大事故的发生。连年被省、市和行业协会授予"安全管理先进单位"。

（5）支持公益，回馈社会。袁世臻认为，社会是企业发展之源。他提出"成就事业，回馈社会，以人为本，共同发展"社会责任理念，制定《社会公益管理细则》；依据公司的发展方向和战略重点，将周边发展环境、行业发展和慈善事业等作为公益支持的重点方向。2007 年成立河北省首家以企业命名的慈善组织——邢钢慈善基金会，积极开展帮扶救困工作，被授予"中国红十字人道服务奖章""中华慈善先进机构"；公司获中国企业社会责任特别大奖。

4. 特钢文化，支撑发展

袁世臻强调，打造特钢文化，是推动邢钢走持续、稳定、健康发展的特钢精品之路的动力支撑。

根据企业精品战略的定位，提出公司使命：致力于精品线材和延伸产品制造，实现多方共赢。愿景：成为国际领先的精品线材和深加工企业集团。

核心价值观："干成事。"遵循一致性、补充性、具体化三项原则，搞好文化承接；按照"认知—认同—践行"三大步骤，开展双向沟通；围绕"内化于心，固化于制，外化于行"三个方面，推进文化落地；以"领导垂范、理念引导、制度保证、树立标杆、绩效关注"的系统化方法，营造有序、高效、和谐的企业文化氛围。

（六）坚持清洁生产，打造绿色钢铁

袁世臻认为，实现企业可持续发展，必须建设资源节约型、清洁生产型、环境友好型的绿色企业。

立足绿色制造，实施清洁生产，大力发展循环经济，提供绿色产品，实现了资源消耗减量化、资源利用循环化、生产过程清洁化。

环保方面：以技术进步和创新为支撑，投资6亿多元建设工艺环境除尘、烟气脱硫、污水处理等环保设施150台（套），所有高能耗、高排放的工艺设备全部淘汰，装备水平符合《钢铁工业"十二五"发展规划》要求，相关技术指标和排放指标均优于国家现行标准。其中，环保设施配套率和环保设施相对运转率均达到98%以上，废水、废气排放合格率100%，是河北省第一家符合钢铁行业准入环保核查要求并上报国家环保部的钢铁企业，新、扩、改建项目环保"三同时"执行率100%。利用回收煤气和余热发电，年发电6亿度，占总用电量的一半，相当于减少外购近20万吨标准煤；建立污水处理厂，采用先进的节水技术和工艺，使各工序用水全部实现了梯级利用、闭路循环。连年被授予省、市"双三十"减排先进单位，是河北省首批15家资源节约型、环境友好型试点企业之一。

节能方面：根据《钢铁工业"十二五"发展规划》，目前钢铁行业成熟的节能新技术均在邢钢得到了应用。铁前工序应用了TRT、BPRT、高效热风炉、干法除尘、热风炉烟道废气回收利用、干熄焦、烧结余热发电、混合料预热、热风烧结技术；炼钢工序实现了转炉煤气回收发电、烟道废气回收利用、蓄热式烤包器；轧钢工序实现了热装热送、蓄热式加热炉以及能源中心建设、燃气锅炉发电、变频调速等。为实现系统节能，2011年导入能源管理体系，成为国内冶金行业首先通过北京国金恒信管理体系认证公司的认证的

企业之一，多次被评为河北省"双三十"节能目标考核优秀单位。公司主要耗能工序单位产品综合能耗和公吨钢综合能耗、吨钢耗新水等能源指标在保证符合国家和河北省能源消耗限额的基础上，部分指标已经接近或达到同行业先进水平，其中吨钢综合能耗由 2014 年的 689.5kgce/t 下降到 2013 年的 609.8kgce/t，超额完成节能目标进度计划。

减排方面：水、大气等污染物排放均满足国家和河北省规定的环保标准要求。提前一年完成"十一五"削减二氧化硫 2939 吨、COD51 吨、烟（粉）尘 700 吨的减排目标，各项清洁生产指标达到或优于国家清洁生产二级标准。连年被授予省、市"双三十"减排先进单位。经国家工信部批准，2013 年成为河北省首批全部符合钢铁行业准入规范条件的钢铁企业。

（七）改革改制，积极探索国企混合所有制发展之路

锐意改革，创新图强，是袁世臻的本色。2004 年 12 月 30 日，邢钢作为河北省企业改革试点单位，在经过主辅分离、辅业改制后，由国有独资企业重组改制为河北省国资委参股、监管的中外合资企业（混合所有制企业），2006 年经商务部批准，成为外国法人独资企业（台港澳独资法人公司）。

按照外商独资企业的规定，建立了完善的法人治理结构，实行董事会、监事会、经营层三权分立，实行董事会领导下的总经理负责制，由董事会聘任或解聘公司高层管理者。公司高层领导的管理职权、经营活动等受董事会、监事会监管和考评，同时接受全体员工的监督。

十年中，袁世臻一方面发挥国企的优良传统，一方面借鉴外企、民企经验，针对时弊，与时俱进地深化各方面改革。组织机构实现了扁平化，管理处室和人员压缩一半，中层减少 2/3；在人事、分配制度方面，真正实现了"干部能上能下、员工能进能出、收入能升能降"的动态管理；在项目建设上，三年里创造了 6 项全国企业新纪录；在技术引进上，他创造的"国外技术、国产设备"模式，被称为"邢钢模式"，被同行业争相仿效。他完成了企业意识的再造，建立了有效的激励机制、竞争机制和监督约束机制，形成与生产力发展相适应的精干高效、富于活力的组织结构和管理制度，奠定了企业创新发展的体制、机制优势。

邢台钢铁十年来取得的主要成效

（一）主业产品结构调整效果显著

依托精品战略为主线，深化结构调整，在保持规模不变的基础上不断提高中高端产品的质量和销售比例。特钢由 2004 年的不足 15% 提高到 2013 年的 80% 以上，邢钢"三人"品牌在国内外市场有了较大影响，以冷镦钢为主的六大类主导产品占据细分市场有利地位，部分高端线材已成为行业风向标，成功用于国内重大建设项目，替代了进口。

1. 主导产品市场占有率领先

产　品	2013 年市场占有率排名	说明
合金冷镦钢用盘条	1	行业领先
轴承钢用盘条	2	行业前列
纯铁系列盘条	1	行业领先
弹簧钢用盘条	4	行业前列
预应力钢用盘条	5	行业前列
帘线钢用盘条	5	行业前列
汽车冷成型件（扭力杆）	1	国内独有
焊网	1	行业领先

2. 公司主要产品质量水平

序号	产品	获奖情况	应用及实物质量	技术水平
1	预应力用钢盘	中质协"冶金产品实物质量金杯奖"、河北省名牌产品	市场占有率31.02%，桥梁悬索用S82B产品，通过工艺优化攻关，强度波动由最初的80MPa以上稳定控制在60MPa以内，满足铁路轨枕、高速公路、桥梁等工程建设需要，在奥运场馆、京沪高铁、南溪长江大桥等国家重大工程中发挥了重要作用。目前正在与下游客户合作，联合研发珠港澳大桥缆索用1860兆帕原料盘条	国际先进

序号	产品	获奖情况	应用及实物质量	技术水平
2	帘线钢用盘条	中质协"冶金行业品质卓越产品""冶金产品实物质量金杯奖"、河北省名牌产品	XGLX82A断丝率由5~9次/吨降低至目前的≤3次/吨，供应贝卡尔特、高丽制钢等世界知名企业	国际先进
3	轴承钢用盘条	中质协"冶金行业品质卓越产品""冶金产品实物质量金杯奖"、河北省名牌产品	市场占有率17.44%，全国第二，GCr15低倍质量控制在1.0级以内，达到东阿钢球厂等高端客户要求	国内先进
4	纯铁系列盘条	河北省名牌产品	代表性钢种包括CH1T、XGYT0等，2010~2012年市场占有率33.93%，全国第一，导电率达到16%以上	国内领先
5	冷镦钢用盘条	中质协"冶金产品实物质量金杯奖"	代表性钢种包括SCM435/440、10B21、ML40Cr等，市场占有率35.63%，全国第一，获得本田、二汽东风、瑞标、印度普伽、韩国螺栓等一系列高端用户的认可	国内领先
6	不锈钢盘条	新产品	400系不锈钢市场占有率30%	国内先进
7	焊网		市场占有率全国第一，中国焊网协会会长单位，2012年产品应用于武咸高铁、霍永高速、呼杀高速等重大工程	国内领先
8	汽车冷成型件	中国锻压协会"优质锻压奖"	国内独有产品，世界最大的安全带、安全气囊生产商奥托立夫公司最优秀供应商	国际领先
9	切割丝	新产品	与INTECO专家的合作，切割丝拉拔0.12mm提高到5000~8000km/次，产品供应邢台晶龙、北京京仪等下游用户	国际先进

（二）延伸产业发展迅速

借助主业母材优势，邢钢线材精制、中高档紧固件、汽车冷成型件、焊网等延伸产业发展迅速，市场占有率不断上升，已成为所在领域龙头企业。

新光凯乐公司是我国最大规模的汽车冷成型异型件生产企业，替代了国外进口的复杂冷成型产品，填补了国内高档汽车冷成型件生产的空白，为国内汽车工业零部件深度国产化做出了贡献，产品已成功应用于宝马、大众、奥迪等国际知名汽车。

北京焊网公司是我国最大的焊网生产企业，可以生产冷、热轧钢筋焊接标准网和定制网，替代了建筑行业传统的钢筋手工绑扎工艺，节省了人工成本；并以刚度大、弹性好、环保、节约、高效的优势，成功运用于北京奥运场馆、北京地铁、京沪高铁、京石高铁、青银高速等多项国家重点工程。

线材精制公司切割丝产量逐月攀升，被英利、晶龙、红太阳、海润等大客户应用；精线产品保持稳定上升态势，受到卡迈锡、内德史罗夫、安国特、采艾福、奥托立夫等高端客户的青睐；高端紧固件产品比例逐月提升。邢钢延伸产业收入占比由前期的 2% 提高到后期的 13% 左右，尤其在后期钢铁主业面临困难的形势下，延伸产业成为公司利润主要的贡献源。

（三）企业盈利水平保持行业前列

通过一系列战略举措的有效实施，袁世臻带领邢钢实现了企业竞争水平和效益的全面提升。2004~2013 年的十年间，邢钢累计产钢 2609 万吨，向社会提供线材精品 2471 万吨，完成营业收入 913.6 亿元，实现利润 48.9 亿元，上交税金 48.9 亿元。资产报酬率、销售利润率等指标位居行业前列。尤其是在后期钢铁行业因供需矛盾突出、下游需求疲软、钢铁价格大幅下滑的困难形势下，公司保持了产品销量和销售收入的稳定，邢钢品牌的市场知名度明显提升。

邢台钢铁未来发展战略

钢铁行业经过十年的高速发展，"黄金十年"已经结束，行业发展趋势必将逐步由单纯规模扩大、产量增长向提升技术、提升品质的深加工转变。钢铁企业必须主动改变原有的单纯依靠要素投入追求规模扩张的发展模式，转向创新驱动的发展模式。

在袁世臻眼中，未来的邢钢将根据市场变化和国家产业政策，以改革创新为动力，加快转变经济发展方式，坚定不移地走专业化、精品化、深加工发展道路，加速企业绿色崛起步伐。在继续做好邢钢本部线材母材精品化的同时，充分依托邢钢高端线材的母材优势和邢台市东开发区的资源条件，发展下游深加工产业，最终实现"成为国际领先的精品线材和深加工企业集团"的发展战略。

（1）主业产能不再增加，但产品结构实现根本性转变。精品钢在量和质上有根本性提高；不锈钢方面，在市场上树立自己的品牌，提升盈利水平，达到能够生产 15 万～20 万吨中、高端产品的水平；在重熔钢方面，生产出高级合金钢和高级不锈钢产品。

（2）在主业硬件结构调整目标基本实现后，加大延伸产品投入力度，延长线材产业链。重点以线材精制有限责任公司为依托，发展面向汽车工业、高速铁路及高速铁路机车用高端零部件、航空航天及船舶用零部件和机械装备行业用零部件制造；提高自产切割丝用材质量，加大盈利能力较强的汽车冷成型异形件、精线等产品产量。

（3）在产品研发上，继续深入开展与科研院所、企业的合作，重点开发切割丝用钢、高等级帘线钢、高级冷镦钢、轴承钢、弹簧钢、纯铁、桥梁缆索、400 系不锈钢等高难度钢种，满足新能源建设用材、高速铁路、航空、航海、汽车、风力发电等高端市场需求，形成优势产品，逐步替代进口，打破国外企业在该领域的垄断。

（4）以建设资源节约型、清洁生产型、环境友好型、持续发展型的新邢钢为目标，严格落实国家环保政策、法规要求，加大节能减排项目实施力度，确保超额完成国家下达的节能减排任务。

经验与评价

回顾十年来的成长历程，袁世臻认为有许多值得总结的经验和教训，最值得总结的一条就是：确定了坚定不移地"走精品之路，实现转型发展"的方向，并无惧无悔，始终坚持。

邢钢取得的成绩、实现的发展不是一朝一夕达成的，袁世臻本人也经历了"大干快上提规模"的诱惑，经历了"多元发展赚快钱"的吸引，经历了"品种钢不如普碳钢"的困惑，更经历了精品化、高端化过程中的曲折和煎熬。但他和邢钢瞄准自己决定的道路，不彷徨、不动摇、不哗众取宠、不追求虚名，甘于寂寞、踏踏实实地"练内功"，最终才能有今天的成长。

邢钢走精品之路，提高产品附加值，不但增强了企业核心竞争力，而且是重视节能减排工作、发展循环经济和自觉履行社会责任，为行业发展起到了示范作用。今后，他和邢钢更是认准这条"精品之路"，坚定不移地走下去。尤其是公司实现产品结构的根本转变之后，仍然要坚持"做精、做专、做强"，仍然要坚持谦虚谨慎，一步一个脚印，扎扎实实，眼睛向内，苦练内功，把主业做稳固，把延伸产业做强。

导师点评

行业发展一般经历三个阶段：第一阶段，行业需求看涨，业内企业竞相同质化扩大产能，唯恐规模落后，还会吸引新的进入者。第二阶段，进入看跌阶段，产能过剩，全行业利润率下降甚至亏损；如果遇到宏观经济调控、产业政策逆转，银行信贷紧缩，股票市场拒绝对该行业企业融资，更是雪上加霜。企业通过资产重组获取现金，以求自救。第三阶段，财务危机。规模领先的企业往往财务危机更重，甚至破产重组。

企业家无不希望规避这种冰火两重天、持续经营风险高的境遇。但单纯的规模导向的发展战略，使得虽然家家宣称差异化，但处处遭遇同质化。

邢台钢铁有限责任公司提供了摆脱这种境遇的诀窍：坚决抵御单纯的规模扩张，坚持"做精、做专、做强"的发展理念，差异化产品战略，稳定主业规模，提升主业产品品质，并采取与下游共赢的模式，推进下游深加工制造产业，丰富细分市场应用产品。

　　是追求收入规模、市场占有率，还是给客户创造独特价值的持续经济效益，是企业家需要面对的抉择。邢台钢铁有限责任公司的实践可以提供一个范例。

朱武祥

公司金融学、商业模式学教授

清华大学经济管理学院金融系

山东东阿阿胶股份有限公司成长报告

秦玉峰

国研·斯坦福二期一班学员

山东东阿阿胶股份有限公司总裁

文化营销与价值回归

　　山东东阿阿胶股份有限公司（简称"东阿阿胶"）是全国最大的阿胶及系列产品生产企业。其前身为成立于 1952 年的山东东阿阿胶厂，1993 年改组为股份制企业。1996 年，"东阿阿胶" A 股股票在深交所挂牌上市；2004 年加入央企华润集团。现有员工近 6000 人，总资产近 60 亿元，经营中成药、保健品、生物药三类产品百余种。

　　东阿阿胶传统制作技艺精湛，有近百余道历经千年历炼传承的工艺，被列为国家级保密工艺。东阿阿胶总裁秦玉峰从事阿胶行业 37 年，从学徒工做起，于 2006 年 4 月成为东阿阿胶掌门人，也是国家非物质文化遗产东阿阿胶制作技艺代表性传承人。

　　过去十年间，东阿阿胶企业总资产增加 4.87 倍，营业收入增加 4.37 倍，经营利润增加 8.36 倍，净利润增加 11.37 倍，股东投资回报率（ROIC）、净资产收益率（ROE）保持良好水平。而东阿阿胶品牌价值从 2004 年的 26.75 亿元攀升至 2014 年的 86.29 亿元，提升 3.2 倍；阿胶销售收入也从 2.9 亿元攀升至 29 亿元。十年增长 10 倍，这样惊人的增持奇迹无疑确立了东阿阿胶成为国内中药当之无愧的第一大产品。

　　过去的十年间，先后经历了华润集团投资、高管团队换届、阿胶文化营销战略转型、东阿阿胶价值回归工程等重大事件，东阿阿胶坚守阿胶主业，打造阿胶高端品牌形象，回归阿胶上品价值，回归主流人群，开拓了成功的文化价值回归之路。

东阿阿胶属于中医药和保健品行业。中医药作为中国传统文化的一部分，具有独特的理论体系。由于中药毒副作用小，有天然的保健功能，且许多中药具有药食同源的特性，因此以保健为目的的人群容易养成定时服用的习惯，相应的消费群体有一定的粘性。相比较而言，中药保健品在保健领域中更受欢迎，其独特的传统底蕴也使其具有区别于化学药物的竞争优势。

从行业发展速度来看，近年来，中国保健药品消费支出的增幅始终稳定在15%～30%，发改委规划的食品保健品行业2012～2015年年平均增速也达到20%。同时，中国居民可支配收入快速增长带来的消费升级、人口老龄化和女性美容保健需求的增长以及国家对中医药和营养保健食品制造业的政策支持，都使得东阿阿胶所处行业的发展速度维持着强劲的成长性。

从行业集中度来看，国内目前生产医药保健品的企业众多，但行业集中度较高，且将继续趋于集中。名牌企业的市场占有率在稳步上升，不足20%的品种占据了超过50%的市场份额。近年来，新版GMP及新的阿胶行业标准又进一步提升了行业集中度。总体而言，东阿阿胶近十年以及可预测在未来短期都是阿胶行业不可动摇的领先者。

东阿阿胶的主要做法

东阿阿胶具有创新的基因。在近十年的创新发展中提出了新时期的方法论，通过战略布局，"文化营销"实现阿胶价值回归，做大了品类，带动了产业升级。通过全产业链管控，实施上、中、下游全产业链创新，开辟了自己的"蓝海"，打开了发展空间。

（一）"文化营销"与"价值回归"

1. 企业走向新的发展阶段

东阿阿胶从1952年建厂以来，依靠社会和经济的发展不断壮大。尤其是近十年来，在创新发展理念下提出新时期方法论，企业明确了创新发展的方向。创新发展不是靠数量，而是靠质量和价值提升。而在这十年之前，企业基本实现了由传统手工化生产向数字化生产的转变，如何能够让企业获得持续增长的动力和能力，也曾给领导团队带来了不小的困扰和压力。

2."文化营销"与"价值回归"目标

十年前，社会大众对于阿胶的认识一直停留在补血上，属于女性专用。但从历史上看，阿胶一直是滋补上品，有极好的进补、营养、预防、保健和养生功效。"医圣"李时珍"久服轻身益气"的评价，就是对阿胶功效空间延展的很好佐证。阿胶的价值不仅在于其超凡的滋补养生之功，更在于其文化价值。这在东阿阿胶60多年的发展过程中并没有得到充分体现。人们对于健康长寿的追求从来没有改变，在不断尝试的过程中甚至付出了生命的代价。如今阿胶产品已经成为一种文化现象，是中国人追求长生不老梦的一个载体。

面对很多人认为阿胶功效就是补血，而忽视阿胶在滋补保健等方面价值的局面，东阿阿胶启动了价值回归工程，就是通过"文化营销"重新在消费者心中定位，建立起"滋补国宝"新认知。通过文化营销告诉大家阿胶是什么，为什么叫阿胶，阿胶的价值所在。

3."文化营销"与"价值回归"实施之一：产品文化化

阿胶，中国历代医药名家皆有论述，如南北朝著名医药学家陶弘景在《名医别录》中说："阿胶，出东阿，故名阿胶；"李时珍："阿胶，圣药也；"叶天士赞阿胶是"血肉有情之品"；郦道元在《水经注》中说："东阿有井大如轮，深六七丈，岁常煮胶以贡天府；"等等。同时，流传了很多有关阿胶的传说典故，诗词歌赋。可以说，阿胶是一个价值富矿，集学术临床、保健养生、轶事人文于一体，蕴涵丰富，亟待发掘、发现，传承、传播，发展创新。

东阿阿胶成立了专门的研究机构，组织国内知名专家学者，对历代本草学著作、中医名家论述进行研究，挖掘阿胶三大文化体系，即东阿阿胶的学术文化、滋补文化、美容文化。阿胶的学术文化包括整理历代医药名家如李时珍、叶天士、徐大椿等关于阿胶的论述；滋补文化包括整理历代文人名士如朱熹、曾国藩孝亲养生史料，曹植、何良俊等滋补养生诗词故事等；美容文化包括整理杨贵妃、虢国夫人等养颜典故等。经过梳理，使阿胶的学术、养生、美容价值内涵形象化、系统化，产品文化化。

4."文化营销"与"价值回归"实施之二：文化产品化

一是将历代名家3200余个医方、1750余个医案整理成册，形成《诸胶本草》《阿胶古今临床应用》《中医气血证治学》，将和阿胶有关的文化故事整理成《阿胶拍案惊奇》六十回，《解密东阿阿胶》等文化产品。

二是根据阿胶文化故事开发产品，如根据元曲《秋夜梧桐雨之锦上花》"阿胶一碗，芝麻一盏，白米红馅蜜饯。粉腮似羞，杏花春雨带笑看。润了青春，保了天年，有了本钱"，开发出桃花姬阿胶糕。桃花姬采用传统＋现代工艺精制，独立的真空小包装携带方便，开袋即食，因此广受消费者喜爱，被誉为"最便捷的养颜食品"。

发掘整理经典名方，开发福、禄、寿、财、喜阿胶，收集整理上清阿胶、参茸阿胶、红花阿胶等几十个品种作为研发储备。整理恢复了中断上百年的九朝贡胶生产。九朝贡胶是汲取阴盛阳始的农历冬至子时至阴东阿地下水，选取黑健乌头驴取皮，冬至十五天内用桑木柴火直火熬制九天九夜，方成阿胶极品。历代为宫廷专供，价值极高。该产品一上市即受到高端人士青睐，有国内私募经理第一人之称的赵丹阳曾将该产品作为礼物送给巴菲特。

5. "文化营销"与"价值回归"实施之三：价值传播

一是出资 4000 万元兴建中国阿胶博物馆，馆内收藏并陈列了关于阿胶发展延续及其养生保健价值的文物资料 10000 多件，被国家中医药管理局批准为"全国中医药文化宣传教育基地"。将阿胶博物馆开发为旅游资源并对外开放，近年来共接待游客团体 60 万人次。其次，将阿胶博物馆"搬到"消费者当中，深入开展"古今秘趣话阿胶"、"阿胶故事进万家"等社区健康教育活动，把东阿阿胶的品牌文化内涵、产品特质深刻而又清晰地刻在消费者心中。近年来在全国共开展 16000 余场社区滋补养生健康科普活动，组织 4000 余场中医药滋补养生健康讲座，教育人次达 1000 余万，收效显著。

二是投资 6000 万元启动了"中国阿胶滋补养生文化苑"建设项目。该项目集文化、旅游、滋补养生体验为一体，不仅能唤醒消费者对阿胶的历史记忆，将阿胶滋补养生文化植根消费者心中，而且能够传播中医药文化，让民众感受国药精粹，继而复兴民族记忆与自信。

三是参与"中医中药中国行"科普宣传活动及中医"治未病"健康工程。与国家中医药管理局合作，设立"治未病"基金，在国内各大城市与"老字号"等知名药店进行合作，聘请资深老中医坐诊，每年选择 2 万名不同症状患者，现场进行免费义诊。通过宣传渗透以及对产品独特确切功效的亲身体验，让阿胶惠及千家万户，进一步提升东阿阿胶在消费者心中的信赖度。

四是通过多种媒体、多种方式传播阿胶文化，形成以央视等卫视支撑品牌、区域地方电视台全面覆盖的立体化传播格局，扩大播出面积和播出频率。对于平面媒体，东阿阿胶和全国主流平面生活媒体隐去品牌，主推品类，连载阿胶系列文化故事和科普软文；免费赠送《阿胶拍案惊奇》等文化手册；通过和山东省相关部门合作，冠名六架"美德山东·东阿阿胶号"飞机等，将阿胶列为山东的标志性符号对外传播。

6. "文化营销"与"价值回归"实施之四：两个产品一同销售

21世纪之初，我国居民的生活质量已经明显提高，随着物质文化不断地丰富，健康文化也已经成为巨大的市场。企业未来要向健康服务业进军，因此创新性地提出要将"文化营销"升级为"营销文化"，企业营销的不仅是阿胶产品，更是传统的中医药滋补养生保健理念和健康管理理念方法。营销文化与文化营销的不同点是，它不仅仅把品牌文化、产品文化说出来，也不是把产品和文化分开，而是把文化当成一种产品，将实物产品和文化产品一同经营，这等于给消费者两种产品。

"营销文化"分为两个部分，其一是经营传统的滋补养生保健理念和健康管理理念方法，其二是提供文化服务，两者都是阿胶实物产品之外创新发展出的文化产品。通过国家中医药局、中国中医协会等与全国100多家治未病定点医院签订战略合作协议，让国医大师膏方专家培训临床医生开膏方，这样把"医"和"药"真正结合起来，与社会和消费者分享健康管理解决方案，传播滋补养生文化和理念，并且针对不同需求的消费者给出不同的方法。比如面对有养颜美容诉求的消费者，东阿阿胶给出一份实物产品的同时，再给出一个养颜的方案或者是方法。在"营销文化"的方法论指导下，消费者可以同时获得实物产品和文化产品，企业将"授之以鱼"与"授之以渔"相结合，创新发展的效果也是显而易见的。

除了提供健康解决方案，东阿阿胶也将售后服务形成标准化产品，在药店、商超里实现代客熬胶，用标准化的设备、标准化的配料、标准化的程序方法、标准统一的说辞、标准化培训为顾客提供标准化的熬胶加工服务。东阿阿胶在全国各地的商超、药店里开展代客熬胶免费打粉活动,每个药店每场活动都是消费者排队等候,这就是文化服务的奥妙。

7. "文化营销"与"价值回归"取得的主要成效

2006年以来,阿胶的价格经历了17次价值显现式调整,由于人们对阿胶价值认知的加深,价格提升不仅没有影响市场销量,反而实现了每年销售额提升。东阿阿胶近五年主营业务收入复合增长17.21%;净利润复合增长32.92%,ROE平均23%,为深沪两市1500多家上市公司中投资回报最高的前十家企业之一,为山东省纳税百强,连续七次入围中国最具发展力的上市公司50强。

东阿阿胶文化营销的成功和外部环境紧密相连。随着中国社会经济的快速发展和人民生活水平的提高,人们对健康的关注已经从"治已病"到"治未病",对于健康的防护和滋补养生逐渐成为市场主流趋势。此外,近几年中医药滋补养生文化开始复兴,优秀的中医药文化正在得到发扬。东阿阿胶的文化营销恰恰迎合了这个趋势。从企业内部而言,东阿阿胶占据着垄断性的资源优势,具有强大的产品力,而不是"水中月、镜中花",这是文化营销价值回归成功的根本。

(二)全产业链管控模式创新

1. 上游控制驴皮原料

"问渠哪得清如许,为有源头活水来"。对阿胶产业而言,驴皮原料就是活水之源。由于农业机械化程度的提高,毛驴存栏量呈逐年递减趋势,掌控上游原料就是掌控产业命脉。为此,东阿阿胶以市场化机制为手段,整合政府、社会等各方资源,采取"政府+公司+银行+基地+农户"的方式,先后投巨资在山东、辽宁、新疆、甘肃等地建立了20个养驴示范基地。与山东省农业科学院、中国农业大学、西北农林科技大学、山东农业大学、新疆农科院等科研院校联合成立全国第一家毛驴产业科学研究所。以经济为纽带,以公司为龙头,进行毛驴品种改良、繁育技术研究,对养殖户提供技术及增值服务,带动各地农户发展养驴业,提高农民收入。

在控制驴皮原料的全产业链上游,东阿阿胶不仅关注驴皮的数量,更加关注驴皮的质量，因此着力构建了涵养驴皮资源体系。东阿黑毛驴繁育基地，是国内唯一一个种驴繁育基地，东阿黑毛驴，全身乌黑，其皮张是熬制阿胶的上等原料。《本草纲目》及历代本草都有记载，阿胶"以黑驴皮得阿井水煎成乃佳"，也就是说，传统认为用黑驴皮与阿井水所炼制的阿胶滋补效果是最好的。从中医理论来讲，黑驴皮的皮可入肺（金），黑能入肾（水），金水相生，所以补养效果最好。现代研究表明，东阿黑毛驴的出胶量、品质明显优于其他品种，药用价值和肉用价值也是最高的。作为全产业链的源头，黑毛驴繁育基地通过品种选育和良种繁育技术推广，确保了阿胶原料驴皮生产的标准化。基地既承担着为其他基地繁育良种驴的重任，还承担了国家发改委高技术产业化项目。基地年产驴细管冻精200万支，良种驴改良100万头，可新增阿胶原料驴皮40万张，新增产值6亿元，并通过带动农民养驴增收实现社会效益10亿元。依托该基地，东阿阿胶正在组建"国家毛驴业工程技术研究中心"、国家级种公驴站、国家毛驴种质资源基因库、国家毛驴文化博物馆，对于推动阿胶行业可持续发展将产生积极作用，使东阿阿胶从原料上引领行业发展。

为确保质量安全及质量的可追溯性，建立了先进的RFID溯源系统。对毛驴实施皮下植入电子芯片，建立良种驴养殖过程的质量监控体系，系统记录驴的系谱、生长发育、疫病防治、运输、屠宰、驴皮储藏等信息，实现从毛驴养殖到产品生产、放行的全过程可追溯、可控制。

2. 中游夯实核心能力

连结上游原料和下游终端的正是企业长久以来通过自身努力不断加强的核心能力，东阿阿胶也正是依靠如马达一般不断为企业运转提供原动力的管理能力，带动以研发能力、营销能力为核心的双轮驱动，才能够将全产业链的整合驾驭自如。

（1）研发能力。将聚焦研发作为三大战略重点之一，以打造国内领先的胶类中药创新平台为起点，整合了国内最强的技术资源，形成了东阿阿胶的核心能力。自2006年以来，共投资约20亿元进行技术、研发平台建设，每年科研投入占销售收入的比例保持在5%以上。建立了山东省胶类中药研究与开发重点实验室、国家级技术中心，拥有业内唯一的国家级技术平台（国家胶类中药工程技术研究中心）。构建了以院士、博士后科研工作站、泰山学者岗位为人才建设支持层的技术创新组织体系，实现了内外部科技资源的整合。

通过高水平技术平台的建设，使公司在胶类中药装备工程化技术、在线质控技术、制备工艺技术、质量标准、产品开发等方面一直走在国内同行业的前列。代表了国内胶类中药产业技术发展的最高水平，在技术和发展方向上均引领了行业的发展。

（2）构建标准优势。一流的企业做标准，东阿阿胶在标准制定方面积累了核心优势。起草了中国第一部《阿胶生产工艺规程》，于 1984 年列入国家医药管理局第一批科技保密项目；参与制定自 1985 版药典以来的历次阿胶质量标准；发明了特征性 DNA 和特征肽两种阿胶成品真伪鉴定方法，其中特征肽鉴别阿胶真伪方法成为法定补充检查方法；建立了微机控制蒸球化皮工艺，使阿胶类中药生产中的重点工序实现了自动化；首创"数字化炼胶技术"，提高了工艺数字化和自动化水平；在国内率先将连续真空干燥技术引入阿胶及系列产品生产，提高了生产率和产业化水平。开发的阿胶原粉出口日本，通过日本厚生省指定的权威检测，包括农残、兽药残留、重金属、二氧化硫等 842 个项目检测均为零检出。

"小分子阿胶"是创新研发阿胶品类新产品的代表，通过创新实现了阿胶的价值回归。东阿阿胶利用现代生物技术对传承了近 3000 年的滋补品进行重要的技术改造，把阿胶的分子变小，皮肤都可以吸收，功效可以提高四倍。将分子阿胶做成片剂，同样是补血养颜，但这样让消费者吃起来更方便。如果按照标准剂量每个月吃 60 克计算，500 克能吃将近 9 个月。相比虫草每克 800 多元，高丽红参每克几十元，西洋参每克 20 多元，小分子阿胶无论在价格方面还是在功效方面都独具优势。

3. 下游把控销售终端

有了上游和中游的良好基础，对全产业链下游销售终端的把握更是企业持续发展的关键。东阿阿胶聚焦于药店、医院、商超、健康连锁、电子商务五大终端，强化纯销考核，强化形象店、专营店的建设。东阿阿胶在销售上提倡价值共享的理念，不仅与经销商和零售终端建立良好的合作关系，还在全国建立上百家专卖店。专卖店起到聚客的作用，但专卖店在价格上严格执行公司政策，经营上也没有传统零售终端灵活，因此反而为离专卖店近的原有零售终端带来了客源。专卖店和传统零售终端实现了价值共享。现在东阿阿胶还在探索网上与网下销售渠道的价值共享问题，也蕴藏着巨大的商机。

对于药店、商超这些终端，不像专卖店一样方便把控，东阿阿胶为此成立了稽查部，通过走访、抽查等方式了解并整顿市场，从柜台展架上的产品价格，到推广活动中宣传方式和力度是否到位，都是东阿阿胶对终端把控过程中不可忽视的细节。

通过对上游、中游、下游的全产业链整合，现在东阿阿胶已经在消费者心目中树立了良好的品牌形象，得到了消费者发自内心的认可。东阿阿胶自诞生之日起，就以"滋养生命，滋润生活"为使命。在近十年以来的新时期，更是把"超越利润之上的追求"作为践行核心价值体系的一个新目标、新追求。东阿阿胶树立了强烈的社会责任意识，支持公益事业，彰显博爱精神，始终关注民生、回报社会，把促进社会的和谐进步作为企业的发展目标。

东阿阿胶创新发展的成效

东阿阿胶的"文化营销""价值回归""全产业链管控"方法论取得了很大的成功，在工业复兴之后的十年时间里，开启了企业文化复兴的新篇章。企业取得了丰厚的回报，新老产品都供不应求。从 2006～2013 年，东阿阿胶销售额从 10 亿元增长到 40 亿元。东阿阿胶的成功，与人民群众保健需求的提高、中国城市化进程的加速和中医药养生文化全面复兴的大背景不无关系。中国正面临人口老龄化时代的到来，据统计中国目前 65 岁以上的老龄人口占总人口的 9.5%，预计到 2030 年将达到 16.2%。对于老年人来说，养生保健是非常重要的，而老年人对于中医养生文化更为信赖。与此同时，城市的竞争压力大，很多都市白领经常加班，透支体力，也有很大的保健需求。对于这些有较高文化素质的新时代中流砥柱，文化营销恰恰能深入人心。伴随着近年来中医药养生书籍、讲堂像雨后春笋般涌现，中华民族从未停歇的中医药文化也不断得到发扬，东阿阿胶的经营创新不但迎合了中医药文化复苏的趋势，更在这个进程中贡献了巨大的力量。

价值回归工程的开展，让阿胶的价格真正接近了它的真实价值，同时也得到了消费者的认可。事实证明，阿胶的价值回归工程是正确的。价格提高后，消费者不仅能够接受，而且还逐步认识到阿胶的价值。价值传播让更多的人了解阿胶的历史和文化价值，"中医传统制剂方法·东阿阿胶制作技艺"被批准为我国首批国家级非物质文化遗产，得到国家的承认和保护，这也是价值回归工程取得的显著成绩。秦玉峰成为这一遗产的代表性传承人。全产业链管控模式，不仅解决了驴皮供应紧张的问题，更是通过对农民的技术支持，提高了驴皮的质量，带动了农村的发展，改善了农民的生活。熬胶平台运营，延伸了服务，可以说是产品的扩张延伸，既缩短了和顾客沟通的距离，更通过服务增加了顾客粘性，重复购买多了，顾客忠诚度有效提升。

东阿阿胶未来的发展战略

伴随着东阿阿胶的成长，东阿阿胶也在思考企业未来的发展方向。和中国的不少本土企业家一样，东阿阿胶要做的已经不是向西方企业看齐，而是要学会"向自我学习"。从东阿阿胶自身来看，企业未来的发展仍要建立在已经取得的成绩之上，东阿阿胶需要继续坚持新时期的方法论，坚持营销文化、坚持价值回归、坚持全产业链的整合。近年来，东阿阿胶逐步理顺产业链上下游的关系，并通过在产业布局上借力保障战略原料资源，实施纵向一体化战略。从上游源头控制原料供应和原料质量，延伸产业链条，提高综合效益，掌控涵养原料资源，有力保障了东阿阿胶的健康可持续发展。

除此之外，"大健康"也是东阿阿胶未来发展的一个方向。阿胶作为中医药中的"君药"，如何做好自己"药引子"的角色，如何带领众味"臣药"打下中医药的一片天下，还原中医药无可替代的价值，这是东阿阿胶未来规划和努力的方向。

东阿阿胶十年发展的经验与评价

东阿阿胶近十年来的发展，离不开其特有的成长基因。无论是企业自建厂以来就坚持的使命感，还是东阿阿胶人在不同环境中"不变""应变""求变"

的精神，都是伴随中国社会经济发展至今，中国本土企业的发展精髓之处。

东阿阿胶人拥有"精益求精、不忘初心"的"不变"精神，当一些企业看着阿胶市场的利润走向而进进出出之时，东阿阿胶始终聚焦于阿胶主业，坚守在东阿这片富有灵性的土地。把握好每个环节的生产质量，坚持诚信经营，将凝聚人类文明和智慧的阿胶生命之丹与社会和消费者共享。

东阿阿胶人拥有"开放独立、善于学习"的"应变"精神，面对中国经济的快速发展，企业也没有停下与世界接轨的脚步，东阿阿胶带着早在100年前就来到巴拿马的阿胶品类积极主动地走出中国、走向世界，与全球人民分享阿胶对生命健康的功效。并且面对市场需求和同品类企业的竞争，东阿阿胶不断进行产品升级，在管理方面也选择适合企业发展阶段的管理工具提升组织能力。

东阿阿胶人拥有"积极创新、抢占先机"的"求变"精神，不断在产品、技术、标准、设备、环保等方面研发创新，不仅体现在对阿胶原材料的改良技术，同时也体现在对阿胶品类新产品的创新研发，并且满足了不断增大的市场空间对数字化、自动化、智能化生产设备提出的更高要求。尤其是将"文化营销"转变为"营销文化"这一方法论的提出，更是在企业创新发展的道路上取得的巨大成就。

而这一切精神也靠着东阿阿胶人"不怕吃苦、甘于奉献、艰苦创业"的综合力——实现。东阿阿胶发展至今，离不开国家大环境的发展和改善，离不开社会和消费者的认可和支持，离不开所有东阿阿胶人的梦想和脚踏实地的努力！

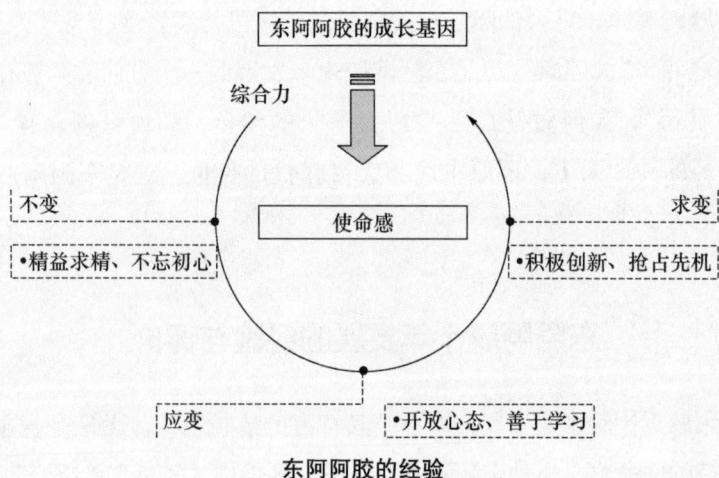

东阿阿胶的经验

东阿阿胶，"高富帅"成为新常态

中国素来讲究地道产品，"文房四宝"因而也有了湖笔、徽墨、宣纸、端砚之定规。类似地，还有歙漆阿胶，东阿阿胶在行业中的地位不言自明。但从中华老字号到现代化企业，无数的案例说明，这条路不好走，迄今成功者屈指可数，东阿阿胶公司可称其中的"高富帅"。这个"高"，指的是产品品质高和消费者定位高：作为与人参、虫草、燕窝齐名的顶级中药保健品，东阿阿胶在阿胶中享有茅台酒在酒业中的地位，近4年间就能提价9次，目前市场价格达到1300元/斤，单价超过了茅台酒，且价升量增，销量还在快速增长。这个"富"，指的是企业销售额：市场需求量从2003年的3000吨增加到2013年的6000吨，10年翻倍，而东阿阿胶2004年的销售收入是2.9亿元，10年后增加到29亿元，10年10倍。这个"帅"，指的是企业已经成了行业领军，率众共同做大了阿胶产业：不仅市场需求量10年翻倍，行业产值也已发展到200亿元，固定消费人群过千万，就连驴皮价格也10年间涨了20多倍，也带大了养驴产业。

把驴产业做成"高富帅"，这其中的诀窍，我认为只是光大是不行的，还需深发展。东阿阿胶曾经也四面出击，连啤酒这样的"大路货"也投资过。其后，才明确了聚焦发展的思路。按照公司文件中的说法，叫做"集中优势和资源，聚焦阿胶主业，做大阿胶品类，实施主业导向型的单焦点多品牌发展战略，打造阿胶高端品牌形象，回归阿胶上品价值、回归主流人群，延伸产业链条，通过继承、创新引领阿胶行业发展，加快产品现代化、市场国际化和资源全球化进程，实现从优秀到卓越的跨越"。解读这些说法，核心就是坚持价值回归、坚持主业规模独大、坚持全产业链的整合这三条，通俗而言，就是"高、大、全"。"高、大、全"的道路，才使小县东阿走出了"高富帅"。就以价值回归而言，一般人想不到，阿胶这样的产业还需要文化营销，但东阿阿胶专门成立研究机构，梳理阿胶的学术、养生、美容价值，并提供中药保健服务，实现医药结合，借此实现了东阿阿胶产品的价值回归。这种从资源—产品—商品的升级，是东阿阿胶能4年9次提价还销量增长的基础。国内这样的案例屈指可数，武夷山岩茶中的金骏眉算是一例。但东阿阿胶"达则兼济天下"，还通过建立"政府＋公司＋银行＋基地＋农户"方式建立了20个养驴示范基地，让上万农民走上了致富之路，这既是企业做全产业链的睿智，也是企业为富有仁的德行。

当然，看到东阿阿胶辉煌的同时，也应该看到美中不足：走这样的道路，胶类行业仍存在三大瓶颈问题困扰着行业发展。首先，胶类中药产业整体中药工程技术较为传统；其次，胶类中药企业在质量标准构建方面是一块"短板"，这使相关产品很难"走出去"；第三，胶类中药原料资源萎缩，制约产业持续健康发展，而相关技术发展不足，使单位原材料的产品转化率较低。例如，驴皮是阿胶的原料，目前，由于同类低价产品企业的竞争性抢购，驴皮的供需失衡加之技术进步不够，这使企业进一步做大的底气有所不足。

中央的相关政策，使东阿阿胶克服发展瓶颈有了借势的可能，毕竟产业共性问题需要借力国家政策"指挥棒"，才能整合行业资源，共同解决市场需求和产业瓶颈这对矛盾。例如，依托于东阿阿胶的"国家胶类中药工程技术研究中心"，就被科技部正式列入国家工程中心组建项目计划。比这样的具体政策支持力度更大的是中央全面深化改革，使得东阿阿胶在其他省建立养驴示范基地和将相关产品按国际质量标准改造方面，少了掣肘、多了扶持。

作为地道产品的阿胶，如果借了这样的"东来紫气"，就有希望做个"向天再借五百年"的行业霸主。而中国企业评价协会未来再评价东阿阿胶，也许会以"高富帅成为新常态"来评价一家中华老字号的旧貌新颜。

高燕京

国务院发展研究中心管理世界杂志社社长

中国企业评价协会秘书长

霍氏集团成长报告

霍建民

国研·斯坦福一期三班学员

霍氏集团副董事长兼首席运营官

根植中国　立百年基业

1983 年，菜农出身的霍振祥，在北京六里桥的三间石棉瓦房中，开始了润滑油分装的生意，这是霍氏集团油品生意的起点。2002 年，央视标王"统一润滑油"横空出世，当年家喻户晓的"多一些润滑，少一些摩擦"等经典广告语，伴随着霍氏集团踏上中国汽车行业发展的黄金十年，成为油品行业的民营新兵。

然而，民营企业在上游基础油供应的弱势是无法逾越的，这导致 2006 年霍氏集团忍痛出让 75% 股权予世界 500 强的壳牌。这一联姻，虽不出业界所料，但在当年也引发了民族品牌委身国际大鳄的大讨论。庆幸的是，霍氏集团的"统一团队"依然稳定，以 25% 的控股权，结合壳牌的国际经验，安然度过了 2008 年全球经济危机，保持骄人的增长速度。

霍氏集团的版图继续扩张，1997 年斥资 4000 万元涉足物流仓储业便彰显先见之明。今天，百利威作为中国最早为电子商务的仓储合作伙伴，以 55 万平方米的仓储面积跻身华北地区最大的仓储物流中心之列，在全国通用仓储企业中排名第六，是当当、京东、乐淘等著名电商发家的"福地"。此外，霍氏集团的继承人——"创二代"霍建民，更涉足金融的典当行业，为广大中小企业提供规范便捷的融资渠道。

2012 年 11 月，霍氏集团与美国 TOP1 油品公司合作，投资 3 亿元成立 TOP1润滑油中国项目，华丽回归润滑油行业，引入世界顶级豪华润滑油品牌，切入中国润滑油最顶端的细分市场。经过 20 年的发展，霍氏集团未来 3 ~5 年内将有两家公司上市，续写"根植中国，百年基业"的霍氏传奇。

与壳牌联姻 演绎自主品牌腾飞佳话

2006 年 9 月 22 日凌晨 4 点，在北京 CBD 核心——中国大饭店里，陪伴父亲霍振祥与外商谈判的霍建民注意到，父亲经过连续 9 个小时的漫长谈判，到正式签字的时候，他的手微微颤抖了一下。他知道，父亲在历经两年艰难抉择，今天要把自己"抚养"多年的统一品牌"嫁"给壳牌，一定比嫁自己的女儿更费踌躇和周折。

很快，父亲平复了情绪，慎重地在合作书上签下了 3 个字：霍振祥。写下这 3 个字的那一刻，霍建民又注意到父亲的眼圈红了。

数个小时后，统一与壳牌共同举办新闻发布会，向外界正式宣布：壳牌中国控股私有有限公司购买"北京统一石油化工有限公司"和"统一石油化工（咸阳）有限公司"75% 的股份，成立壳牌统一（北京）石油化工有限公司。

消息一出，业界一片哗然，有人质疑为什么中国的企业家不能培养本土的百年民族企业？经历了艰难谈判期的霍建民心里清楚，父亲做出这样的选择实属迫不得已。

1983 年，霍振祥在北京六里桥的三间石棉瓦房中，做起了润滑油分装的生意。他将买来的散油装在小塑料桶里售卖，仅仅这一丁点的创意，却成了霍振祥事业的基础，一年下来，他赚了三四百万。那一年，霍建民 8 岁。

看到润滑油供不应求，霍振祥干脆投资 200 多万，自己盖起了厂房，买了大油罐，开始买原材料自己生产润滑油。那时员工达到了三四十人，每天能卖十几万元。随着生意越做越大，1993 年，霍振祥注册成立了"北京帝王高级润滑油有限公司"，两年后易名"北京统一石油化工有限公司"。无论是"帝王"还是"统一"，都彰显了霍振祥想把企业做大做强的决心。此后，霍振祥和他的润滑油，渐渐成为影响全国乃至世界润滑油市场的一股不可小觑的力量。

如今，让霍建民记忆深刻的是父亲尽管很忙，但只要他人在北京，定会晚上与家人一起吃晚饭。在霍建民上中学时，他就耳濡目染，跟着父亲初涉商海。1995 年，当统一润滑油的"疆土"开拓到重庆时，在重庆读大学的霍建民便负责在重庆接货，帮助公司业务延伸到西南地区。从那时起，做生意的感觉和意识在他脑中越来越强烈。

到了 1999 年，大学毕业后的霍建民回到北京，参与起家族生意，为霍氏集团贡献自己的力量。随着统一润滑油全国销量的跨越提升和销售渠道网络的完善，塑造和提升统一润滑油在全国的知名度，打造品牌被提上议事日程，最终统一率先踏上品牌突围的道路——进军央视黄金广告。

2002 年 11 月，在央视黄金段位广告招标会上，统一石化以 6429 万元人民币的标价投中黄金广告时段，成为当年唯一一个在中央电视台黄金时段投放强势广告的民族润滑油品牌。

第二年，当统一润滑油的广告在《新闻联播》后的时段集中投放几个月后，"统一"一夜之间声名鹊起。伊拉克战争爆发后，统一在 24 小时内，发布了"多一些润滑，少一些摩擦"的新版广告，在战争报道中发出了统一润滑油呼唤和平的声音，由此形成了空前的品牌影响力，也带来了当年销售额的倍增，达到 12 亿元的佳绩，并占了全国 11% 的份额。至此，统一迅速完成了品牌突围，成为中国车用润滑油企业名副其实的"帝王"。

面对市场的巨大需求，2004 年统一润滑油对基础油的需求相比于 2000 年的 4 万吨足足暴涨了近 5 倍。而国内难于买到足够量的基础油，找油成了整个统一最为重要的一件事情。就在这一时期，霍建民开始担任统一石化董事长助理一职，主要负责基础油采购。

在这个职位上，霍建民见证了中国汽车行业的爆炸式发展期，而统一润滑油无疑分享到了汽车工业发展的盛宴。1994 年统一润滑油的销售规模是 600 万元，到 2005 年这个数字已飞跃到 30 亿。10 年的黄金成长，让统一润滑油从当时北京 4000 多家润滑油企业中脱颖而出，并在强手林立的竞争环境中，确立了自己的品牌和市场地位。

就在统一准备放开臂膀拥抱下一个黄金 10 年之际，国内基础油供应被收缩。没有了基础油，无异于扼住润滑油企业的咽喉。在重重压力和现实格局下，统一润滑油决定另辟蹊径，转向国际市场采购基础油。而雪上加霜的是，国际原油价格和基础油价格此时正一路攀升，为此，寻找有上游资源的合作伙伴势在必行。

为找到稳定的基础油来源，统一开始挑选买家。彼时，壳牌的基础油产量排名世界第二，控制着 8.31 万桶/天的产能，这显然是统一最期望得到的。于是，两大巨头开始了艰苦谈判。最终，壳牌同意保留统一润滑油品牌和原有管理团队，并稳定员工队伍。同时，壳牌还承诺，将加大对统一品牌的投入和研发力度，并购后将统一润滑油纳入其全球采购系统，这也成为两家企业合资合作最有力的动因。

"嫁入豪门"后，统一润滑油不仅解决了基础油供应问题，还通过进口高品质基础油提升了产品质量，为发力高端汽机油市场奠定了稳定坚实的基础。此外，统一外嫁壳牌之后，按照壳牌的 HSSE 管理体系要求和标准，对企业健康、安全、安保、环境进行了一次"体检"，梳理出 200 多个整改项。这一体系让统一在关注业务的同时保证安全，保护社区、员工的利益，反过来也促进统一润滑油业务和品牌的提升。

与壳牌联姻后，霍氏只剩 25% 的股份。但即便如此，合资并没有如外界猜测的那样让统一品牌走向泯灭。相反，正是借助外资的力量，统一品牌实现了可持续的健康发展，品牌价值得到了进一步提升。按照霍建民的看法，虽有万般无奈和不舍，但 7 年之后，回首与壳牌的"姻缘"，可谓是多赢结局，对于统一来说是上策。

这从合资后的公司业绩上可见一斑。在 2008 年全球经济危机的冲击下，壳牌统一在亚太地区市场增长率达到了 6%，超过了国际市场平均增长率的两倍。到 2012 年，在整个润滑油市场不景气的状况下，壳牌统一总体销售量更是同比增长了 9%，创造了 1 + 1 > 2 的业绩传奇。

目前壳牌统一设有北京、咸阳、无锡 3 个工厂，年综合生产能力达 60 万吨，在全国 31 个省市区所有的地级市场均设有直供经销网点，成为中国最大的润滑油专业制造商之一。

打造电商仓储物流第一品牌

1997 年，随着北京西站的建成通车，西站南广场马连道一带大大小小的仓库，写满了歪歪扭扭的"拆"字。从这些"拆"字墙下走过时，经商多年的霍振祥似乎感觉到了仓库大拆除背后可能出现的商机。

仓储的未来在哪里？未来的仓储样式有哪些？霍振祥一边经营着润滑油，一边在思考着这样的问题。经过深思熟虑，最终，他在经过一块荒地时，下了决心把这块地盘下来盖仓库。

这个超前大胆的想法遭到家庭内部成员的坚决反对，但他并没放弃，更预见性地认为这是一个与润滑油一样有光明前景的事业，下决心以一己之力来创办"个人仓储企业"。

1997年6月，霍振祥成立了北京百利威科技发展有限公司，并投资4000万元建设10万平方米的百利威仓储中心。仓储中心一落成，霍建民便就任该公司副经理，参与管理决策。

据霍建民回忆，由于父亲熟悉纸张储存，所以首期73000平方米的仓库是按照存放纸张的要求设计的，但在招商时，一个月都没有一家客户光临。

"几千万的投入，难道就这样撂了荒？"父子俩开始琢磨。经过考察，他们发现家电行业对仓储需求旺盛，于是放弃做纸张存放的计划，改招家电企业。实现战略经营转移后立竿见影。美的电器成了百利威的第一个客户。随之，小天鹅来了，荣事达来了，美菱来了……

现代化管理是企业成长的生命线。随着业务的增多，现代化管理迫在眉睫。而学企业管理的霍建民有了用武之地，决心用现代信息技术提升百利威的服务功能。他认为，真正管理企业的不应该是人，而应该是制度。于是他对公司进行生产型管理，引入针对物资、人力、财务、信息等资源管理集成一体化的企业管理软件——ERP系统。此外，百利威还投资百万元与易初电子合作，开发了具有自主知识产权的物流软件E-warehouse。以制度代替人的管理，极大提高了物流服务水平，公司逐步向现代物流管理转变。

在服务方面，百利威承诺，每年向客户提供365天的全天候服务，每天提供24小时不间断的仓储和配送服务。

质优是百利威的一个过人之处，而价廉却是百利威的另一个杀手锏。两者何以兼得？霍建民揭开了其中的奥秘，原来不少厂家把仓库设在百利威，这就形成了规模上的优势，每天配送的次数越多，每次配送的台数越多，运输环节越有利可图。质优价廉使得客户也更乐于与百利威合作，因为他们可以更省钱、更省事。

到2000年底，百利威仓库的出租率达到100%。在随后的两年时间里，仓储企业迅猛发展，仓储加配送的百利威因为起步早，诚信正直的企业声誉、安全便捷的服务以及价廉质优的服务，得到了所有家电企业的认可，很短的时间就成了私营物流业的龙头老大。业务量激增，仓库已经不够用，扩仓成为当务之急。

令霍建民没想到的是，公司的仓储发展规划竟然与大兴区的发展规划不谋而合。2002年起，大兴区便开始筹划"北京京南物流商港"，而当这一规划还在论证阶段，百利威就果断地在"京南物流商港"内租用了300亩旧厂房，经过改造修缮，建成了12万平方米的高架立体仓库。新库房在建筑材料和设计结构上运用了国际上最新的设计理念，旋即吸引了近百家企业入驻。

值得一提的是，百利威是中国最早为电子商务企业提供仓储物流服务的企业之一，国内排名前十的电子商务企业均与百利威物流有过合作。百利威26号仓库，也因当当、京东、乐淘在这里起步，被誉为中国电子商务的"福地"。

百利威与数百家客户签约合作，服务行业众多，主要包括汽车、通讯、电子商务、电子家电、鞋服/服饰/家居、食品百货、医疗汽配和图书出版等各类行业。百利威在业界拥有良好口碑，与当当网、1号店、优购、乐淘、好乐买、探路者、易迅、也买酒、天天网、中国移动、李宁、创维、风神、宜佳购物等行业知名品牌建立了战略合作关系，已发展成为北京和华北地区非常重要的物流服务公司，并向全国拓展。

如今，百利威已是华北地区最大的仓储物流中心，目前拥有仓储面积55万平方米，在全国规模以上通用仓储企业中排名第6。

与电商企业的多年合作也让霍建民提前感受到市场变化，意识到电商仓储物流时代已经到来。因此，百利威主动适应市场需求进行了重新定位，在物流行业原始经验积累的基础上，将自己打造成仓储物流整合方案专家，致力于为电子商务企业和传统企业提供一体化供应链解决方案，和专业、集成、高效的第三方现代仓储物流服务，让客户专注于业务，帮助客户持续改善和降低物流成本。

目标既定，重在落实。无论是 2009 年在京南物流园区投建的百利威二期公司，抑或是 2012 年在马鞍山、沈阳、武汉等地筹建的物流基地，均按照电子商务的要求所建。内部结构、办公环境、单位平效、物流周转、订单处理、配套快递服务等均紧跟或超越国际电子商务水平，进而持续为电商企业提供低成本高效率的仓储物流服务，更好地解决电商企业的物流问题。

截至 2011 年底，百利威的仓储面积达到 40 万平方米，居华北地区第 1 位，国内第 7 位，另外还有筹建和在建的项目 20 万平方米。2013 年 8 月，在由中国电子商务物流企业联盟发布的"2013 年度中国电子商务仓储服务 20 强"名单中，百利威荣耀入围。

今后，百利威将以北京为中心，扩展到沈阳、武汉、成都、上海、广州等枢纽城市，霍建民称之为"钻石模型"，通过覆盖占全国 GDP 总量 90% 和消费能力 95% 的地区，进而形成覆盖全国重点区域的网络化布局，成为行业领先的电商物流提供商和现代物流管理专家。

事实证明，当初发展物流产业是明智之举，正如集团董事长霍振祥所说："如果当年不是发展物流产业，我们在出让统一润滑油股权后的今天，可能就是无所事事的小股东，正因为当时的物流仓储事业，才成就了今天的霍氏集团。"

因此，在润滑油与物流领域站稳脚跟后，公司又将目光投向更广阔的舞台。

钩织跨领域的商业版图

2000 年 6 月，国家经贸委传来放宽典当行市场准入条件的消息。多年的从商历练，尤其在物流行业积累下的营销经验与胆识，让霍建民与他的管理团队锻造出极强的市场敏锐与洞察。他意识到，市场经济蓬勃发展的今天，金融领域或许是另一个可大力开掘的财富宝藏。国家利好政策的出台，更坚定了霍建民涉足典当行这一全新领域的决心。

虽然自认是个外行，一无经验，二无专业人才，但他无惧挑战，一切从零开始。霍建民先到二手房经纪公司聘了几个有经验的经纪人，然后到土地局、房产局办理手续。一切就绪后，北京金马典当有限责任公司于 2002 年 7 月开业了。霍建民边学边干，很快就完成了第一单生意，随后，在他的带领下，金马典当的生意异常顺利。

有了这个模式作基础，2003 年，霍建民又在大兴成立了天祥典当行，继续丰富公司的经营线。经过 10 年的发展，两家典当行已在丰台、大兴、海淀、朝阳、西城、亦庄开发区开设了分店，通过开展房地产、机动车、有价证券、批量物资和民用品的抵押、质押等典当融资业务，为广大中小企业及个体商户提供规范便捷的融资渠道。同时，两家典当行还在传统的典当业务中融入现代经营管理理念，全力打造快速融资渠道，为中小企业发展撑起一片蓝天。

对于两家典当行的未来发展，霍建民已经做好了规划，金马典当行将在北京发展，深耕细作，把民品业务做好。而天祥典当行将会依托物流业务，在全国做品牌连锁。

对于多元化的未来规划，霍建民说今后将以绿色环保项目作为发展方向，并将目光投向海外市场，不断开拓最具前瞻性的新业务和新领域，为中国客户提供值得信赖的产品和服务。

植根中国，放眼全球，随着霍氏产业的稳步向前，产业投资从国内延伸至海外。2011 年，霍氏投资千万美元，成功入资美国硅谷 Topanga 公司，成为其第二大股东。Topanga 在照明行业有着多年的研发背景，具有经验丰富的技术研发团队，公司研发出的一种具有革命性的电晶体、无电极的等离子体光源，将引领下一轮的照明革命。

不仅如此，霍氏还将全球性一线润滑油品牌引入中国。2012 年 11 月，霍氏集团与美国 TOP1 油品公司润滑油项目签约，投资 3 亿元成立 TOP1 润滑油中国项目。突破（TOP1）润滑油作为国际一线润滑油品牌，拥有 3 项世界领先的专有技术，其在合成润滑油技术方面拥有卓越的经验；而霍氏公司熟于中国本土市场，拥有丰富的润滑油行业经验和成功案例，此次联姻可谓"天作之合"。

这次合作，可以说是继 2006 年霍氏携旗下统一润滑油与国际 500 强企业壳牌完成合并后，公司再度实现的"强强联合"。在霍建民看来，联姻具有两个里程碑意义，一是由霍氏控股，并主导在大中华区的业务，振奋人心；二是 TOP1 是一个高端品牌，高端润滑油会奠定公司未来 10 年的发展基础。

中国作为世界上发展最快的经济体，汽车产业的发展首当其冲地加速提升。全球咨询和研究公司克莱恩（Kline）预测，到 2015 年中国的汽车保有量预计每年平均将以超过 18% 的速率增长。面对中国表现出的巨大商机，霍建民对中国的长期前景更为感兴趣。美国突破（TOP1）润滑油同样预见到中国的润滑油业务和市场需求正在发生改变，主要表现为对优质润滑油需求的不断增长。质量要求提高，以及提高燃油经济性和延长换油周期的创新技术需求的不断增长。于是，美国突破（TOP1）润滑油 2013 年正式登陆中国！

自 2013 年正式进入中国市场以来，TOP1 定位于世界顶级豪华润滑油品牌，从油品性能和品质上赢得润滑油最顶端的细分市场。在短短一年多时间里建立了拥有 200 多家经销商的全国网络，凭借卓越的品质和稳健的性能表现，赢得了奔驰、宝马、奥迪、路虎、大众、丰田、克莱斯勒等众多汽车品牌的 3S/4S 店的认可与合作。

2014 年，TOP1 加速在中国的布局和发展，世界最快卡车用油 XP – 12 超级增压柴机油在中国首发，显示了美国突破（TOP1）润滑油对中国市场的重视和热情，并以此与经销商合作伙伴寻求在中国市场脱颖而出和持久利益。美国 TOP1 油品公司总裁 JOE RYAN 更是以"里程碑"来定义 XP – 12 超级增压柴机油在中国的首发。

对于 TOP1 而言，它正以稳健的表现逐梦中国。无论是赛道还是公路，无论是赛车还是民用车，都是验证产品品质和品牌信誉的"竞技场"。TOP1 热衷于通过卓著的润滑油产品赢得世界赛车团体、发烧友以及普通车主的认可。对于霍建民而言，他将高端润滑油大旗擎起，通过 TOP1 品牌实现与中国合作伙伴的共赢。

传承霍氏精神　植根中国立百年基业

随着现代仓储物流、能源、金融投资典当行等核心产业事业版图的建立，

2010 年 3 月，组建成立霍氏文化产业集团，霍建民出任集团总裁。

上任后，他搭建了人力资源部、财务中心等公司架构。而在他的心目中，正谋划着一个更长远的目标，那就是上市。

霍建民表示，霍氏集团是一家注重创新和务实的企业。其管理团队在 20 年的发展过程中，积累了丰富的管理经验，去管理一家上市公司一直是这个团队的发展目标。因为它符合更高层次的现代企业管理要求，同时作为他本人也愿意被股东和消费者监督，在成为一家公众企业后，让霍氏集团变得更强大。

按照霍氏集团的战略规划，3~5 年内要有两家公司上市，并且一些基础性工作已经按照上市公司的标准在做，比如财务、架构、审计等。按目前业务的发展情况来看，润滑油和物流版块有机会上市，物流在国内积累了 16 年，会选择国内上市，而润滑油将来会是个全球性公司。这样集团就会协调发展，内外都有上市的平台，以后再做其他业务就会相对容易。

对于霍氏集团之所以取得辉煌的成就，霍建民认为，这得益于三方面：一是民营企业对商业的敏感性及把握商机的能力；二是霍氏集团的业务符合市场的需求和趋势，符合国家政策发展的方向；三是离不开人，团结的、有创新意识的、有激情的、专业的团队。

据霍建民介绍，许多员工都在这里工作十几年了，甚至都有二代在这里工作了。在他看来，要想留住人才，首先必须要保证让员工的生活品质，满足物质需要；其次要给予员工情感关怀；最重要的是给员工一个施展才华的舞台。对职业经理人的重用和善用也是霍氏成功的一个关键点，尤其是董事长霍振祥与总经理李嘉的关系，在业界更传为佳话。

20 世纪 90 年代，李嘉以一个供应商的身份与霍氏结缘，在统一卖给壳牌后，李嘉仍留在了合资公司担任总经理。2012 年，统一的"李嘉时代"正式谢幕，李嘉转而进入霍氏集团，并成为集团请来的第一位职业经理人。霍建民认为，民营企业最重要的是人才，家族成员虽然忠诚肯干，但有趋同性，不是互补性的团队。因此，集团非常重视人才引进。在李嘉之后，集团又吸引了原海尔、壳牌等公司的高管加入。

不论是布局多元化产业，还是谋划未来上市；不论是完善管理体系抑或是重视人才建设，霍氏集团都紧紧围绕一个愿景，那就是"根植中国，创百年基业"。

霍建民认为，做百年基业，最重要的传承不是物质，而是企业精神：要有创新和吃苦耐劳的精神，要有宽广的胸怀来包容和爱护员工，还要对员工和同仁怀有感恩之心。

谈起这些，霍建民会下意识想到父亲。"严厉"是霍建民对父亲的评价。对于做人做事，父亲对霍建民始终严格要求。在霍建民的记忆里，他十几岁时，父亲就拉着他在天寒地冻中一起洗轴承。

霍振祥不仅对儿子严厉，对自己也是"毫不手软"。至今令霍建民难忘的一件事，是父亲有一次胃疼得厉害，就趴在土暖气上暖胃，一趴就是两个小时，但第二天像没事人一样去工作。父亲 1949 年出生，与共和国同龄，别人都说第一代企业人是奉献的一代，而在霍建民眼里，他们是"牺牲的一代"。

在外人看来，霍建民是在父亲羽翼下成长起来的富二代，但他在很多场合中则称自己为创二代。他认为富二代和创二代最根本的区别在于逆境中能否坚持，父辈的吃苦耐劳和坚忍打拼的精神，还有政商关系等"特殊资产"，在二代的成长环境中很难找到，但作为企业第二代继承人，除了承继发扬父辈精神，需要具备魄力和创新意识，要有爆发性和有别于上一代的东西。

回首霍氏集团 30 年风雨路，它从一个小厂成长为总资产逾 50 亿元人民币规模，年收入超过 60 亿元，年利税逾 3 亿元人民币的多元化综合产业集团。其间的艰难坎坷，霍建民感慨良多，却并不愿意过多提及，只是淡然地表示："阶段性的困难会有，但是过去的都过去了，最重要的是如何面对未来的挑战。"显然，这位霍氏集团的副董事长兼首席运营官对未来充满信心。

优秀的民营企业往往是经济发展的晴雨表，他们能够从细微的政策变化与敏感的市场信息中，洞察到行业的发展趋势。霍氏集团作为新时代的弄潮人，始终敢为人先，面对全新的机遇与挑战，牢牢把握住时代脉搏。

可以预见的是：一群齐心协力的霍氏人，正紧紧抓住时代给予的机会，以海纳百川的气魄，风雨兼程，一路高歌前行！

导师点评

12 年前，"多一些润滑，少一些摩擦"的经典广告，点燃了中国润滑油行业发展前行的火炬，"统一"品牌也由籍籍无名到誉满全国。12 年后，作为"壳牌统一"中方股东的霍氏集团已经成长为总资产逾 50 亿元，年收入超过 60 亿元的多元化产业集团，涉及能源、现代仓储物流、金融投资等诸多领域。毫无疑问，霍氏集团是中国民营企业从小到大、从弱到强的又一个成功案例。

成功的企业总是相似的，不成功的企业各有各的原因。霍氏集团的成功当然也符合一般企业成功的基本规律，如正确的战略、把握商业机会的能力、优秀的企业团队，等等。但是，除了这些之外，以下两点也是值得一提的。

一是有一个总是能够在关键时刻做出正确决策并且带领公司不断前行的领路人。霍氏集团从零开始，无论是最早从事润滑油行业，还是后来与壳牌的合作，直至进入物流行业，介入金融行业，每一次的业务选择都顺应了国家政策鼓励和支持的方向，顺应了产业发展的基本规律。能够总是在"正确的时间、正确的地点做出正确的决策"，这就是领路人的价值所在。

二是有一个开放包容的先进公司文化和现代治理结构。霍氏集团虽是一个家族企业，但却将"前瞻性眼光、开拓性思维以及创新性意识"作为"公司文化"的核心；霍氏集团虽是以父辈打下的江山为根基，但并不是"人治"，就像他们所说的，"真正管理企业的不应该是人，而应该是制度"。更加值得高兴的是，"江山代有才人出"，预示着霍氏集团会有一个更加美好的明天。

赵昌文
国务院发展研究中心产业经济研究部部长

中国·奥康集团有限公司成长报告

王振滔

国研·斯坦福三期二班学员

中国·奥康集团有限公司董事长

奥康梦·变革风·创新路

中国·奥康集团有限公司是中国最大的民营制鞋企业之一。如今的浙江省政协常委、温州工商联主席，当年的穷小子——创始人王振滔在 1988 年白手起家，创办了奥康集团的前身，永嘉奥林鞋厂；历经 26 年，从制鞋拓展到了今天鞋业、皮具、金融、生物等多个领域。2012 年 4 月 26 日，奥康成功登陆上海证券交易所 A 股主板上市。

从 1996 年起，中国已是世界鞋类生产和出口第一大国，作为温州鞋业的龙头，奥康自 1998 年在浙江开设第一家连锁专卖店以来，就以其超过 5000 家的特许加盟店打造国内制鞋业最大的营销网络，独领风骚；2014 年，中国 100 品牌价值榜评选，奥康以品牌价值 155.29 亿元蝉联鞋制品首位。作为行业领军者，2006 年奥康反击欧盟对华采取的不平等反倾销贸易举措获得举国上下的关注，带领同行维护中国产业的合法权益。2008 年成为北京奥运皮具供应商，并签约刘翔；2010 年并购意大利著名鞋业万利威德品牌大中华区的所有权，走向全球制鞋产业高端。2013 年，奥康启动奥康金融，成立永嘉首家民间资本管理公司。2014 年，别出心裁地签约亚洲巨星金秀贤。毫无疑义，创新是奥康永远的起跑线。

未来商务电子化进程的加快，鞋业商务电子化、O2O 也势在必行，奥康国际正处于转型关键时期，以国际馆带动产品转型，以 LOADMAX 集成店试水快时尚，直营化策略与大店铺策略将为未来增长奠定基础。

奥康，唯一不变的就是变。

互联网时代的到来颠覆了传统经济的发展模式，为企业带来新的挑战和机遇。面对全球经济一体化的快速发展，奥康肩负"为人类进步而服务"的企业使命，坚持"百年奥康，全球品牌"的企业愿景，秉承"诚信、创新、人本、和谐"的企业核心价值观，尤其重视以"创新"引导企业，坚持实业兴企、产业报国不动摇。26年的发展使奥康充分认识到，企业的持续发展源于创新。因为，创新是企业持续发展的根本动力，也是企业最持久的竞争力，更是企业最核心的软实力。

谋变篇——奥康，以创新为起跑线

早期的全球制鞋业的中心在欧洲的意大利、西班牙、葡萄牙等国家，20世纪80代末、90年代初开始转移到土地劳动力成本更低廉、产业资源更丰富、投资环境更完善的中国大陆沿海一带。至1996年，中国已成为世界鞋类生产和出口第一大国。在其后的10年间，中国制鞋业一枝独秀，不断发展壮大，每年都以10%~20%的增幅在发展，成为全球鞋业头号大国。制鞋业在中国成为了一个朝阳产业。

迄今为止，中国鞋业已形成多个庞大的生产基地和完整的产业链，有极具优势的土地资源、原材料资源、劳动力资源，日趋成熟的生产技术，巨大的内销市场空间。2万多家制鞋企业，400多万人的庞大从业队伍，高达110亿元的年产量……如今中国已成为世界公认的制鞋大国、鞋类贸易大国以及鞋类消费大国。"好风凭借力，扬帆正起航"，过去十年，在中国制鞋业的商海中，奥康正是手握创新的舵轮，一次次勇立潮头，一次次引领潮流。

（一）凤凰涅槃：十年间中国鞋业发展机遇与挑战并存

过去十年间，我国制鞋业得到了迅猛发展。

市场方面，以每年23%的增长率成为世界第一制鞋大国和鞋类出口大国。国内年消费鞋类近20亿双，市场前景空前广阔。

布局方面：通过中国皮革协会产业集群的培育和发展工作，建立了包括浙江温州、四川武侯、重庆璧山、广东惠东等7大鞋类产业基地。

品牌方面：十年来，在国家实施名牌战略政策的指导下，制鞋业品牌梯队逐渐形成，涌现出一批产品质量可靠、市场信誉好、抗风险能力强的品牌。

运动品牌类：李宁、安踏、特步、361度、匹克

女鞋品牌类：百丽、达芙妮女鞋、星期六

男鞋品牌类：奥康、红蜻蜓、康奈、金猴、蜘蛛王

综上，十年间借助改革开放的潮流以及政府政策的支持，中国制鞋业取得了前所未有的重大发展，一时间呈现出"百花齐放"的繁荣景象。

同时，问题也日益凸显。制鞋业始终处于"中国制造"而非"中国创造"，处于"销售红火、利润冰点"冰火两重天的尴尬境地。

一方面，结构性矛盾造成我国制鞋业仍处在产业链条的低端，产品价位低、数量大，同质化现象严重，价格竞争主导出口市场。

另一方面，低价竞争难出低谷。中国制鞋业从发展之日起，就被扣上廉价的帽子，如今还未摆脱廉价的命运。

与此同时，贸易摩擦频发。继2006年欧盟对我国皮鞋产品发起反倾销后，前后有阿根廷、加拿大、秘鲁、巴西等国对我国鞋类产品发起反倾销调查或者采取反倾销调查；2008年爆发的全球金融危机，更是对中国制造业出口外贸造成了影响，一度波及国内各个制造行业。

因此，过去十年，中国制鞋业取得了较大发展，但未来如何寻求新增长、新突破，已成为当下整个行业思考的问题。

（二）十年一剑：创新发展使奥康成"吃螃蟹"第一人

当上述机遇来临，奥康顺势而上，迅速做大做强；而当问题出现，奥康没有像许多企业一样盲目等待或是陷入焦虑，面对"利润低、品牌少、技术弱"的国际市场挑战，奥康给出的答案只有两个字：创新！

于是，过去的十年，成为了奥康发展历史上的"谋变期"，从思考如何做好产品，到如何创立品牌；从致力站稳国内巨头位置，到占领国际市场一席之地，奥康秉承创新理念，始终快人一步，想别人之不敢想，做别人之不敢做。

当我们在今天回首，发现在奥康，同样十年，带来的却是翻天覆地的巨变。

2003 年，奥康与璧山县签约，投资 10 亿元在璧山建设占地 2600 亩的"西部鞋都工业园区"，集鞋业生产、市场流通、科研信息、技术培训为一体，有力推动了当地制鞋业产业升级，一改璧山县制鞋业长期"小、散、低"的状况，促使璧山与国际品牌合作，开拓了国际市场。

2006 年，奥康面对欧盟对华采取的不平等反倾销贸易举措，毅然拿起法律武器，坚决维护中国产业的合法权益。同年 12 月，奥康联合另外 4 家鞋企状告欧盟理事会征收原产于中国皮鞋为期 2 年 16.5% 的反倾销税，正式起诉抗辩欧盟反倾销。

2007 年 1 月 15 日，奥康挂牌成立中国制鞋业首所企业大学——奥康大学，并由奥康王振滔董事长出任奥康大学第一任校长。在进军国际化战略调整的大背景下引进世界最新营销理念，致力于为奥康连锁专卖打造一流的管理人才，为中国企业培养连锁专卖管理英才。

2008 年，奥康成为北京 2008 年奥运会皮具产品供应商和北京 2008 年残奥会皮具产品独家供应商。并陆续举办了奥运圆梦行动、爱心接力计划、签约刘翔出任品牌形象大使等一系列奥运营销活动，扩大了我国皮革行业在国内外的知名度和影响力。

2010 年，奥康并购意大利著名鞋业万利威德品牌大中华区的所有权，创造了中国鞋业又一全新的并购模式：即以技术和品牌为重心的微笑曲线并购模式，通过收购技术和品牌，标志了中国鞋企正走向全球制鞋产业链高端。

2013 年，奥康启动奥康金融，成立永嘉首家民间资本管理公司，创新性采用债务加股权的混合模式，致力于解决中小企业面临的投资、融资问题，旨在成为温州最具创新能力的民间资本管理公司……

一次次大胆的创新举措，引起了行业内外的关注。有人疑惑，你永远不知道奥康下一步要做什么；有人感叹，奥康从来就没有停止过改变。

而在一次又一次的"蜕变"中，奥康实力愈发雄厚、步履愈发坚定，"做企业就是敢为人先"，奥康顶住压力、用创新理念不断刷新着"吃螃蟹"的记录。

"命运总是垂青有勇气的人"。十年间，当遭遇 2006 年欧盟皮鞋反倾销、2008 年世界金融危机，许多鞋业陷入困境、业绩亏损，奥康每一次却都化险为夷，始终保持着良好的发展势头，而在同行业中，能这样十年如一日稳定发展的企业，并不多见。在同行起初惊讶、不解，到后来惊叹、肯定的议论中，奥康用企业不断成长的事实，诠释了创新带给一个传统制造业的强大动力与高效收益。

变革篇——奥康，唯一不变的就是变

每当危机来临时，奥康渴望新的机遇。在奥康成功上市登陆资本市场后，新的发展机遇轰轰烈烈地迎面扑来。然而，在这个时刻，危机也悄然走来。作为勇于创新的全体奥康人，以发展的眼光洞察世界的变化，绝不做井底之蛙、不做寒号之鸟，彻底抛弃自我满足的经营思想，牢固树立争做世界一流企业的经营思想，确立奥康"新启程"战略目标——"做符合时代精神的企业，在2020年成为世界领先的皮鞋品牌运营商和零售商，并进入世界行业十强之列。"

变则生、不变则死！变革是痛苦的过程。但只有经过痛苦，才能获得新生；只有变革才能创造自由。在变革的道路上，只要解开思想的"紧箍咒"，粉碎前进的"绊脚石"，打破发展的"铁锁链"，以系统变革的力量推进奥康新启程，通过研发价值创新、营销模式创新、生产技术创新、管理效率创新，就一定会实现奥康新启程的伟大目标！

2012年4月26日，奥康成功登陆上海证券交易所A股主板上市（股票代码：603001），迎来企业新的发展时期。但是奥康人并没有沉浸在上市喜悦中，而是迅速地认识到：机遇与挑战并存。

奥康人认为"世界上唯一不变的，就是变"。创新理念始终贯穿于十年来奥康发展的每一项举措、每一个决定。

正因如此，回首26年发展历程，一直以来奥康的创新发展，也都是基于时代变化和大势所趋。

（一）行业洗牌：鞋业市场下的三大变化

1. 形势变了：经济增速从顶端到稳健

回顾近十年，受2008年世界金融危机影响，经济增长形势减缓。一方面，国际形势的"经济寒冬"有所缓解，但依旧持续，可谓是前途光明、道路曲折。

另一方面，国内形势上经济进入"调整期"，国家利好政策驱动未在第一时间出台，市场疲软，增长缓慢；与此同时，以阿里巴巴为代表的天猫等"电商冲击"越来越大，零售格局已经发生了巨大变化，天猫"双十一"350.19亿元的销售额极大削减了线下销售竞争力，上市鞋企的市值也一路下滑，甚至较之前有"折腰"之势。

2. 市场变了：消费需求从品质到品位

随着我国人力成本的不断提高，东南亚其他国家更为优惠的吸引外资政策和更为廉价的劳动力，使我国的优势逐渐削弱。从长远来看，中国制鞋业的产业转型和转移是大势所趋。

一方面，消费者对鞋类产品的需求，从低端市场走向中高端市场，依靠中低端产品，靠量取胜已经无法满足行业的发展。

另一方面，鞋类企业的赢利关键从数量型向品质型和效益型转变，只有高附加值的产品才能带来更多利润。制鞋业必须在生产方式、生产思维上进行转变，通过高科技应用引领技术的升级。

3. 载体变化：运营载体从终端到云端

随着产业结构的调整和市场竞争的加剧，商务电子化进程的加快，鞋业商务电子化也势在必行，鞋业商务电子时代的到来，预示鞋业发展模式的一种根本性转变。

据中国产业洞察网发布的《2013～2017年中国制鞋行业发展现状及投资前景预测报告》显示：经过产业调整大洗牌之后，中国制鞋业的产业布局将更加合理，鞋类产品消费个性化的趋势在青年人中将表现得更为突出。只有依靠技术革新、转型升级，只有更加注重品牌意识和品牌战略的实施，才能应对经营环境的变化。

（二）赢在未来：奥康三大创新引领时代

面对行业洗牌下的变化，奥康始终坚信，"危机、危机、危中有机"，"没有不好的行业，只有不好的企业"，通过五大创新举措，来实现企业新时代下的新发展。从 2009 年开始，奥康把"创新发展"作为公司战略发展的主导内容，不断通过企业的自主创新，来提升企业的核心竞争力，增强企业未来发展的能力。先后通过实施系列创新举措，大力驱动企业发展。

1. 营销创新

奥康最具特色的就是营销。从 1998 年开设第一家连锁专卖店到今天"不摆鞋"的专卖店，奥康时刻想在先，做在前。

纵观奥康营销创新的历程，走的是一条从"批发制——厂商联营——连锁专卖——名品空间——O2O"的路线。

自 1998 年奥康在浙江开设第一家连锁专卖店以来，借助特许加盟模式，连锁网络迅速在全国二三级城市铺开，专卖店数量已经超过 5000 家。目前，奥康销售网点遍布全国各级城市，形成了南北呼应、东西衔接的营销格局。这种连锁专卖特许经营模式的创新，为中国皮鞋业营销模式的变革提供了新的思路。

虽然拥有国内制鞋业最大的营销网络，产品销售毫无问题，但奥康并不满足于品牌经营创利润，在众多制鞋企业还沉迷于连锁专卖的推行时，奥康再次迈开新的脚步。为进一步迎合消费需求，奥康以全新的营销思维将三大品牌整合，推出了"奥康名品空间"，这一"品牌超市"的营销模式改变了过去"单牌单卖"的做法，把诸多品牌综合在一起。目前，该品牌超市在浙江、湖南、福建等省全面铺开，整合后的超市拥有奥康、康龙、美丽佳人和 GEOX 等品牌。不久后，奥康"名品空间"还将引进包括竞争对手在内的十余种不同类型、不同个性的鞋业品牌。

奥康实行连锁专卖向品牌超市的战略转变，为奥康适应品牌要求，提升品牌水平，扩大品牌市场优势，保证跨世纪的飞跃，找到了一条成功之路。

此外，在营销创新之路上，奥康还借助国际化顺利完成了营销创新的嬗变，创造了全新的营销合作模式——"双向借道"、"借船出海"。

2003 年 2 月 14 日，奥康与意大利鞋业第一品牌 GEOX 公司合作，根据协议，奥康负责 GEOX 品牌在中国市场的生产、销售及网络建设，同时也借助 GEOX 在全球的营销网络将自有品牌的产品行销世界。

事实证明，双向借道是双赢的选择，如今奥康的国际化发展渐入佳境。

2. 管理创新

温州民营企业的发展起步大多都是个体工商户，亲缘、血缘关系起了很大作用。但随着企业规模的不断扩大，不少企业开始尝试股权变革，建立现代企业制度。

1994 年，经过深思熟虑后，奥康对企业进行"自我改造"，把股东所有权与企业经营管理权分离。股东不再是当然的企业管理者，大量地引进高素质管理人才，此举势必触犯了一些股东的利益。但王振滔董事长还是顶住种种压力，晓之以理，动之以情，终于完成了非同寻常的重新组合。接着以优厚的条件，从上海、四川、广东及台湾等地招聘百余名专业人才，使公司从管理、设计、生产到营销等各条战线，都上了一个新档次；公司管理实行制度化，并把一部分股份分给公司核心成员。通过改革，企业逐渐向规范化发展，面貌焕然一新。

2002 年 5 月，奥康与北大纵横咨询公司进行合作，对公司内部实行优化组合，对人员定编定制，新的变革又开始了。对于这次变革，奥康要求公司两类职员应该调整好自己的心态：一类是在这次机构改革中被提拔起来的人，要正确地认识自己，摆正位置。提拔意味着让你做更多的事，承担更大的责任，并不是让你拥有多少权力。另一类是在这次机构改革中出局或没被提拔的人。调整是为了人力资源的优化配置，并不仅仅意味着你行或不行，公司信任他而不信任你。只是相比较起来，有些岗位别人比你更适合一些而已，而有可能你目前所在的岗位正是别人所无法替代的。

2010 年 4 月底，奥康对公司的机构再次进行改革，由原来的操作型管理模式转向战略型管理模式。这一新的转型明确了公司八大中心的职能，强化了公司总部"规划"、"监控"和"服务"的职能，整合了资源。这个调整以后跟往年有很大的变化，就是从原来的管理转成战略。经过一系列改革，公司的管理跃上了新的台阶。

多年的管理创新，也让奥康明白：一流的企业只管心；二流的企业只管人；三流的企业只管事。

3. 品牌创新

公司董事长王振滔曾经说过，祖国是他心中最大的品牌。18 年来，他一直在为打造中国第一品牌，成为世界名牌而努力。

2003 年 10 月，奥康皮鞋新品牌主张"梦想，是走出来的"正式与广大消费者见面。这一全新的品牌形象，改写了过去奥康皮鞋"穿奥康，走四方"那略带时代特色、怀有典型 20 世纪 80 年代烙印的旧形象，为奥康注入更多的情感因素、时代特征和积极进取精神与鲜明的个性追求。

奥康目前新的商标形象是一个以奥康音译英文字母为主的形象标识，有两方面值得关注：其一，原来的 A 字变为 Λ，这个神似韩国知名品牌三星的形象寓意奥康一飞冲天，追求理想和达到事业巅峰的姿态；其二，K 字母上方所加的图形符号，强调"突破的一点"，体现奥康品牌的突破精神。同时既给人以路的延伸感，达到对原有品牌形象的文化继承，又创造意在笔外的情景意境，给人以图形之外的联想，也是"路""人""鞋"的空间想象传递，以及对三者之间的关系诠释，并以此作为受众的重点记忆点和不同于其他同类品牌的独特视觉特征，更以此作为品牌视觉形象发散和延伸推广的集散点。

奥康与奥运有不解之缘，奥康就是一个充满奥运精神的企业，在"悉尼奥运会"上，奥康赞助了一万双皮鞋。2004 年，雅典奥运会，奥康延续与奥运的情缘。当年，"奥运会明星奥康助威团"让奥康人与奥运明星们一起走进雅典，走进奥运，共圆一个民族的梦想。2008 年在北京举办奥运会的时候，奥康更是以中国鞋王的身份为奥运助威！作为中国最优秀的鞋业集团企业之一，秉承"梦想是走出来的"品牌理念，奥康将继续关注中国体育事业，将企业的梦想，融入到中国梦、民族梦，期盼实现更多"奥康梦"。

奥康董事长王振滔一直说："你想，梦想离你很远；你走，梦想离你很近"。奥康 26 年的跨越式大发展也表明，创新是企业发展的不竭动力之源，也是奥康力创世界名牌的核心竞争力。

收获篇——奥康，向创新要效益

对于一个企业来说，不赢利就等同于犯罪。对于奥康同样如此，多年来对"创新"精神的坚守与实践，在今天为奥康带来了数不胜数的收获。并且，随着时间的推移，有望在未来成为一笔更加宝贵的财富。

（一）创新发展，已成为奥康的效益之源

通过品牌建设创新，奥康品牌被越来越多的消费者所接受，10 月 22 日，"2014（第 20 届）中国 100 品牌价值榜"结果揭晓，奥康以品牌价值 155.29 亿元蝉联鞋制品首位，相比去年 147.85 亿元，今年奥康品牌价值增加 8 亿元，位列该榜单第 26 位，充分显示了奥康品牌的抗风险能力与竞争力。

通过营销创新，奥康经营业绩可观，根据国家统计局公布的信息，公司连续四年位列中国工业行业效益十佳企业第一位。

（二）创新发展，已成为奥康的成长之基

通过生产、研发创新，奥康率先通过了 ISO9001 国际质量管理体系认证和 ISO14001 环境管理体系认证，并成为全国首批工业旅游示范点，荣获全国质量奖、全国模范职工之家、博士后创新实践基地等多项荣誉。在创新科技领域，奥康先后研发了中国第一台"量脚定鞋仪"；成立了中国首家鞋类企业综合性科技研究院——奥康鞋类科技研究院；开发了 GPS 定位鞋、呼吸鞋、减震鞋、纳米健康鞋、可伸缩高跟鞋等多款功能产品；获得鞋类专利 65 项；还荣获"浙江省专利示范企业、浙江省标准创新型企业、温州市专利示范企业、温州市企业技术研究开发中心"等荣誉。制定国家（行业、地方）五项标准，参与起草国际标准一项，并在 4 万个标准评选中获得"中国标准创新贡献奖二等奖"。

通过模式创新，公司实施多元化战略。公司一线员工队伍壮大到两万多人，建立了三大研发中心、三大制造基地、近 5000 个营销网点，拥有奥康、康龙、美丽佳人、红火鸟四个自有品牌，形成了纵向一体化的经营模式。先后在重庆市璧山县建设中国西部地区最大的制鞋工业园区——中国西部鞋都；在四川成都建立康华生物制品有限公司；在湖北黄冈、安徽全椒和山东阳谷建设高档商业步行街；在温州联合其他 9 家重点民营企业成立了瑞丰小额贷款股份有限公司，开始了品牌经营向资本经营的跨越。这些举措都取得了较好的经济效益和社会效益。

（三）创新发展，已成为奥康的文化之本

创新，已经成为奥康的一种文化理念。奥康党委围绕社会主义核心价值观建设，加强和创新了企业党建文化体系建设，注重发挥党建文化引导的作用，致力于构建奥康"诚信文化、学习文化、暖心文化、活动文化、红色文化、育才文化、思考文化、共享文化、廉政文化、感恩文化"等十大文化建设，成功激发了企业员工奋力拼搏、开拓创新的内在动力，有力推动了企业健康发展。

一系列的创新经营和发展，也得到了各级党委、政府的支持和肯定，公司先后荣获了"全国五一劳动奖状""全国社会治安综合治理先进集体""全国模范职工之家""全国用户满意企业""全国质量奖""全国绿色公司百强企业""浙江省高新技术企业""浙江省政府质量奖"等荣誉。

此外，奥康董事长王振滔本人，也凭借"创新慈善新模式"于 2007 年一举获得入选"中国慈善第一榜"之称的第四届"善行天下·2007 中国慈善排行榜"，并荣获"特别贡献奖"。

规划篇——奥康，梦想是走出来的

奥康从 1988 年发展至今，已经走过了 26 年时间。就"百年奥康·全球品牌"的企业愿景而言，已经走过了 1/4，开始进入从"初创期"到"成长期"的关键转型阶段。而在未来，奥康将始终如一地坚持创新发展，规划更为广阔的蓝图。

1. 创新模式，积极推进企业转型升级

未来，奥康将继续坚持以制鞋为主业，涉足商业地产、生物制品、金融投资等领域的发展战略，致力于成为"基于互联网思维的中国领先的鞋业零售服务运营商"。

2. 创新研发，提升产品核心理念

（1）奥康以国际化潮流趋势及先进设计理念，创新研发设计价值流，通过筹建总部研发大楼，实现 24 小时研发。同时，实施国际化开发和采购，在

全球范围内采购最优质原材料和产品。

（2）研发工作以"舒适、时尚、科技"为发展战略目标，以"产品创意引领用户，设计价值守护产品"为宗旨，以"优化产品结构，提升产品品质"为目标，制定研发系统工作和未来发展规划。

（3）通过应用产品科技化创新、数字化创新、系统平台创新、管理方式的创新来研发新产品，从而应对市场的变化；在管理工作中应用项目工作制、"买手"工作制、团队学习特训班、"端对端"工作制等来实现管理创新。

（4）为适应市场环境的快速变化，通过自主创新，构建特色的五级研发体系，稳固上下供应链体系，提升自身设计水平，清晰定位产品设计风格，研发实现异地共享研发资源、供应商进驻企业、工艺技术标准模块化、设计师品牌品类化等为消费者"智造"更为时尚、舒适、科技的产品。

3. 创新生产，从"奥康制造"到"奥康智造"

为了适应新时期发展的需要，公司投入4000多万元，对2个基地、11个分厂进行改造，进行了生产体系创新和升级。

（1）创新进步工程，推动全员创新，涵盖技术、管理、流程多个领域。

（2）创新管理"四部曲"，鼓励全员创新。以千石制造中心一分厂为试点，按照国际一流工厂标准进行全面改造，以"打造国际一流工厂"为目标，从厂房环境、生产设备、生产员工进行全面优化。

（3）创新项目立项。围绕"建设出一流的车间，制造一流的产品，确保一流的收入"，进行生产工艺创新，建立了"快时尚"供应链，实现了7天内生产。生产改造后，人均日产能提高了15%，人效提高了12%，员工工资增长了10%。

（4）创新成果展示与推广。通过一系列成果案例交流、分享、试行推广，形成巨大效益：重大创新项目40项、全员创新立项301项、产生经济效益1000余万元。

4. 创新营销，构建优质高效网络布局

（1）信息系统创新。奥康积极投入资金、技术，新开发PLM平台系统，提升品类规划与执行能力，有效实现了产品品类信息化管理。

（2）渠道模式创新。提升专卖模式，通过开拓新渠道，大力发展线下销售，以奥康国际馆（名品馆）渠道模式，带动产品转型；以 LOADMAX 集成店这一新模式，实现快时尚战略转型。其中的国际馆渠道自 2013 年 1 月第一家温州五马国际馆开馆以来，现已超过 170 家。

（3）加盟模式创新。通过实施店长成长事业，打造"我投资·你经营事业共赢"经营模式，通过国际（名品）馆合营模式、城市联盟模式，丰富了现有代理模式，形成了更加灵活、多元化的加盟机制。

（4）激励机制创新。通过对销售人员年度考核、季度奖金、优秀评比等一系列灵活有效的激励举措的实施，形成了立体化的激励机制，最大化激发销售一线热情，真正做到了"让一线呼唤炮火"。

（5）营销平台创新。创新传统制造业销售方式，通过大力拓展电子商务业务，实现了销售的线上线下一体化。仅用 2 年时间，就实现了 2011 年单日销售 550 万，到 2013 年的单日销售 9000 万的高速增长。

5. 创新品牌，形成影响力深远品牌文化

奥康依据《媒介管理制度》《促销管理制度》《形象管理制度》等，围绕"五个维度"聚焦产品，以实现品牌时尚化、年轻化发展。

（1）终端形象提升创新。围绕终端渠道创新与购物体验创新，集合形象升级，推出兼有产品品牌和渠道品牌的全新模式——国际馆。

（2）媒介传播形式创新。最大化媒介合作效益，通过先后与"快乐家族"、"非诚勿扰"战略合作，赞助央视"舞出我人生"大型栏目，充分整合媒体的影响力以及资源优势，围绕"三个贴近"创新媒介传播模式。

（3）公关推广活动的创新。创新终端公关活动推广模式，结合"名品、名店、名媒、明星、名牌"五名模式，借势区域强势娱乐平台，承办区域大型终端推广活动。通过推行事件营销，通过娱乐营销、话题营销以及明星代言等形式进行系列品牌活动，建立特色化品牌推广模式。

（4）产品推广模式的创新。通过产品故事打造的模式，针对产品进行系统化的组织，打造情景式订货会，组合式营销推广模式，创新产品推广模式。

（5）整合促销模式的创新。结合大型公关活动或重点节假日，借势推广资源，整合终端促销，加强终端促销影响力，助力终端销售提升。

王振滔董事长在企业内部的讲话中曾说过，"这是一个最好的时期，也是一个最坏的时期"。如果企业在面对存在种种困难时退缩不前，那么这就是一个"坏时期"；而如果迎头赶上，坚持创新，通过引领变化，从而赢在未来，那么，这就是一个"好时期"。

奥康，当创新成为一种习惯

改革开放以来，中国鞋业发展迅猛。尤其进入 21 世纪以后，产量和出口量一路飙升。目前，中国已经成为世界第一制鞋大国和鞋类出口大国。中国鞋业生产主要集中在几个大型的生产基地，中国最大的生产基地被概称为"三州一都"，这是中国最具规模、最集中的四大制鞋基地。按近几年的国内市场发展趋势，我国的鞋类市场还将进一步扩大，档次将不断提高。而企业自主创新能力的提升则成为中国制鞋业觉醒的又一标志。在品牌成为消费价值主要取向的今天，一些有实力、有眼光的制鞋企业把发展的重心投向了打造自主品牌、提升产品品质。他们以科技进步为先导，注重技改投入，引进高级人才和先进技术以促进产品的升级换代。制鞋企业通过与国际知名公司在设计过程中的交流，迅速掌握了世界各国流行趋势，从而提高了企业的研发设计能力，使自身设计水平迅速跻身国际名企行列。

作为中国鞋业的代表之一，奥康从创业初期便将创新作为企业核心价值观、作为企业的经营理念和管理文化，通过十年来的发展实践，将其逐步转化为企业员工的一种工作习惯和思维习惯。也正是因为不断地追求自主创新，奥康才能在 26 年的发展中不断超越竞争对手，并最终处于国内皮鞋行业领先地位。如果说，质量是一个企业的生命，那么在奥康，创新已然成为了企业的灵魂。

一个创新的企业，也必然离不开一位热衷于创新的企业家。"一个满脑子都是新想法的人""一个总给你意料不到的好点子的人"，这是王振滔给媒体记者、员工和朋友留下的最深印象。在这样一位掌舵人引航下，奥康的创新似乎从未停止。从首创中国皮鞋业加盟连锁专卖特许经营到量脚定鞋机的开发成功，不断掀起新的营销模式的革命；从开创"中外合作的第三类模式"，与意大利第一品牌 GEOX "双向借道"到借力奥运，为奥运冠军实现"圆梦计划"，以全新的模式开始国际化……从产品研发、生产管理、品牌营销到企业合作，奥康在王振滔的创新思维引领下不断超越。

从奥康的发展历程中，不难发现，自主创新是原创品牌的核心推动力。谁拥有了自主创新技术，谁就拥有了自主话语权。奥康坚持以人为本，以创新为动力，通过软硬件基础、人才队伍和创新机制的建设，形成了一套完善的创新体系。奥康王振滔董事长曾不止一次在公司内部讲话中说道：没有绝对的优势，固守优势、不思进取，优势就会成为奥康前进中最大的"绊脚石"。只有通过不断创新，在未来，优势才能成为奥康前进的"铺路石"。

也正是因为这样一种对创新锲而不舍的追求和坚持，鉴于奥康在社会经济发展和管理创新方面所做出的贡献和所取得的成就，王振滔董事长先后荣获了"全国五一劳动奖章""中国经济建设杰出人物""中国经营大师""中国民营工业企业行业领袖""中国十大杰出 CEO""中华十大策划风云人物""中华慈善特别贡献奖""影响中华公益的 60 位慈善家"等殊荣，并三次当选为"风云浙商"。

面对国内外异常严峻的形势，企业更要提高自主创新能力。从一个新点子的提出到一次企业的重大变革，都是一次创新的过程。可以说，未来决定企业的生死存亡和长远发展的不是别的，就是创新。

王振滔董事长过去有一个心愿，就是未来有一天，能站在月球上，看着地球上的人们穿着奥康鞋走来走去。而在 2014 年，通过别出心裁地签约亚洲巨星金秀贤，他已经成功让"来自星星的人"穿上了奥康鞋，也同时令奥康在消费者眼中的形象焕然一新，可谓一举多得。秉承创新发展理念的奥康日益壮大，相信在未来这颗鞋业巨星带给我们的，将是更多的惊喜与启示。

导师点评

对于绝大多数中国的传统制造业行业来说，当下面临的最大挑战莫过于，在低成本劳动力等综合竞争优势已经或即将逝去的时候，仍然没有形成新的竞争优势，仍然没有值得一提更不要说可以自豪的品牌。

中国已经成为世界第一制鞋大国和鞋类出口大国，但是，中国制鞋行业又有几个我们熟知的国际知名品牌呢？作为鞋业公司的代表之一，奥康集团的发展模式值得同类企业学习和借鉴。

从创业初期，奥康便将创新作为企业的核心价值观。也正是因为矢志不渝地追求创新，奥康才能在 26 年的发展中不断超越竞争对手，并最终处于国内皮鞋行业领先地位。创新成就了奥康的昨天，也必将成为其明天发展的强大动力。

奥康的创新在于多个方面，不仅在于产品设计、质量管理的不断进步，也在于公司治理结构、商业模式的不断超越，更在于公司已经形成了包容并且可持续的创新机制。因为创新已经成为奥康文化的有机组成部分，甚至如他们自己所言，已经成为企业的灵魂。对于这样一个公司来说，不创新已经成为不可能的事情了；对于这样一个公司来说，不断追求卓越将成为一个永恒的主题。

如果我们有越来越多的奥康国际，中国的传统制造业仍将在一个较长的时期内具有强大的国际竞争力。

赵昌文
国务院发展研究中心产业经济研究部部长

奥凯航空有限公司成长报告

刘伟宁

国研·斯坦福一期三班学员

奥凯航空有限公司总裁

扫码直达奥凯航空报告精华版

矢志改革创新路　壮志凌云写传奇

——展翅高飞的第一家民营航空企业

2004 年是中国民航业具有转折意义的一年，中国民航总局首次提出鼓励与支持非公有制主体投资民航业，国有资本主宰中国民航业 56 年的垄断局面被打破。奥凯航空有限公司（简称"奥凯航空"）创始人刘伟宁抓住这个难得的历史机遇，带领奥凯航空成为第一批获准筹建的民营航空公司。

作为中国内地第一家开飞的民营航空企业，2005 年 3 月 11 日，奥凯航空在天津滨海国际机场举行开业暨首航仪式，奥凯的第一个航班（天津—长沙—昆明）首航圆满成功。此后，以北京为总部，奥凯航空开始了以天津滨海国际机场、长沙黄花国际机场为主运营基地的开疆拓土之路。

经过 10 年的创新发展，目前奥凯航空已发展成为总资产超过 40 亿元、年营业收入 30 亿元以上的中型企业。截止 2015 年 1 月底，奥凯航空机队规模达到 28 架，其中包括 14 架 B737 客机、13 架新舟 60 国产支线飞机以及 1 架 B737 货机，是国内最大的国产飞机运营商。作为第一家引进新舟 60 的中国航空公司，奥凯航空为支持中国第一款具有自主知识产权的国产民机做出了突出贡献。更值得称道的是，奥凯航空以蓝海思维创新支线航空发展模式，率先创造了运营国产飞机发展支线业务盈利的先例。

截至 2014 年 8 月 31 日，通过各种形式的支线航空运营，奥凯航空新舟 60 飞机运营 20 多条支线航线，共执行航班 42647 架次，飞行 34501 个航班，安全飞行 51230.08 小时，运送旅客超过 1283013 人次。奥凯航空运营新舟 60 的成果已经并将继续证实国产飞机的优势，树立起中国民族航空工业的卓越品牌。

奥凯航空概况

奥凯航空有限公司（Okay Airways Company Limited）是经中国民用航空总局批准，中国内地第一家开飞的民营航空企业。奥凯航空总部设在北京，以天津滨海国际机场为主运营基地。

2005 年以前，中国民航由清一色的国有航空公司运营。随着国家各项改革事业的不断深入，中国民航总局（现中国民航局）决心进一步深化民航改革，并于 2004 年第一次提出鼓励与支持非公有制主体投资民航业，促进民航改革事业的和谐发展。奥凯航空创始人刘伟宁联系相关投资方后立即申请，并成为第一批获准筹建的民营航空公司。

2005 年 3 月 11 日，奥凯航空在天津滨海国际机场举行开业暨首航仪式，奥凯的第一个航班（天津—长沙—昆明）首航圆满成功。至此，奥凯航空作为中国内地第一家民营航空公司正式投入运营。

经过 10 年的创新发展，目前奥凯航空已发展成为总资产超过 40 亿元、年营业收入 30 亿元以上的中型企业，服务范围包括干线运营、支线运营、飞机维修、航空业务培训等多种业务，并被评选为北京市重点总部企业。

（1）运力规模快速扩充。截止 2015 年 1 月底，奥凯航空机队规模达到 28 架。其中包括 14 架 B737 客机、13 架新舟 60 国产支线飞机以及 1 架 B737 货机，是最大的国产飞机运营商。运力的持续引进为奥凯的发展奠定了良好的物质基础。

（2）飞行与空防安全形势平稳。作为中国领衔首飞的民营航空企业，奥凯航空开创并保持着中国民营航空的最长安全纪录。至 2015 年 3 月 10 日，奥凯航空开航以来累计实现安全运营 10 周年，累计安全飞行 11.5 万小时，运送旅客超过 1600 万人次，货物 15 万吨以上。民航业"安全第一"行业特点的核心被奥凯航空身体力行地牢牢掌握住，在社会公众和行业主管部门最关心的飞行安全问题方面，奥凯航空交上了一份令人满意的答卷。

（3）运营能力快速增长，运营品质日益提高。奥凯航空在全国建立了天津分公司和湖南分公司。设立哈尔滨、烟台、阿拉善 3 个运营基地，开通国内外航线近 100 条、通航城市 90 多个。在国内航线方面，编织以天津和长沙为枢纽的干线航线网络以及以哈尔滨、烟台、阿拉善为枢纽的支线航线网络。在国际航线方面，开飞天津—韩国济州、天津—泰国曼谷、长沙—韩国济州、重庆—韩国济州等 10 多条国际航线。奥凯航空客座率始终高于民航业平均水平，并连续多年实现盈利。

（4）服务保障品质不断提升。2007～2008 年，奥凯航空连续两年荣获中国民航服务品质最高奖项——"旅客话民航"活动"用户满意优质奖"，成为"旅客话民航"活动开展 18 年来两次获奖的民营航空公司。2009～2012 年，连续 4 年取得有效投诉率为零的佳绩。2011 年 7 月，奥凯航空旅客运输量位列天津地区第 1 位，成为天津公众的首选航空公司。2013 年 1 月，奥凯航空喜获"最佳天津航空公司奖"。2013 年，奥凯航空航班正常率位列全民航第 5 位。

（5）敢于创新、勇于实践的中国非公资本代表。《中国民航报》将奥凯航空获准筹建评选为 2004 年度国内民航十大新闻之一；《法人》杂志评选奥凯航空为"2005 中国内地民营企业先锋榜之政策突破先锋"；奥凯航空首航被《中华工商时报》评选为"2005 影响中国民营经济的十大事件"之一；《民营经济报》评选奥凯航空开飞为"2005 年度中国民营经济十大新闻事件"之一；《中华人民共和国年鉴 2006》将奥凯航空诞生作为国家现代化建设中的重大事项收录其中，成为国家级历史文案记录。

（6）民营企业党建工作的"排头兵"。奥凯航空运营以来始终高度重视党建工作。2007 年 12 月，中国共产党奥凯航空有限公司委员会正式成立，奥凯航空成为北京空港物流基地第一家非公经济组织党委。奥凯党委的成立成为民营航空企业党建工作的又一亮点，为企业的发展起到坚强的政治思想保障作用。奥凯航空党委通过开通企业党委网站、成立业余党校、表彰与发展新党员等多种方式不断加强党建工作并取得较好效果。2008 年 7 月，奥凯航空党委被中共北京市顺义区委授予"先进基层党组织"称号。

（7）诚信经营、优质服务的企业形象。中国市场品牌管理联合会授予奥凯航空"全国质量、服务、信誉 AAA 级品牌单位"奖牌；中国社会科学院中小企业研究中心、中国民（私）营经济研究会向奥凯航空颁发"中国诚信企业"荣誉证书。在第 12 届中国改革与发展论坛暨 2013CCTV 中国改革人物巡礼活动上，奥凯航空获评"2013 中国改革十大自主创新单位"，奥凯航空总裁刘伟宁荣膺"2013 中国改革杰出人物"称号。

（8）投身公益事业，赢得各界广泛支持与赞誉。奥凯航空持续开展"爱心成就梦想·奥凯帮你圆梦"大型慈善助学活动，向自强学子及家属提供爱心机票 200 张；面对洪涝灾害，举行"捐赠一件棉衣（被），温暖你我他"社会捐助活动；以国家利益至上，圆满完成朱鹮特殊包机任务；向灾区免费紧急运送救灾物资及救援人员；奥凯航空在汶川地震的抗震救灾战役中，不惜代价专门调配一架 B737 全货机转场天津执行救灾任务，以各种方式运送物资117.29 吨，运送救援人员及灾区群众 2762 人；奥凯员工踊跃捐款，党员积极交纳"特殊党费"，通过天津市交委向灾区捐款 25 万元等。奥凯航空以自己的实际行动，有力地保障了生产运输和赈灾任务的顺利完成。为此，奥凯航空在第 7 届中国民营经济高峰会上荣获"中华最具社会责任企业"称号。

创新发展建伟业

10 年来，奥凯航空始终以创新引领企业发展，在打破垄断、引进国产飞机、打造支线航空发展新模式等方面实现了创新发展，并取得广泛的社会效益和良好的经济效益。

（一）"报春第一枝"——以大无畏的创新魄力创建中国内地第一家民营航空公司

中国民用航空作为国家交通运输事业的重要组成部分，为国家的社会经济发展发挥了重要作用。民航业高资金投入、高科技含量、对外服务窗口的特点决定了民航的起步与发展始终需要得到国家的大力投入与支持。几十年来，中国民航领域由国有航空公司形成了事实上的"天空垄断"。

随着中国市场化改革进程的不断深入，国有资本对中国民航业"天空垄断"的沉闷局面亟待改变，迫切需要"先行者"来打破国有资本对中国民航业的垄断。在中国民航总局于 2004 年第一次提出鼓励与支持非公有制主体投资民航业的信息后，刘伟宁等一批具有创新魄力的创业者们向中国民航总局申请筹建奥凯航空并于 2004 年 5 月 26 日成功获批。

2005 年 2 月 24 日，新华社全文播发《国务院关于鼓励支持和引导个体私营等非公有制经济发展的若干意见》（即"非公经济 36 条"）。这是建国以来第一次以中央政府名义发布的鼓励、支持和引导非公有制经济发展的政策性文件，非公经济明确被允许进入电力、电信、铁路、民航、石油等垄断行业和领域，体现了中共中央和国务院坚决贯彻落实十六大精神，毫不动摇地鼓励、支持和引导非公有制经济发展的决心。2005 年 2 月 25 日，中国民航历史上的第一架民营航空飞机——奥凯航空引进的 B737 - 900 型客机顺利抵达天津滨海国际机场。

2005 年 3 月 11 日，奥凯航空成功首航，成为中国内地第一家正式投入运营的民营航空公司。奥凯航空的一飞冲天标志着国有资本主宰中国民航业 56 年的垄断局面被打破，被社会各界评价为"报春第一枝"。中国民用航空业迎来百花齐放春满园的和谐契机。

社会各界对奥凯航空成为中国首家成功开飞的民营航空企业给予了高度关注和广泛报道。首航当天，报道奥凯首航的各类新闻、评论多达 2994 条，中央电视台在《新闻联播》《东方时空》《今日关注》等栏目中播出了奥凯引进第一架民营航空飞机、获得中国民航局颁发的《运行合格证》和奥凯开业暨首航活动；新华社予以全程跟踪报道；路透社、《大公报》《文汇报》等媒体也将奥凯首航作为焦点新闻给予充分报道。

社会各界普遍认为："奥凯首航是中国民航持续、健康、快速发展的必然结果，将成为中国民航发展史上的标志性事件"、"奥凯公司的一小步，是中国民航的大跨越"、"民营是真正雄厚的资本，比国有资本更具生命力的资本。奥凯的真正意义不在于这个公司的成败，而在于这个行业民营资本的首次介入，这是历史性的，里程碑性质的。由于民营资本的介入、体制的改革、机制的变化，民航业会像其他行业一样，出现五彩缤纷、生机勃勃的景象"。首航现场的中央及国内外媒体超过 70 家，跟随首航客机完成首航全程的各类媒体达 20 家以上。

2005 年 5 月 14 日，《人民日报》在第一版发表文章《奥凯航空是怎样起飞的》，认为奥凯航空开飞是民营资本打破垄断行业的典型成功范例。呼吁进一步关注和支持非公经济发展，为国民经济快速健康协调发展发挥更大作用。文章表示，作为中国第一家开飞的民营航空公司，奥凯航空有限公司筹建成立并成功实现首航开飞，是中国民航持续、健康、快速发展的必然结果，必将作为中国民航发展史上的标志性事件载入中国民用航空事业发展史册。

奥凯航空的诞生不是政绩工程，而是时代的产物，作为独领风骚的经典范例成为中国非公经济和中国民航发展史上的特殊里程碑。

（二）"破冰之旅"——创新引进中国第一架新舟60国产飞机，支持中国民航运输业与中国民族制造业的联动发展

民机制造业是集基础科学、原材料、电子、机械等先进技术于一身的产业，产业链长、集成度高。长期以来，中国民机制造水平落后于发达国家，以至于国内民航运输业的主力机型市场被波音、空客等干线飞机制造商和巴西、加拿大等支线飞机制造商占据。飞机制造业是一项战略产业，关系到国家的安全和民族的未来。进入21世纪，代表民族航空工业和拥有自主知识产权的新兴涡桨飞机——新舟60诞生。然而，作为中国第一款具有自主知识产权的国产民机，新舟60在数百架出口到东南亚、拉美、非洲等国家运营的背后，却没有中国国内的航空公司引进。中国航空工业集团投入的大量人力、物力、财力制造的新舟60飞机却没被国人使用。

中国已于2006年成为第二大航空运输国，"民航大国"的地位毋庸置疑，却不是"民航强国"。其中，中国支线航空发展的落后是重要原因之一。2008年1月，国务院批准出台《全国民用机场布局规划》。根据该规划，2020年时全国80%以上的县级行政单元能够在地面交通100公里或1.5小时车程内享受到航空服务，所服务区域的人口数量占全国总人口的82%、国内生产总值（GDP）占全国总量的96%。毫无疑问，要使82%的全国总人口享受到航空服务，推动区域协调发展，必定需要支线航空事业的大力发展。至此，支线航空发展不仅关系到中国民航业的发展水平，更是关系到国家资源开发的力度。显而易见，支线航空的发展已经从一个行业发展课题上升到关系国家资源开发以及社会经济发展的更高层面。

奥凯航空立志开发支线航空市场。在支线飞机的选择上，奥凯航空意识到：应以发展中国支线航空事业和促进国家资源开发为契机，联动促进民族航空工业与航空运输业的和谐发展，从而实现国家利益最大化。

2007 年 7 月 18 日，奥凯航空公司与中国一航西飞公司（现中国航空工业集团公司所属西安飞机国际航空制造股份有限公司）、中国一航国际租赁有限责任公司（现中国航空工业集团公司所属中航国际租赁有限公司）在人民大会堂共同签署 10 架国产新舟 60 飞机的购机租赁合同。这是国产支线飞机首次批量进入中国民航运输业，在社会各界引起了巨大反响并得到高度认同。中国民航局高宏峰副局长在签约仪式上说："奥凯航空在振兴中国民机产业、探索中国民机发展与中国民航运输业发展的道路上走出了一条新路，使中国的蓝天上有更多的国产民用飞机运营。祝愿奥凯航空公司使用新舟 60 获得成功！"

2008 年 10 月 19 日，奥凯航空第一架新舟 60 飞机成功首航，开启了国产飞机投入国内商业运营的"破冰之旅"，中国制造的民机第一次飞向祖国蓝天！全国政协副主席李金华亲临首航现场，中央电视台专程进行现场直播报道。社会媒体评价说："奥凯航空新舟 60 飞机的成功首航和批量投入运营成为新时期中国制造的民用飞机在国内运营的破冰之举，结束了中国航空运输业运营机型被进口飞机垄断的局面，揭开了中国民机产业与中国航空运输业和谐发展的新篇章，中国民机工业与民航运输业迎来了和谐齐飞的全新局面。"

至 2014 年 9 月，奥凯航空拥有 12 架新舟 60 飞机，是最大的国产飞机运营商。此外，奥凯航空还签署了 50 架新舟系列飞机的框架协议，全力支持国产民机的市场开拓。此外，奥凯航空新舟 60 飞机还远赴俄罗斯进行飞行演示，在零下 40 度的极寒环境下展示了中国民机的风采，为树立中国民机新形象作出了积极努力。

（三）"在国产飞机的引进与运营方面发挥旗帜性作用"——创新探索打造出符合中国国情的支线航空发展模式

奥凯航空作为中国第一家批量引进国产飞机并投入商业运营的航空企业，

通过积极融入地区经济发展，走出了一条符合中国国情的特色之路。探索发展出"环渤海快线模式"、"黑龙江网络模式"和"阿拉善通勤模式"等三种支线航空运营模式，并进军湖南、贵州、河南、甘肃等支线航空市场，用50座的"小飞机"飞出一片广阔的"大市场"。

1. 环渤海快线模式

由于地理原因，环渤海港口之间无高速公路连接。烟台至天津火车运行需要12个小时，烟台到大连船运7个小时。2008年10月，奥凯航空新舟60飞机开通天津—烟台和烟台—大连—锦州航线，并相继开通烟台—大连—朝阳以及烟台—大连—沈阳等航线，全力打造"环渤海快线"。

2011年7月4日，烟台市人民政府与奥凯航空签署战略合作框架协议。奥凯航空与烟台市政府、烟台机场集团密切合作，通过加大航班频次、建立机场绿色通道，明确了建设"支线快线"的目标。奥凯航空先后在烟台投入3架新舟60飞机，烟台—大连航线每日航班高峰时达到7班，登机时间缩至30分钟，形成了高效快捷的运行机制。航线平均客座率达到85%，全票价比例达到90%。

2. 黑龙江网络模式

2011年7月27日，黑龙江省人民政府与奥凯航空达成战略合作，双方共同开发龙江的支线航空市场。黑龙江省政府以"政府采购运力"模式向奥凯航空采购新舟60飞机运力。此后，奥凯航空在黑龙江投入5架新舟60飞机，编织出以哈尔滨为中心，连接黑河、漠河、牡丹江、鸡西、佳木斯、伊春、大庆、加格达奇8个城市的支线航空网。同时，开发黑龙江省内哈尔滨—黑河—漠河、大庆—伊春等"支—支"航线，全面激活了黑龙江的航空市场。黑龙江支线不仅联通了各城市至省会哈尔滨的空中通道，而且实现了省内支线间的串飞。初步构架起黑龙江省内各城市间的空中交通网络，充分发挥航空比较优势，改善偏远地区交通运输条件，完善黑龙江地区综合交通运输体系，带动当地经济社会和旅游业发展。仅2012年，奥凯新舟为黑龙江机场集团贡献运输起降11618架次，净增6638架次，占全省运输架次增量的33.1%；运送旅客379909人次，净增215707人次，占全省总运送旅客增量的

12.6%。

黑龙江省政府与奥凯航空共同研究并推广"普遍航空服务"基本理念和价值观的做法，获得了社会各界的充分肯定和广泛认同。通过双方合作，黑龙江地区航空干、支线发展不平衡的局面悄然改变，社会综合效益明显。这种政企合作模式具有典型性，被国家发改委总结为"黑龙江模式"。

3. 阿拉善通勤模式

2013 年 12 月 17 日，奥凯航空新舟 60 飞机成功首航阿拉善左旗—呼和浩特、阿拉善左旗—额济纳旗—阿拉善右旗通勤航线，此举标志国务院、中央军委批复同意的中国第一个通勤航空试点项目正式启航，成为我国通勤航空新的里程碑。

阿拉善通勤航空是经国务院、中央军委联合批复的试点项目，好比支线中的支线，具有"小机场、小支线、小机型、低成本、低门槛"的三小两低特点，通勤航空试点项目符合地方政府扩内需、稳增长、调结构、转方式的统筹区域经济协调发展的总体要求，彻底结束了当地无民航服务的历史，为促进航空服务大众化战略、实施"国家基本航空服务计划"提供了成功范例。奥凯航空利用新舟 60 小机型、多频次的航班运营方式，能更好地适应目前我国中西部地区支线航空需求分散、航班运量较小的市场特征，彰显航空运输快速便捷的比较优势。

"阿拉善通勤航空模式"对提升中国民航普遍服务水平，满足西部欠发达地区对民用航空的需求，促进区域经济社会协调发展，保护生态环境，支持民族航空工业，增强国家应急反应能力将发挥积极的促进作用。此外，奥凯航空还开飞了阿拉善左旗—兰州、阿拉善左旗—呼和浩特—天津等支线航线。

4. 湖南支线——黑龙江模式的延续

2013 年 12 月 28 日，在湖南省政府的要求与支持下，奥凯航空新舟 60 飞机成功首航长沙—张家界航线，标志着奥凯航空正式进入中部地区支线航空市场。

2014 年，参照"黑龙江模式"，湖南省政府与奥凯航空签署战略合作协议。湖南省政府以"政府采购运力"模式向奥凯航空采购新舟 60 飞机运力，奥凯航空陆续开飞了长沙—怀化、长沙—铜仁、长沙—永州等支线航线。这不仅对建设长沙机场航空枢纽具有重要意义，更是促进了湘西和湘南地区经济社会发展，使湖南省偏远地区人民群众享受"基本航空服务"。百姓出行习惯正发生变化，发展支线航空的正能量逐步得到体现。

截至 2014 年 8 月 31 日，通过各种形式的支线航空运营，奥凯航空新舟 60 飞机运营 20 多条支线航线，共执行航班 42647 架次，飞行 34501 个航班，安全飞行 51230.08 小时，运送旅客超过 1283013 人次。奥凯航空率先创造了运营国产飞机发展支线业务盈利的先例。奥凯航空运营新舟 60 的成果已经并将继续证实国产飞机的优势，树立起中国民族航空工业的卓越品牌。

开拓创新结硕果

（一）创新精神引领奥凯航空创造 10 个"第一"

奥凯航空在 10 年的发展历程中创造了中国非公经济和民航发展史上的 10 个"第一"：

——第一批获得中国民用航空总局批准筹建的民营航空公司；

——第一家按照中国民航新版 121 部先实施运行合格审定、后正式运营的公共航空运输企业；

——第一家开飞的中国民营航空公司；

——第一家运营波音 737 - 900 的中国民航企业；

——第一家与世界 500 强公司在航空货运领域实施战略合作的民营航空企业。

——第一家批量引进 60 国产飞机并投入商业运营的航空企业。

——第一家引进全新波音"天空内饰"737 - 800 的中国民营航空公司。

——第一家成功首航经国务院、中央军委批复同意的中国第一个通勤航空试点项目即内蒙古阿拉善盟 3 个旗（县）的通勤航线。

——第一家打造"环渤海快线模式"、"黑龙江网络模式"和"阿拉善基本航空服务模式"等符合中国国情的支线航空发展模式的航空公司。

——第一家引进波音 737 - 900ER 的中国民航企业。

（二）创新精神助推奥凯航空成为最大的国产飞机运营商

2008 年 7 月 31 日，奥凯航空在西安成功接收第一架新舟 60 国产支线飞机。此举标志着中国民营航空与中国民族航空工业密切合作的良好开端，为中国民机产业和国内支线航空运输业发展揭开了新的一页。中央电视台在当晚的《新闻联播》节目中及时给予了报道与肯定。

社会各界认为，奥凯航空以民营资本联动民族航空工业与民航运输业的梦想成真；中国民营资本继进入民航业之后，携手民族航空工业发展支线航空的坚定决心与创新实践，充分体现了中国民营资本的国家责任与社会责任感。奥凯为新舟 60 飞机批量进入国内航空市场奠定了良好基础，对中国民用航空产业的发展和国内支线航空运输的发展具有划时代的意义。

奥凯航空引进国产新舟 60 发展中国支线航空事业是促进国产民机工业发展的催化剂，中国国产民机从此批量登上航空市场舞台，饱含着奥凯航空爱国主义的豪情壮志和自主创新的科学精神；实现长中短航线网络的编织与健康发展是时代赋予奥凯改善中国民航航线结构的历史使命。2008 年 5 月 24日，时任副总理张德江体验了奥凯航空的新舟 60 飞机并给予赞扬与肯定。目前，奥凯航空已经拥有 12 架新舟 60 支线飞机，是最大的国产飞机运营商。事实证明，通过使用新舟 60 飞机开飞国内支线航线，将使中国航空市场机型布局更加健康合理，促进和改变国内航空支线客运严重不足的状态，并推动干线市场的繁荣，进一步提高中国航空运输业的运作水平。

2013 年 7 月 22 日，奥凯航空有限公司、中国进出口银行、中航国际租赁有限公司与中航飞机西安飞机分公司在北京举行新舟飞机 50 架融资购租框架协议签字仪式。奥凯航空立志打造出一支运营国产飞机的主力机队，为中国支线航空和中国民机制造业的联动发展继续做出积极努力。

（三）创新精神助力奥凯航空开创符合中国国情的支线航空发展模式

中国幅员辽阔，东西地理差异极大，各省市经济发展水平参差不齐，东西部民航发展不平衡。为推进民航从提供高端性消费向满足大众经济型消费扩展，使社会大众能够享受到安全、便捷、经济的航空客货运服务，提高民航服务的覆盖能力，需要实施"国家基本航空服务"，使民航成为大众化出行方式。目前，很多地方政府已经看到支线航空对社会经济发展和服务民生的重要促进作用，并邀请奥凯航空参与当地的支线运营。

在环渤海地区，烟台区位优势明显，特别是烟台至大连航线，堪称黄金通道，市场潜力巨大。环渤海港口之间目前尚无高速公路连接，烟台至天津火车运行需12个小时且易受到海洋气候等影响，而乘坐新舟60支线飞机仅需40分钟，"环渤海快线"是商务旅客比较集中的航线，奥凯航空通过对内部运力整合，并协调机场对地面流程进行简化，逐渐形成空地一体的快速保障体系，为环渤海经济圈的城市间商贸交流与发展提供了高效、经济的空中通道。奥凯航空计划在环渤海区域进一步投放运力，优化航班编排，适时推出易登机、月票制等形式，做到旅客随到随走，充分发挥快线的作用。

在黑龙江地区，该省幅员辽阔、支线机场众多，旅游资源丰富，非常适合发展支线航空运输。其中，哈尔滨到漠河距离大约1200多公里，公路和铁路交通需要10多个小时，如果遇到冬季大雪天气，公路和铁路交通时常中断，道路积雪清理工作非常繁重。新舟60支线飞机运营仅需2个多小时，且仅需清理跑道积雪，经济和时间成本极大降低，公众的出行便利性得到了极大提高。以前旅客要想去黑河和漠河旅游，必须从哈尔滨飞黑河，然后从黑河返回哈尔滨，再从哈尔滨飞漠河，既耽误时间也增加成本，而奥凯航空的哈尔滨—黑河—漠河航线使得旅客出行更加便利。

在内蒙古阿拉善地区，阿拉善左旗至呼和浩特地面交通距离大约800公里，驾车需7、8个小时，而支线飞机飞仅需1个多小时。奥凯航空新舟60飞机首航时当地民众非常高兴，乘坐首航航班的牧民身着节日的盛装。他们有的是第一次乘坐飞机，第一次近距离看到飞机，有的表示要乘坐飞机去自治区首府、去北京看看。开展的通勤航空试点项目符合地方政府扩内需、稳增长、调结构、转方式的统筹区域经济协调发展的总体要求，彻底结束了当地无民航服务的历史。

在湖南，奥凯航空长沙—张家界支线航线的成功开通将两地间的交通时间缩短为 1 个小时，相比地面车程 4、5 小时的行程具有较大的时间优势。长沙至铜仁行车需近 7 个小时，而长沙—铜仁支线航线将交通时间缩短为 1 个半小时，极大地促进了当地旅游业的发展。

除上述地区外，奥凯航空开通了阿拉善右旗—嘉峪关—敦煌、阿拉善额济纳旗—嘉峪关、烟台—临沂—郑州等支线航线，利用新舟 60 小机型、多频次的航班运营方式，能更好地适应目前我国中西部地区支线航空需求分散、航班运量较小的市场特征，彰显航空运输快速便捷的比较优势，对于拓展航空运输市场、完善中国干支结合的公共航空运输系统具有积极作用。

奥凯航空发展支线市场取得了良好的社会效益。奥凯航空开发的支线航线在黑龙江的平均票价为 264 元，被广大人民群众亲切地称为"民生线"、"生命线"、"幸福线"，在方便社会公众出行和扩大区域间交流与合作等方面发挥了重要作用，取得了良好的社会效益。

可以说，奥凯航空首创引进新舟 60 国产飞机投入国内运营的"破冰之旅"，继而开拓出中国支线航空的一片全新天地。同时，奥凯航空积极投身地方经济建设，促进了地区经济社会的发展，既实现了自身的跨越式发展，也为民航体制改革乃至优化中国民航运输结构提供了成功案例和探索经验。

壮志凌云绘蓝图

奥凯航空看好中国支线航空市场的发展潜力与空间，计划打造中国的"超级支线"航空公司。

（一）战略目标

广泛寻求中央政府、地方政府和中国民航局对发展支线航空运输的政策支持，发展与中国航空工业集团等代表民族航空工业的中央企业以及西飞国际等关联企业的多边合作，创新支线产品服务，发展干支结合的航线运输网络，满足市场需求，满足旅客需求。

（二）发展愿景

使用国产新舟系列支线飞机，建立一支安全高效的支线航空机队；建立起多基地支线航空运输网络和营运体系；开发多样化的支线航空服务产品；建立具有中国特色的支线航空公司。

（三）发展理念

通过发展支线航空业务，提高奥凯航空运输运作水平；推动支线市场的繁荣，完善支线航空运输网络；促进中国支线航空运输业的发展，成为中国支线航空领域的领头羊。

（四）运营模式

一方面依靠规模优势降低成本，挖掘支线市场的蓝海；另一方面与政府达成战略合作，继续拓展通勤航空。同时，效仿美国CPA（运力购买协议）模式，促使干线航空公司采购支线航空的运力，促成"以干养支、以支促干"的良性循环。在中国实施该运营模式，不但能改变中国支线航空市场的运输结构，也将带来支线运输的模式革新，为奥凯取得良好的收益，也将为中国的支线航空事业带来万紫千红的繁荣景象。

（五）网络规划

结合支线机队及支线基地发展规划，从2015年到2020年分三个阶段布局和发展支线航线网络。

第一阶段（2015年）：转型阶段。

稳固和发展现有支线基地，开通哈尔滨至内蒙古东部城市（海拉尔、满洲里等），加密烟台至大连航线，开通阿拉善左旗至兰州、西安、西宁、太原等周边省会城市以及嘉峪关、敦煌等周边旅游城市，开通长沙至赣州、恩施、南昌、宜昌、桂林等省外城市。

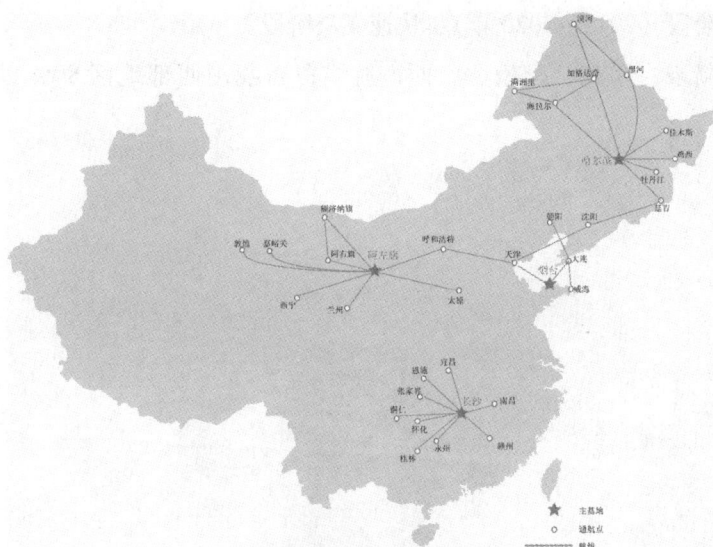

图1　奥凯支线航空第一阶段

第二阶段（2016～2017年）：成长阶段。

新建重庆、贵阳、合肥3个支线基地，发展以重庆、贵阳为区域枢纽的西南支线，发展以合肥为区域枢纽的东部支线。同时，新开哈尔滨至俄罗斯远东地区的国际支线航线。

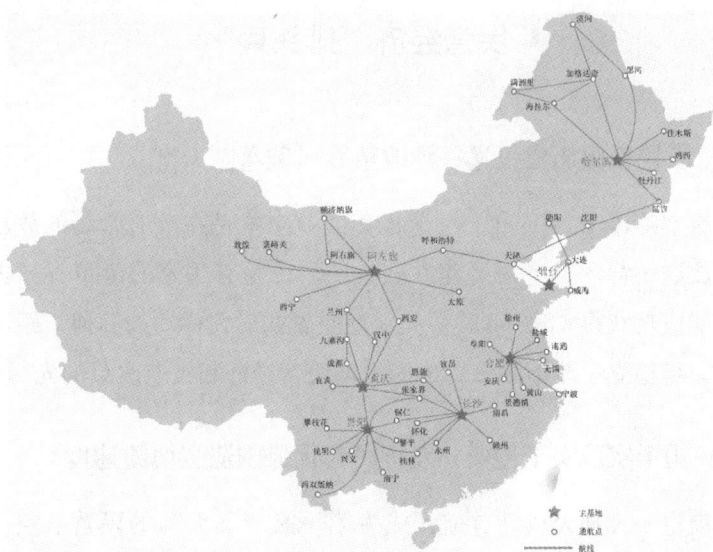

图2　奥凯支线航空第二阶段

第三阶段（2018～2020年）：快速发展阶段。

进入新疆、西藏、云南、广西，航线覆盖我国西部地区80%以上支线机场。

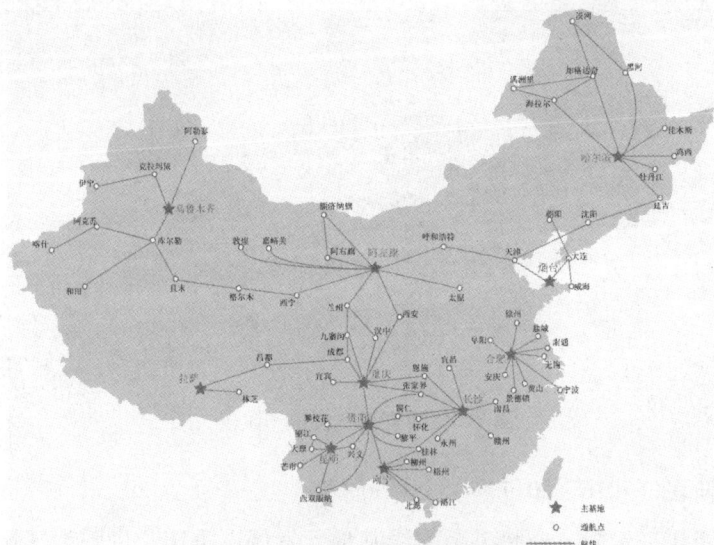

图3　奥凯支线航空第三阶段

民营经济"排头兵"

（一）敏锐把握历史机遇：沐改革春风破垄断天空

奥凯航空筹建于2004年，年轻的奥凯航空就是在政府管制的放松、市场准入的开放这一背景下申请筹建并获批的。正是有国家的改革春风大势，奥凯航空才能成功获得"准生证"。奥凯航空紧扣时代律动的脉搏，跟随历史前进的脚步，稳稳立于改革潮头，成为中国民营经济和民航改革的先行者。

（二）勇于实践实干创业：发挥民营优势创造"奥凯速度"

奥凯航空一飞冲天成功首航，成为第一家"飞天"的民营航空公司，开启了中国民营航空时代。

为了这历史性的时刻，奥凯航空充分发挥了民营经济的优势，创造出中国民航的"奥凯速度"。航空企业的筹建涉及资金、人员、基地、飞机、标准等多方面体系建设，并要经过民航主管部门严格的运行合格审定后才能具备运营资质。但奥凯航空勇于实践，在获得筹建批文后立即紧锣密鼓地开展筹建工作。成熟的飞行、机务、签派、乘务、行政管理等各类人才迅速构建成骨干队伍，在没有任何成熟航空公司资源支持的情况下，奥凯航空从 2004 年 5 月底获得筹建批文到 2005 年 3 月成为中国第一家飞上蓝天的民营航空公司，仅仅用了 9 个月时间。这是奥凯航空实干创业的体现。

（三）创新灵活体制机制：狠抓管理打造强劲执行力

奥凯航空的诞生与运营是中国非公经济资本积极响应国家号召投身经济建设更高领域的体现，完全是中国民航业加快市场化进程的产物。因此，奥凯航空在体制上与市场经济体制有着天然的密切联系，根据市场的动态变化灵活地调整自己的发展。

作为全部由民营资本投资的奥凯航空，已经成为一个按照现代企业制度运营的企业。从产权关系上看，具有产权主体清晰、产权明晰和利益分配明确等特征；从机制上看，奥凯航空逐渐发展、健全"自主经营、自负盈亏、自我约束、自我发展"的机制，由于具有产权明晰、经济利益独立的特征，因此能够在市场竞争中自主决策、在生产经营活动中不断探索、不断创新、不断寻找新思路，开拓新市场，以求自身的发展壮大。

民营体制创造了奥凯航空符合市场的经营理念和灵活机制，为优秀人才提供了施展才能的良好平台。这种体制也能使管理层设计良好的管控机制，有力地通过人事任免、薪酬激励等机制将公司意图得到强有力的执行。10 年来，奥凯航空的主营收入合计超过 120 亿元，年均增长 65%。

（四）谋划精准战略定位：打造中国的"超级支线"航空公司

中国支线航空发展与美国相比存在较大差距。一是我国支线飞机数量不到总机队规模的 9%，而美国支线飞机占其总机队规模的 43%；二是我国支线航班占总运输量不足 3%，而美国每天有 13000 个支线航班，占总航班量的 50%；三是我国支线机场覆盖率很低，中国每 1 万平方公里仅拥有 0.19 个机场，美国为 0.57 个机场，欧盟 0.92 个，日本 2.59 个，印度 0.38 个，中国仅为印度的一半；四是运营主体缺位，航空公司运营支线积极性不高。我国 40 多家航空运输企业中只有奥凯航空等 3 家公司将支线航空作为主要业务的航空公司。

奥凯航空一是在机型选择上创新选用了安全性、经济型、可靠性突出的新舟 60 国产支线飞机，带动民族航空工业与民航运输业的联动发展；二是持续引进 12 架新舟 60 飞机，不断积累新舟 60 飞机的运营经验，确保了新舟 60 飞机的安全运营，为国产飞机的安全品牌提供了见证；三是探索创新出"黑龙江网络模式"、"烟台快线模式"和"阿拉善通勤模式"等融入地区经济发展、符合中国国情的支线发展模式，在方便社会公众出行和扩大区域间交流与合作等方面发挥了重要作用，取得了良好的社会效益，为使用国产飞机发展中国支线航空飞出了一片广阔的天地；四是创新融资发展模式，不仅使奥凯得到强有力的资金支持，还为国产新舟飞机大规模、大批量进入国内航空市场铺平了道路，是利国利民的大事。

2012 年，国务院发布《关于促进民航业发展的若干意见》，这是新中国成立以来中央出台的第一部全面指导民航业发展的重要文件，是党中央、国务院在民航业发展关键时期作出的重大战略决策。国家对民航工作的决策和方向指引令奥凯航空深受鼓舞，更加充满信心。

政策春风阵阵，奥凯航空将以地区航空发展为导向，以区域经济发展为基石的目标方向，打造不断创新、充满活力、独具特色的国内领先航空公司，以实际行动实现中国航空人驾驶更多的国产飞机在祖国蓝天上翱翔的梦想！

导师点评

敢为天下先。2005 年 3 月奥凯航空成立并首航成功，成为中国内地第一家正式投入运营的民营航空公司，被誉为非公经济 36 条的"报春第一枝"。作为民营航空第一个吃螃蟹的人，奥凯航空一直专注民用航空事业，辛勤耕耘开拓，锐意进取创新；根据地区经济发展特点因地制宜，打造特色支线航空运营模式；国内首家引进国产新舟 60，支持民族航空工业。过去的 10 年，是奥凯航空起步的 10 年：乘发展非公经济之春风，脚踏实地，发展成为初具规模的中型企业。未来的 10 年，将是奥凯航空腾飞的 10 年：借中国崛起之东风，继续敢为天下先，积极拓展，走向世界，为中国实现从航空大国到航空强国转变的航空梦助力，为亚太地区实现互联互通献力。

丁志杰

对外经济贸易大学金融学院院长

中国金融 40 人（CF40）成员

浙江金洲集团成长报告

俞锦方

国研·斯坦福二期二班学员

浙江金洲集团有限公司董事长

扫码直达金洲集团报告精华版

坚持节能环保　发展绿色产业

金洲集团创建于 1981 年，现任董事长兼党委书记俞锦方，执掌"金洲"之舵已有 31 年，把一个昔日濒临倒闭的湖州升山乡办小厂，打造成今天拥有资产近 20 亿元、3000 名员工的全球知名管道生产商和国内知名生态旅游大型民营企业。集团下属核心子公司——浙江金洲管道科技股份有限公司，是国内第一家以焊接钢管为主业的 A 股市场上市公司，其产品畅销 30 多个国家，长期供应中石油、中石化、中海油等能源巨头。作为国家重点扶持的高新技术企业、浙江省工业龙头骨干企业，金洲入选"全国上规模民营企业 500 强""中国制造业 500 强"等，获奖无数。

1994 年，俞锦方旧地重游曾经服役 4 年的云南西双版纳，决定响应西部大开发的号召，在云南投资 8600 万元，获得 3 万多亩热带原始森林 70 年的经营权，创建起西双版纳原始森林公园。随后累计投资数亿元，开发野象谷、勐景来、基诺山和云南野生动物园等高等级旅游景区，以及澜沧江－湄公河的金三角豪华商务游轮跨国游等。原始森林的成功运营成为金洲集团的新起点，云南金孔雀旅游集团荣获"十大兴滇品牌企业"称号，2007 年，金孔雀实现门票收入突破 1 亿元，利润近 3000 万元。凭借"硬产品"管道产业和"软产品"生态旅游业，金洲集团在推进绿色经济转型战略上，正谋划着全新的绿色版图。

多年来，金洲集团以"金洲管道、绿色通道"为企业发展理念，以"生产要发展，环保需先行"为环境保护指导方针，高度重视环境保护工作，认真学习中央文件与环境保护的有关知识，把环境保护工作列入集团领导班子的重要议事日程，将环境保护和企业的命运结合起来，真正做到警钟长鸣。

制定环保规划，确保环保工作法制化、
制度化、系统化

1998年，集团委托浙江省环境设计院对企业环境保护工作进行全面的评价和长远的规划。多年来，集团组建形成了以强化环境保护法制化、制度化、系统化建设为中心，建立和健全了一系列规章制度，如"环境管理制度""废水处理安全操作规程""三废监测制度"等，实行生产责任制和环保责任制相结合的工作考核模式，使环保工作常抓不懈，持之以恒。

2007~2008年集团组织下属子公司全部建立了ISO14001-2004环境管理体系认证，全面实现系统化管理，将环境管理渗透到每个岗位的工作标准，建立一套科学的管理机制。形成了人人参与环境保护，齐心协力搞好环境保护的可喜局面。

加大环保投入，构建一个结构合理、配套完善、
运行高效的环保工程体系

1991年，集团投资建立了环保站，由集团进行直属管理，统一监督、管理指导下属企业污染治理工作。在人员安排上，设立专业环保管理员，24小时全天候运转，确保环保任务各项工作顺利完成；在内部管理上，集团将排污许可证要求作为环保站"三废"治理工作总目标，要求全年无污染事故和严禁严重超标事件发生。

"九五""十五""十一五"期间，随着企业经济效益的快速增长，集团累计投资2000多万元，在节能降耗、清洁生产、污染防止、生态保护等方面进行综合治理。环保站配备了多套废水处理装置、烟尘治理装置、硫酸亚铁回收装置以及工业粉尘回收装置等，整个环保工程行程体系，结构合理、配套完整、运行高效，"三废"处理效果显著。在废水治理上，1997年实现了生产用污水零排放；1998年配备硫酸亚铁回收装置后，当年实现回收硫酸亚

铁 4955 吨，废酸液 2.5 万吨，产生直接经济效益 33 万元，每年节约治理费用 400 多万元；2010 年回收硫酸亚铁能力达 8000 吨；2009 年，集团建立了 5400 立方米的回收用水池，生产用水实现 100% 循环使用不排放。在废气治理上，大大降低了生产中的烟尘污染、二氧化硫污染以及锌尘污染，不仅提高了生产效率，还产生了额外的经济效益。经检测，近三年集团下属企业排放的烟尘浓度、二氧化硫浓度以及格林黑度的执行标准均优于国家规定的一级标准。

除了"三废"处理的环保工作外，为了给广大员工营造一个良好的工作环境，提高整个企业的文明程度，集团把净化、绿化、美化厂区作为现代化企业建设的一个重要方面，着力打造花园式厂区。集团总部和下属工业园区环境优美、清洁卫生、整洁有序，绿化覆盖率达 30% 以上。集团下属企业厂区附近大气环境优于其他地区，经过相关部门考核，集团先后荣获"全国乡镇企业环境保护先进单位""全国环境保护先进单位"等称号。

主营绿色管道，兼营生态旅游，向环保要效益

多年来，金洲集团始终坚持"金洲管道、绿色通道"这一发展理念，公司已经成功开发了钢塑复合管、PPR、PE 管、双面涂敷钢管等 8 大系列 100 余规格的新一代"绿色管道"产品，广泛应用于市政供水、纯净水、工业供水、天然气输送及医药、印染化学流体输送、电力、海洋等工程领域，"金洲管道，绿色通道"的品牌形象不断在消费者心中强化。集团董事长向全社会公开承诺："金洲集团生产的管道，解决了二次污染的问题，是人们可以完全放心的绿色管道"。

"保护生态，融入自然"，坚守实业的金洲集团选择在美丽的彩云之南进行生态旅游业的开发。把生态旅游的发展与保护野生动植物资源、传承少数民族文化相结合，以卓有成效的实际行动来带动边疆人民脱贫致富，积极投身于西部大开发的伟大事业。

1994 年，金洲集团董事长俞锦方获悉云南西双版纳开通国际航班，曾在当地服役 4 年的他旧地重游。看到西双版纳森林中的老百姓经济十分困难，部分深山农家还在点煤油灯，为了生存，农民砍树种粮、种橡胶树日趋严重。

当他得知西双版纳当地有一片 3 万亩的原始森林已划为森林公园，但由于缺乏资金无法建设，且无人管护，即感到这是个不错的商机，马上与当地政府洽谈原始森林使用权出让事宜，并达成出资购下西双版纳 3 万亩国有原始森林 70 年使用权的协议。

1995 年 4 月，由金洲集团投资 8600 万元兴建的西双版纳原始森林公园正式动工兴建，这在当时是浙江省投资最大的西进项目。俞锦方定下的开发原则是：既要保护好原始森林，又要使这里成为金洲新的经济增长点。

决定到云南山区去投资开发旅游业之后，一位战友曾经劝告他：有钱不如到杭州开发房产能发大财。俞锦方认为，去投资西双版纳不完全是为经济效益，更多的是响应国家号召开发西部，是从保护生态的社会效益出发的。

原始森林公园的建立，受到了党和国家领导人，以及浙江、云南省委、省政府的高度赞扬。原始森林公园的开放吸收了当地少数民族 2500 多人就业，公司还资助了数百万元的设备，解决了当地群众的用电、用水、通讯等问题。

现在的西双版纳原始森林公园已是国家 4A 级景区、国家级森林公园，园内热带植物遮天蔽日，峡谷幽深，鸟鸣兽啸，树木葱茏，湖水清澈。独特的热带沟谷雨林横亘整个公园，浓郁古老的民族文化在这里得到传承发扬，独特的古朴神韵吸引着中外游客。现在每 10 个去西双版纳旅游的人中，就有 9 人去过原始森林公园。

原始森林公园的成功运营成为金洲集团的新起点。此后，集团进一步拓宽视野，更加重视云南生态旅游产业的开发。2002 年，组建了金孔雀旅游集团公司，加大了云南旅游开发的投资力度，进行了一系列的旅游景区创建活动。

2003 年兼并重组了我国北回归线附近唯一的野象聚集地——野象谷景区。野象谷位于西双版纳勐养国家自然保护区景区内，有 100 多头亚洲野象长期在此活动。在过去的数十年里，由于生态保护意识薄弱，无视自然规律，大面积毁林开荒，导致亚洲野象的栖息环境日趋恶劣，使亚洲野象数量骤减，栖息范围日益萎缩。接管野象谷后，保护环境、保护原始森林、保护野生动物、保护亚洲象成为金洲集团责无旁贷的社会责任和义务。

为建立一整套完备系统的亚洲象研究资料，景区成立了亚洲象义务观测小组，小组成员除了完成本职工作外，还必须时刻关注亚洲象的日常活动，并对活动的时间、地点、数量进行细致记录，采取周期性集中研究的方式，探讨亚洲象活动规律并形成了系统的资料库，为深入研究亚洲象奠定了坚实的基础。

为给亚洲野象提供充足的食源，"留住"亚洲野象，景区在亚洲野象出现较频繁的地区大量投放甘蔗、食盐等大象喜食的东西以招引野象。景区设计建设的高架走廊，不仅使游客能方便、快捷、安全地观看亚洲象，同时也确保了亚洲象的自由通道。景区还在野象活动频繁出没区域增设安全警示牌、亚洲象知识介绍牌，让更多的游客了解亚洲野象及野象文化。这些措施为亚洲野象创造了一个良好的栖息"圣地"。2006 年 4 月，"中国最值得外国人去的 50 个地方"评选活动结果在北京人民大会堂揭晓，"野象谷景区"荣获金奖。

2003 年，金洲集团创建云南野生动物园。位于昆明的"云南野生动物园"与著名的"世博园"隔水相望。2002 年之前，享有"动植物王国"美誉的云南省却没有一家野生动物园，这让俞锦方董事长感到很惋惜，也看到了其中的商机。于是他拿下了 2800 亩荒山野岭，作为云南野生动物园的"开创地"。为确保野生动物园的生态环境，燃料汽车不允许进园，游客只能乘坐生态电瓶车；景区很多地方都采用高位栈道，确保游人足迹不伤害到植物的生长；公司还投资 500 万元用于植被树种置换，将动物园内的森林景观，由单一树种改变成多层次植被，成为真正的山地森林野生动物园。现在，有 200 余种几千头野生动物长栖于此，成为云南第一个以野生动物养殖、观赏、展示为主体的新型旅游景区。

传承文化，带动脱贫，构建生态版图

云南不仅拥有非常丰富的自然资源，也是少数民族的聚集地，多姿多彩、奇异独特的民族风情也成为最独特的文化资源和人文景观。

为此，金洲集团于 2004 年投资 3316 万元建设了中缅第一寨——勐景来景区，打造了体现傣族生产、生活方式和宗教习俗的展览馆和博物馆。景区内，金碧辉煌的百塔林庄重肃穆，花团锦簇、错落有致的绿化带将塔林和寨门四周装扮得生机勃勃，普提神树威严挺拔，缅寺金碧辉煌，青砖小道逶迤延伸进入寨子，潺潺的流水穿寨而过，一座座修剪整齐的热带植物围成的生态篱笆和庭院内的椰子树、槟榔树、芭蕉树、木瓜树与傣家竹楼构成了一户户极具亚热带风光的园林式傣家庭院，给人一种自然、纯正、古朴的感觉。寨子里每隔几米就可以看到傣族民间传统的织布、打铁、造纸、酿酒、榨糖、染布、贝叶经制作等传统手工艺展示。

此前，勐景来是一个纯农业的村寨，经济落后。村民主要从事传统的农业生产，经济收入较为单一，年人均收入不足 1000 元。许多人对外面的世界了解甚少，缺少现代人的思想观念，甚至有的村民连汉话都不会讲。寨子内的电线杆林立、红砖围墙高耸、道路损坏严重和脏、乱、差的环境卫生状况形成了鲜明对比。通过一系列旅游开发，将勐景来这个边境傣寨装扮得绿意盎然，生机勃勃，充分再现了傣族独特、神奇的村落文化，成为边疆地区社会主义新农村建设的新典型。

2005 年，金洲集团又重建了基诺山寨景区，揭开了与基诺族人民共同发展的序幕。基诺族是我国最后一个被确认的少数民族，其独具特色的大鼓舞更是被列入国家级非物质文化遗产目录。大鼓是基诺族的神圣之物，基诺族在鼓的两端嵌有十数根细木棍，形似太阳放射出的光芒，因此人们把它称为"太阳鼓"。基诺族大鼓已成为标识民族的一个独特的文化符号。

2005 年，公司开始对景区各项工程进行全面改造，期间吸收了大量的当地民工，并直接招聘基诺族员工几十人。在公司 150 名员工中，西双版纳州及邻近州市的员工占 95％ 以上，极大解决了当地许多人的就业问题。与此同时，公司积极参与当地的公益事业，热心扶持孤寡老人，无偿为巴坡寨孤寡老人修建房屋，还为巴坡村新修道路、改造水网、电网，扶持当地村民发展基诺族农家乐，在景区开辟普洱茶文化展示项目，扶持位列六大古茶山之首的"悠乐山"茶业的宣传，促进当地经济的发展。公司的一系列有效开发和帮扶举措，赢得了基诺人民的赞誉和好评。

到目前为止，公司对基诺山寨景区投资 1000 多万元，成为全国唯一一个最全面、最集中展示以基诺文化为主题的旅游景区，并带动了基诺乡的社会和经济发展。

2009 年，为积极响应云南省旅游产业"二次创业、转型升级、再创辉煌"的发展战略，金洲集团舍去眼前利益，让出控股权，与云南省旅游投资有限公司签约组合，将云南金孔雀旅游集团有限公司旗下的西双版纳原始森林公园、西双版纳野象谷景区、西双版纳基诺山寨景区、西双版纳勐景来景区交由云南省旅游投资有限公司（云南省投资控股集团有限公司的子公司）控股经营。金洲集团重组旗下资源，成立了云南湄公河集团有限公司，并继承了金洲集团股权，成为西双版纳最大旅游企业——云南金孔雀旅游集团有限公司的第二大股东。

根据重组工作的要求，云南湄公河集团有限公司除了继续支持、配合、参与新云南金孔雀旅游集团有限公司的经营发展外，整合经营云南野生动物园有限公司、云南湄公河乐园有限公司、云南湄公河生物科技有限公司、西双版纳金三角旅游航运有限公司、西双版纳天达旅游航运有限公司等，努力实现云南金孔雀旅游集团和云南湄公河集团的同步发展，共同推动云南省旅游业和西双版纳旅游业二次创业、转型升级、再创辉煌。

推进转型升级，打造养生天堂。2008 年成立的云南湄公河投资有限公司让金洲开启了新一轮的创业征程。在实体经济进入转型升级的关键时期，俞锦方着手实施推进生态旅游业的转型升级，明确提出了"两个转型"战略：从观光旅游向休闲养生旅游的转型，从纯旅游景区开发向生物产业、创建珍稀动植物基地和生物产业科研所转型。经营范围从单一的观光旅游，扩大到旅游、生物、养生三大领域，实施多元化经营战略；重点打造以"动植物王国，养生天堂"为主题的"云南普洱太阳河国家森林公园"，开拓"澜沧江——湄公河黄金旅游线"和"茶马古道"等云南全境游系列路线，全面开拓昆明—普洱—版纳旅游路线及旅游资源。

2010 年 5 月，金洲集团与普洱市人民政府签订了《金洲集团普洱旅游项目合作框架协议》，云南湄公河集团有限公司承接并负责打造普洱太阳河国家公园、普洱茶马古道、普洱茶马古镇、墨江北回归线标志园、普洱夜间大型演艺等项目，努力把普洱市发展成为世界级旅游目的地和休闲度假养生旅游胜地，将思茅区建成云南面向东南亚、南亚的国际旅游集散中心。

其中，普洱太阳河国家森林公园是重中之重，它位于滇南热带与滇中高原的过渡部位，是中南半岛向东亚大陆过渡部位的一级重要阶梯。森林覆盖率高，有众多的古老和珍稀植物种类，是我国野生兰科植物分布最集中的地区之一。动物资源也十分丰富，有国家重点保护动物48种。特别值得一提的是，1922年，最后一头犀牛在这里被猎杀后，犀牛自此绝迹云南。2010年7月，12头南非白犀经过13个小时的飞行，远跨万里重洋，于88年后"重返"云南，平安抵达云南野生动物园。它们将在这里繁衍生息，担负起重建云南犀牛种群的重任。

热心参与公益事业，积极承担社会责任

多年来，金洲集团在环保利废、建设绿色企业、打造绿色通道的同时，勇于承担社会责任，积极参与社会慈善公益事业。公司分别在2002年和2007年取消周年庆典活动，分别捐赠100万元资助200余名贫困大学生与同龄人一道迈入大学校园；先后捐资200余万元为西部贫困地区中小学建立"育才图书室"；资助开展中国爱心活动工程，努力为贫困地区孩子们架起通向文明与科学的桥梁。

在抗震救灾方面，为汶川地震捐款捐物达500余万元，为灾区人民克服困难、战胜灾害、重建家园贡献一份力量。此外，公司在救助先天性心脏病贫困少儿、帮扶见义勇为英雄模范和支持社会主义新农村建设等方面予以大力支持。为捐资助学、救灾赈济、扶贫帮困、支持社区建设、双拥共建、投入国防教育事业、建设新农村3000余万元，获得了"浙江省慈善奖"和"浙江最具社会责任感企业"等荣誉称号。

落实"十二五"规划，坚持绿色产业发展

多年的发展与取得的成绩，坚定了金洲集团发展绿色产业的决心。"十二五"期间，金洲集团将继续狠抓节能减排工作，确保"十二五"后期节能降

耗达到全国同行业先进水平。万元增加值综合能耗从 2007 年的 0.62 吨标煤下降到 2010 年的 0.52 吨。到 2015 年，再降低 11% 左右，达到 0.46 吨。在"三废"治理上，进一步加大投入，坚持可循环回收利用，运用先进的配置和技术进行产业升级，尽量减少排放，最大限度地减少有毒有害三废的直接排放。

进入国家"十二五"规划期间，金洲集团按照云南省打造"中国面向东南亚、南亚对外开放桥头堡"的发展战略，进一步明确了"昆曼大通道"的发展蓝图，以昆曼大通道为主线（昆明为枢纽，普洱为中心，西双版纳为纽带），以旅游产业发展为核心，以生物科技为新动力，积极参与中国与东盟自由贸易区旅游业的合作，不断谋划着更加宏伟的绿色生态版图。

作为西部开发功勋浙商，金洲集团在推进产业升级中找到了优化市场的一个新方向，为企业赢得了更大的发展空间。旅游业是朝阳产业，西部开发是国家战略，云南旅游资源的差异化具有很强的竞争力，这些资源都是无法复制的。大力发展生态旅游业是金洲为保卫绿色地球、弥补管道制造消耗地球资源的重大举措，实现了企业良性和健康发展的自我平衡。集团将朝着"休闲养生旅游"的大方向，在七彩云南打造一个令人向往的"养生天堂"。

金洲的理想是"为人与自然的和谐、为人类的快乐生活而努力"。

导师点评

越来越多的企业关注绿色发展。金洲集团对绿色环保不做表面文章，不搞短期行为，而是从内心重视，并自觉践行。这反映在三大方面：

在管道制造业，始终坚持"金洲管道、绿色通道"这一发展理念。集团董事长敢于向全社会公开承诺："金洲集团生产的管道，解决了二次污染的问题，是人们可以完全放心的绿色管道。"

在科研开发阶段即重视环保，成功开发了钢塑复合管、PPR、PE 管、双面涂敷钢管等 8 大系列、100 余规格的新一代"绿色管道"产品。加大"三废"治理上的投入，坚持可循环回收利用，运用先进的配置和技术进行产业升级，尽量减少排放，最大限度地减少有毒有害"三废"的直接排放。

在自然资源开发领域，毅然放弃短期经济效益显著的种植橡胶树、开矿等选择，选择了投入周期长、回笼资金慢的原始森林和野生动植物生态保护性开发方案，构建云南生态旅游业的绿色版图，成为云南省绿色旅游品牌龙头企业之一。

金洲集团的绿色发展理念和长期坚持行为，难能可贵，卓有成效。

朱武祥

公司金融学、商业模式学教授

清华大学经济管理学院金融系

苏州科赛投资发展集团有限公司成长报告

江喜科

国研·斯坦福三期一班学员

▶ 苏州科赛投资发展集团有限公司董事长

江 赛

国研·斯坦福五期二班学员

苏州科赛投资发展集团有限公司总裁

开创以市场化机制推进新型城镇化
建设的新模式

苏州科赛投资发展集团有限公司（简称"科赛集团"）成立于2001年1月，是一家以城镇运营为核心产业的民营企业，以城镇化建设为核心产业，从事城镇策划、规划、建设、开发、管理，文化创意，创业投资等领域。10多年来，科赛集团按照"政府主导、市场运作、企业推动"的创新模式，成功开发了苏州科赛购物广场、湖南张家界"桑植新城"、江西资溪县"新城区暨−河两岸工程"、广西桂林高新区"英才科技园"、南京首个省级乡村旅游示范村——前石塘村等项目，扬州与高邮市合作推进、总投资38亿元神居山文化旅游度假区项目。科赛集团投资设立10多家控股、参股运营公司，参与当地的城镇化、城乡一体化和新农村建设，有力地推动了地方经济繁荣和发展。

作为中国城镇运营领域敢于第一个吃螃蟹的民营企业，科赛集团以城镇运营理念为指导，涉足区域商业、文化旅游、实业投资、农业产业和现代服务业等领域。集团董事长江喜科曾荣获2009年中国十大杰出企业家、中华民营企业联合会副会长等称号，并当选为首届桂林十大杰出青年企业家，他带领集团将"科赛"打造成为新型多元化投资运营发展平台。

科赛集团发展简述

苏州科赛投资发展集团有限公司成立于 2001 年 1 月，是一家以城镇运营为核心产业的民营企业。早在 21 世纪初，集团就遵循党中央、国务院《关于促进小城镇健康发展的若干意见》有关要求，将市场化理念运用于城镇化建设中。十年来，科赛集团积极投身城镇化运营实践，走出了一条具有科赛特色的城镇运营之路。集团按照"政府主导、市场运作、企业推动"的创新模式，先后在江西资溪、湖南张家界、江苏苏州，广西桂林、平乐和高邮等地投资设立十多家控股、参股运营公司，参与当地的城镇化、城乡一体化和新农村建设，均取得良好的社会效益和经济效益，促进了当地经济的产业化和老百姓收入的多元化，有力地推动了地方经济繁荣和发展。

科赛集团以带领老百姓共同致富为己任，以负责任的"城镇运营商"形象亮相中国城乡广阔天地，成为中央提出的"积极稳妥推进城镇化"的领军企业。作为中国城镇运营领域敢于第一个吃螃蟹的民营企业，科赛集团制定了"创新一个模式，培养一批团队，树立一个品牌"的经营思路，形成了"定位是关键、功能是核心、个性是灵魂"等一整套城镇化建设理论，掌握了城镇运营的核心理念与技术，成为中国城镇化、城乡一体化和新农村建设最有实力和最具竞争力的品牌。

科赛集团以"城镇运营"理念为指导，涉足区域商业、文化旅游、实业投资、农业产业和现代服务业等领域，致力于锻造多元化投资运营发展平台。

科赛集团新型城镇化的市场创新探索

城镇化是我国扩大内需的最大潜力，也是经济结构调整的重要依托。在我国经济发展进入主动调控、寻求中长期增长新动力的阶段，对扩大内需具有乘数效应的新型城镇化被寄予厚望。

党的十八届三中全会提出，"坚持走中国特色新型城镇化道路，推进以人为核心的城镇化，推动大中小城市和小城镇协调发展、产业和城镇融合发展，促进城镇化和新农村建设协调推进。"而《国家新型城镇化规划（2014－2020年)》的发布，成为指导全国城镇化健康发展的宏观性、战略性、基础性规划。可以说，党的十八大不仅明确提出"新型城镇化"概念，而且把"加快城镇化建设速度"列为今后一段时期的工作重心。

然而，我国的新型城镇化推进过程中，不仅需要党中央、国务院对破解农转城、产城融合及相关支撑、配套等难题的顶层设计，更需要具有社会责任的企业在市场化推进城镇化过程中的底层探索与实践。只有这样，我国的城镇化建设才能走出一条既不同于西方发达国家和地区，也不同于传统发展老路的城镇协调发展、城乡共同繁荣的与新型工业化道路相呼应的"新型城镇化道路"来。

（一）科赛模式产生背景

1. 新型城镇化战略对城镇化提出了更高的要求

改革开放以来，我国传统城镇化在有力支撑国民经济奇迹增长的同时，推动了我国城市的快速发展，基础设施和公共服务设施建设等取得瞩目的成绩。然而其以政府主导、简单"修路卖地"的建设模式也产生了很多问题，加剧经济结构的失衡，传统的城镇化是以土地为核心的粗放型扩张模式，以物质资本大量消耗为驱动力，导致空间过度集中，环境严重污染，一些城市更是患上比较严重的"城市病"，甚至出现了大量的"空城鬼城"。所谓新型城镇化，是指坚持以人为本，以新型工业化为动力，以统筹兼顾为原则，推动城市现代化、城市集群化、城市生态化、农村城镇化，全面提升城镇化质量和水平，走科学发展、环境友好、社会和谐、城乡一体、大中小城市和小城镇协调发展的城镇化建设道路。因此，新型城镇化的"新意"主要体现在以下几点。

（1）新型城镇化是城乡统筹的城镇化。传统的城镇化实行城市偏向政策，甚至不惜牺牲农村、农民利益发展城市，导致发达的城市与凋敝的乡村并存。

（2）新型城镇化是可持续发展的城镇化。传统的型城镇化以摊大饼、高消耗、城市要素供给不可持续为特征。

（3）新型城镇化是撬动内需的城镇化。传统的城镇化重物轻人，广大农民被排除在城市体系之外，极大地限制了社会消费。

（4）新型城镇化是市场机制的城镇化。传统的城镇化核心特征是低成本扩张、强势政府主导。

（5）新型城镇化是注重质量和内涵的城镇化。传统的城镇化重速度、轻质量，重外延、轻内涵，推进新型城镇化比的不是速度而是质量。

（6）新型城镇化是以人为本的城镇化。传统城镇化的一个误区是见物不见人，兴城不兴业，城镇化似乎就是土地的硬化，就是新建筑的崛起，而人力资源则较少被制度关照。

2. 城镇化发展需要市场化力量

行政垄断明显、短期行为严重、投资渠道狭窄是传统城镇化建设的特点。在传统模式中，城镇建设主要资金是由土地财政、财政拨款、转移支付和部分项目招商引资获取，显然是不足以支撑城镇建设的持久发展。

城镇化必须走市场化道路，是由市场经济规律决定的。城镇化实质上是资源配置的市场化过程，而企业本身又是市场最重要的主体，必然要"介入"城镇运营，成为城镇建设的重要角色。城镇化必须科学解决投资的主体性和商业性问题，正确的投资主体应是企业而不是政府，而投资方式应主要是商业性，而不是行政性、无偿性。政府应充分运用市场经济的手段和机制，以最小的公共财力来启动最多的社会资本参与经营城镇的具体项目运作。

市场化的城镇化能有效综合运用政府和市场两只手，在政府引导、市场主导和企业先导规则下，遵循市场经济规律，充分发挥市场机制作用，具备科学性、经济性和合理性。

（二）用市场化机制推进城镇化建设需解决的问题

1. 挖掘区域价值，使其具备开发价值

新型城镇化是城乡统筹的城镇化，而我国的绝大部分乡镇如以传统的城镇化建设模式分析，都是不具备开发条件的。那么要以市场化机制推进这些地区的城镇化建设，首要问题是其区域价值的挖掘，使其具备开发价值。

2. 理顺企业政府与企业关系，保证开发的顺利推进

在城镇化建设中政府和企业存在诸多误区，导致项目推进中出现沟通不畅、效率低、方向偏离等问题。

政府：只把企业当作取款机。项目实施过程中地方领导为追求政绩实施非正常（或行政干预）干预，项目不能有序推进。最令企业担心的是"政府失信"，或是承诺了做不到。"见好就收"（把经营权收回去）。政府部门间不协调，各自为政。政府参与经营，容易与民（包括民营经济）争利。不重视策划先行，导致低级开发，资源浪费，或区域发展不协调，各区发展同质化。产业缺乏个性，优惠政策"抓小放大"。

企业：将城镇化理解为基础设施建设与房地产开发的简单相加，只重视项目商业运营，忽视社会运营，忽视做政府和农民的工作，导致项目实施产生风险；总认为农民增收，产业导入跟自己无关。其实，打造好整个经济环境，造福了一方百姓，企业才有更大更久远的收益。社会效益其实才是最大的经济效益。

3. 处理好与农民的关系，减少阻力

农民在城镇化过程中是重要的角色，他们大多"经济收入低、文化水平低、生活环境差"，他们既希望城镇化给生活带来改变，但同时又抵触城镇化工作的推进，希望的是未来生活质量的提高，抵触是担心自己的利益损失或是分配不公，农民关系的处理将直接影响建设推进的效率乃至成败。因此，正确引导农民生产方式、生活方式及思维方式的转变是新型城镇化建设工作的重中之重。

（三）城镇运营服务商的模式探索

科赛集团以城镇运营服务商的角色进入新型城镇化建设，已经有十多年的理论探索和实践经验，城镇化项目已经遍布广西桂林、湖南张家界、江苏扬州、河北南宫、内蒙古通辽以及黑龙江牡丹江等地。城镇运营服务商既不是房开商，也不是投资商，而是战略发展集成者、资源整合者，通过整合硬资源（土地）和软资源（金融、人力、策划、规划等），为参与城镇化各方提供有效支持，是集城镇发展咨询与策划、规划、区域开发、运营与培训为一体的服务商。在多年的城镇化实践中，科赛集团探索出了一套充分发挥政府和市场两方面作用、优势的运营方法，简要地说就是"二三四五"四个方面。

二（两只手）：政府"有形之手"和市场"无形之手"。明确界定政府和市场"两只手"的职能和范围，各归其位、各司其职，既要弥补和解决"市场失灵"问题，更要警惕和解决"政府失灵"问题，充分发挥政府和市场的"两只手"作用。

三（三个环节）：前期运营环节、区域开发环节和招商建设环节。第一个环节是前期运营，即通过策划、规划及其他前期运营工作，提升区域价值。第二个环节是区域开发，为用市场化方式导入产业打造硬件平台。主要包括对项目区内土地进行收储整理、基础设施和配套设施建设、公共环境建设、"三农"关系处理以及农民安置就业等。第三个环节是项目招商建设，通过引入竞争机制、供求机制，全面开展市场化招商。主要包括产业导入与结构优化、配套商业与居住建设等。

四（四规合一）：经济社会发展规划、产业和就业规划、城镇建设规划和土地利用规划（前两个规划是战略规划，指导后两个战术层面的空间布局规划）。

五（五种语言）：政务语言、法务语言、商务语言、金融语言和群众语言（城镇化建设涉及的各方运转方式不同，需要用其能接受的方式沟通）。

取得的主要成效

（一）三大主营业务为中心的城镇化建设模式

十多年以来，科赛集团立足实际，坚持因地制宜分类指导，探索出了以城镇运营服务、城镇开发建设及城镇服务中心三大主营业务的城镇化建设模式。项目涉及城镇化、城乡发展一体化和新农村建设三大领域，有力推进了我国城镇化建设的发展进程，已经成为我国城镇化的标杆企业。

1. 城镇服务中心

建设城镇服务中心，一定要综合考虑，它是为一个区域内的人群服务的，就必须统筹区域内的各项资源。苏州科赛集团打造的城镇综合体项目，也就是睦邻坊社区商业中心，总面积大约1.2万平方米，辐射2.5平方公里社区服务中心，包括苏州红庄社区及其他周边区域内辐射人口达 10 万人，提供专门商业服务，是一种集商业、文化、娱乐、体育、卫生、服务于一体的综合性商业形态。并结合现代人休闲和消费需要，设立了多层次、多品种的配套设施。目前这种产业支撑、功能齐全的城镇综合体项目，已经向全国开始推广。

2. 新农村建设模式

南京前石塘村，作为科赛集团打造的新农村建设项目的代表。项目一期为"农户自主经营"模式，二期为"合作社经营"模式，坚持"政府引导、市场运作、企业参与"的理念，将乡村旅游与新农村建设相结合，帮助农民和农村构建一种新的生产方式、生活方式，引导农民由"一产"向"三产"的转变，从而形成了"政府满意、百姓受惠、企业赢利、社会和谐"的"四赢"局面。

为了突出前石塘村的项目区域定位，理清开发思路，在前期投入方面，科赛集团邀请国内外著名的旅游、农业以及规划专家团队，投入一定的财力、物力，完成项目可行性研究报告和环境影响评估报告。在项目硬件投入方面，通过"大村并小村"、土地流转的方式，新增建设用地指标建设回迁房，完善道路、绿化、网管、排水等基础设施，改造徽派建筑风格，适应农家乐经营，村容村貌焕然一新。在产业导入方面，科赛集团积极打造石塘竹海、九龙潭等旅游景点，导入乡村旅游产业，带动农家乐快速发展，同时发展现代有机农业，扩大有机茶的规模经营，动员农民把土地、资源、劳力等生产要素整合起来，建立农村"土地入股合作"的生产方式。目前，石塘村人均收入 10万元左右，成功实现农民"不离土、不离乡，照样变小康"的转变。

3. 城乡发展一体化建设模式

桂林英才科技园项目，不仅是产城一体化的代表，也是"盘活存量、用好增量"城乡发展一体化典范。按照"四规合一"原则，发展规划是目标，产业规划是途径，土地和城市规划是保障，科赛集团用 4 年时间建成现代化、高效益、高标准、与城市发展相协调的集高新技术产业、现代制造业、创业孵化、办公、研发和商住为一体的新型科技园区，也是桂林市第一个由政府委托民营企业开发的、设计理念先进的工业园区。每年工业产值为 126 亿元，创税利为 7.5 亿元，提供 1 万余个就业岗位。

4. 城镇化运营服务项目

城镇化建设的运营服务是科赛集团的主营业务之一。前期通过科赛品牌优势突破政策瓶颈，解决体制、机制问题；通过策划、规划及其他前期运营工作，提升区域价值，使其具备经济性，满足市场化条件，并为用市场化方式引入相关产业创造软环境；依据策划及产业规划所确定的产业方向，利用科赛集团产业平台导产相关产业，运营服务的主要内容包括对政府官员进行运营理念和模式培训、项目策划定位、规划编制与修编、政策拟定与落实、融资方案设计、产业招商等。

目前，科赛集团的运营服务项目遍及全国多个省份，主要有浙江省丽水市、江苏省高邮市及送桥镇、广西壮族自治区桂林市及平乐县、河北省南宫市、内蒙古自治区通辽市、湖南省桑植县等。

5. 在建的城镇化项目

序号	项目名称	项目简述
1	湖南"桑植新城"	张家界科赛置业有限公司开发的湖南省张家界市桑植县"桑植新城"是科赛集团"城镇运营"的第一个实验基地，开发总面积393亩。桑植新城科赛大桥、科赛路、科赛大厦等项目的开发建设带动了桑植县城区域经济的快速发展，为地方民众引入了居住小区的理念，积极影响了地方整体居住环境。为此，得到了张家界市委、市政府领导的肯定与表扬。 2005年"桑植新城"在张家界楼盘质量评比中获最具投资价值楼盘金奖，并获张家界市2005年优质工程。
2	江西资溪"城西新城"及"一河两岸"工程	江西科赛城镇开发有限公司主要从事江西资溪县"城西新区"和"一河两岸"工程的建设与开发。工程总占地面积141公顷，规划建筑面积120万平方米，总投资12亿元
3	广西平乐"南洲新区"	桂林科赛城镇开发有限公司开发建设"桂江二桥"建设工程，主桥长425.58米，线路总长共2.479公里，2010年3月10已全面建成通车。随后，平乐新县城——"南洲新区"建设全面铺开。"南洲新区"开发总面积为4.35平方公里，建成后将成为平乐县的政治、经济、文化中心

序号	项目名称	项目简述
4	内蒙古通辽市城东新型城镇化示范区	由通辽市科城投资管理有限公司承担通辽城东新型城镇化示范区的运营工作,引进五洲国际作为项目启动区商贸物流产业的龙头企业,主要建设项目由世界蒙古文化博览城、智慧物流产业基地、通辽工业转型示范区、创新产业孵化基地构成,保障房项目30万平方米,开发性总投资约220亿元

(二)城镇化理论得到各界认可

科赛的城镇化理论得到中央、地方各级领导专家认可。桂林、牡丹江高层论坛均有党和国家领导人出席;国务院发展研究中心等部门领导专家肯定;权威报告、媒体高度肯定;受邀到复旦大学、苏州大学等知名高校讲授城镇化理念;各地政府、企业上门学习。

(三)科赛模式

科赛的"城镇运营"主要可以分为三个阶段。

第一个环节是前期运营,即通过策划、规划及其他前期运营工作,提升区域价值,使其具备经济性,满足市场化条件,并为用市场化方式引入相关产业创造软环境。主要包括取得与政府价值观的统一、对政府官员进行运营理念和模式培训、项目策划定位、规划编制与修编、政策拟定与落实、融资方案设计、产业招商等。

第二个环节是区域开发,为用市场化方式导入产业打造硬件平台,包括对项目区内土地进行收储整理、基础设施和配套设施建设、公共环境建设、"三农"关系处理以及农民安置就业等。

第三个环节是产业及配套项目建设。主要包括产业导入与结构优化,配套商业与居住建设等。

(四)带动战略联盟参与城镇化建设

通过十多年的努力,科赛集团建立了强大的战略合作联盟及合作的行业专家团队:与国开金融、河南农开基金(中信集团与河南省政府联合成立)

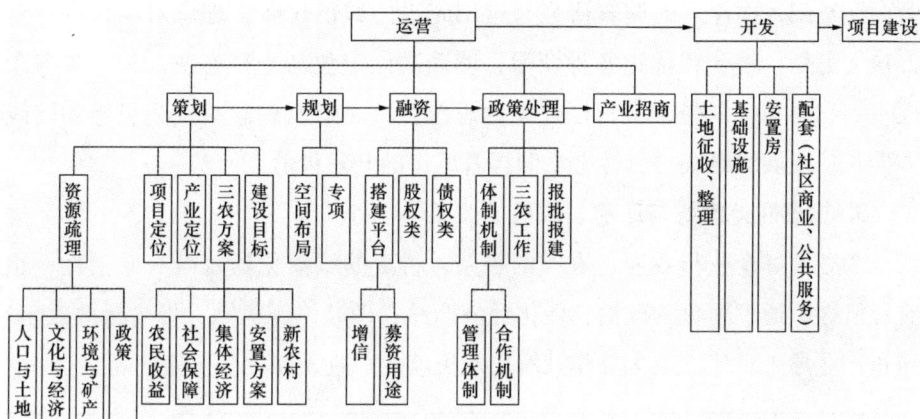

科赛模式

等机构战略合作；作为主发起人筹办"中国城镇化发展促进会"；与奇创等专业团队良好的合作关系；国内顶尖的农业、旅游业和新城建设等专业领域专家顾问。

发展战略

过去的十年，科赛集团秉承独有的城镇运营理念，始终走在中国城镇建设的前沿。未来的十年，科赛集团执行"百千万"的发展战，即完成一百个城镇化项目，带动一千个企业参与城镇化事业，带领一百万农民走进新城镇。

经验与评价

（一）经验总结

1. 投资前全面理解城镇化内涵

城镇化建设与通常的一级开发有本质差异，城镇化建设与一级开发在开发理念、建设内容和建设程序及方法等方面完全不同。

2. 通过策划定位挖掘城镇的开发价值

"策划先行"是科赛城镇运营理念的精髓。在城镇化建设的前期，城镇运营商通过细致而深入的调查研究，运用先进的城镇化运营理念对项目进行全方位的策划，整合和优化各种资源，明确功能定位与个性特色，为下步概念性规划和详细规划提供项目区建设的思维方式、运营理念、主题思想和路线方向，从发展战略和可行性上全面提升城镇的开发价值。

3. 投资时处理好与政府、农民的关系

为处理好企业与政府、农民的关系，科赛的城镇化项目既有政治性，也有经济性，通过项目的政治性催化经济产品；理顺体制机制，提高行政效率，通过产业导入、建立三大合作社解决农民就业、收入和社会保障问题。

	城镇化	一级开发
理念	同步推进产业生态打造（"软"）与城市建设（"硬"）	修路卖地
建设内容	产业培育、农民出路、社会管理、基础设施、安置房	基础设施、安置房、出让土地
程序及方法	先运营（策划规划、政策处理、招商和融资）后开发 招商与建设紧密结合，系统化整体推进	规划—征地拆迁/基础设施工程建设—（招商）出让土地 按规划建设基础设施，碎片式招商

（二）评价

1. 开创了用市场化推进城镇化新路径

科赛开创了民营企业以市场化手段推动城镇化发展的先河。城镇运营模式的创新让科赛集团以城镇运营服务商角色介入新型城镇化建设，既不是房开商，也不是投资商，而是战略发展集成者、资源整合者，通过整合硬资源（土地）与软资源（金融、人力、策划与规划等），为参与城镇化各方提供必要城镇化建设各方面的支持，是集城镇发展咨询与策划、规划、区域开发与运营的一体服务商。城镇运营商作为资源的运营主体，自然决定了其在城镇运营的每一个环节都优先掌握着巨大的商机。

2. 科赛模式解决了"三农"的本质问题

城镇化的关键是人的城镇化。科赛模式本质就是产业城镇化和人的城镇

化的有机结合，注重以人为核心的城镇化，解决农民就业是这个当中一个非常重要的环节。让农民既享受改革成果，更参与改革进程。

3. 实现了政府、企业、农民和社会的四方共赢

科赛城镇化模式是共赢的模式，科学合理地解决了城镇化进程中四个主要参与方利益关系，探索出一条政府满意、农民受惠、企业获益、当地经济社会又好又快发展的城镇化建设成功之路。

导师点评

服务国家战略，顺势而为。进入 21 世纪，中国经济发展水平不断上台阶，城镇化需求日益扩大，城镇化建设成为政府的战略和全社会关注的重点。起步于苏州的科赛集团敏锐地捕捉到这一商机，准确定位——城镇运营商，实行纵向一体化战略，确立"政府主导、市场运作、企业推动"的城镇化建设思路，探索出以城镇运营服务、城镇开发建设及城镇服务中心三大主营业务的城镇化建设模式。10 多年来，集团致力于把科赛模式推广到全国，涉及城镇化、城乡发展一体化和新农村建设三大领域，活跃在中国城乡的广阔天地，确立了负责任的城镇运营商形象。为适应十八届三中全会提出的新型城镇化，科赛集团进一步挖掘、丰富科赛模式的内涵，用市场化手段推进、深化城镇化建设，营造政府、企业、农民和社会共赢格局，在服务国家战略的同时为集团赢得广阔的发展空间。

丁志杰

对外经济贸易大学金融学院院长

中国金融 40 人（CF40）成员

碧生源控股有限公司成长报告

赵一弘

国研·斯坦福一期二班学员

▶ 碧生源控股有限公司董事长

高 雁

国研·斯坦福五期二班学员

碧生源控股有限公司副董事长

扫码直达碧生源报告精华版

中国保健茶的行业样本

——碧生源 14 年探索创新之路

碧生源公司控股有限公司（简称"碧生源"）成立于 2000 年，从北京房山区窦店镇一个仅 1100 平方米的旧厂房起家。这 14 年来，凭借两个家喻户晓的拳头产品：碧生源牌常润茶和碧生源牌减肥茶，以累计 30 亿袋的销售量和 40 亿元的销售额，在中国这个全球最大茶叶生产国，改写了中国茶无品牌、"7 万家茶企不敌一个立顿"的局面。

2010 年，在企业创办的第 10 个年头，碧生源已经成功登陆香港联交所主板，并逐步发展成为涵盖功能保健茶、食品饮料、药品三个产品线，在 OTC、商超、电子商务三大渠道销售的集团企业。作为在功能保健茶供应商中所占市场份额最大、知名度最高的品牌，碧生源于 2014 年 3 月被国家工商总局认定为"中国驰名商标"。

众所周知，碧生源是传统电视广告战略的高级"玩家"，在全国 14 个卫星频道的主要时段都投放了海量广告；同时，深谙"渠道为王"的精髓，其拥有的保健品行业乃至快消品行业最大最强的销售网络——近 12 万个零售终端的销售网络也让同行望尘莫及。不过，在全新的社交媒体时代，碧生源电子商务团队正在积极建立在线线下的互动联动营销，自建零售网站 7cha.com，与专业 B2C 网站合作。未来，保健品行业在电商渠道探索和发力，碧生源绝不会是旁观者。

碧生源过去14年发展概况

众所周知，中国是全球最大的茶叶生产国，年产量达140万吨，但由于茶叶品质良莠不齐、价格不稳定、茶企小而散、缺乏全国性品牌等，极大限制了中国茶企的发展空间。很早以前就有"中国7万家茶企不敌一个立顿"的说法。在这种产业大环境下，大打保健概念的茶品似乎正成为中国茶行业闯出的一条成功捷径。

对于碧生源来说，从2000年北京房山区窦店镇一个仅1100平方米的旧厂房，到2010年登陆香港联交所主板，碧生源仅用了10年时间。截至2014年9月，碧生源的总计销售额已经超过40亿元，纳税总额超过8.65亿元。在这14年里，碧生源主要做了两件事，一是打造了两款拳头产品：碧生源牌常润茶和碧生源牌减肥茶；二是在全国范围内铺设了一个拥有近12万个零售终端的销售网络。

（一）碧生源的基本情况

碧生源2000年9月成立于北京，为香港联交所上市企业。14年来，碧生源逐步发展成为涵盖功能保健茶、食品饮料、药品三个产品线，在OTC、商超、电子商务三大渠道销售的集团企业，拥有北京澳特舒尔保健品开发有限公司、北京碧生源食品饮料有限公司、北京碧生源药业有限公司和北京品茶在线电子商务有限公司等全资子公司。

碧生源为中国功能保健茶产品的领先供应商。根据Euromonitor调查的结果，按零售额计算，碧生源在中国所有功能保健茶供应商中所占市场份额最大。根据Frost&Sullivan进行的品牌调查，碧生源品牌为在中国出售的所有减肥及通便产品中知名度最高的品牌，是消费者的首选品牌。2014年3月，碧生源品牌被国家工商总局认定为"中国驰名商标"。

碧生源秉承中国传统中药的精髓，结合茶叶的健康成分，并依据药食同源的理念，开发出了具有润肠通便和减肥功能的保健茶。由于消费者日益热衷追求安全可靠的绿色和天然草本产品，使得碧生源产品持续得到消费者的认可。根据中康医药资讯（集团）有限公司2014年3月1日发布的《2013年保健品大品种销售TOP20（零售市场）》的数据统计，碧生源常润茶及碧生源减肥茶分别列名于第10位及第13位。

碧生源常润茶及碧生源减肥茶与其他润肠通便及减肥产品竞争，包括保健品、非处方药（OTC）或其他剂型产品，尤其是在零售药房出售的有关产品中具有强劲优势。根据南方医药经济研究所（SMERI）于2014年2月24日发出的对全国零售药房进行的抽样调查报告，按零售额计算，在润肠通便产品的市场份额上，碧生源常润茶连续6年排名第一，且2013年市场份额为22.7%；在减肥产品的市场份额上，碧生源减肥茶连续4年排名第一，且2013年市场份额为38.2%。

碧生源拥有卫生部、国家食品药品监督管理局核发的保健食品批准证书15个；国家知识产权局申请的袋泡茶工艺专利3项；国家知识产权局颁发的外观设计专利21项；国家商标局核发的注册商标470多个。凭借碧生源品牌的成功，碧生源拟继续增加产品种类，并相继将业务扩展至OTC茶市场。

领先的市场地位及超卓的全国品牌知名度，有助于碧生源在中国建立广泛的客户基础，加快新品市场布局步伐。

（二）市场布局

碧生源拥有保健品行业乃至快消品行业最大最强的销售网络。遍及全国的经销商网络为碧生源扩大现有及日后产品销售额和市场奠定了稳固的基础。近年来，碧生源为配合整体市场营销策略，大幅扩展经销网络。截至目前，公司拥有经过精简的一级经销商148家，分销商630家。通过经销商及分销商，可服务至近12.5万家零售终端，其中94%为零售药店。与此同时，公司还在持续扩大在零售药店、大型超市及连锁店终端的销售网络。通过上述网络，碧生源加强了经销渠道的控制，提升了经销效率，确保了产品的品质控制。

碧生源设有负责发展及管理经销网络的地区销售团队。全国13个片区负责与经销商及零售店保持紧密联系，以便公司能及时收集市场回馈，迅速回应当地市场需求。此外，碧生源成功将经销渠道由零售药房扩展至超级市场及便利店，尤其着重发展大型连锁店，包括屈臣氏、沃尔玛、家乐福、大润发、世纪联华、华联超市、欧尚等商超卖场。

（三）电子商务

目前，碧生源正在积极探索适合公司产品的电子化营销模式。碧生源的产品在自建零售网站 7cha.com 及其他专业 B2C 网站上出售。在线平台不仅展示并销售碧生源在实体店销售良好的核心产品，而且着力推销公司新推出的产品及专门为网购人士设计的产品。

2013 年下半年，公司重新整合了电子商务销售团队。截至目前，碧生源的新浪官方微博及微信公众账号"碧生源"已经开始正式运营。电子商务团队多次配合传统渠道销售团队在线开展了一系列的市场营销活动。公司尝试利用新媒体与更多的年轻时尚用户群实现互动，从而带动电子商务的发展，也为碧生源品牌在年轻消费群体中提升了知名度。

在巩固传统线下销售渠道的同时，电子商务团队将通过建立在线线下的互动联动营销来扩大公司的零售网络，从而为公司带来收入及利润的增长。

（四）生产基地

碧生源在北京房山区建有占地逾 15 万平方米的现代化生产基地，拥有符合 GMP 规范的生产厂房逾 13600 平方米和按照 GMP 标准建立的 10 万级净化区 1400 平方米。

碧生源拥有意大利进口的全世界最先进的 18 条世界最先进水平的 IMA 自动生产流水线，并通过了 ISO9001、ISO22000、HACCP 认证，标准化的生产管理体系和完善的质量保证体系高效运行。完善的质量监测保证系统，保证每一袋茶的高品质和"一流"的产品品质。

全世界最先进的激光喷码技术，使每一盒产品都有独自的激光防伪码，用于识别产品的真伪，确保对生产、储存、销售的任意一个环节对产品进行跟踪。

（五）研发团队

碧生源拥有一支经验丰富、年轻高效的研发团队，有着良好的技术创新氛围。这支由博士、硕士和学士组成的研发梯队，在茶叶和中草药的提取、分离、感官质量、有效成分生理活性等关键技术领域有着丰富的经验。每一位从事化学分析的技术人员都经过严格的培训，拥有很强的方法开发、改进和应用的能力。

研发中心内部的实验室完全按照欧洲标准设计建造，符合其功能性、环保性、专业性的相应要求。与此同时，实验室还配备了世界一流的仪器设备，其先进性足以满足国内外对食品药品研发的一系列要求。研发团队为碧生源的系列产品提供了多方位、严谨扎实的研发支持。

（六）市场营销

一直以来，碧生源始终坚信，良好的品牌知名度及声誉对公司的发展至关重要。

碧生源以电视广告及赞助电视节目为主要市场营销工具。碧生源选用不同媒体组合在目标市场进行宣传，包括报纸、杂志、公交流动媒体、电梯大堂及其他公共地方的平面展板及互联网，确保公司的广告广泛覆盖。目前，碧生源在14个卫视台投放了广告。未来，碧生源的宣传力度有计划延伸至覆盖范围更广的卫星电视网络及互联网媒体。

碧生源挑选社会活动赞助，以增加碧生源的品牌知名度及改善品牌形象。先后赞助或冠名过的活动有新丝路模特大赛、上海世博会礼仪小姐选拔大赛、中央电视台励志减肥瘦身真人秀《超级减肥王》、湖南卫视明星"穷游"真人秀《碧生源花儿与少年》、湖北卫视广受欢迎的公益类节目《大王小王》等。

碧生源针对产品的更新和升级，亦和第三方市场营销公司展开深度合作，为碧生源的广告及宣传开发新概念及构思。

碧生源进一步发展在茶包饮料行业的市场地位。受农业部优农中心及其主办的中国茶叶博览会组委会委托，碧生源筹备并组织实施"中国袋泡茶品牌论坛"。论坛经国内近百家主流媒体直播，社会反响热烈正面，更受到同行业追捧以及社会的肯定。有多位专家断言："在碧生源的引领下，中国袋泡茶品牌建设将迎来突破性发展。"

（七）产品系列

碧生源的产品包括保健茶系列和花草茶系列。

其中，保健茶系列包括碧生源牌常润茶和碧生源牌减肥茶两款产品。截至目前，"两茶"产量已超过 30 亿袋。

花草茶系列包括碧生源清柠姜茶、碧生源红糖姜茶、碧生源菊花枸杞茶、碧生源玫瑰红茶、碧生源胎菊绿茶 5 款产品。目前，花草茶系列产品已经在电商和部分 KA 市场进行销售，效果良好。

碧生源过去 14 年的主要做法和主要成效

2000~2013 年间，所有的行业都在快速发展，也都是从最早的初创到陆续规范、严谨和严格的过程。保健品行业也是这样，都经历了一个早期粗放式的管理，到后面生产过程的良好认证，再到后面的管理体系；中国政府管理体系逐渐严格和规范，使得行业准入门槛越来越高，也使得行业内部的害群之马和鱼龙混杂的现象越来越澄清，保健品行业经历的 13 年发展，给中国的消费者提供了好的健康产品。作为从业者，也有信心可以让碧生源的产品存在几十年，长长久久地为消费者服务。

作为一个自主创立的功能保健茶品牌，碧生源的商业逻辑简单清晰。中国是一个茶叶大国，也因为茶叶引发过世界的茶叶战争，全球有各式各样的茶生意和商业机会，但是中国内部却没有一个品牌。碧生源希望用一个中国保健茶的品牌，用中草药和茶叶给全国乃至全世界的消费者提供健康的需求。碧生源的团队创业时有两个梦想：第一个梦想是参与并发展中国巨大潜力的保健品市场的机会，第二个梦想是特别希望中国的茶叶领域有一个好的品牌。

碧生源创始人赵一弘先生出生在一个中医世家，从小生长的环境让他懂得了为别人解决健康问题是一件非常有意义的事情。碧生源之所以选择保健品行业，也是因为这个行业是可以给消费者提供健康的一个行业。在日常生活中，保健品行业比药品治疗给予消费者的帮助意义更大，所以碧生源从创立之初就选择了保健品行业。

创立过程中，碧生源希望用朴实的语言沟通消费者。做市场的细分，每一个产品针对不同的功能做承诺，而不是说包治百病。价格比较适中，让消费者能够消费得起，能够让产品买得到、用得起、功效确切。

结合自己企业发展时，赵一弘说，企业发展首先就是企业自律。被人管和自己想做好是完全不一样的境界。其次，很多企业不在一个平台上。知名企业、有责任的企业、有担当的企业都是非常注重企业的社会责任，作为保健品企业碧生源绝对不会掉链子，一定提高对自己的要求。坚决支持国家食品药品监督管理局、中国保健协会等监管部门推行的"打四非"活动，保证紧跟政策的高度，严格执行各项标准，提升自身发展的同时，为社会尽责任。

（一）不断优化销售网络和团队，优化终端合作

近年来，随着碧生源的业务不断发展，不断优化销售网络的全国布局，充分发掘销售团队的内在潜力成为碧生源的重要工作之一。随着公司的销售网络在全国布局的完成，如何让这个庞大复杂的终端网络为公司业绩更好地服务，碧生源进行了不断的调整和梳理。

在2013年下半年，碧生源最终完成对传统渠道销售团队的重组及销售渠道的整合，将全国的销售区域重新划分为13个片区进行管理，传统渠道销售团队于2014年上半年集体发力开拓市场并卓有成效。碧生源的销售网络目前已全面涵盖中国内地所有的省、自治区及直辖市。2014年上半年，为了使经销商更加了解公司及产品，碧生源启动"回家"计划，邀请重点经销商回访公司。在上半年，覆盖了全国13个片区、为碧生源最近两年的年度收入合计贡献达60%以上的50多个经销商代表走进碧生源位于北京房山的生产基地及位于北京西四环北路的总部——碧生源大厦进行探访。通过"回家"计划，公司与重点经销商之间的互信度增强。通过这次机会，公司与重点经销商就下半年及之后年度的合作模式、存货管理、零售渠道管理等方面进行了深度的探讨和研究。

2014年，为了稳定渠道和有效管理公司产品价格体系，公司继续执行已建立的对于全国经销商、分销商进行整合的策略，制定明确的经、分销商标准，将碧生源资源集中在对公司贡献较大的优质重点经销商。通过整合经销

商、分销商渠道，使得公司产品可以依照公司设计的渠道进行定向流动，进一步加强了对产品销售渠道的控制。通过将不符合碧生源要求的经销商降级为分销商，并停止与不达目标分销商合作。截至 2014 年 6 月底，碧生源经销商数目从 2013 年底的 148 家减少至 125 家，分销商数目从 2013 年底的 630 家减少至 558 家。通过这一系列扶优汰劣的管理动作，公司不仅加强了对渠道的管理，还进一步扶植了对于公司贡献较大的经销商的发展，使得公司与经销商、分销商共同成长，形成了良好的互相协助的紧密合作关系，有效地促进了销售的增长。

同时，碧生源设立专门的运营管理部门来管理传统的销售队伍。该部门制定了规范的专门用于服务零售终端的销售业务员拜访规则。运营管理部负责规范销售人员对于终端零售店的服务模式，并指导销售人员在销售产品时，积极地对零售药店的店员进行拜访并面对面指导店员销售产品。

（二）多层次市场推广

通过多年的市场营销摸索和总结，碧生源形成了自己一整套市场推广的成功模式。多层次、全方位的推广模式让碧生源更进一步地贴近消费者。

升级产品，推出新包装。碧生源从 2014 年 1 月 1 日起，更换了碧生源常润茶和碧生源减肥茶的包装，图案以产品的草本成分为素材，使得产品形象更高端，获得了消费者的高度认可，因此对公司的收入增长带来了巨大贡献。同时，为了配合换新装及涨价的动作，2014 年开始，公司持续在电视、网络、户外等媒体上投放广告，并制作了健康类宣传片播映，透过媒体宣传和市场教育维护老客户的同时，发掘了新的客户群。碧生源 2014 年冠名赞助了湖南卫视的热播节目《碧生源花儿与少年》，启动了微博、微信等社交媒体平台，与渠道经销商、分销商、终端零售商及消费者全方位亲密接触的市场推广计划。同时开展了一系列促销活动，比如欧洲亲情游抽奖，买赠 T 恤，"花儿与少年"互联网游戏，转发微博、微信并参与抽奖等。通过这些活动，消费者对产品的关注度不断提高，拉动了销售。

参与公益活动，倡导正能量。2014 年春季，碧生源多次参与的由中国广告协会主办的中国大学生广告艺术节学院奖"碧生源杯公益广告大赛"在碧生源总部进行了公益命题平面作品的评选。本次活动有来自十几所大学的数百名大学生参加比赛并提交了 10 余万件作品。通过评奖，向年轻的大学生们传达了碧生源草本、健康、功能及东方的概念，在年轻人的心中树立了碧生源品牌的良好形象。

参与行业盛会，传播碧生源品牌力量。2014 年 5 月，第 43 届世界广告大会在北京国家会议中心举办，碧生源为会上唯一参展的产品型企业展商。在大会的分论坛会场上，碧生源宣布以"东方茶术"申请世界非物质文化遗产，旨在弘扬传统茶文化，引领整个行业。此外，在由香港知名财经类杂志《资本杂志》举办的第 9 届"资本中国杰出企业成就奖"颁奖典礼上，碧生源也获颁"资本中国杰出保健品集团"称号，充分肯定了碧生源在保健茶领域所取得的成就。

（三）积极拓展电子商务渠道销售

目前，碧生源积极探索适合公司产品的电子化营销模式。公司的产品在自建零售网站 7cha.com 及其他专业 B2C 网站上出售。线上平台不仅展示并销售碧生源在实体店销售良好的核心产品，而且着力推销公司新推出的产品及专门为网购人士设计的产品。尽管如此，碧生源电商渠道的销售仍然处于起步阶段，仍有较大潜力可以发掘。2014 年上半年为公司贡献约 4.5% 的收入总额。碧生源计划将电商渠道的推销重点进一步转移至食品饮料的花草茶类产品上，未来期待电商渠道的销售可以在花草茶产品上取得增长，并为碧生源带来一定的收入贡献。

（四）持续加强质量管理，获得专业认证

一直以来，碧生源非常重视对食品安全生产源头及生产过程的管控。除了投资巨额资金升级生产线之外，碧生源对所有原料的购买和使用，都有一套完善的严格管理制度。公司不但获取了由国家食品药品监督管理总局发出的 GMP 证书，而且接受和邀请相关部门和专家不定期对公司的生产环境的定时检查，均顺利通过。除了确保产品配料的安全及有效，公司长期严格对产品质量进行质量检测，从原材料的采购、生产物流环境、产成品检验等步骤

严控产品质量。为了向消费者提供高水平的产品，公司从 2009 年起就逐年从意大利进口具有世界领先技术水平的 IMA 设备对产品进行生产加工。IMA 设备以其世界领先的技术及每台每分钟 300 袋的高效产能为消费者提供高质量的产品提供最坚实的保障。

2014 年 6 月 27 日，第 5 届中国国际健康与营养保健品展在上海隆重召开，会上公布了保健食品循证医学项目研讨会之"碧生源功能袋泡茶循证医学结果"。根据初步的试验结果显示，碧生源常润茶和碧生源减肥茶是具有有效性、安全性和适应性的。该研讨会通过科学研究的方法，向消费者以及保健食品产业就碧生源产品的功效及安全性做出了最新的解答。

保健食品循证医学项目是由中国保健协会主办的保健食品大规模科学系统研究项目，参与试验的机构包括上海市疾病预防控制中心、第二军医大学、中国医学科学院中药研究所等。碧生源常润茶和碧生源减肥茶获得保健食品循证医学项目的验证，再一次印证了产品的高质量。

碧生源未来的发展战略

2014 年，中国出台了新版《药品经营质量管理规范（GSP）》认证。认证针对包括医药公司及零售药店在内的药品经营企业的资质、设施设备、仓储环境、物流合规、质量监管及税票合法等各领域制定了新的行业规范。不合规的零售药店将被迫关门或整顿。通过这样的动作，零售药店市场得到了清理，不规范的恶性竞争环境得到改善，同时也推进了合资格零售药店在销售及信誉上的双丰收。新版 GSP 认证的推出，对于一直规范经营的碧生源来说，是个对渠道进行规范、对价格进行管理以及遏制恶性竞争的好机会。公司有机会借助这次行业整顿，消除非正规渠道中恶性竞争对于公司产品的负面影响，借助正规渠道的力量使得公司产品的销售得到进一步的增长。

持续聚焦主打产品的营销工作。未来，凭借碧生源在健康产业中的资源优势，公司将延续多年成功的销售策略，持续聚焦在现有的碧生源常润茶和碧生源减肥茶的营销工作，持续优化销售渠道；进一步加强对销售终端的管理，密切监控市场存货，积极维护与零售终端店员的关系，向市场及大众传导健康生活理念。

合理规划，控制成本。未来，碧生源将谨慎控制广告费用的支出，通过在线线下联动的媒体传播形式，将上半年成功播出的《碧生源花儿与少年》的广告影响力进一步扩大，以相对经济的措施获取高性价比的市场传播成效。同时，碧生源计划将广告费用有序地投放到电视和互联网的一系列以内容为主的小型节目中，借助节目中的内容获得市场关注，并把握目前所拥有的与《碧生源花儿与少年》有关的宣传资源和节目效应的余温，进一步深化品牌影响力。

加大生产监控力度，深化研发水平。未来，碧生源将进一步加大对产品生产过程的监控力度，深化重点质量监控点和一般质量监控点的内容，做到"自检、互检、专检"相结合；进一步加强对供应商的质量评估，从源头把关，严禁不合格材料进入生产环节；进一步提高设备有效利用率，提高生产人员综合技能。

建立起市场、研发、生产统筹的研发决策管理体系，完成开发适合市场和销售要求的保健食品、食品饮品、电商新品；单项产品的研发成本、新产品成本率、成品成果转化率保持在行业适宜水平。

强调并加强风险管理。未来，碧生源将更大程度地发挥好公司股东大会、董事会职能，发挥董事特别是独立董事的优势和专长。提高全员风险管理意识，做好各部门岗位业务环节的风险评估控制。将目前没有完全开展起来的员工举报处置、基建审计、内部控制执行评价、大众费用稽核、流程控制管理、招标投标管理等业务全面推进，做到监督对业务的全面覆盖。逐步建立整合的运营监督及风险管理体系，形成由审计法务、督导稽核、外联等部门构成的完整的监督及风险控制链条。

加强信息化建设布局。未来，碧生源将对基础设施进行合理改造；对全国广域网络进行升级，满足集中化部署应用；实现各系统间基础数据的规范统一；在全国范围内推广销售、媒介系统；全面推进手机终端销售管家项目；推动无纸化办公；提高信息安全管理水平。

碧生源将通过自行研发、外部合作或直接外购等方式贮备一定数量的新产品，这些新产品都具备可以生产销售及投放市场的条件。在公司基本的两茶业务整合到一定程度后，公司会开始积极考察市场需求，并将新产品在适当的时候投入市场。

导师点评

　　碧生源公司从创始之初就圈定了一个新兴的行业，也是一个潜力很大的市场。保健品，这是一个人人都看好的市场，但是如何切入并站稳脚跟是最大的难题。许多的创业项目都是似是而非的，最终导致失败的例子不胜枚举，而碧生源是一个例外。创始人以丰富的企业经验，从一张白纸开始规划，用了短短 10 年的时间造就了一个成功的企业典型，创业的过程涉及企业管理的各个方面，营销网络的布局，与战略投资人的合作，最终通过资本市场成功运作，可以说是一个经典的商学院教材。

　　但是一个企业在经历了初创期，后面紧接着就是转型与升级，不断满足动态市场的变化需求，不断扩张，同时面临管理风险。在风险的管控上碧生源既有教训又有经验。这个行业是竞争非常激烈的，可以说没有常胜将军，所以接下来对于碧生源的挑战，就是如何实现可持续发展，如何更上一层楼。我看到碧生源的战略研发做得比较专业和规范，公司应该强化资本市场手段，通过自身的业务扩张和兼并收购双力推动企业发展，逐步成为一个多元化的控股集团。

孟庆轩

斯坦福大学博士、研究员

中国人民大学苏州校区特聘教授

北京和众集团有限公司成长报告

▷ 宋少波

◉ 国研·斯坦福三期一班学员

北京和众运输集团有限公司总裁

在转型创新中成长

北京和众集团位于北京东四环路 16 号，前身是 20 世纪 80 年代末北京市朝阳区南磨房乡政府成立的"四环汽车队"。25 年前，年轻的宋少波带领汽车队在道路运输行业完成了原始积累。25 年后，北京和众集团已经成长为一家集现代物流、出租车管理、驾驶员培训、汽车综合服务、赏玩市场管理、广告策划、客运旅游、特色农副产品种植养殖为一体的大型企业集团。

和众集团的发展立足于其前瞻性的战略部署。早在 1996 年，和众集团就率先从传统运输业转型物流行业，成为北京工商局登记的第一家物流企业，并创新性的发展出专业化的物流体系，尤其在汽车备件物流领域独领风骚，服务于 LG、奇瑞汽车和哈飞汽车等优质客户，每年营业额达几十亿元。如今，和众集团正在城市智慧物流领域继续发力，充分利用物联网、移动互联网、大数据、云计算等应用，建立货物流通及仓储供需信息平台，以生活快消品、汽车备件、家用电器三大业务板块为基础，向冷链物流、食品物流、医药物流等高端领域发展。

2001 年，总裁宋少波被人事部、交通部授予全国交通系统劳动模范荣誉称号，并受到温家宝总理的亲切接见。2011 年，和众物流公司被人力资源和社会保障部、中国物流与采购联合会评选为"全国物流行业先进集体"。和众集团将继续强劲的发展势头，巩固以现代物流为主体，以客运出租、驾驶员培训为两翼，以多元经营为补充的经营格局。

和众集团的主要做法

（一）创业者们从这里开始

20 世纪 80 年代末，改革开放的大潮打破了多年来计划经济的传统格局，北京市朝阳区南磨房乡政府领导萌发了从事道路运输的念头，整合了乡（人民公社）、村所属的十几部黄河、解放、龙江、日产等老旧杂牌车辆，成立了四环汽车队。随之，成立了由 19 部菲亚特组成的华泰客运出租车公司。从此，年轻的宋少波和他的伙伴们在从事道路运输的征途上开始了艰辛的跋涉。

经过几年的创业打拼，宋少波将"四环汽车队"管理得有模有样，完成了企业的原始积累。1994 年，伴随着国家进一步改革开放的步伐，购置了 50 部集装箱运输车辆，注册成立了奥顺达集装箱运输公司，从事专业化的进出口集疏港业务；随之，购置了 20 多部解放 141、北京 121 型汽车，成立了华泰驾校，从事汽车、摩托车驾驶员培训。随着北京迎接奥运、城市基础建设步伐加快，和众人乘势而动，注册成立了土石方工程公司，从此，显现了和众运输集团的雏形。以宋少波为首的创业者们在市场经济的大环境下，凭着火热的创业激情，上演了一出快速发展、健康发展、协调发展的大戏，探索出了一条不断转型、创新发展之路。

（二）率先实施传统运输转型

前瞻性是事业成功的基础。1996 年，国人对"物流"两个字还很陌生时，宋少波便萌生了向物流转型的思路。在当时而言，可谓是卓尔不群，他当时的想法是不能单一搞运输，要增加仓储、理货、分拣、配送等服务功能。因此，他到处寻找场地，南磨房地区已经没有合适的土地了，他多次到周边地区进行勘察，相中了十八里店兴华养鸡场，准备将其承租下来，用以发展仓储、运输综合物流服务，这是和众物流的初级阶段。

十八里店兴华养鸡场曾经是北京市菜篮子工程之一。当时，北京菜市场上的鸡蛋当中，每 6 个中就有 1 个是兴华养鸡场供应的。后来，因管理及其他原因，养鸡场经营惨淡、难以为继。宋少波看中了这块宝地，力排众议、斡旋奔走，以每年 230 万元的租金将其租了下来。一边改造鸡舍，一边还要侍弄没有处理完的一万多只鸡。当年，将占地 47000 余平方米的 24 栋鸡舍全部改造成仓储分拣配送中心，注册成立了北京和众奥顺达物流有限公司，这是北京工商局登记注册的第一家物流企业。当时，十八里店周围荒凉空旷，路寂人稀，远没有今日的繁华。企业领导人的前瞻之举和非凡的胆略是事业成功的基础，走出了南磨房地域，跳出了传统运输格局，培育了一支懂物流、会管理的员工队伍，逐渐引进了康佳、金佰利、恒安、中粮集团等重点客户，开始从事货物仓储、分拣加工、城市配送、干线运输、集装箱运输、零担配载、信息服务及相关业务，实现了由传统运输向现代物流的转型。从此，一个现代企业家带领着他的团队从这里走向全国。

（三）创新发展专业化物流

创新发展专业化物流，为客户提供专家式服务，是和众物流的成功经验之一。和众物流团队经过一个时期的历练，知名度不断提升，吸引了更多的客户群体，有力地拓展了市场份额，形成了汽车备件、生活快消品、家用电器三大主营业务板块，步入了发展的快车道。

20 世纪末，和众人在潮水般的车流中看到了市场潜在的商机，涉足汽车服务领域，做汽车备件物流是宋少波等领导集体的发展构想。他们获悉一汽集团要在北京建立华北地区备件中心库，经与一汽集团联系，双方确立了业务合作关系。和众物流按照客户需求征租土地、建设了 25000 平方米的立体库房，购置了一流的举升、分拣、运输设备，组织员工到长春和德国进行专业化技能知识培训，按专业化要求制定了物流服务标准和作业流程。十多年来，不断按客户需求进行提升改进，逐步成长为一汽大众在华北地区乃至全国库容最大、服务最好的汽车备件中心库，为京津冀地区 600 多家一汽大众汽车 4S 店提供汽车备件物流配送服务，营业额从当初每年的几千万元发展至目前的几十亿元。创新实施汽车备件专业化物流服务，和众物流实现了质的飞跃。

2004 年，随着和众人在业界声誉的不断提高，其业务领域快速扩张，奥迪汽车备件中国总代理、奔驰汽车备件中国总代理、奇瑞汽车北方中心库均相继落户和众，并与哈飞、吉利等国产品牌汽车建立了物流业务合作关系，汽车备件物流专业化服务已经成为和众物流最闪光的名片。

（四）创新调整运营模式

水流到哪儿，船就跟到哪儿；客户在哪儿，就服务到哪儿。贴近客户、贴近市场是和众物流的又一创新之举。

2004年，LG中国电子公司成为和众物流的又一个业务合作伙伴。和众物流为其在北京建设了30000多平方米的标准仓库，为其提供电子产品储存、分拣、配送、安装和售后一条龙服务。2012年，该项业务转移天津，和众物流跟进客户到天津作业，选派了最优秀的员工和一流的设备，在LG天津电子生产基地设立了物流项目部，提供仓储管理和物流配送服务，为用户提供了有力保障，节省了大量运营成本，被LG中国电子公司评选为最佳物流服务商。

2006年，根据奇瑞汽车在我国西南地区的销售量和市场保有量，和众在成都温江设立了占地7200平方米的奇瑞汽车备件中心库，在驻地注册成立了和众成都京鸿泰商贸公司，业务区域覆盖四川、重庆、云南、贵州、西藏等地，为100余家奇瑞汽车4S店和备件经销商提供物流服务。近十年来，服务质量不断提升，和众成都京鸿泰商贸公司被奇瑞汽车总厂连续评为优秀代理商，业务量呈快速递增趋势。

2009年，和众人将目光瞄准了东北老工业基地。几经谈判，与哈飞汽车达成合作意向，在哈尔滨注册了和众鸿祥仓储服务公司。按照哈飞要求与行业标准，复制了又一个汽车备件中心库，面向东北全部、中国大部地区提供哈飞汽车备件物流服务，并根据哈飞汽车的社会存量，在广州设立了备件分拨配送中心。五年来，双方在业务合作的前提下结下了良好的互信友谊。

2011年，"产业成都、汽车龙泉"无异于一声春雷在祖国的大西南炸响。一汽大众、丰田汽车、吉利汽车、沃尔沃汽车……许多世界五百强企业纷纷在成都龙泉驿落户，这是我国近年来汽车工业史上的又一次革命。和众物流审时度势，马上挺进大西南，在成都当地整合仓库，购置设备，招聘员工，成立了成都和众物流公司，与吉利汽车签署了汽车总装流水线零部件供应物流协议。和众人对汽车备件售后物流有着成熟的管理经验，但对汽车产前物流、跟随总装线供货并没有实践过。一开始显得应接不暇，经常供不上，但和众人想尽一切办法，研究对策、改进服务方式，经过无数次的更改作业流程、调整库存布局、改革专用器具、培训专业技能，终于闯过了"掉线"这道坎。目前吉利汽车每个月的生产数量变化很大，但和众人均能够满足用户需求。通过两年多的实践，和众物流在成都龙泉驿这座新兴的汽车城站住了脚，并打造出了一支从事产前物流的专业化队伍，得到了汽车制造商和备件供应商的一致认可。

（五）创新实施城市物流最后一公里

"服务首都人民，完成物流最后一公里"，一直是和众物流的重点战略之一。面对首都 2000 多万人民的生活需求和日益严重的交通堵塞状况，和众物流采取了一系列措施，创新实施了物流城市配送。

一是建设了 5 万平方米的生活快消品分拣中心，构建了现代化的物流作业平台，将不同食品和生活用品分库、分区、分架管理。

二是购置、更新了排放达标、节能环保、适应城市需求的配送车辆和各种类型的叉车、托盘等物流设备。

三是拥有一支常年忠实地为北京老百姓提供生活必需品物流配送服务的员工队伍，为北京市 1700 多家大型商超提供了货源保障，每天配货量达 3000 立方米。

四是优化运营路线，科学安排配送时间。实施了划片、分区、一线多点、一车多用的城市配送计划，克服了道路拥堵、通行受限等诸多困难，实现了用户"次日达、当日达、即时达"等不同要求。

五是从事冷链物流。2012 年，投资建设了 1 万平方米的冷库和恒温库，购置了先进的冷藏车辆，提高了食品物流的服务质量和食品的安全性。

六是涉入了电子商务。2013 年，和众集团投资注册了和众聚源商贸公司，依托和众物流庞大的仓储设施和完整的配送系统，成立了"和众优品"电子商务购物网站，实施了在线销售和同城配送。

（六）率先实施信息化管理

和众集团于 1998 年成立了和众信息服务中心，自主研发部署物流信息管理系统（简称 T3），当时使用的计算机还是北京工业大学研制的 "286" "386"，十多年来几经升级换代，始终保持了设备和知识的先进性，已集成了仓库管理、运输管理、车辆监控、客户平台、财务结算、数据分析、监控中心、人力资源、网上办公、运营决策等子系统为一体的现代化企业管理系统，并已覆盖于全国各分公司、子公司、项目部及各业务部门。

一是为客户量身打造了服务平台。为客户提供订单实时跟踪、商品动态查询、订单配送报表、商品出入库报表、库存分析、客户满意度评价等服务，让客户随时随地了解自己商品的库存、配送、在途情况，为客户制定采购及销售计划提供了准确的数据支持；架设了一道从供货源头至终端客户之间的物流供应链管理绿色通道，并根据客户商品的库存时间和配送规律，及时提醒客户调整库存和配送周期。

二是实现了物流作业的可视化，有力地保障了企业运营和信息互通。通过条形码扫描、GPS 定位等一些先进物联网技术，在订单受理、商品出库、在途跟踪、到货签收、回单签收等主要作业流程节点实现了实时数据反馈。实时订单跟踪、实时数据采集，通过在线客户服务满意度调查，实时了解客户需求，不断地提升物流服务水平。

三是加快了与客户的结算周期。信息系统前期已经录入客户合同信息及收费条款，可实现系统自动结费，有效地降低了统计人员手工操作的差错率。通过不断地提升改造，信息服务系统已经成为生产商、经销商、物流商、终端客户之间的"信息直通车"。

（七）创新发展出租车业务

华泰出租汽车公司是和众集团旗下的支柱产业之一，随着市场需求不断发展壮大，由最初的 19 部菲亚特出租车发展到目前拥有 211 部伊兰特出租车的中型企业，实现了质的飞跃。

借机收并，乘机发展。2000 年之前，华泰出租公司只有 19 辆菲亚特和

50 辆旧夏利汽车，通过兼并，收购了乐游、京和、向阳三家出租车公司。2005 年开始，将原来的旧出租车全部更新为伊兰特，华泰出租公司得到了快速发展，在北京出租行业中已小有名气。

提升服务，促进发展。2001 年公司借助奥运契机，开展了全员培训，学习奥运服务理念、上级政策精神、出租车服务规范等，提高了全体管理者和驾驶员的服务水平。每位出租车司机都是文明使者，他们以良好的车容车貌和仪容仪表面对每位乘客，进一步提高了华泰出租公司在行业中的声誉。2006 年起先后共有 20 名驾驶员被北京市运管局授予"的士之星"称号。

创新管理，加速发展。随着市场需求，出租公司创新发展了双班车运营模式，现在双班车已达到 60%。为加强双班车运营管理，在车队服务方面，着重于司机的经营行为、服务设施、车容车貌、仪容仪表的规范；在服务质量方面，公司设专人接待乘客来访，对乘客提出的意见进行调查，并给乘客反馈信息，直到乘客满意；在硬件设施方面，定期组织驾驶员参加例会，对车容车貌进行检查，时刻监督是否符合运营标准；成立了流动稽查小组，随时上路巡查，对违规行为进行检查规范。

十年来，华泰出租公司在领导和全体职工的共同努力下，各方面均取得了优异成绩，被北京市运管局连续多年评选为先进单位。

（八）科学实施驾驶员培训

1. 应运而生的华泰驾校

1994 年，国家的开放政策激活了驾驶员培训行业，和众集团成立了和众华泰驾校，购置了解放 140、北京 121 型教练车（后来又购买了 20 辆摩托车），由穆成岭同志任校长。当时驾校职工多是本乡农民，驾校聘请了有经验、有资质的老师来传授教学经验，组织教练员进行专业培训，使职工具备了从业技能和从业资格。随后，修建了训练场地，购置了教学器材，就这样，一个条件比较简陋的驾校便应运而生了。进入 1998 年，刚刚步入正轨的华泰驾校因修建四环路需要搬家，经多方努力重新选择了校址，建设了具备现代功能的驾校。从此，华泰驾校掀开了创业的篇章。

2. 法规培训带来的机遇

1998 年新校址建成后，经多方努力，将朝阳区《交通法规培训部》引进到华泰驾校。当时，具备法规培训资格的驾校全北京只有 4 家，而华泰驾校属其中之一，这使华泰驾校的对外声誉在短时间内得以迅速提升，经济效益也得到了快速提高。为适应未来的持续发展，驾校开始投资更新教学车辆，逐渐购置了具备时代气息的桑塔纳轿车和皮卡小货车。新车、新校舍，使学员的学习条件得到了很大改善，从而为华泰驾校创造了更大的经济效益。

3. 创新实施综合教学

2004 年 5 月 1 日，《道路交通安全法》正式实施。公安部随之出台了新的培训政策，其中一条就是要把法规培训部取消，把法规培训任务交给一些有资质和能力的驾校，由车管所负责监督考核。这项新规定使驾校看到了新的机遇，那就是争取法规培训资质。于是招聘了具有高等学历的人才担任驾校的法培老师，并委派他们到法规培训部进行实习。通过严格考试，驾校拥有了属于自己的法培老师，在教学软件得到保障的同时，驾校领导积极筹备，按照新规定改造教室，购买新的教学设备，终于取得了法规培训资格，并得以延续至今。从此，驾校实现了综合教学。

4. 借奥运之机快速发展

北京获得了举办 2008 年奥运会资格，越来越多的外地人来到北京寻找发展机会，来驾校报名的学员多了许多。驾校领导果断决策，购买新车，增添训练车辆，以满足更多学员的训练需求。为配合奥运会举办，驾校在各个科目教学中积极创新。

法规培训由原来法律约束制约变成对于学员守法意识的培养，使学员具备了自觉遵守法律、法规的习惯。法培老师的教学方法也及时创新，把原本枯燥、乏味的交规课变得幽默、形象，使学员爱听、想听。日常训练时除了对驾驶技能要求外，还强调了文明驾驶的重要性，培养文明驾驶的习惯。教育学员"拥堵不加塞、开车不斗气、垃圾不乱丢、守法又文明"的驾驶理念，使学员在安全、守法、文明等方面都得到了提高。教练员的教学方法也加以改善，及时观察学员的学习态度、性格特征、接受知识的能力，因人施教，由盲目性转化为计划性，由自发性转化为自觉性，把传统的"师教徒"改为朋友间的沟通交流，使训练质量不断提高，提高了各科目考试的及格率，受到了学员及社会的好评。

（九）积极融入汽车服务业

2013 年，北京的机动车总数已达 530 万辆，且大部分为商务车和家庭小汽车，汽车服务业已潜藏着偌大的市场商机。

时年 7 月，和众集团旗下的"和众爱车汽车服务有限公司"正式运营。该公司位于北京三环与四环之间的核心地段，拥有 3000 平方米的现代化场房，购置了一流的机械设备，选拔了业界顶尖的专业技术人才，主要业务涵盖了精品洗车、汽车美容、维修保养、配件供应、车辆救急、保险服务、验车代理等。一年多来，公司靠良好的技术和优良的服务赢得了广大客户的信赖。日前，已与奔驰品牌汽车建立了业务合作关系，联合成立了"和众爱车俱乐部"，客户只要用手机扫描一下奔驰汽车的二维码，便可以马上成为"和众爱车俱乐部"成员，将会享受到奔驰品牌汽车的相关待遇。从目前和未来看，汽车服务对象多为中高档汽车，且有着广阔的市场空间，这将成为和众集团又一个新的经济增长点。

（十）适时涉入文化产业

2014 年 7 月 18 日，位于劲松桥东侧的和众天成赏玩城隆重开业。这是和众集团投资建设的赏玩文化项目，营业面积 12000 平方米，主营玉石珠宝、精美古玩、文化器具、茗茶饮品、高档花卉五大系列上万个品种，可容纳数百家商户共同经营，为北京广大市民和中外游客提供了一个集商品交易、文化交流、藏品展示、文物鉴赏、品茗休闲为一体的活动平台。自开业以来，商贾云集，游客爆满，被国家非物质文化遗产办公室指定为"非遗文化传承单位"。之前，和众集团领导对涉入文化产业进行了周密的市场调查和风险预测，对其前景成功在握。和众天成赏玩城以传承文化为主旨，以"和人惠众、德行天下、精于大成"为理念，满足已经富裕或正在走向富裕的不同社会群体的文化需求。

和众集团取得的主要成效

2004～2014 年，和众集团克服了燃油涨价、路桥费征收、道路拥堵、税率改革、企业用工难等诸多困难，保持了每年的 10% 增长速度，取得了良好的经济效益和社会效益。

（一）企业规模和指标情况

企业净资产：3.8 亿元。

物流仓库面积：20 万平方米（包括自建、租赁，含驻外单位）。

物流场地面积：15 万平方米（含租赁土地）。

自有机动车辆：530 辆。

合作运输车辆：1500 辆。

各种机械设备：2500 台套。

安全行车里程：3 亿车公里。

完成货物运输量：3000 万吨。

重点物流客户：300 多家。

安全运送旅客：2000 万人次。

培训汽车、摩托车驾驶员：50000 多名。

分支机构和网络布局：在北京、上海、天津、广州、成都、哈尔滨、呼和浩特、拉萨、唐山设立了 21 个分、子公司；在上述地区及其他大中城市设立了 30 余个业务分支机构和物流节点。

企业员工结构：员工共计 1500 人，其中大学生及以上学历占 39%、中专（高中）生占 51%、初中生占 10%。

（二）企业文化和团队建设情况

品牌源于优质服务，信誉来于诚实守信。一切替客户着想，是赢得市场、赢得客户的永恒法则。和众文化是企业发展的不竭动力。

和众文化："和众就是一支军队，雷厉风行、纪律严明，时刻具备团队精神与敢打硬仗的思维作风；和众就是一所学校，员工相互学习、相互探讨、相互促进，在学海中齐肩并行；和众就是一个家庭，员工相互扶持、相互温暖、相互关爱，共同营造如家的温情。"

服务宗旨："安全迅速、准确无误、优质服务、用户第一。"

和众愿景："创和众品牌，做百年老店。"

管理法则："严管理、深关爱。"

和众口号："和众物流，您的好帮手！"

核心价值观："爱国家，爱企业，爱家庭。"

以上这些，是和众文化的核心部分，其思想是热爱国家，发展企业，成就员工，回报客户，服务社会。

十年来，和众集团在先进文化理念的指导下，聚集了来自全国 26 个省市、自治区的优秀员工，拥有了一支甘于奉献、乐于吃苦、勇于奋斗的员工队伍，靠专业技能和精益求精的服务精神，塑造了业界知名的和众品牌。

坚持雷打不动的人才培训制度，采取请进来、送出去等多种教学办法，收到了预期效果。新员工上岗前进行技能培训，采取集中授课、员工互教、师傅带徒弟等一系列办法，使新员工具备一定的理论知识和操作技能；对骨干员工和高级管理者进行重点培训，多次组织骨干员工参加各种高规格的培训班，并选送到国外进行专业知识培训；定期分级别进行专业技能比赛考核，并根据考核结果定岗位、定薪酬。

一如既往地关爱、尊重员工，做到了员工薪酬与企业效益同步增长。员工薪酬标准始终保持在同行业的中上水平；为全体员工上齐、上足了各种劳动保险，执行固定的员工休假制度，坚持定期为员工检查身体；为员工提供了良好的食宿、生活条件和健身娱乐场所。全体员工坚持每天上班前的早操制度和每周一的升国旗制度。

经多年培养，和众集团拥有了一大批具备领先业务水平、热爱岗位、忠诚企业的专业人才，使企业具备了与时代相吻合的综合竞争力。上述内容体现了和众文化的内涵，大家快乐工作，快乐生活，每个人均能够在和众成长、成才、成功。

（三）履行社会责任

2004年6月，交通部联合国家七部委在全国范围内发起了"治超、治限"活动，和众集团代表运输企业率先响应"从我做起，不超载、不超限"，并倡议发起了"治超、治限京广行"宣传活动，从北京至广州一路承诺、一路宣讲，在沿途七省市道路运输企业中引起了强烈反响，得到了政府部门和社会各界的高度赞赏。十年过去了，和众人信守了当年的承诺，所有营运车辆一直没有超载、超限。

2004年10月，和众集团配合交通部发起了从连云港至新疆霍尔果斯的丝绸之路路演活动，旨在推进沿线的制造企业、商贸企业与物流企业的联合，促进中国的道路运输企业联通欧亚大陆桥、走向国际。

2004年，和众物流被"中国食品物流协会"命名为"食品物流示范基地"。同年，和众物流被北京理工大学遴选为"物流专业研究生实习、课题研究"合作单位。

2006年，和众集团华泰出租公司员工自发成立了敬老、助残服务车队，为朝阳区养老院和周边社区的老人、残疾人无偿提供出行游览、观光服务。只要养老院的老人或残疾人打一个电话，和众华泰的出租车立刻赶到，不收取任何费用，此项活动一直传承至今。

2008年，四川汶川地震，和众集团第一时间捐献救灾物资，组织抗震救灾车队，代表北京市人民将爱心送往灾区。同年8月，北京举办奥运会，和众集团挑选了最好的车辆、最优秀的员工，组成了奥运服务队，在整个奥运会期间为各国运动员、组委会工作人员提供了一流的服务，受到了国际友人的称赞和北京市政府的表彰。

2009年，青海玉树地震，和众集团仍然在第一时间组织抗震救灾车队，满载救灾物资到玉树地区奉献爱心。同年9月，国庆60周年庆典之前，和众人圆满完成了彩车运输和天安门广场"56根民族柱"的运输、安装任务；国庆60周年庆典阅兵，和众集团的五名女民兵光荣地走过了天安门广场，接受了国家主席胡锦涛的检阅。

2010年，集团总裁宋少波被北京物流协会、北京道路运输协会聘为副会长（之前已兼任北京市朝阳区物流协会会长），被北京市交通委评定为道路运输专家。

2014 年 8 月，交通运输部遵照习近平总书记号召，组织丝绸之路经济带卡车集结赛路演活动，和众集团积极响应，挑选了最好的员工和车辆，历时 20 余天，途径 6 省区，行程一万里，圆满完成了展示、竞赛、学习、交流等任务，受到了交通运输部领导的表彰。

和众集团未来发展战略

（一）指导思想

以市场需求为导向，以"依托北京、辐射华北、面向全国，走向国际"为区域目标，以服务首都老百姓生活为重点，以和众文化理念为准则，以不断地转型、创新为举措，以安全、节能、环保、高效为总体要求，在未来五年时间，实现企业规模、企业效益翻一番的奋斗目标。

（二）市场定位

大力发展智慧物流：一是围绕首都老百姓的生活需求，提供及时、周到的精品物流服务。二是围绕全国汽车市场，发展售后、产前备件配送、供给专业化、标准化物流服务；三是围绕家电产品提供仓储、销售、配送、安装一条龙物流服务；四是围绕中西部地区，发展农牧产品、特色产品的运输、储存、深加工综合物流服务。

稳定发展出租车服务业，创新发展驾驶员培训业，积极发展汽车服务业，联合发展文化、旅游、养老、种植、养殖等相关产业。

（三）发展智慧物流的重点举措

1. 全面发展城市物流

围绕首都老百姓的衣、食、住、用、行等方面的生活需求，做最好的物流服务商。为保障食品安全、服务百姓生活、助推首都经济做出贡献。一是采取科学、节能、环保的物流配送方案，在客户满意度、商品送达及时率、货物完好率上下工夫，做好物流最后一公里。二是及时了解客户需求，规范改善运营流程，不断提升物流信息透明度，定期进行客户满意度调查，时刻让客户了解自己的商品状况，了解服务质量。保障老百姓餐桌上的食品安全，将服务做到极致。三是敢于担当，积极承担社会责任。在未来 5 年内，分别在北京市六环以内建立 3 ~ 4 个分拨配送中心，提供市内各区域快速消费品配送服务。四是提供城区内或城际间的零散运输、整车运输、逆向物流业务。结合电子商务企业实施 O2O 商品城市配送，包含商品的存储、加工、分拣、包装、配送、安装、结算一条龙服务。

2. 纵深发展科技物流

发展智慧物流，科技是前提，就是以信息化技术手段，让传统仓储、运输的运营模式借助现代化信息技术手段实现飞跃。结合物联网、互联网、移动互联网和感知技术、大数据、云计算这些新兴的科技应用，实现物流科技化、信息化和智能化。通过自动分拣技术、可穿戴识别技术实现仓储过程的自动化和智能化。通过仓储、装卸、运输全程标准化单元操作实现提升物流效率。通过引进系统自动智能派车、车辆及商品实时定位跟踪，订单实时扫描等先进技术，实现物流运输可视化、可控性。

推行整体供应链管理，降低总体库存，精细化库存分析，提升库存质量，降低慢流、呆滞及其他无效库存，从而为供应链各环节减少浪费，提升利润，提高流动资金周转率。

3. 创新提升"两个能力"

大力提升运营管理能力和市场资源整合能力，围绕"依托北京、辐射华北、通达全国，联通国际"的经营区域定位，在全国布局和充实网络节点。顺应市场变化，不断地坚持创新发展，与铁路、航空、港口和大型物流园区联合，建立跨行业、跨领域、多体制的运营模式。调整企业内部运营结构，形成集团与全国各分支机构信息透明，资源共享，管理统一，经营自主的运营格局。充分利用国家发展西部、京津冀一体化等相关政策，发展干线运输和零担运输，将西部地区的名优产品、特色食品与北京老百姓的餐桌联系起来，联合打造一条西部地区至北京的绿色物流走廊。

以互联网、移动互联网为载体，建立货物流通及仓储供需信息平台，通过信息系统合理优化和调配本企业及市场业务与运营资源。

4. 积极发展环保物流

实施绿色环保物流战略。一是发展甩挂运输，提高车辆设备的完好率、工作率和实载率，最大限度地减少空驶里程。二是逐渐引入新型能源车辆，进一步降低燃油、修理等相关成本。三是做好配送计划，延伸服务半径，做到一线多点、一车多用，保证企业生产、居民生活必需品有序供应。

根据多年商超配送数据分析，掌握北京市各区域、各大商超卖场的不同商品需求数据和各季节、月份商品需求数据，从而为厂家了解市场真实需求提供参考指导意见。以"安全迅速、准确无误、优质服务、用户第一"为宗旨，其目标是一切为了客户"省时、省力、省钱"；以生活快消品、汽车备件、家用电器三大业务板块为基础，向冷链物流、食品物流、医药物流等高端领域发展；巩固专业化，坚持精细化，完善信息化；做到安全、环保、节能、便民、高效。

集团发展的经验与评价

十年回首，玉汝于成。这十年，国民经济柳暗花明，运输市场起伏跌宕，物流行业风生水起。和众集团靠不断地转型、创新，始终不渝地沿着"发展是硬道理"这条主线，通过上下一心、奋力拼搏，塑造出了闻名全国的和众品牌，取得了世人瞩目的经济效益和社会效益，为企业、为国家、为社会做出了积极的贡献，其经验概括如下。

（1）企业领导人的前瞻性是事业成功的基础。不论是转型还是创新，可以超前，但不能空前，要随着市场需求和经济的节拍走。和众集团1998年开始由传统运输向物流转型，是在正确的时间、正确的市场环境下，靠适度超前的大胆决策取得成功的，因此，具备洞察市场的前瞻性是事业成功的前决条件。

（2）"专业的人做专业的事儿"是创新发展的捷径。和众集团2000年开始走向专业化物流，助推了企业发展速度。从事自己熟悉的行业，在全国建立了许多分支机构，但一直围绕汽车配件、电子产品、生活快消品从事物流服务，并顺着这条路不断地创新，不断地取得成功。在专业的基础上向市场的纵深拓展是规避投资风险的最好办法。

（3）先进的企业文化是事业成功的动力之源。一个企业不在于你有多少资产，而在于你有多大的市场竞争力，拥有一流竞争力的企业，必然拥有一流的团队。这个团队必然有着明确的核心价值观，清晰的奋斗目标、发展愿景和管理规则。来自全国 26 个省份的和众员工，不离不弃、一如既往地践行和众文化理念，"爱国家、爱企业、爱家庭"，足以证明和众企业文化符合时代精神，适应企业的中长期发展需要。

（4）安全是最大的社会效益。和众人始终遵守国家法令和各种规章制度，尤其是近十年来，信守承诺，从我做起，道路运输"不超载、不超限"。和众集团成立 25 年来，从未发生人员死亡、重伤和其他恶性事故，以实际行动体现了和众人对员工的关爱，对生命的尊重，对国家、对企业、对社会的贡献。

（5）诚信是通向市场最有效的通行证。和众人一切替客户着想，一切为了客户"省时、省力、省钱"，靠诚信拥有了稳定的客户群体，靠诚信在全国 9 个大中城市构建了分支机构，靠诚信塑造了业界知名的和众品牌，靠诚信取得了企业又好又快的发展。因此，诚信是和众人的制胜法宝。

现代物流业已昂然步入了各行业的主流地位；客运出租业已成为老百姓出行、城市环保不可或缺的重要部分；驾驶员技能培训已成为现代人工作、生活的必需部分。未来的市场热切呼唤智慧物流、绿色物流，其核心思想是有利于环保，有利于国家，有利于百姓，有利于子孙后代，未来的市场将商机无限。但无须讳言，今后及将来，市场竞争将依然激烈，各种困难将如影随形，这是创业者们不容回避、必须应对的永久性课题。

欣然回首，自和众集团成立 25 年来，1989～2004 年可比喻为少年时期；2004～2014 年可比喻为青年时期；今后，和众人已随着时代的节拍，步入壮年时期，这个时期是和众人出成果、创佳绩的黄金时期。

目前，和众集团已经拥有先进的企业文化，完备的机械设备，专业的服务团队，完善的经营网络，稳定的客户群体，成熟的信息系统。今后及将来，和众人在总裁宋少波的领导下，将义无反顾、使命依然、取得更大的成功！

导师点评

　　和众集团创业发展是一个典型的创业历程，从根本上说公司的特点是在服务领域发展，逐步形成了一个适度多元业务的格局。公司的目标不是盲目做大做强，而是一步步的扎实稳健发展，在北京的企业生态环境中找到了自己的定位。

　　一个企业的发展模式与创业家的风险偏好有关，与企业的目标、定位有关。和众这样的企业，没有把上市和快速扩张作为自己的目标，而是基于市场滚动发展，所以公司的市场风险和系统风险不高，下一步如何发展？建议企业的管理层考虑战略变革，在企业本土多年发展的基础上，通过建立快速扩张路径，实现企业转型升级，实现企业股权扩张。

　　随着电商的快速发展，物流行业面临巨大的发展，基于重塑的机会，通过兼并重组发展是一条可选之路，公司应该尝试运用投融资战略，在目前的主营业务开展外延式发展，并进行地域扩张，因为这个行业会经历一个整合，规模效应很重要。

　　公司的组织构架和治理构架是否能够适应未来的发展是一个挑战。只有不断吸引资源，对包括人力资源在内的企业发展要素进行聚集，公司才能够不断发展，建议和众集团的管理层进行战略梳理，为未来的中长期发展制定整体战略。

孟庆轩

斯坦福大学博士、研究员

中国人民大学苏州校区特聘教授

个 人 篇

情系"三农"
打造都市型现代农业第一品牌
——记国研·斯坦福三期一班学员、北京首都农业集团有限公司党委书记、董事长张福平

长期以来，张福平不断探索和实践首农集团的改革发展之路，并坚定了首农集团必须高举发展都市型现代农业大旗，以建成首都标志性的现代农业产业集团为改革发展的方向，不断开拓创新。集团的经济获得了持续快速发展，各项事业取得了全面进步。

掌好舵，举好旗，打造行业旗舰

首农集团是一个有着 65 年历史的老农垦企业，在产业发展上，曾呈现出行业经营杂、企业规模小、竞争能力差等问题。针对这种情况，张福平适时调整企业的战略定位和发展目标，使集团的经济发展走上了一个健康发展的轨道。在他为核心的领导班子带领下，加快制定实施产业发展战略，调整优化经济结构，通畅完善产业链条，做强做大现代农牧业、食品加工业和物产物流业融合发展的都市型现代农业，全面提升经营质量。集团组建了一批产业化龙头企业和具有较强竞争能力的专业性公司，现代农牧业的基础地位得到巩固，食品加工业的龙头作用得到发挥，物产物流业的支撑效应得到彰显。开创了集团公司科学健康发展的新局面。

集团产业在所属行业中体现了明显优势。奶牛育种和养殖处于全国同行业领先位置，拥有全国最大的种公牛站，优质荷斯坦奶牛 7 万多头，成乳牛年平均产奶量达到 1.1 万公斤，超出全国平均水平 2.5 倍，带动了 7000 余户奶农和北京市70%以上的牛群。拥有全国唯一的北京鸭品种资源保护、良种繁育和示范推广基地，存栏种鸭7万套，种鸭推广占国内市场的70%。拥有全国最大的自主知识产权的中育配套系种猪和国内唯一的SPF种猪安全生产体系，种猪存栏8万头。拥有从育种、养殖、肉鸡屠宰、食品深加工、内外贸易一体化的肉鸡产业链，父母代蛋鸡饲养规模220万套，年产肉鸡商品代合格种蛋6500万枚，年提供商品代雏鸡2亿只，每年带动种养业农户13.56万户，户均年增收7153元。三元食品公司作为乳业龙头企业，在北京市郊区县及外埠等地建立奶源基地，为北京市及外埠3万多农民提供了就业机会，养殖户户均增收2.37万元。拥有5家国家级重点农业产业化龙头企业，形成了"三元""华都""双大""八喜""太子奶"等一批著名品牌和商标，并与多家国际知名企业建立了良好合作关系。

抓管理，促合作，赢得持续发展

张福平坚持集团化改革和规范化运作，不断完善法人治理结构，制定了治理各层的议事决策制度，对党委会、董事会、监事会、经理层的权责边界进一步明确规范，工作流程走向优化清晰，公司治理水平不断提高，基本建立治理各层分工明确、各负其责、相互制衡、高效运转的良好运行机制。他对以集团化运作为核心的集团经营管理模式进行了有益探索。近些年，母子公司管控模式不断健全完善，母公司作为战略决策、资本运营、资产监管、人力资源配置和文化品牌建设的中心，子公司作为生产经营、经济效益、成本控制的中心，形成"资源共享、财力互用、风险共担"的集团化运营模式。

集团构建起了合作共赢的发展模式。先后与北京各个郊区县、河北石家庄、承德、张家口等地区结为战略联盟或友好伙伴，与美国麦当劳、辛普劳、百麦、肯德基等公司之间加强战略合作，形成优势互补、内外融合、合作共赢的局面。

重责任，塑名牌，建立百年基业

张福平始终强调企业的社会责任，倡导"诚信载口碑，口碑塑品牌"的经营理念，诚信经营，质量立市。首农集团构筑了完整的产业链条，实现从"田间到餐桌"的链接，实施标准化的生产加工方式，建设严格的质量可追溯体系，打造从育种、养殖、加工、配送到服务的一体化经营和全程质量控制模式，倡导优质安全的服务理念，为市场和广大消费者提供绿色、健康、营养的农产品和食品。2013 年，首农被《中国品牌》杂志社评为"十佳诚信品牌"。在历届北京影响力评选中荣获影响百姓生活的十大企业、十大品牌、社会责任奖等称号。三元食品公司被中宣部、国务院食品安全办认定为乳品行业"诚信与实力"标杆企业。

在他的带领下，多年来集团圆满完成历次国家重大活动及会议的食品供应工作，并受到了上级相关部门的多次表彰。在重大社会责任和危难面前，首农集团践行了强烈的社会责任。积极支持玉树、汶川和雅安抗震救灾、吉林抗洪救灾、北京"7.21"救灾和革命老区建设。从 2009 年 3 月起，集团分四次成功竞购重组了三鹿核心资产及相关资产，确保了社会的安定平稳，推动了企业产业的长久发展。

聚人心，强队伍，提供坚强保障

企以人为本，人以聚为强。张福平坚持"企业、社会、自然和谐共处；股东、客户、员工共赢发展"的价值理念，坚持全心全意依靠职工办企业的方针，集团的凝聚力、员工的向心力大大增强，爱岗敬业、致力发展、做强做大、为企奉献已成为员工的职业追求。职工收入持续增长。集团获得了"全国模范职工之家"、"全国五一劳动奖状"等荣誉。

张福平始终把党的建设和精神文明、政治文明、社会文明的全面发展融入集团改革发展的全过程，带出了坚强的、富有朝气和战斗力的干部队伍。

勤学习，严律己，领导模范带头

不管平时多么繁忙，张福平都坚持学习，勤读书，不断提高理论素养和领导能力。掌握大政方针，同时根据新的形势、新的要求，学习经济、管理、法律、历史、哲学、心理等广角度、多门类知识。

2009 年，张福平荣获第四届北京影响力"十大企业家"称号。荣获"2009 年度 CCTV 三农人物"提名奖等荣誉。2010 年，荣获北京市和全国劳动模范称号。2011 年，当选为北京低碳农业协会理事长。2012 年，作为正式代表，出席北京市第十一次党代会，当选为北京市委候补委员；当选为中国农业产业化龙头企业协会副会长。2013 年，作为正式代表，出席北京市第十四届人代会，当选为北京市第十四届人大农村委员会委员；当选为北京市农业产业化龙头企业协会会长；当选为北京市委委员。2014 年，当选为全国优秀企业家。

未来，首农集团将在张福平的带领下，紧紧围绕新时期首都战略定位和发展的阶段性特征，牢牢把握国家推进京津冀一体化发展以及北京将进行功能疏解和产业转移的契机，立足自身优势，努力构建实业为体、金融化理念和信息化技术为两翼的"一体两翼"发展模式，力争在"十三五"末实现"千亿首农"和"中国都市型现代农业第一品牌"的既定目标，成为"代表首都形象、行业领先、具有核心竞争力的大企业集团"。

为正则刚　有容乃大

——记国研·斯坦福三期二班学员、杭州锦江集团
有限公司董事长钭正刚

　　杭州锦江集团是一家以环保能源、有色金属、化工为三大主产业，集商贸于一体，总资产逾 500 亿元的大型现代化民营企业集团。集团起源于 20 世纪 80 年代，1993 年组建集团公司，先后涉足纺织、印染、造纸、电缆、建材、医药等领域，历经了三次产业结构调整。现拥有企业 50 多家，分布国内 20 多个省、市、自治区及香港特别行政区，并在新加坡、英属开曼群岛、印尼、越南，吉尔吉斯斯坦等国投资创业。是中国企业 500 强、中国民营企业 500 强、浙江省首批诚信示范企业，自 2000 年起已连续 14 年被评为 AAA 级信用企业。2012 年，杭州锦江当选"CCTV 年度品牌"，2013 年，当选"中国信用企业"。

　　在这一系列成就背后，是其低调务实的掌舵人钭正刚先生的智慧与理想。今天，让我们走近锦江，看看这成就背后的故事。

　　一个企业的成功，靠的是企业的文化。一个民营企业做大做强就是在"老板文化"的带领下，靠一批人认同于相同的价值观、人生观，为了共同的目标而为之奋斗的过程。而在这个奋斗的过程中所体现出来的价值观和理念，就是企业的灵魂。

　　正如一位哲人所说："人是他行为的总和。"锦江也是这样，锦江的灵魂体现在它每一步的发展历程之中。从 1983 年 2000 元起家，到今天涉足环保和资源两大类，环保能源、有色金属和化工三大产业的大型集团公司，30 多年来，锦江走过了一段先是筚路蓝缕，继以风雨兼程，进而一路高歌的辉煌历程。从小到大，从弱到强，从强到久，锦江始终坚持"为正则刚，有容乃大"的企业理念，这也是钭正刚名字的寓意，做企如做人。

为正则刚

所谓正，就是正确。对锦江来说，最重要的是思维方式的正确。这不仅仅是要正确把握市场机遇、正确确定市场定位或者正确调整产业结构，更是要用正确的人，按照正确的方式，将正确的事情做到底，在做事过程中始终保持正确的心态，用自己的责任心和良心认真做好每一件事。

所谓刚，就是刚强。刚强并不是刚愎自用，也不是得理不饶人，真正的刚强在于强大的内心。锦江上上下下的员工待人做事都非常和善，在企业之间的交往上，锦江集团也始终坚持温和低调的相处之道。这不是软弱，而是外柔内刚的处事原则。对锦江而言，坚持做正确的事业，不隐恶、不虚美，敢于自我突破、锐意创新，勇于承担社会责任，扎扎实实做实业，一步一个脚印的发展前行，这才是真正的"刚"。

1. 人间正道是沧桑

在锦江总经理王元珞看来，钭正刚董事长是一个真正实现了人生价值的人，是一个富有人格魅力的人。她说："老板创业已 30 年，对他自身来讲，已经赚到一辈子乃至几辈子也用不完的钱，赚钱多一点少一点没有任何实际意义，为什么他还要如此努力？为什么他还要和员工们一起吃食堂？为什么还要每天按时上班、晚上还要经常加班？节假日的时候，普通员工休息，他自己还要跑到下面企业去调查研究，他如此辛劳是为什么？因为他在实现自己人生的价值，在充实自己人生的意义。"

对一个普通人来说，基本的生命历程，无非是年轻的时候念书，毕业以后工作，找一个薪水高的、长期稳定的工作，一不小心，一生庸庸碌碌地就过去了，回过头来看没有什么价值，但是如果能够在工作中与企业共同发展进步，认真过好每一天，就能够感觉到人生的意义所在。这个时候的人生，就是一种享受的人生，也是在更高的层面实现了自身价值的人生。

1983 年，集团董事长钭正刚利用自己早年做油漆工、干摄影、贩茶叶赚到的 2000 元钱起家，组织了 5 台织布机，建立起了临天西市织物厂，生产化纤织物。从现在的角度来看，这样一个小厂只不过是一个非常娇嫩的小芽，几乎经不起任何风吹雨打，但在当时已经是非常了不起的创举。就这样，靠着对国家政策的敏感，钭正刚董事长做出了第一个正确的选择。回过头去看，他总是敏锐地看到了国家政策的变化，最早地乘上了改革开放的东风，开始了自己事业的腾飞。为什么是钭正刚而不是别人能够借势而起？这就是一个思维方式的问题。钭正刚正确地认清了当时国家发展的大趋势，才能够因此起家。

再如 2007 年，锦江的第三次产业调整，正式确立了两大类三大产业，环保类的环保能源产业，主要就是垃圾电厂，资源类的有色金属产业和化工产业。锦江赶在整个纺织行业开始萧条之前，退出了纺织产业，这种对产业转型的选择绝不是一个偶然，而是基于对国际国内经济局势的正确判断和对本企业的正确定位做出的英明决策。当时环保能源产业还不赚钱，纺织看上去也并不是那么坏，为什么锦江要撤掉纺织产业而将环保能源作为整个集团的基础产业呢？这就是看到了未来的经济发展趋势。这就是思维方式正确所带来的效果。而正确的思维方式，就是锦江集团对市场的绝对敏感，是时刻以市场为导向的思想和行为方式以及对经济大势的预判决定了锦江的选择。

当然，正，并不意味着永远不犯错误。在重大选择上，锦江也有犯错误的时候。1997 年确定为发展领域的药业就失败了。失败的原因可能有很多：人员没选好，定位没定好，思维的方法可能有问题，但最主要的是失败以后该怎么挽回，后来锦江就下定决心退出。锦江集团在激烈的市场竞争中脱颖而出的一大法宝就是敢于舍弃，敢于把自己做的东西否定，也敢于把自己的东西进行股权转让。任何企业的发展都有一个发展、成长、成熟、衰落的过程，怎样抓住机遇调整，就体现出锦江的思维方式。

做正确的事情，还要有正确的方法。同样一件事情，不同的人用不同的方法去做，结果大不相同。钭正刚董事长经常说，蛮好的一个项目，交到一个不会用正确方法做事的人手上，不一定做好；而不太好的项目，交到一个会正确做事的人手上，他就会想方设法给你做好。所以要千方百计选正确的人，用正确的方法，做正确的事。平时做事的时候，锦江总是希望所有的员工和干部都能多动动脑筋，保持平衡的心态看待问题，用平常心看问题，就容易看出关键点，就能选择正确的位置。选择正确，就有非常好的做事情的方式，就能把事情做成功。如果思维方式不能做到充分的开放，思维的开阔性不够，思维的立足点就错了，当然事情就做不好。

这就是锦江之正。在 30 年的发展历程中，在面对每一次大大小小的抉择时，锦江都首先要去思考，所选择的方向是对还是错，选择做某件事情的最终目的是什么，怎样才能保证实现最终目的。

2. 我善养吾浩然气

一个"正"字，说起来好像很简单，但做起来却并不简单。大家都想要做正确的事，但世界上真正能够将事情做到正确无误的又有几个？更不用说在选择的重大关口次次都正确了。

那么，如何才能尽可能地去做正确的事呢？有人可能会想到智慧和能力的问题，认为一个人只要能力够了，具备足够睿智的思维和判断，就能够做出正确选择，其实不然。智慧和能力诚然能够让人更好地认清形势，但要想做出正确选择，还有一种东西不可缺少，那就是"心"。体现到具体之处，是要有责任心和事业心。责任心用来做人，事业心用来做事。民营企业有一个很大的特点，就是一切以老板为核心，企业的运作以老板的思维为核心，企业的方向以老板的追求为核心，企业的文化以老板的风格为核心。这是一个极大的优点，可以让民营企业在市场经济的大潮中更灵活地调整自己的方向，以适应市场的需求，但也不可避免地产生出一些负面效应来。

在私营企业里，可能有不少员工都有这样的想法：反正不是我的企业，反正不是我赚钱，赚多赚少是老板的事，我只要听话做事就行了。抱着这样的心态去工作，肯定不会有大的贡献，也不会在工作中有突出的表现。

但如果换一种思路去想，无论身处什么样的企业，都必须从底层开始一步步做下去。民营企业也好，国有企业也好，乃至是政府公务员、事业单位也好，只要身处其中，对自己来说就是一段事业，老板和企业发展的同时也必然伴随着自身的发展，在企业前进的道路上，必然有自己的一份努力和贡献，企业前进了，自己必然也会跟着前进。企业和自己的事业本来就是一体的，用事业心和责任感去对待工作中的每一件事，必然能够在企业的发展过程中得到很大的锻炼，能力和思维会提升；另一方面，企业发展了，自身的福利待遇自然也会上去，自己的事业必然会上升。这样时间长了，即便到最后离开这家企业，寻找更广阔的天空，也是历练了一番，变得更加成熟以后的离开，自然也就面临着更光明的前途。

用事业心和责任心去对待工作中的每一件事，才能真正将自身利益和企业利益融合在一起，才能从中找到正确的方法和方向。因此，要做到一个"正"字，事业心和责任心是必不可少的。

锦江风风雨雨 30 年，许多人坚持了下来，但也有不少人选择了离开。但每一个离开的人，都由衷地感谢锦江给他们带来的提高。2010 年离职的一位企业高层对王元珞总经理说："我在锦江 7 年，学到了很多东西。当我把在锦江学到的东西拿到新的工作岗位，我得心应手，老板很快就重视我。"

很多人在锦江工作，都能学到很多。因为锦江给它的员工以很大的发展空间和展现实力的舞台，这是因为首先锦江走在正确的道路上，产业结构非常合理，其次锦江的发展非常扎实，一步一个脚印在发展，它的抗风险能力非常强。在这样一个企业中，在企业发展的同时追求自身的发展，待遇肯定会逐步提高，精神上的需求也肯定会不断提高。

没有责任心和事业心，做不了正确的事。有了责任心和事业心，就一定能在正确的事业上坚持前行，不为外物所动。

有容乃大

海纳百川，有容乃大。一个"容"字，道出了锦江在企业发展过程中的胸怀与魄力。容，并不是无所不包、藏污纳垢，也不是片面求大、大而无当；而是要以一种包容天下的胸怀，努力开阔自己的视野和心胸，做到包容与宽容。

包容，就是要把视野放宽。锦江在发展过程中，从来不是只把自己的眼光局限在当前产业中，而是不断进行横向和纵向的观察与比较，看自己从事的产业在全国同行业中的地位，看全国经济大势，观察哪些行业将要走到时代的前沿。宽广的视野使得锦江能够给自己合理定位，并正确决定企业未来的发展方向。

宽容，就是要把姿态放低。无论是做企业还是做人，锦江上上下下始终保持一种低姿态。从大的方面说，企业做出了成绩，没有必要去炫耀，企业受了委屈，没有必要去恼怒；从小的方面说，正视自己的缺陷，欢迎别人的成绩，有了不同意见，多从别人的角度想一想，自己受了批评，多从自身找原因。这些都是宽容的心态。

"夫唯不争，故天下莫能与之争。"企业运营不争小利，才能收容大利；员工做事不争小过，才能成就大才。

1. 海纳百川

看过锦江发展史的人，都难免会有这样的感慨和疑问：锦江的产业跨度怎么那么大？简直就是"两涘渚崖之间不辨牛马"嘛，太宽广了，甚至显得有些天马行空，不着边际。20世纪80年代的时候还好说，基本上集中在纺织上，1988年做贸易虽然失败了，但也是扩大产业链条的尝试。从1992年以后，锦江先后涉足热电、电缆、造纸、装饰材料、机械加工、垃圾发电、水泥、药业、有色金属、化工、商贸、投资等领域，这些不同的产业之间，乍一看上去甚至还有点风马牛不相及，并且锦江在不断尝试新产业的同时还在不断抛弃旧产业，贸易、药业是做失败了，抛弃情有可原，纺织却是锦江发家的基础，还一度被定位为整个集团公司的生存区域，地位不可谓不重要，但最终也是被抛弃了。另外还有水泥，一直赚钱，锦江却忍痛割舍掉。这都是为什么呢？

做企业不是跳田字格，从自己的老本行跳到全新的产业是非常困难的，即便资金不缺，人才、经验、人脉、技术，都不是一下子就能具备的，那么锦江为什么一直在调整自己的产业结构？

这当然是有多方面的原因的。从现实的角度说，这是锦江根据市场需求，时刻在调整自己。但锦江如此大动作调整的背后，其实还渗透着一种精神在里面，那就是包容。是包容天下的心胸和情怀，主导着锦江在产业结构调整的道路上越走越宽，越走越顺。

集团董事长斜正刚是一个眼界极其开阔的人。从15岁辍学开始，他当过放牛娃，下田插过秧，学到一些技术之后，干过钳工、泥工、油漆工、电工，有了一些小钱之后还干过摄影，二十几岁的时候干过修理部，组织过运输队，当过采购，贩卖过茶叶。大概就是从这个时候开始，他学会了放开自己的视野，不把自己局限在哪一个行业当中，而是紧盯着市场走，市场需要什么就做什么。这种眼界和心胸融入到锦江集团的发展历程中。

包容心，能为企业带来更广阔的发展空间，也能让企业正确判断形势。1996 年 8 月 31 日，国务院发布了《国务院批转国家经贸委等部门关于进一步开展资源综合利用意见的通知》，钭正刚董事长敏锐地察觉到，这正是锦江集团面临的一个重大机遇和挑战。当时锦江已经在热电厂方面做得很好，每年也能带来大量利润，并且和下游的纺织产业结合在一起，从总体上极大地降低了集团的生产成本。可"36 号文"一下，国家开始压制小火电厂，鼓励大电厂，鼓励资源综合利用电厂。锦江在分析自身情况后，果断地向垃圾发电产业延伸。锦江能在 20 世纪 90 年代中期就做出进入综合能源利用发电领域的判断和选择，靠的是对国家政策、先进技术、市场大势的敏锐感应和正确判断，这三点缺一不可。但要想将这三者结合在一起，领先于别的企业做出判断，则必须要有非常宽广的视野和包容之心。

包容心还能让企业更加清楚地意识到未来的产业走向。早在 2003 年的时候，锦江就看到国内石油短缺和有色金属行业垄断的事实，于是就派出考察团，专门考察具备新技术的煤化工和可能打破垄断的氧化铝行业。但当时由煤提炼甲醇和二甲醚进而取代汽油的技术还太超前，一时之间形不成产业，所以锦江没有去做。但氧化铝行业却并不存在什么技术太超前的问题，纯粹是市场结构问题。当时，中国有 50% 的氧化铝靠进口，另外 50% 中的 98% 掌握在中铝手里。锦江看到，随着中国改革开放的持续深入和市场经济的逐步完善，那些原来被国有企业垄断的产业总有一天会打破，加入到市场竞争的行列中去。于是锦江开始向氧化铝产业进发，突破重重困难之后终于建立了自己的氧化铝生产企业，并实现盈利。

2007 年以后，锦江看到煤化工已经有了一定的产业基础，又开始进入煤化工行业。

包容心让锦江将两大门类三大产业组合在一起，在生存、增长和发展三大区域都取得了丰硕的成果。现在，以垃圾发电为代表的环保能源产业是集团的生存区域，已经做到同行业前列，有色金属产业是增长区域，为集团带来大量利润，化工行业则是发展区域，正在稳步向前，迎接美好的未来。

2. 海阔天空

要想做到"容"，就要有阳光心态。什么是阳光心态？一直以来，在人们心中，阳光总是代表着光明与积极。如果我们再深入挖掘一下，在古希腊精神里面，有一种阿波罗精神，它代表着秩序、理性和节制。阳光心态就是要让我们在面对生活和工作中的各种事件时，要时刻保持光明和积极的态度，并要学会理性地看待问题，有节制地处理问题。

在锦江的发展过程中，心态也非常重要。心态不对，决策就不对，决策不对，就直接影响锦江的发展。

作为一名锦江人，做到宽容的心态，首先是碰到意见不一致的事情不要急于脸红脖子粗的争辩，而是先平心静气去分析：遇到的这件事情可能会有哪些方面的问题？我们有没有带着责任心去看待问题？敷衍做事肯定做不好，认真做好每一件事，就能看到很多问题，而通过努力就能把事情做好。

钭正刚董事长在宽容心上做得非常好，并且调整心态的能力非常强。遇到什么不顺心的事情，或者是竞争对手的不正当手段，或者是政府和民众的不理解，每当这个时候，他总是引领锦江高层中层调整心态，鼓励大家用阳光心态看待问题，不去怨天尤人，多朝自己找原因。

作为锦江的高层管理者，王元珞总经理经常遇到这种情况。她说："很多时候我们把遇到的情况或者企业受到的委屈反映给钭正刚董事长，钭正刚董事长马上进行反向思维，并不是去找别人的不对，而是回过头来反思自己。"

在垃圾发电上，就很好地体现了这一点。锦江的高层总是说，对于外界的传言，没必要去回应，只要做好自己的事情。这就是心态，一定要调整好自己。在企业的发展过程中，社会的误解让企业受了委屈，但委屈并不是懈怠的理由，锦江必须按照社会和政府的要求检查自己，有则改之，无则加勉。就是以此为指导思想，锦江在垃圾发电领域越走越远；也就是这样的心态，才能真正做到宽容，让企业获得真正的发展，而不是争一时之是非。

宽容还表现在生活和工作的各个地方。特别是和别的企业谈判的过程中，有时锦江是很窝气的，有些东西让给人家很多，结果他还得寸进尺，这时候就需要好好锻炼心态。如果因为窝气，项目就不做了，或者在谈判桌上长时间拉锯战，耽误了做正事的时间，那是得不偿失的。而如果让一点，看上去好像是吃了亏，可是从最终来看，还是得利的，因为得到的是项目本身，还有所赢取的干正事的事件。

人与人、企业与企业、领导干部与下属之间的合作，就是容。有容乃大，容了才能大，如果整天你搞我我整你，怎么能容？心思都在勾心斗角穿小鞋，怎么还有做事的精力？倒不如以善意的眼光去看，用宽容的心态去看，这样不但事业海阔天空，而且工作的心态也会非常美好。

锦江是民营企业，作为员工，在民营企业工作，其实追求的是好的老板和好的心情。用宽容和包容的心态，追求心情舒畅的过程，首先自己调整心态，再去看待同样的事物，就能发现另一片晴朗的天空。

现在锦江越做越大，员工越来越多，希望每一个员工都能以"容"的心态，学习和领会锦江的企业文化，并将这种文化贯穿到每一个锦江人的每一件事中去，并且积极地把它传承下去。

一个企业的文化，要不得一丝的浮夸与骄躁，锦江集团的发展，正是紧紧围绕着钭正刚"为正则刚，有容乃大"的理念脚踏实地地在前行。当我们再回过头思索这句话的时候，是否也有了新的发现，看锦江故事的同时，是否也获悉了一些为人处世的灵感来？

向蓝天放飞梦想

——记国研·斯坦福三期二班学员、杭州锦江集团有限公司总经理王元珞

这几年，我国的绿色能源产业方兴未艾，势如破竹。其中有一家从事垃圾焚烧发电的领军企业尤其为业内瞩目，这家企业就是杭州锦江集团有限公司。这是一家以环保能源、有色金属、化工三大产业为主业，集商工贸于一体的现代化大型民营企业集团。目前，其投资的企业已遍布全国29个省市县，其垃圾焚烧电厂和资源综合利用电厂多达40多家。

锦江集团的创始人是浙江改革开放后第一代著名企业家钭正刚，这是一位低调、务实、富有闯劲的企业家。锦江能有今天，当然主要得益于以钭正刚为董事长的企业决策层运筹帷幄，正确决策。同时，作为公司各项主要决策的执行者、实施者，集团公司总经理王元珞也是功不可没。作为一名职业经理人，她不仅为锦江带来了全新的经营管理理念，在企业中发扬光大，忠实地执行公司各项战略，还具体地参与了公司的重大决策。钭正刚董事长常说："这十几年来，锦江之所以能实现又好又快发展，是因为幸运地找到了一位非常优秀的职业经理人。"

书香门第走出来的大学教师

1958年，王元珞出生在杭州的一个知识分子家庭。其父亲王爱民是我国著名的管理学专家，浙江大学教授，是浙江大学管理学院的创始人之一。在20世纪80年代，王爱民同时被浙江的一些著名企业如万向、青春宝、民生药厂等聘为管理顾问，在浙江企业界享有很高的声誉。而王元珞的母亲则是浙江大学附属求是小学的首任校长。

王元珞的中小学是在"文革"期间度过的，学校基本上不上什么文化课，但王元珞和她的哥哥姐姐依然在父母的严厉督促下刻苦学习文化知识，并且注重培养健康的体魄和人格。王元珞从小就喜欢体育运动。在小学六年级的时候，就横渡了钱塘江，并多次参加校内外举办的田径、游泳、乒乓球比赛，颇有斩获。在体育运动方面特别是竞技体育上的天赋和收获，也造就了王元珞争强好胜，永不服输的性格特征。

1977 年，"文革"结束，全国恢复高考。王元珞和她的二位哥哥同时参加了高考，最终，三个人全部被录取。一个家庭同时考上三个大学生，一度成为当地传颂的佳话！其中王元珞考入浙江丝绸工学院（今天的浙江理工大学）。

大学时期的王元珞仍然是学校中的佼佼者，德、智、体、美全面发展，她不仅学习成绩优秀，体育方面更是出类拔萃。篮球、排球、羽毛球、乒乓球、游泳、田径经常取得学校和浙江高校的冠军。由于各方面表现突出，大学毕业后，王元珞留校任教。在浙江丝绸工学院工作的十几年里，她先后当过老师、学校的团委书记、党总支书记、财务处处长。1993 年，王元珞被学院派到校办企业浙江金陵股份有限公司担任副总经理，后又被纺织部选派到香港旭日集团培养，1994 年又回校担任浙江金陵股份有限公司总经理。

在浙江金陵股份有限公司担任总经理期间，王元珞尝试了一系列体制改革和管理创新。但限于当时的校办企业的体制、机制和观念，王元珞始终觉得无法施展拳脚，一展宏图，于是萌生了去意。其时，已经具有雄厚实力的杭州锦江集团闻讯向她发来了加盟邀请，而王元珞正好看好锦江的锦绣前程，于是下海，加盟锦江。

要离开人人羡慕的高等学府，有人不解，有人惋惜，而王元珞却义无反顾。1995 年 9 月，王元珞先是担任杭州锦江集团副总经理，2007 年任总经理，从而开始了她的职业经理人之路。

孜孜不倦投身环保

优越的家庭背景、良好的学校教育，也造就了王元珞追求完美、追求卓越的个性。一进入锦江集团，王元珞就为自己的职业经理人身份定准了位置。一方面，她充分利用自身广泛的知识、丰富的管理经验，参与以斜正刚为首的企业核心层的具体决策，并且不折不扣地落实和执行这些决策；另一方面，她投入更多的精力，研究企业的生存之道、发展规律、管理法制。王元珞认为，作为一名职业经理人，关键是要凝聚经营团队的力量，发挥好经营团队的作用，弘扬好企业文化。而民营企业的文化，说穿了是企业创始人的文化精髓，也就是说是老板文化，这也是这家企业生生不息的力量之源。

1997 年之前，锦江涉足的行业很多，有纺织、印染、造纸、电缆、装饰材料、热电厂等，导致人力、物力、财力分散，有些行业经营并不理想。集团董事长斜正刚当时就考虑锦江的定位和发展方向，认为企业要做大做强，必须进行产业结构调整，通过转型升级来提升企业的竞争和持久活力。王元珞坚决支持并参与了策划和执行。1997 年，锦江集团正式提出了十年内实现产业转型的目标，并且确定了三大产业三大发展方向：一是轻纺，作为锦江的基础产业；二是环保能源，作为锦江的增长性产业；第三是药业，作为锦江的发展性的产业。1998 年锦江进入垃圾焚烧发电业，并逐渐将其作为企业的核心产业来发展。在发展过程中，不断选择和调整产业转型方向，2003 年，锦江第二次产业调整退出了药业，进入资源性行业。2007 年锦江又退出了轻纺，并标志着产业结构转型成功完成，重新确立了集团的三大产业：以垃圾焚烧发电为主的环保能源产业；以铝土矿、氧化铝、电解铝、金属镓、铝镁合金、铝材深加工产业链为主的有色金属产业；以煤化工、盐化工为主的化工类产业。从此，锦江走上了一条循环经济发展之路。

改革开放以来，中国经济发展取得了举世瞩目的成就，但发展粗放型的方式并未得到根本转变，资源约束矛盾突出，环境压力越来越大。中国企业既面临前所未有的发展机遇，也面临着来自各方面的严峻挑战，最突出的挑战就是资源、环境对经济发展的制约。转变经济增长方式，建设资源节约型、环境友好型的社会，发展循环经济，开发绿色能源是建设节约型社会必由之路。同时，随着我国经济不断发展，人口增加和工业化、城镇化进程加快，居民生活垃圾不断增加，严重影响城市环境卫生，影响人民的身体健康。垃圾"减量化、无害化、资源化"处理势在必行！

解决国内的垃圾无害化处理，垃圾焚烧发电是一个方向。垃圾焚烧有两种技术，一种炉排炉技术，一种是流化床技术。后一种技术更适合发展中国家，属新一代的垃圾焚烧技术。在20世纪80年代，浙江大学岑可法院士作为国家级专家，想从国外引进流化床垃圾焚烧技术，但外商提出只能把炉排炉技术给中国，至于流化床技术，无论中国出多少钱都不卖。这句话深深刺痛了老院士的心，他下决心要研发出中国自己的流化床垃圾焚烧技术。虽然浙大的流化床技术1993年就取得了初步成功，但仅仅停留在实验室阶段。

在国外对垃圾发电技术实行垄断，而国内政策不明朗的条件下，凭借对中国环境保护，发展绿色经济的强烈社会责任，1997年，锦江集团钭正刚董事长以前瞻性的战略决策，毅然决定与浙江大学合作，成立了浙江大学锦江环保能源技术开发中心。以浙江大学岑可法院士、严建华教授、锦江集团董事长钭正刚、总经理王元珞等组成的核心团队，共同开发异重循环流化床垃圾焚烧新技术。1998年8月，在杭州余杭锦江环保能源公司，成功地将一台35T/H链条炉改造成日处理150吨的流化床垃圾焚烧炉。这一科技成果得到国内外专家的一致认可，并且达到国际领先水平。锦江因此而成为国内第一家拥有流化床垃圾焚烧电厂的企业，开创了国内利用自主知识产权、采用全国产化设备进行垃圾焚烧发电产业化推广的先河。这不仅对中国，甚至对世界都有着深远的意义。2002年，锦江又与中科院合作，建设了中科院首个流化床产业化应用项目浙江嘉兴垃圾电厂。集浙大和中科院技术的优势，锦江的流化床垃圾焚烧技术得到了快速发展。

在钭正刚的带领下，王元珞和她的经营团队经过16年的艰苦努力，锦江走出了一条企业化运作城市垃圾焚烧发电的道路，走过了工业化示范、产业化运用、完善成熟、全面推广四个阶段的艰辛过程，积累了宝贵的经验。锦江遍布大江南北的垃圾焚烧电厂和资源综合利用电厂多达40多家，日处理垃圾能力达到4万多吨。锦江以令人瞩目的业绩奠定了其在行业中的领先地位。

不折不扣践行企业理念

锦江的企业理念是："为正则刚，有容乃大。"做事先做人，做人先得有正气，自身做正了才能把事情做成、做好。环保能源作为基础性产业，锦江一开始就考虑过不会有高额回报，一心只想把事情做成、做好，因为锦江所崇尚的是绿色经济，所从事的是可持续发展的事业。

锦江每到一个地方投资一个项目，除去国家给的、当地政府已有的优惠政策之外，不会去要求额外的优惠。在王元珞眼里：钭正刚是把信誉看得比生命还要重要的一个人。钭正刚曾说过："我们去投资，一定要给当地政府、当地老百姓带来好处，人家才会支持你。"民营企业在发展中只有树立信誉，人家才会信任你。除了信誉，还有包容。现在，全国29个省、市、县都有锦江投资的企业，还有很多合作单位，如果不能学会包容，企业就不能发展壮大。2007年，锦江集团与新疆建设兵团合作，总投资100亿元，分别占有50%的股份，共同致力于煤、电、化产业链的发展。这一项目正在顺利实施中，已取得了良好的经济效益和社会效益。

锦江在选择产业时，始终都有一个明确的定位，那就是要做就要做最好的！在投身有色金属产业时，国内氧化铝的50%依赖进口，价格十分昂贵，另外50%中的98%由中铝公司提供。要进入氧化铝行业面临的困难非常多，有技术、审批、资金、土地、环保等多个瓶颈，还缺少专业的人才，但认准的事锦江就坚持走下去。2005年锦江第一条生产线上马，到现在已经有9条生产线投入生产。锦江力求每上一条生产线都能有改进有提升，以环保、安全、节能为己任，做到单位能耗在行业内最低。目前集团的产能在国内氧化铝企业中排名第四。

目前的锦江已进入中国企业500强、中国民营企业500强、中国制造业500强、中国能源集团500强、中国最具发展潜力民营企业、浙江省"五个一批"高新技术企业、浙江省百强企业、浙江省诚信示范企业、浙江省环保骨干企业、浙江省环境保护知名企业。作为总经理的王元珞也先后被评为浙江省十大事业经理人、浙江省经营管理大师。

心血结出五征硕果

——记国研·斯坦福一期二班学员、山东五征集团有限公司董事长姜卫东

穷则变，变则通，通则久。现实中有很多这样的人，当他们面临逆境和非难时，他们不仅不会退却委顿，相反能大胆决策、力挽狂澜。他们犹如雄鹰，在风云变幻的市场中展翅翱翔，用信念和豪情演绎成长的精彩，用青春和汗水浇铸人生的辉煌。姜卫东就是这样一位卓越的带头人。

姜卫东，大专学历，高级工程师，现任山东五征集团有限公司党委书记、董事长。在他的带领下，五征由一个名不见经传的山区小厂迅速发展成为拥有农用车、汽车和农业装备三大产业，员工14000人，总资产60亿元的大型机械制造企业集团。2011年，实现销售收入125亿元。如此辉煌的成就，它的背后隐藏着多少不为人知的心血和汗水，今天就让我们共同去了解一下五征的领路人——姜卫东。

1982年2月，姜卫东从山东广播电视大学毕业后，进入五莲县农药机械配件厂工作；1986年7月，进入五莲县通用机械厂（五征集团的前身），1992年成为负责人，当时的五莲县通用机械厂资产几百万元、员工几百人，生产步履维艰。面对瞬息万变的市场环境和不景气的企业，他带领五征人不断开拓进取，深化企业改革，完善内部管理，开始了艰难的探索发展之路。

姜卫东上任后，带领全体干部员工抓技改、扩规模、创新产品，企业逐渐发展壮大，并在中国农用车领域渐露头角。然而，随着市场经济的发展，企业因为管理及体制问题，经营不善，濒临破产。1998年，被国家经贸委列为重点脱困企业。这时姜卫东的压力非常人所能承受，痛定思痛之后，他决定打破常规，进行改革：推行扁平化管理，精简机构，压缩富余人员；大力开展产品创新，增强企业竞争力；推行"订单制"生产，由赊销转为带款提货。大胆改革换来了企业的脱胎换骨，企业当年就扭亏为盈。

2000 年 3 月 24 日，是一个具有里程碑意义的日子。山东五征农用车制造有限公司创立大会暨第一届股东（代表）大会在这一天召开，由五莲县通用机械厂职工持股会、国有资产代表共同出资，依法成立新公司，员工全员持股。此次改制，解决了企业的产权问题，使企业的管理者腾出精力经营企业，职工成了企业的主人，干部员工的干事创业热情空前高涨，企业进入了健康持续发展的快车道，五征发展史的新篇章也从此展开。紧接着，姜卫东正确分析企业面临的外部环境和内部因素、自身的优势因素和劣势因素，制订了五征发展史上的第一个五年发展规划，计划到 2005 年，生产规模达到 20 万辆，销售收入 15 亿元，跨入行业前 3 位。姜卫东带领五征人脚踏实地开展工作，积极实施人才战略、品牌战略、基础管理战略、低成本战略、创新战略……在姜卫东的带领下，辛勤耕耘有了回报："十五"规划第一年，销售收入实现 6.2 亿元，增长 33%，超额完成第一年规划目标；"十五"第二年，又是高奏凯歌，销售收入增长 66%。2003 年增长 138%，销售收入达到 23.3 亿元，提前两年多实现了原"十五"规划目标，五征奇迹般地焕发了青春，并以前所未有的速度开始了新的发展。

企业发展壮大了，但姜卫东并没有因此而满足不前，而是开始了更加深入的探索。他再次以一个企业家的敏锐视角，结合企业实际，于 2005 年制订了"十一五"发展战略，提出了实现由传统制造业向现代制造业转变的目标，计划到 2010 年实现销售收入 100 亿元。目标越来越高，姜卫东的压力也越来越大，但带领五征人把企业做大做强的那股干劲却逐日倍增。农用车产业在稳步发展，但姜卫东心里深知，农用车属中国农村经济发展到特殊阶段的特有产品，它只是农村经济发展的过渡产品，迟早会被市场淘汰，要实现企业持续发展，必须转型。转型怎么转？往哪里转型？这一系列巨大难题又摆在了姜卫东的面前，他深知转型是迟早的事，他要通过自己的努力，一步一步促进企业的转型。他高瞻远瞩，锐意进取，卓有胆识地提出了走多元化发展之路，规避行业风险，利用在农用车产业形成的优势，向与农用车关联密切的汽车产业发展。

思想决定行动，行动带来改变。2003 年，姜卫东和公司几个负责人出现在了离县城 80 余里的潮河镇的田野里。几天后，投资 4000 万元的轻型车厂开工建设，这成为五征迈向汽车产业的第一步，也由此拉开了五征汽车城建设的序幕。随后，围绕汽车产业发展一系列的活动轰轰烈烈地展开。2004 年 3 月，五征轻型车二期工程开工建设。2005 年 6 月，冲压中心和模具中心开工建设。2005 年 12 月，五征成功控股浙江飞碟汽车，一举进入汽车行业。2007 年 4 月，旅美汽车专家张显杰、刘涌泉、刘新新博士相继加盟五征。2007 年 5 月，组建了汽车设计研究院，搭建起了以多名国内外汽车专家领军的研发团队……姜卫东还瞄准国内外前沿技术，高起点规划，先后投资 10 亿元进行了核心制造能力建设。大型加工中心、三坐标测量机、激光三维扫描仪等高精尖设备得到广泛应用，五征逐步掌握了汽车核心、关键零部件的设计、制造技术。2008 年，在姜卫东的主持下，五征自主开发了具国内先进水平的"奥驰"载货汽车，其外观设计、驾乘舒适性、动力环保等各项指标均达到了国内先进标准，使五征汽车整体水平得到了迅速提升。2009 年，"奥驰" 2000 载货汽车获得 "2010 年中国卡车年度车型轻卡奖"；2010 年，"奥驰" 1700 载货汽车获得首批山东省 "工业设计优秀产品奖"。五征汽车在行业内稳稳地站住了脚跟，并呈现出强劲的发展势头。

汽车产业在稳步发展，但姜卫东的脚步却从未停止。姜卫东又抢抓我国农业机械化加快发展的历史机遇，将目光转向了农业装备产业。2009 年 5 月，五征一举并购山东拖拉机厂，迅速拉长了农业装备产品链，农业装备产业得到飞速发展。在姜卫东的不懈努力下，五征小拖已跃居行业第 2 位；超前开发的具有国际水平的 210、180、145、120 马力大型拖拉机，采用进口传动系统，动力换挡，可替代进口产品；玉米收获机械、马铃薯全程作业机械、大型喷灌机械均代表了国内先进水平。目前，五征农用车行业主导地位日益巩固增强，汽车与农业装备产业发展基础不断巩固，竞争力不断增强，形成了三大产业竞相发展的格局，企业发展空间广阔。

正当大家都以为中年的他会放慢发展的脚步，但是一个更富有远见的设想正逐步变为现实。2010 年，姜卫东又着手制订了走国际化之路的"十二五"发展战略规划，计划到 2015 年，企业销售收入达到 200 亿元，将五征打造成中国乃至世界闻名的机械制造企业。如今，五征国际订单不断，海外客商纷纷来五征参观考察、洽谈业务……一幅更加绚丽多姿的国际画卷正慢慢铺展开来。

"回报社会、造福大众"，这是姜卫东的办企宗旨和座右铭，正是在这一理念指导下，公司在积极纳税、安置就业人员的同时，大力投入公益事业，以各种形式回馈社会、造福人民。多年来，公司用于捐资助学、抗震救灾、扶贫济困、支持公益等方面的投入达 8000 余万元。五征员工总数由 2000 年的 1000 余人增加到现在的 14000 多人，每年平均吸纳农民工、社会青年、下岗工人、复退军人 1000 余人就业。仅在五莲县五征带起的配套企业就达到 200 多家，其中销售过亿元的就有 15 家，规模以上企业实现的销售收入已占到全县工业经济的 70% 以上，3 万多人在五征产业链上实现了就业再就业。

"火车跑得快，全靠车头带"。正因有了姜卫东这样有胆有识、拼搏不辍、将全部心血都投入企业的强有力的"车头"，五征才得以从小到大、由弱变强，不断向更高发展。我们坚信，在姜卫东的带领下，通过全体五征人的拼搏奉献，定能乘风破浪，直挂云帆，铸就五征更加辉煌灿烂的明天。

绿色经济先行者的领航人

——记国研·斯坦福三期二班学员、内蒙古太西煤集团股份有限公司董事长王以廷

他来自甘肃省武威市民勤县，他是全国"五一"劳动奖章获得者和全国劳动模范，他带领太西煤集团公司，走上了一条康庄大道。在他的努力下，公司历经了从单一的煤炭企业到绿色环保经济之路的艰辛，初尝了从一个名不见经传的公司到"兰山"品牌驰名中外的甜头，凸显了从小公司发展成为中国绿色经济先行者的巨大魅力。

他就是内蒙古太西煤集团股份有限公司董事长王以廷。

低碳时代　传统煤企再出发

在新能源蓬勃发展、低碳经济势不可挡的今天，传统煤炭产业正承受着巨大的冲击和挑战。在整个社会都贴上"低碳"标签的同时，也意味着低碳经济成为了市场的杀手锏。

随着煤炭等行业"十二五"发展规划的相继出台，国家能源局副局长吴吟指出，煤炭行业"十二五"规划编制的核心是坚持行业有序与协调，促进煤炭行业绿色生态以及与环境的和谐发展。这意味着煤炭行业不能单纯以扩大产能为发展目标，而是要提高生产效率、降低环境负担、减少生产事故。根据内蒙古煤炭行业"十二五"发展规划，未来内蒙古煤炭企业最低生产规模将达到120万吨/年，煤炭企业数量控制在百家以内，形成 1~2 家亿吨级、5~6 家5000 万吨级煤炭企业。而作为煤炭资源整合主体的太西煤集团，在机遇与挑战并存的局面上，王以廷董事长召集领导班子出谋划策，积极应对，提出了太西煤集团发展的"十二五"规划，果断作出了走低碳经济发展道路的战略部署。"十二五"期间，太西煤集团将投资 370 亿元，着力发展绿色循环经济产业链，力争在"十二五"末实现年销售收入 360 亿元，利税 65 亿元，为全社会递上了推动循环经济清洁化、集约化发展，努力打造新型工业化的"绿色名片"。

竞争时代　绿色先锋渐成型

如今，越来越多新的企业为环保行业注入新的血液，而太西煤集团则自始至终是绿色经济的先行者之一。

定战略：把握循环经济，转变增长方式

早在 2000 年，在煤炭市场徘徊低迷长达 8 年之久的情况下，王以廷董事长就制定了"以煤为主，循环发展，转化升值，突出效益"的总体思路和"立足资源优势，就地转化升值，提高科技含量，拓宽经营领域，发展循环经济，促进企业发展"的发展战略，坚定不移地走发展煤、延伸煤、超越煤之路，致力于经济、社会和环境协调发展，实施资源转化战略，促进资源永续利用，坚持开发与节约并重，节约优先的原则，转变经济发展方式，发展循环经济，制定了兴泰煤化工业园、乌斯太焦化工业园、阿右旗常山多元合金工业园、民勤红沙岗煤化工业园、额旗策克口岸太豪国际物流园、金昌物流园等六大工业园的中长期发展规划，为太西煤集团未来可持续发展奠定了良好的基础。

升觉悟：环保理念深入人心

"太西煤"人都知道，企业 20 多年的发展历程就是王以廷董事长为公司创新环保理念的历程。在企业发展历程中，他始终将清洁生产、经济效益与环境保护同步发展作为基本工作思路，严格按照国家环境保护有关规定，严把项目中环境保护设施必须与主体工程同时设计、同时施工、同时投产使用的"三同时"关。

为了使环保工作制度化、规范化，在自治区环保管理规定的基础上，在

他的领导下，各子、分公司根据自身情况制定了《环保管理规定》、《环保指标考核办法》等规章制度。

在公司的各种考核中，环保指标具有一票否决权。他邀请环保监测部门对各项目进行监测，当有指标超标或异常时，及时反馈到相关单位，有关人员立即处理，直到指标合格。在每月公司的生产动态分析会上，通报本月环保设施运行、指标执行、考核评比等环保相关情况，并按经济责任制考核兑现。通过规范化、制度化的管理，公司内部形成了公司、车间二级和覆盖整个生产装置的环保管理及环境监测网络，确保了生产装置运行环保达标。

强硬件："给力"投资为环保

以王以廷董事长为首的"太西煤"人坚持以环境保护为指引，以资源的循环利用和绿色发展为坐标，转变粗放型发展方式，重点发展煤化工循环经济产业链。按照"资源－产品－再生资源"的发展模式，坚定不移地走建设资源节约型、环境友好型企业。

众所周知，阿拉善地区水资源短缺，生态环境脆弱。按照太西煤集团"十五""十一五""十二五"节水规划，太西煤集团投入了大量资金，通过技术改造、加强管理，提高循环水浓缩倍数降低补充水用量，杜绝长流水及不合理使用，增建污水处理回用装置和中水系统等方法，降低生产生活用水，使厂区新鲜水用量和工业废水排放量不断减少。公司还投入大量资金，改良生产工艺，对废水、废气、废渣全部实施回收利用，最大限度地减少工业生产对环境的破坏。特别是太西煤集团的全资子公司乌斯太焦化公司的回收处理水中放养的鱼苗已经存活近三年之久，国家环保部、内蒙古自治区环保厅领导现场考察时对此给予了高度评价，并要求乌斯太工业园区乃至自治区工业企业都要以该公司为榜样，大力宣传环保意识，践行环保行为，提高工业园区的废水、废气、废渣回收处理能力，实现工业园区的环境保护和循环经济。

抓落实：践行本土企业环保责任

近年来，在王以廷董事长的带领下，太西煤集团积极参与地方荒漠治理项目，在乌兰布和沙漠边缘地带和民勤县红沙岗的几千亩荒漠上，建成了集花卉、能源植物、养殖生态农业等系列开发于一体的绿色工业园区，成为地方治沙历史的又一个亮点。

王以廷董事长还在全公司推行世界一流管理的5S管理体系，以安全、低碳、环保为主题，开展生产现场、工作间等环境的整理、整顿、清扫、清洁活动，并要求抓好废旧物品综合利用，提倡节约一度电、一滴水、一滴油、一张纸，推进现场文明整治和持续改进。在他的努力下，员工低碳意识、环保意识、文明意识显著提升，生产工作间、道路及环境绿化、美化整治工作上了一个新台阶，公司软硬件环境发生了根本变化，公司的社会知名度、美誉度不断上升。

品牌时代　打造"兰山"高峰

1997年，"兰山"牌太西无烟煤第一次出现在煤炭市场上，踏出了企业品牌创建的第一步，到如今"兰山"牌太西无烟煤、活性炭、活性焦获内蒙古自治区著名商标、名牌产品、全国用户满意产品称号，让整个企业尝到了品牌创建的甜头。

由于太西无烟煤具有三低六高的优良品质，全国仅有，世界少有，是发展煤炭深加工，生产优质煤基活性炭的最佳原料。为积极响应国家加快转变经济发展方式，建设资源节约型、环境友好型社会的要求，太西煤集团以太西无烟煤为原料进行就地加工利用、转化升值，生产洁净的煤化工产品。如果单纯销售太西无烟煤，原煤价格在1000元/吨左右，而经过煤炭深加工后的煤基活性炭产品市场价格在2万元/吨左右，未来部分尖端产品价格将在10万元/吨以上，大大提升了太西无烟煤产品的附加值，使得每吨原料煤升值6倍以上。

与国内外市场上的同类产品相比，太西无烟煤深加工生产的煤基活性炭产品具有中孔发达、吸附速度快、孔容积大等显著特点，一立方厘米的活性炭的吸附面积相当于一个足球场面积大小，广泛应用于城市饮用水深度净化处理、工业废水处理、烟气净化、气体分离、医药、食品等生产生活领域，

是一种性能优良的煤基活性炭产品。

目前太西煤集团已建成投产了5万吨/年煤基活性炭生产线，由于产品性能优良、用途广泛，一经问世便畅销国内二十多个省市区并远销欧美等国家，深受用户青睐，为公司带来了良好的经济和社会效益。"十二五"期间，太西煤集团将继续秉承实施资源转化战略，促进资源永续利用的理念，续建120万吨/年煤基活性炭生产线，把太西煤集团打造成活性碳行业国家示范产业基地，并发展成为全国最大并具有相当国际竞争力和影响力的现代化大型活性炭企业。

"只有站得住脚的品牌，才能有长远发展的企业"。这是王以廷董事长经常挂在嘴边的一句话，而他也一直践行着这句话的深刻内涵。

公益时代　慈善爱心始终前行

王以廷几年前就说过一句话："如果是为自己，早就没有精力干了。"从这句话里，不难体味出他呕心沥血，奉献社会的拳拳之心。

他始终把关心地方经济发展，积极参与社会公益事业作为企业履行社会责任的重要内容。他一直关注和支持公益事业，积极参与赈灾救危、捐学资教、支持文化体育等公益事业。2009年全球金融危机，太西煤集团也受到重创。王以廷说，我们的员工有一万多名，牵动着上万个家庭两三万人的生活。在周边很多企业停产或倒闭的时候，他却果断的提出太西煤集团的所有单位要做到"不放假、不裁员、不减薪"，并继续提高员工薪酬待遇；还与团中央和内蒙古团委联合创立"青年就业创业见习基地"，解决社会就业。企业发展了，他没有忘记曾经为企业发展做出过贡献的退休员工，在他的建议下，公司率先在阿盟企业界成立了退休人员工作委员会。给已到龄并已交社保局管理的530多名退休员工额外发放工龄补贴、取暖费，对有特殊困难的还给予生活补助和解决医疗费。

"为社会创造更多的财富，为社会创造更多的就业岗位，为地方经济和社会和谐做更多的贡献。"王以廷对企业家的责任这样解读并身体力行，为构建和谐社会做出了积极贡献，受到了社会各界的高度赞扬与肯定，先后被评为

自治区创新与发展优秀企业家、阿盟劳动模范、自治区劳动模范，荣获"全
国五一劳动奖章"和"全国劳动模范"荣誉称号，在他的慈善爱心事业中写
下了浓墨重彩的一笔。

"问渠那得清如许，为有源头活水来"。内蒙古太西煤集团在王以廷的领
导下，始终坚持可持续发展战略，以科学、标准、规范、绿色的管理模式，
全面构建了从源头控制到生产流程再到产品产出全过程环境保护管控体系，
企业的经济效益、环境效益和社会效益不断得到提高，走出了一条属于"太
西煤"人自己的绿色发展之路。

21世纪，绿色经济必然是世界经济的核心概念，而绿色品牌则必将是企
业商海扬帆远航的推动力。太西煤集团前瞻性地践行低碳环保理念，建设绿
色和谐企业，必将能在商海鏖战中一帆风顺，成就百年企业的梦想。

太西巾帼谱写人生壮丽篇章

——记国研·斯坦福五期三班学员、内蒙古太西煤集团股份有限公司总裁王海霞

面对众多荣誉，王海霞的回答是"做一个有信仰的人，做一个对社会有用的人"。

她曾身处荒漠，远离家庭和亲人，在异常艰苦的生存条件下，迎难而上，带领公司员工创造了"常山速度"——建起了资产达12亿元的循环经济产业园区。

她的集团公司率先在阿盟成立唯一一家退休人员工作委员会，专款购置文化娱乐活动器械、报纸杂志等，连续10年为退休人员发放生活补助费500多万元。

她在全球经济危机、企业极端困难的时候，坚持"不减薪、不裁员、不放假"，并继续提高员工薪酬待遇。

她连续8年的"六一儿童节"都要到阿盟福利院看望生活在那里的孤儿，并先后送去慰问款90多万元。

在父亲的眼中，她是一个个性坚强，做事追求最好品质的好女儿。在公司员工的眼中，她是一个扎根基层，体恤员工的好领导。

她就是内蒙古自治区五一劳动奖章获得者、2012中华儿女年度人物、太西煤集团股份有限公司总裁、党委副书记王海霞。

不畏艰难　勇挑重担

见到王海霞第一面的人，都会给她贴上气质美女和柔弱小女人的标签；

走近她，读懂她，是孝顺、勤奋、好学、智慧、善良和事业达人的另副面孔。

在接受记者采访时，王海霞提及自己的父亲，她说父亲是内蒙古太西煤集团公司的董事长，是一位在当地受人景仰和敬佩的在企业界干了近三十多年的优秀企业家。她时常看到父亲每隔两个月就到各子、分公司调研，而调研一趟要用七八天的时间，总里程将近4000公里，每次持续坐车的时间都在六七个小时以上。"父亲每当到达目的地，顾不上吃饭休息，先忙着到现场视察，了解项目建设和生产情况。"王海霞说。由于当时各大工业园区大都处于建设过程中，现场条件十分简陋和凌乱，有时地面泥泞不堪，路况很差，再加上工业园区占地面积大，视察一圈需要步行很长的路程。可他毫不介意，坚持步行看完现场，从不落下工程建设的每一个角落。她说父亲用坚实的步伐关注着建设者们的辛勤付出，丈量着对企业的责任和热爱，所有这些使作为女儿的她看在眼里，疼在心头。

2003年，王海霞做出了人生中一重大决定：放弃原本舒适工作，帮助父亲做点事情，来到父亲所在的企业——太西煤集团公司工作。到企业要时常行走第一线，离家远、亲人不在身边，对于年轻的王海霞来说是个巨大的考验，但新的挑战和领导的期许让她别无选择，她必须迎难而上。

直到2008年底，由于工作需要，王海霞被任命为内蒙古太西煤集团股份有限公司审计总监，分管企业内控工作。她深入基层搞调研，及时准确掌握第一手资料，主持制订了公司《任期经济责任审计工作暂行规定》《经济责任审计评价体系》等一系列规章制度，使公司内审工作实现了由原来浅层次、窄领域的简单审计向多方位、宽领域的综合审计转变，进一步建立了严密、完整的公司内部控制制度，明确了企业内部组织机构的运作程序，增强了企业的管理功能。

由于成绩突出，2010年，年轻的王海霞挑起了太西煤集团公司总裁的重担，开始了人生新的征程。王海霞带领集团公司万名员工艰苦创业、开拓进取，积极应对复杂多变的市场环境，不断推进体制创新、技术创新，不断调整产业结构，坚定不移地走发展煤、延伸煤、超越煤之路，围绕企业发展战略，加大工业园区项目建设力度，走出了一条煤、煤化、焦、焦化、冶金、电力、建材多业并举具有竞争优势的成功之路，建成了横跨五省（十地）纵横千余里的六大工业园区。

搞好团结　扎实工作

有人曾问起王海霞作为一个民营企业对民族团结工作的看法时，她说："太西煤集团作为自治区百强工业企业和全国煤炭百强企业，阿拉善盟的支柱企业，我们的员工队伍由多民族组成，我们工作在阿拉善这个少数民族地区。因此，我们必须要搞好民族团结，调动好每个员工的积极性，充分发挥民族大家庭的团队精神，同时处理好与周围少数民族同胞的关系，直接关系到我们企业的生存和发展"。正是基于这样的认识，推进民族团结一直是太西煤集团公司与经营业绩齐抓共管的工作。王海霞作为公司的主要领导，始终把做好巩固和发展平等、团结、互助，共同繁荣的新型社会主义民族关系放在首位。此外，王海霞还坚持认为企业发展是履行社会责任的基石。只有企业发展了，才能为国家创造更多的税费收入，为社会创造更多的就业机会，才有能力投入各种社会福利事业。她认为企业发展的不竭动力蕴藏在广大员工之中，每月都坚持带着一片真情到横跨五省区十地市的各分子公司，深入生产经营一线调研，广泛听取各方面意见，做到明实情、出实招、求实效，以民主决策、科学决策推动企业的安全发展、科学发展、和谐发展，最终实现跨越式的发展目标。

王海霞坚持以人为本，把安全生产放在第一位，投入巨资进行矿井技改，打造一流的安全生产环境，近年来她率领团队持续实现了零死亡的目标。今年3月，太西煤集团所属常山多元合金有限公司通过安全标准化三级达标验收，是目前阿拉善盟接受安全标准化评审企业中的最好成绩。

王海霞还坚持以科学发展观为指导，致力于经济、社会和环境协调发展，着力构建"太西煤-煤化工-电力-建材"、"焦煤-焦炭-焦化-电力-建材"、"煤炭-电力-多元合金-建材"循环产业链条。这些年，先后投入7亿元开展节能减排和环境治理工作，投入8亿元开展煤田灭火，造福子孙后代。通过规范化、制度化的管理和实施，公司内部形成了覆盖整个生产装置的环保管理和环境监测网络，确保了生产装置运行环保达标。

　　一直以来，构建和谐企业是王海霞领导太西煤集团不懈追求的社会目标。国际金融危机爆发后，太西煤集团的生产经营曾受到严重冲击。面对严峻形势，公司响亮地提出了"不减薪、不裁员、不放假"，并利用部分基层企业停产的时间组织大规模的员工培训，开展丰富多彩的文体活动，保持了各园区单位的社会稳定，激发了队伍的精气神，得到当地党委、政府的高度评价。

　　太西人在王海霞的带领下，团结奋斗赢得了"九年大跨越"的丰硕成果。到 2012 年，公司拥有资产 151 亿元；共有员工过万人，其中吸纳当地牧民就业 3600 多人。公司进入全国煤炭百强第 56 位，并获得全国煤炭先进集体、全国"五一劳动奖状"等多项荣誉，被内蒙古自治区列为"双百亿工程"重点培育企业。

　　当集团公司先后荣获"为全盟经济发展做出突出贡献单位"、"自治区质量效益型先进企业"、"全国就业与社会保障先进民企营企业"等荣誉时，只有我们知道，在她欣慰笑容的背后，埋藏着多少对家人的愧疚、埋藏着多少对年幼孩子的牵挂。在家里，油盐酱醋，锅碗瓢盆，件件不得马虎；孩子的学习好坏，父母的衣食冷暖，事事都挂在心上。都说做企业难，要想成就事业，则是难上加难。然而，王海霞总是第一个到单位上班，最后一个离开办公室。比他人多付出三分的汗水，五分的勇气，十分的毅力，十二分的艰辛。

心系员工　行走一线

　　"有胆识、有魄力、更有亲和力，办事果断干练"是周围人对王海霞的评价。集团公司园区横跨五省十地，三十个子、分公司，她每个月都要深入生产经营一线现场调研，现场讨论方案、现场解决问题。无论严寒日还是酷暑天，她始终没有放弃走一线调研的任务。

　　2011 年 12 月，是阿盟地区几年来少有的严寒天气，额济纳更是风寒交加，沙漠旋风把黄沙土卷起像平地冒起的大烟，打着转在飞跑，好多准备外出的人都缩首在家等"天晴"再出门。可王海霞毅然按计划去额济纳太豪物流公司户外煤场调研，一站就是两个多小时。随后她又深入阿右旗常山多元合金工业园、金昌物流园、民勤红沙岗煤化园，为一线员工送去严寒天的温暖。她和车间的工人聊天，倾听他们的倾诉和建议，并要求集团公司管理人员要多深入基层一线了解情况；要多倾听一线员工的心声和意见。她说："一线员工是我们企业发展最直接的推动力；要广泛听取技术专家的意见，反复论证，多方调研，把对的事做正确。"

她也很关心工人的文化生活。2010 年 3 月，当她在基层一家公司调研时，路过施工队，便过去和几个工人攀谈起来。得知工人们工作之余的生活比较枯燥，洞察到他们在收入与闲暇时间之间、收入与精神需求之间的选择关系出现了新变化后，她在当天的工作会议上提出要关心关注工人们的业余文化生活，并安排相关人员根据工人们的爱好不定期购置图书杂志给他们送去，为他们建立起了一个个"流动图书站"。1 个月后，该公司的"职工之家"每周六还开办起了职工歌舞会，并向单位周边的施工队青年免费开放。随后，这样的"流动图书站"在公司各单位各工队如雨后春笋般建立起来。

在工作中王海霞是领导、是上级，在工作之余她又是职工的知心人，大家的好姐妹。每逢职工家中有婚、丧、嫁、娶等大小事务，她都主动过问；每逢节日，她都会到离、退休职工家中，去看望、慰问，为他们送去一份关爱、一份问候；闲暇时与职工在一起谈天说地，不摆领导架子。

"春蚕吐丝，细雨润田"是对她最恰当的修饰，作为企业的领导者，她具有极高的政治觉悟和过硬的业务素质；具有高尚的人格魅力和高超的领导艺术；具有超凡的思想境界和永不言败的人生信仰，对待自我，她标准严格、主动加压；对待学习，她孜孜不倦，广泛涉猎；对待工作，她严谨缜密、雷厉风行；对待同志，她热情宽厚、平易近人。她作风严谨，遇事首先以企业和职工利益为重，只将工作态度和业绩作为衡量人的标准。对工作踏实肯干、认真努力的职工，她时刻关爱备至，为他们取得的成绩而开心；对工作懈怠的员工，她总是晓之以理、动之以情，不厌其烦的对其说服教育。在她的正确领导下，集团公司各项秩序井然，发展呈现出勃勃生机，经济效益稳步提高。

爱心相伴　责任同行

王海霞特别关心外来农民工的生活，每到一地都要进食堂、到住所看农民工的衣、食、住、行的现状，并仔细询问他们家庭是否存在实际困难。2008 年四川汶川特大地震后，鉴于集团公司所属灭火工程公司川渝籍员工较多，王海霞立即安排重灾区员工回家看望，除公司提供必要的资金支持外，还发动全体员工为他们捐款。这些川渝籍员工在回家操持几个月后，全部返回工作岗位。有的把全家都带来了，公司还帮助他们的孩子解决了就学问题，而且和当地孩子一样享受"两免一补"待遇。

"春雨润物细无声。"正是因为她有一副热心肠，每次扶贫捐款和各种慈善活动，她都主动带头慷慨解囊。

2011 年 12 月下旬，王海霞在上班的路上通过广播得知阿左旗吉兰泰镇 3 岁的小男孩牟思源患急性 T 淋巴瘤白血病没钱医治后，随即和相关部室沟通，公司团委发出向牟思源捐款的倡议。第一时间送到的善款为孩子的后续治疗起到了关键作用。2012 年 3 月 27 日，王海霞从"西部爱心公益网"看到阿左旗巴润别立镇塔塔水嘎查三岁的男孩刘文斌患右眼视网膜母细胞瘤，情况十分严重。小斌斌的不幸遭遇牵动着王海霞的心。她发起向刘文斌献爱心的倡议，号召集团公司所有员工伸出援手。仅仅 5 天时间，寄托着太西人爱心的 13.72 万元善款，便汇集到巴润别立镇塔塔水嘎查。为孩子的全面检查治疗争取了宝贵的时间。

她连续多年"六一儿童节"，都到阿盟福利院慰问看望孤儿，和孩子们一起过属于孩子们的节日。2011 年 6 月 1 日，她得知孤儿田志大兄弟大学毕业正在找工作，详细了解他们的学习、生活情况和今后的打算后，表示优先安排他们到向往已久的太西煤集团金阿铁路公司工作。2012 年春节前夕，王海霞到阿盟福利院慰问，送去慰问金 10 万元。如今积极参与社会公益事业已成为太西煤集团的传统。近年来，太西煤集团已累计向社会各界捐款 5000 多万元。

内蒙古太西煤集团股份有限公司荣获全国煤炭百强企业、首批授权使用国家注册 AAA 标志单位、全国节能与循环经济示范企业、全国煤炭先进集体、全国"五一劳动奖状"等荣誉称号。所有这些，无不凝聚着王海霞的心血和汗水……

"凡事都要脚踏实地去作，不驰于空想，不骛于虚声，而唯以求真的态度

作踏实的工夫。以此态度求学，则真理可明，以此态度做事，则功业可就。"
这是李大钊的一句名言，更是王海霞奋斗历程的真实写照。

王海霞就是这样一位用自己实际行动践行党的创新理论的共产党员，一位心里装着员工的企业家、更是一位心系病患儿童的"好妈妈"。她曾先后荣获阿拉善盟民族团结进步模范个人、首届内蒙古职场女性榜样奖、自治区"五一劳动奖章"等多项荣誉，并当选出席内蒙古自治区第九次党代会代表。面对这些荣誉，王海霞的回答是"做一个有信仰的人，做一个对社会有用的人。"

寂寞凭高念远　惟志疏烟淡月

——记国研·斯坦福三期一班学员、深圳华昱机构董事局主席陈阳南

陈阳南，男，61岁，广东湛江市吴川人。深圳华昱机构董事局主席，香港中国高速集团董事局主席，三生集团 CEO。

一

1993年，陈阳南下海了。

那个年代，商海大潮汹涌，人心思动。政府官员、学者名流、科技干才，乃至工人、军干，或是对现状不满，或是为利益诱惑，或是跃跃于对"新生事物"的尝试。于是，纷纷投身于被称之为"海"的汪洋中。

陈阳南"下海"，虽属常态，但还是引得官场上不少同仁为之瞠目。

在大家的眼里，陈阳南在官场上还是属于比较惬意的一类：从市中级法院研究室副主任，到市政府办公厅综合处长，再到拟议中的市政府体改办副主任，即将官居副厅之阶。此时下海，实在让很多人难以理解。

中国传统观念里，素有"文人举事，十年难成"的戒律。因此，对陈阳南的下海，有人担忧，也有人嘲讽，鲜有鼓励与支持。

不过，陈阳南倒是十分看得开，因为他明白，下海的决心如冰冻三尺，绝非一日之寒。

陈阳南坦陈："在社会转型时期，公务员体制不健全。久而久之，自省与其长期患得患失，倒不如改弦更辙，堂堂正正地下海搏击，真正体验属于自己的人生价值。"

"1993 年，我恰好 40 岁，正是不惑之年。我认定，人要活得主动自在，人生要活出一些价值，唯一的选择就是做自己的事情。如果一个人在这样的年龄还不知道自己该干什么，还不知道自己的路该怎样走，那么这个人将注定无所作为。在下海之风吹得正劲的时候，我做出了下海的决定。"

1993 年 12 月，在一个阳光灿烂的日子，陈阳南和几个志同道合、意气风发的朋友聚集在了八卦岭的一间小屋里，大家认真筹划起公司的开办事宜。

此刻，刚刚从深圳市政府大院里走出来的陈阳南，不知道前面会有什么样的荆棘沼泽，也难料后来的艰辛坎坷。但既已在不惑之年义无反顾地走上了这条路，就只能别无选择，勇敢面对。

工商注册填报表中，重重地落下了"华昱"二字。华者，即为光华；昱，意为明天的太阳。仰首看天，丽日当空，绚烂无比。是啊，无论阴晴雨雪，春夏秋冬，日复一日，年复一年，太阳总是升起来，总是那么鲜艳，总是给人以阳刚的力量。

二

生活中，理想与现实总是有很大距离的。

华昱成立之初，陈阳南和他的伙伴们还未来得及品尝市场经济的甜蜜，即刻便领受到了现实的残酷。始于 1993 年下半年的国家宏观调控，使经济一下子进入了萧条状态。以当时的环境，别说是华昱这株刚刚出土的幼苗，就是许多已经生长了许多年的大树也变得摇摇欲坠、危机纷起。

告别了官场之"惑"，却又迎来了商场之"惑"。

那段日子，华昱的每个人心中都充满了紧张、焦虑和担心，而这种负累又化作更加忙碌的身影，昼夜奔波操劳。大家打起十二分的精神，时刻盯着瞬息万变的市场，生怕错过一次次的转机。数次背水一战的决策，都是在如履薄冰的心境中挺过来的。

回忆这段经历，华昱的老员工仍然不免心悸。"那时忙得人人都成了四个蹄儿了，很狼狈也很疲惫。连续几天的通宵加班是常事，往往松口气，倒头就趴在办公桌上睡着了，不得不拼命啊！"

按照成立公司时的规划设想，华昱刚开始是把主营业务定位在房地产和贸易上。但是，实施起来困难重重。对于需要天文般数字金钱的房地产行业来说，华昱的资金实力实在是捉襟见肘；而进出口贸易，已经过了它的黄金岁月。其时，国家开始逐步放开对进出口贸易的限制，工厂可以直接组织产品销售，对外贸易不再是贸易公司的专利，这种政策的冲击使得褴褛中的华昱痛苦不堪。

困难不仅仅是这些。一群热情的创业者们尽管充满了理想主义的色彩，而且个个饱读诗书，满腹经纶，但经营企业却是"大姑娘上轿——头一遭"。没有业务经验，企业管理知识欠缺，对市场规则认识不足。就好像一个泅渡者，在沧沧之海中奋力游啊游啊，一抬头，前不见彼岸，后不见此岸，方向在哪里？心中一片茫然。

陈阳南曾经对这段经历作过深刻的反思："有人说创业是机缘，这种观念实际上是对创业理解上的偏差。固然，创业的过程需要有机遇和人缘的环境，这就是我们通常所说的天时、地利、人和，但这只是一种事物发展的外因。推动创业的进程及至成功，最根本的还是创业者内在的因素。也就是说，智慧、勇气和行动是至关重要的，尤其是果敢、坚韧，往往更为重要。这就是'纸上谈兵'与'践行而就'的最大不同。"

那些日子里，"顶得住，活下来"是公司上下唯一共同的想法。

青岛羊绒植造厂、韶关传呼公司、深圳大功率电信接收机制造、深圳北斗路地产整合……项目一个个付诸实施。

与南非客商达成贸易伙伴协议，联合以色列公司做起进出口业务，同韩国贸易企业数度联手……进出口贸易也在逐步开花结果。

逆境中的一个个脚印，引领着华昱一步步挣脱了窘况。在陈阳南的带领下，华昱人用他们的智慧、辛勤和汗水，挣来了第一桶金、第二桶金……

三

几经坎坷，华昱的日子稍稍有点好过了，但后面的路怎么走？陈阳南和他的华昱伙伴们在摸索。

　　凭着多年生活历练而积累的敏锐，陈阳南心里非常清楚，风雨之后的平静只是暂时的；而当更大的风浪来临时，华昱还能从容抵御吗？

　　"我那时已经意识到，企业没有一个主导的发展方向肯定不行。关键是，三百六十行，哪个行当能够适合华昱？"

　　1997年末，经人介绍，华昱得到了水官高速公路，即"龙岗二通道"的项目资料。初取到项目资料，也许在华昱并没有引起任何的波澜。总长20.14公里的龙岗第二通道，是龙岗区打通深圳东部地区（关外）与深圳特区（关内）的重要交通线，总投资需要8亿元之多。这个数字根本就不是华昱当时的资金能力所能企及的。

　　但来自两方面的信息引起了陈阳南的注意：

　　随着连续四年的经济调控，国家经济政策已出现松动迹象，通过大力发展基础设施产业拉动整体经济，将成为其时经济新政的关键，新一轮经济发展的气候即将来临。

　　国家开发银行出台信贷政策，明确将信贷重点放在大力支持基础设施建设项目方面。

　　再三思考后，陈阳南开始兴奋起来。

　　他想起当今日本最大的三家企业组织，除了日本钢铁公司、三菱重工外，还有一家得益于基础设施产业实力雄厚的企业集团，那就是堤义明的西武集团。西武的传奇给了陈阳南以启示：基础设施产业关系到一个国家或一个区域的国计民生，绝无落伍之可能，是值得长久发展和经营的领域。现在，西武式的发展机遇降临到华昱，"龙岗二通道"或许就是一次转机。

　　认准了，说干就干。一班人马开始迅速介入"龙岗二通道"项目的调研论证。然而，一阵忙乎后，大家的心凉了大半截。谁也没有料到，"龙岗二通道"是一条埋着"地雷"的路。通过接触了解才知，项目几经周折，其时已经成为一条彻头彻尾的"烂尾路"，前后几茬儿股东，或为眼前短利，或因知难而退，最后都以转手的方式"逃出"，到华昱介入时，它早已由于转来转去而打起了许多"死结"，同时，也因为久置不动而成为政府的一块"心病"。

　　华昱内部又一次引发激烈的争论。一些人认为，对于这样一条路，我们要么退出不干，要么就借政府之力来"逼退"原股东，正面去谈什么股权转让是根本行不通的。而陈阳南的想法则是，首先，既然是市场行为，使用政府手段"逼退"的做法已不再适宜；其次，我们也无需后退，因为事情虽然难，但相信没有迈不过去的坎儿。

在广东省交通厅、龙岗区人民政府和国家开发银行的支持、协调下，华昱终于坐在了项目谈判桌前。

1998 年 10 月，华昱开始接手水官高速；1999 年 6 月，签订水官高速项目管理合同书，开始了水官高速的全面投资建设。

多年后，水官高速的一位前茬股东曾对陈阳南说过这样一句话："没想到，你真的走过来了。"话语中，几分是钦佩，几分是惊奇。

这句话倒是牵出了陈阳南的心思，因为"走过来"恰是华昱那时的目标，在修水官这件事情上，以华昱这样一个无名民营企业的身份，倒并不奢望通过它来显示什么成就，而只想在众多怀疑的眼光中证明给大家看。

2001 年 12 月 30 日，水官高速公路正式通车。

而此时此刻，陈阳南和他的华昱团队并没有表现出过分的激动，或许长期的紧张与疲惫太多地消耗了大家的精力，或许是经历了太多的磨难，人们的内心世界已经静若止水，波澜不惊。

四

从 1993 年华昱的创立，到 2005 年成功跨越十年门槛。对于这几年的经营发展，陈阳南曾经在一个报告中用"满堂飘红"作了概括和形容。但是，少见他对经营业绩及相关数据有更多的谈及。随着华昱机构的不断发展壮大，陈阳南和企业的高管们越来越把注意力放在了软实力的建设上。

"华昱未来更为重要的，是必须确定这样的理念：第一，我们搞企业，必须管理创新，积极引入现代企业先进的管理模式和经营方式，敢为天下先，勇于创造；第二，华昱在经过十多年的发展，完成了资本的原始积累后，今后的各项工作必须走向规范，应该按照企业的套路科学管理企业；第三，在企业做大做强以后，必须完成由个人所有向社会所有的转变，使企业社会化、公众化。这既是企业和社会的共同需求，也是市场经济发展的必然规律。"

这是一个民营企业家的深度思考。

陈阳南常提"10年定律和20年现象"。"10年定律"是指一个企业需要经过大约10年时间的认真探索和自我磨炼来进入一种相对稳定的良性发展轨道。"20年现象"指的是企业经过20年左右摸爬滚打的历程，不仅具有良好的前期发展阶段，更在此之后继续体现强大的活力；它们经过大浪淘沙式的历练，在某行业或某领域占据明显的领先优势。

陈阳南相信，"20年现象"是一种更深层面的成功，它的形成来之不易，且非偶然。"华昱已经超越了'10年之槛'，但距离'20年目标'尚有时日。我们既要'瞻前'，也要'思后'，更远来讲，企业之路就像人生的旅程，它同样是由一个又一个的目标所组成，20年仍非终点，'基业常青'才是企业之梦。"

此后，华昱组织了为期近两年的管理流程建立和试运行的管理改革。2007年，全新的流程管理在华昱全面施行。这一变革，悄然改变着民营企业的"阿克琉思之踵"，使华昱步入了规范化管理的新的发展阶段。

五

陈阳南是湛江吴川人，生长于农村。自幼受父母和乡邻教育熏陶，情感朴素，乡邻情节很重，是一个典型的具有传统报恩思想的农民儿子。中山大学中文系毕业后，先后在湛江法院、深圳中院任文职，后调至深圳市政府办公厅负责综合文字工作，这种经历又培养了他的文人情感和气质。为官期间，他始终以极大的热情关注家乡的建设和发展事业，甚至到了狂热的地步，曾多次给家乡政府去信建言，积极为家乡建设出谋划策。1993年他在深圳下海后，成立了自己的公司。创业初期，在企业的生存都极为艰难的情况下，他仍然努力挤出资金，倾心倾力为家乡建设捐钱捐物。当时，陈阳南说过这么一句话："家乡人受苦，我在外面再光鲜又有什么意义？被人戳脊梁骨骂祖宗的事情我不能干。"

这些年来，陈阳南先后向家乡捐献的钱物，有账可查的就达4000多万元。

随着华昱机构的发展壮大，陈阳南从具体的事务性管理中摆脱出来，个人精力转向了社会公益事业，办慈善、办教育、办公益基金。当然，家乡的事仍然念念不忘，始终是他的一块心病。一年年地给钱，但期待中的变化始终没有出现，这使他很失望，同时也促使他开始了理性的思考。

问题在哪里？出路在哪里？

后来，陈阳南悟出了一个道理：一个人不可能成为救世主。要想改变家乡贫穷落后的面貌，还是要靠大家，要靠解放思想，改变观念。他从古训"授人以鱼不如授人以渔"中得到启示：给人再多的鱼，一餐饭、二餐饭就可以吃完，终究不是根本之道；如果传授给人养鱼和捕鱼的方法，那就大为不同了。自此开始，陈阳南努力在吴川籍商界人士中积极奔走游说，倡导大家把思想观念、管理方法带回家乡，把家乡的基础设施建设好，由此提高家乡发展的软实力和硬实力，而不仅仅是捐钱捐物。

恰恰在这个时候，当时的吴川市委书记和市长找到陈阳南，向他谈了省委、省政府"双转移"的战略决策，希望他能带一个头。当时他非常兴奋，不管是用"不谋而合"这个词也好，还是用"一拍即合"形容也好，反正陈阳南没有过多的犹豫，很快就答应了下来。

用最大的热情和最理性的方式回报家乡，反哺乡邻，一直是陈阳南发自肺腑的心愿。在吴川产业转移工业园奠基仪式上，陈阳南流着泪讲了5分钟的话，感动了在场的所有人，体现出了一个怀有朴素乡情、饱含文人气质企业家的理想和心境。

"不管企业体制如何，所有制如何，在现代社会，企业终究是社会的产物；企业有了成就，一定要回报社会。"这是陈阳南常挂在嘴边的话。

凭着这种感恩的心态，他与深圳市民政部门商定，重新启动已经停止运作的深圳市社会福利基金会，开创了政府公募基金组织由民营企业社会化运作的合作新模式。深福基金自2009年重启以来，募集公益资金6000多万元，全部用于公益慈善项目。尤其是重点开展了自闭症研究和自闭症儿童康复、青海高原流动教学车"羚羊车"两个公益项目，取得了良好的社会效益。

"基金会的办公等运营费用全部由深圳华昱机构承担，这充分保证了我们接收的每一份社会捐赠都全部用于慈善事业。"陈阳南认为，这是企业"经营慈善"的理念在开花结果，"商场须要追逐资本利益，但公益事业不能被玷污，因为她神圣。"

<h1 style="text-align:center">六</h1>

企业可以长青，但产业不会常青。

2009 年，一个偶然的机会，陈阳南走进了巴马。"那是一种震撼，仿佛是陶渊明的田园时代又重现在我的眼前。"

其时，正逢华昱机构探寻产业转型，巴马的力量似在无形中深深地吸引了陈阳南，心灵价值的转变在那一刻由之而成形。

"个人心灵价值决定个人的人生价值观与社会价值观，生命、生活、生态，也许就是华昱机构投身于巴马的终极理想。"这是陈阳南义无反顾选择健康养生产业的内心思考。

20 年前还没有健康产业，如今，这个日益庞大起来并已经成为无论世界经济如何动荡，却"不缩水"的产业，感召着陈阳南和他的团队赳赳而往之，因为陈阳南坚信，这是一个巨大而又超凡的业态。

站在一个新的高点，文人气质的陈阳南踌躇满志，他梦想着自己成为巴马人，一个生活在田园牧歌里的人。

开创钢铁业全新的精品之路

——记国研·斯坦福一期三班学员、邢台钢铁有限责任公司董事长袁世臻

1996年10月，袁世臻临危受命，出任濒临亏损的邢钢的总经理。他勤奋敬业，勇于改革，积极推进企业管理、技术、机制创新，把邢钢建设成为全国最大、品种最全的特钢线材专业化制造企业和线材深加工产业生产基地，实现了从普钢到特钢的战略转移，经济效益连年实现跨越式增长，销售利润率等主要经济指标高于全国平均水平。企业荣获"全国五一劳动奖状"、"中国AAA级信用企业"、"全国模范劳动关系和谐企业"等。

精品报国　行业示范

十余年来，国内钢铁行业盲目追求规模之风盛行，袁世臻通过认真调研和总结国内外经验教训，提出并实施"做精、做专、做强"战略，坚持走从普钢向特钢转变，从低端向高技术含量、高附加值、深加工产品转变，从依赖资源能源消耗向科技引领、创新驱动转变的"精品之路"，示范了钢铁业的可持续发展。

通过结构调整和技术工艺创新，不断推进产品的精品化、尖端化。"十一五"以来，累计投资50亿元，使主要设备装备水平达到国际领先或先进水平，精炼能力实现100%，特钢比例超过80%，现可生产300多个钢种1500余个产品，涵盖冷镦钢、帘线钢、弹簧钢、轴承钢、纯铁、预应力钢、焊接用钢、易切削钢、手工具用钢、工模具钢、重熔钢等十八大系列和不锈钢200系、300系、400系列，直径5.5毫米到42毫米全规格，并引领了中国大盘卷线材的发展，成为真正意义上的从超低碳、低碳、中碳、高碳到合金钢、不锈钢的全系列线材生产企业。产品广泛应用于汽车、新能源、高速铁路、大跨度桥梁、航空航天等领域，一批高科技含量产品进入欧、美、东南亚和港澳台等 20 多个国家和地区，在广大用户中赢得了良好口碑。

发展延伸产业，走产品深加工之路。与德国凯乐公司合资建设的北京新光凯乐汽车冷成型件公司，拥有世界上最先进的 6 工位冷成型加工设备，是我国最大的汽车冷成型异型件生产企业。填补了国内高档汽车冷成型件生产的空白。产品成功应用于奥迪、宝马、大众等国际知名汽车。全资子公司北京邢钢焊网科技发展公司引进世界先进的全自动双排焊标准网和工程网生产线，是国内最大的钢筋焊接网生产与开发专业企业，产品广泛运用于北京奥运场馆、北京地铁、京沪高铁、青银高速等国家重点工程。全资子公司邢钢线材精制公司，是目前国内技术最先进、规模最大的精制线材专业生产基地，产品广泛应用于中高档紧固件、轴承产品及各种冷成型件生产领域；太阳能单（多）晶硅切割丝生产线引入国际领先工艺，生产用于光伏新能源产业和电子产业材料，产品质量优良。

锐意改革　创新图强

"作为企业家，有责任为企业、为国家和民族提供改革创新成果。"这是袁世臻坚持和追求的不变信条。

1999 年，袁世臻创新地提出了开拓农村市场的营销战略，创造了全国钢铁市场萧条、邢钢却在绿色田野上收获希望的奇迹，被中央电视台《新闻联播》头条播出推广。

为降低投资费用，他创造的"国外技术、国产设备"技术引进模式，被称为"邢钢模式"，被同行业争相仿效。

十几年来，袁世臻切中时弊，与时俱进地深化组织机构、人事、分配、医疗、三公经费、住房、社区等改革，真正做到了"干部能上能下、员工能进能出、收入能升能降"，完成了企业意识的再造，建立了有效的激励机制、竞争机制和监督约束机制，培育起了新型的特钢文化，形成与生产力发展相适应的精干高效、富于活力的组织结构和管理制度。

打造由技术中心、博士后科研工作站等组成的高效技术创新体系，在高端线材生产工艺技术创新和线材新材料研究方面达到国内领先水平。拥有有效专利100多件，省级科技成果50多项，参与国家标准制定、修订18个，成为中国最佳自主创新企业，钢铁行业少有的高新技术企业，第一批国家级知识产权优势企业。

积极对接国际先进管理体系，在全国钢铁企业中首家通过汽车、安全、环境三大体系整合认证，在冶金行业第一家运行了产品条码识别系统，导入卓越绩效管理模式，推行精益管理，多次荣获河北省质量奖，并荣获第十三届"全国质量奖"，产品质量和管理服务水平不断提升，合金冷镦钢用线材、纯铁系列线材、汽车冷成型件、焊网等多个细分产品市场占有率全国第一，九大类28个品种获国家"冶金实物产品金杯奖"。

节能减排　绿色崛起

为建设资源节约型、清洁生产型、环境友好型、永续发展型的绿色企业，袁世臻高度重视节能减排工作，立足绿色制造，实施清洁生产，全部淘汰高能耗、高排放的工艺设备，大力发展循环经济，提供绿色产品。实现了资源消耗减量化、资源利用循环化、生产过程清洁化。利用回收煤气和余热发电，年发电6亿多度，占总用电量的50%以上；能源资源得到综合利用，各工序能耗均优于国家及地方能耗限额要求；建立污水处理中心，采用先进的节水技术工艺，使各工序用水全部实现了梯级利用、闭路循环；经工信部批准，邢钢成为河北省第一批全部符合钢铁行业规范条件的钢铁企业。是河北省首批15家资源节约型、环境友好型试点企业之一，多次被评为省、市"双三十"节能减排先进单位。

以人为本　反哺社会

在袁世臻心里，员工是企业的根，社会是企业的源。

1998 年，中国钢铁市场持续低迷，由于企业冗员多，减员势在必行。袁世臻向社会承诺："减员要搞，但我们决不把一名职工推向社会。"

关心员工利益，共享发展成果。投巨资改善员工作业条件和环境，新建员工住宅 40 多万平方米，相当于"九五"以前建厂 40 年间住宅面积总和的 2.5 倍，员工年收入从 6000 元增至 40000 多元。

关注民生，积极投身社会公益事业。先后为市政、福利建设等捐款 2000 多万元。2007 年 4 月成立河北省首家以企业命名的"邢钢慈善基金会"，帮扶救困，共建和谐，被授予"中国红十字人道服务奖章""中华慈善先进机构"；在全国钢铁行业首家通过 SA8000 社会责任体系认证，被授予中国企业社会责任特别大奖。

志存高远　勇攀高峰

"谁掌握了高端精品，谁就可以在激烈的竞争中占有一席之地。"在袁世臻的规划中，邢钢将面向汽车工业、高速铁路及高速铁路机车用高端零部件、航空航天及船舶用零部件和机械装备行业用零部件制造，重点进行高级冷镦钢、轴承钢、弹簧钢、高等级帘线钢、切割丝用钢等高难度钢种的生产，满足国民经济各行业高端市场需求，形成优势产品，逐步替代进口，打破国外垄断，使产品结构实现根本性转变。届时邢钢将在高、精、尖产品领域展开更加坚实的翅膀！

让文化体现价值

——记国研·斯坦福二期一班学员、山东东阿阿胶股份有限公司总裁秦玉峰

秦玉峰 1974 年进入东阿阿胶工作，曾负责质量、研发、技改、采购供应、生产制造、市场营销等工作。2006 年至今任公司董事、总裁，为国家非物质文化遗产东阿阿胶制作技艺代表性传承人。

东阿阿胶 1952 年建厂，隶属中国华润集团，是央企控股企业。生产中成药、生物药、保健品品规 60 多个。拥有行业唯一的国家胶类中药工程技术研究中心、国家级技术中心，博士后科研工作站，院士工作站。

作为国家级非物质文化遗产项目"东阿阿胶制作技艺"唯一代表性传承人的秦玉峰，带领东阿阿胶坚持走"以质取胜，以质求强"的内涵式发展之路，始终以"滋养生命滋润生活"作为使命，以做强民族产业，实现中医药文化复兴、民族复兴、国家复兴为最高追求。将"质量"作为决定企业生死的基本要素，从战略层面进行规划管理，通过实施"全产业链质量控制"模式，制定清晰的发展战略及质量战略，营造良好的质量文化。构建国内领先的技术创新平台，以标准引领行业发展，成功实现了阿胶行业的产业拓展，打开了行业发展空间，为阿胶行业的良性健康发展做出了贡献，为中医药国粹的传承性保护做出了贡献。

构建"全产业链质量控制"模式，做实质量安全

阿胶因产于东阿而得名，阿胶在中国的发展有 2500 多年的历史。以阿胶为原料药材配伍的中药方剂有 3200 多首。20 世纪 80 年代，东阿阿胶通过技

术革新率先完成了阿胶由手工作坊式生产到工业化生产的改造。随着技术的推广，阿胶及系列产品的生产规模逐渐做大，成为中药行业中的子行业。阿胶的主要原料为驴皮，随着农业机械化的不断发展，国内驴的存栏量呈逐年下降趋势。秦玉峰自 2006 年任东阿阿胶总裁以来，探索实践了一条适合企业自身发展，同时有利于推动整个行业发展，维护行业安全的发展模式，即构建了"全产业链质量控制"的运营模式。实施纵向一体化战略，从上游源头控制原料质量，将质量管控的范围扩展至整个产业链。从涵养行业资源的角度，确保行业可持续发展，良性竞争。

具体就是以市场化机制为手段，整合政府、社会等各方资源，采取"公司＋基地＋农户"的方式，先后投巨资在山东、辽宁、新疆、甘肃等地建立了 20 个养驴基地。与山东省农业科学院、中国农业大学、西北农林科技大学、山东农业大学，新疆农科院等科研院校联合成立全国第一家驴产业科学研究所。以经济为纽带，公司为龙头，进行毛驴品种改良、繁育技术研究，对养殖户提供技术及增值服务，带动各地农户发展养驴业，提高农民收入。制订了《毛驴饲养管理标准》，向养殖户进行推广。建立了"中国驴产业网站"，为产业发展提供信息平台。"全产业链质量控制"模式，带动了农户养驴，拉动了毛驴存栏量增长，增加了原料供应，从根本上保障了产品质量。同时，带动了各地农民致富，带动超过 100 万户养驴户，每户平均增收 2000元，拉动上游屠宰、物流、餐饮等行业发展，促进了三农发展。

为确保质量安全及质量的可追溯性，建立了先进的 RFID 溯源系统，对毛驴实施皮下植入电子芯片，建立良种驴养殖过程的质量监控体系，系统记录驴的系谱、生长发育、疫病防治、运输、屠宰、驴皮储藏等信息，实现从毛驴养殖到产品生产、质量放行的全过程可追溯。

构建完善的质量管理体系，提升质量发展能力

秦玉峰重视质量基础工作，引导东阿阿胶在中药行业率先通过 GMP、ISO9001、ISO14001 三大体系认证，以科学系统的方法确保质量安全。2009年东阿阿胶荣获首届山东省省长质量奖。2013 年，荣获首届中国质量奖提名

奖，此奖项的获得是对秦玉峰提出并实施的"全产业链质量控制"运营模式的最佳肯定。

秦玉峰重视质量基础能力建设，以高性能设备设施水平保障产品质量的可控。2011年，总投资55亿元的百亿阿胶生物科技项目开工建设，该项目设计理念定位于国内中药行业领先，国际先进。2013年建成后可实现年销售收入160亿元，利税50亿元。成为低碳、节能、环保绿色、微排、自动化全国领先的现代化中药、生物药、保健品生产基地。

秦玉峰重视群众性质量活动的开展，把"全员参与"作为群众性质量活动的基本原则，重方法、重实效，扎扎实实开展质量改进，质量提升活动。为提高全面质量管理，提高全员的参与意识，连续多年抓QC活动推广，组织制定了《QC小组管理》，有效指导和激励QC小组活动的开展工作。近年来累计组织开展QC课题800余个，创效益3000余万元。近三来共24个QC成果获得国家一等奖，秦玉峰连续9年被中国医药质量管理协会评为"全国医药行业质量管理小组活动优秀领导者"。

以创新引领发展，走质量强企之路

质量发展是兴国之道、强国之策。质量反映一个国家的综合实力，是企业和产业核心竞争力的体现。质量强国，首先要质量强企。东阿阿胶"以质取胜"的基本举措就是通过创新，用技术、标准优势构建企业的核心能力，引领行业发展。

秦玉峰技术出身，深刻知道技术、研发对企业发展的重要性，将聚焦研发作为三大战略重点之一亲自抓，以打造国内领先的胶类中药创新平台为起点，整合了国内最强的技术资源，形成了东阿阿胶的核心能力。自任职以来，共投资约20亿元进行技术、研发平台建设，每年科研投入占销售收入的比例保持在5%以上。总体已建成13000平方米的科研、试验场所，拥有中试仪器设备和设施800余台套，其中主要设备220台（套），检测设备70台（套），达到国内领先、国际先进技术装备水平的设备原值占设备资产总值的85%以上。建立了山东省胶类中药研究与开发重点实验室、国家级技术中心，拥有业内唯一的国家级技术平台（国家胶类中药工程技术研究中心）。构建了以博士后科研工作站、泰山学者岗位为人才建设支持层的技术创新组织体系，实现了内外部科技资源的整合。组建了一支268人的技术创新团队，其中高级职称24人，博士26人，聘任中国医学科学院中药研究所边宝林所长作为公司的泰山学者，聘任华东理工大学博士生导师周祥山教授作为国家胶类中药工程技术研究中心主任，并特聘了数名国际知名的专家担任工程中心顾问。在华东理工大学、山东中医药大学、哈尔滨工业大学均设立了奖学金，联合培养人才，已培养博士8人，硕士26人。

通过高水平技术平台的建设，使公司在胶类中药装备工程化技术、在线质控技术、制备工艺技术、质量标准、产品开发等方面一直走在国内同行业的前列。目前公司产品在全国同系列产品中一直处于领先地位，占据最大的市场份额，代表了国内胶类中药产业技术发展的最高水平，在技术和发展方向上均引领了行业的发展。

一流的企业做标准。公司多年在标准制定方面积累了核心优势。经秦玉峰主导制定了一系列的质量、技术标准。

秦玉峰主导完成了一大批技术改造及技术创新项目。建立了微机控制蒸球化皮工艺，阿胶类中药生产中的重点工序实现了自动化。研制成功"阿胶微波干燥和整形设备"和阿胶微波干燥工艺，解决了晾胶过程诸多技术难题。在阿胶类中药行业首创"自动化炼胶技术"，提高了工艺自动化水平，使产品收率提高28%，效率提高6倍。完成了阿胶原料处理自动化改造，发明了驴皮处理高新技术，优化了工艺，改善了环境，提高效率40%，降低能耗44%，提高了产品质量。在国内率先将连续真空干燥技术引入阿胶及系列产品生产，提高了生产率和产业化水平。开发出复方阿胶浆、阿胶补血颗粒、龟鹿二仙口服液等24种新产品，其中国家秘密技术品种2个，中药保护品种8个，国家重点新产品4个，2个销量过5亿元的单品，在业界创单品生命周期新纪录。研发的新产品九朝贡胶，获得山东省技术创新优秀成果奖。开发的阿胶原粉出口日本。主持完成了"阿胶系列产品颗粒剂现代中药产业化项目"，列入国家高技术产业发展计划项目等。

秦玉峰承担了国家"十一五"科技支撑计划项目"复方阿胶浆的二次开

发"、国家"十二五"重大新药创制专项"中药大品种阿胶技术改造"等多个国家级、省级重点项目，获省级成果奖三个。阿胶现代药理研究及新产品开发和阿胶现代质量标准研究等 6 项成果均被鉴定为国际先进水平。申报了 96 项专利，其中发明专利 30 项，授权专利 78 项（6 项发明专利）；建立国家标准 19 项，荣获山东省科技进步一等奖 3 项，二等奖 1 项，国家重点新产品 5 项。承担"十一五""十二五"国家重大新药创制专项、国家科技支撑计划等国家、省级课题 20 余项，发表论文 24 篇，其中 SCI 收录 3 篇。

2009 年秦玉峰成为非物质文化遗产项目"东阿阿胶制作技艺"唯一传承人，在传承非物质文化遗产，保护、弘扬中药国粹方面，采取了许多举措并取得了成效。实施传统制作技艺保护，挖掘恢复了九朝贡胶制作的传统工艺、质量标准。共培养年轻一代传统阿胶生产技术骨干及管理人才 60 余名。挖掘阿胶古代验方及经典医案，编辑完成国内首部阿胶方剂专著《诸胶本草》。兴建"中国阿胶历史博物馆"；连续多年举办中国阿胶文化节，促进了东阿阿胶 2500 多年历史文化的传播与弘扬。发掘应用滋补国宝——东阿阿胶药用滋补价值，研制开发阿胶系列中药、保健品 30 余种。将经典古方与现代技术融为一体，成功开发以阿胶为主料的桃花姬、壮健等 3 个养颜、改善骨质疏松的滋补新品，在日本上市后受到消费者青睐，开阿胶类产成品出口之先河。

秦玉峰自 2006 年任公司总裁以来，通过实施"全产业链质量控制"经营模式，大力弘扬质量文化，清晰定位战略，带领公司进入了快速发展期，取得了显著的经营成效。近五年主营业务收入复合增长 18.96%；净利润复合增长 32.72%，ROE 平均 24.71%，为深沪两市上市 1500 多家上市公司中投资回报最高的前十家企业之一。2013 年实现主营业务收入 40.11 亿元，同比增长 31.83%，利润 14.37 亿元，同比增长 15.46%，交税 8.18 亿元，为山东省纳税百强，连续八次入围中国最具发展力的上市公司 50 强。

面对未来发展，秦玉峰将率领东阿阿胶集中优势和资源，聚焦阿胶主业，做大阿胶品类，实施主业导向型的单焦点多品牌的发展战略，打造"东阿阿胶"高端品牌形象，回归阿胶价值、回归主流人群，延伸产业链条，引领行业发展，实现从优秀到卓越的跨越。

弄潮儿向涛头立

——记国研·斯坦福三期二班学员、中国·奥康集团有限公司董事长王振滔

对于王振滔，"风云浙商"颁奖词中对他是这样评价的：

对手说，他坚硬如真钢，雪耻之火、孤独抗辩，在一个个传奇故事里，他白手起家、与狼共舞；

朋友说，他温柔如春风，慈善基金、中华大使，在一朵朵孩子的笑脸里，他收获安慰、赢得爱戴。

而他却说，我只是瓯江之子，江水的每一次曲折，都是我之痛；江潮的每一次突围，都是我之幸。当澎湃融入我的血液，时代将为我烙印勋章。

王振滔，高级经济师，硕士学历，现任浙江省政协常委，浙江省工商联副主席，温州市政协副主席，温州市工商联主席（总商会会长），中国百货商业协会副会长、中国皮革协会副理事长，温州市青年企业家协会会长，奥康控股集团有限公司董事长、浙江奥康鞋业股份有限公司董事长。

由于经营有方，业绩突出，王振滔当选为"第15届中国十大杰出青年"，在中国民营企业家中第一批荣获"全国五一劳动奖章"，并荣获"中国经济建设杰出人物""中国经营大师""中国民营工业企业行业领袖""中国十大杰出CEO""全国质量管理先进工作者""中华慈善奖""影响中华公益的60位慈善家"等多项殊荣，先后受到江泽民、胡锦涛、温家宝等党和国家领导人的亲切接见。

敢闯敢想的好浙商

王振滔出身贫寒，他白手起家，创新创业，将一家家庭作坊发展成为中国皮鞋行业的龙头企业。1988 年，他逆境起家，创办了奥康集团的前身——永嘉奥林鞋厂。1992 年，他坚持"质量兴企"的方针，为产品打开了市场。1995 年，他敢为人先，成立了温州鞋革行业的第一家集团——温州奥康集团公司。1998 年，他开出了中国皮鞋行业的第一家连锁专卖店。1999 年，他在杭州火烧假冒奥康鞋，点燃了温州人的雪耻之火。2001 年，他开始实施多品牌经营，进行市场细分，相继推出了康龙休闲鞋和美丽佳人时尚女鞋品牌，并取得成功。2003 年，他迈出了多元化步伐，相继进入商业地产、生物制品、金融投资等领域。怀揣着从创业初始的奥运梦，2008 年，奥康皮鞋成为北京奥运会的独家皮具产品供应商。2014 年，奥康响应温州"时尚之都"的号召，签约亚洲巨星金秀贤，上演了璀璨夺目的星履神话。近年来，面对金融危机和市场上一系列负面因素的影响，他带领的奥康始终保持着稳健、快速的增长势头，取得一个又一个新的成绩，充分体现了温商独有的"四千精神"！

求知若渴的新儒商

王振滔以诚信为本，并坚持勤奋学习。他以"言必信，行必果"为座右铭，将诚信视作自己的第二生命。他的企业核心价值观是："诚信、创新、人本、和谐。""活到老、学到老"是王振滔时常挂在嘴边的一句话，在国研·斯坦福中国企业新领袖培养项目进行"创新领导力"课程学习后，他并未停止对知识的探索，先后赴中欧国际工商学院、长江商学院、中国人民大学进修和学习，他说："我学习不是为了文凭，而是为了不断地充实和完善自己。"此外，他还发起成立了自己的企业大学——奥康大学，根据各层级员工成长需求，开展系统性、针对性、时效性、持续性的团队学习活动，不断提高员工的思想意识和综合能力。

始终不变的赤子心

作为行业龙头企业，2006年，面对欧盟对中国制鞋企业采取的反倾销措施，他以一己之力，成为中国唯一坚持抗辩到底的企业，并于5年后获得了胜利，赢得了国内外同行业的普遍尊重和肯定。这是一场长达近6年的产业"战争"，角力的双方——欧盟和中国鞋企，为了市场和利益进行了积极的抗辩与斡旋。面对高额反倾销税，在出口欧盟市场受阻的情况下，王振滔仍然投入资金聘请律师，从欧盟初级法院到高等法院，6年抗辩，只为向世界证明：欧盟反倾销税违背了世贸法规。一个企业家肩扛民族产业大旗，一个企业演绎着商业神话。这一切都是为了民族产业的延续和民族品牌的崛起。

王振滔拥护中国共产党，热爱祖国，具有浓厚的家国情怀。经常出国考察的他常说的一句话就是："祖国才是我心中最大的品牌！只有国家的强大，才有我们企业的发展。"早在1998年，奥康就建立了党支部，经过5年的发展，2003年建立了浙江永嘉首家民营企业党委。目前，公司党委下设8个支部，公司中层以上干部60%以上都是党员。2011年，公司党委还荣获"浙江省发展强、党建强百家党组织"荣誉称号。公司在1998年建立共青团组织，现在公司员工中团员青年占70%以上。团委下设5个团总支，并建立"青年之家"，开展企业文化活动，服务广大团员青年，宣传党团思想，在员工中特别是基层员工中形成"创优争先"的良好氛围。2011年，团中央书记王晓到公司指导团建工作，并给予了高度评价。在荣获"浙江五四青年奖章"时，王振滔说道："企业建立党团组织是企业做强做大的需要，更是做长做久的需要，可以助力企业健康发展。"

善吃螃蟹的探索者

王振滔在业界一向以做"第一人"著称，在2006年接触到电子商务后，王振滔当即决定进军电商领域。奥康2006年开始触网，2010年开始大力做电子商务。2012年，其电商业务销售额已经接近3亿元，成为最早做电子商务并实现规模化销售的企业之一。时至今日，奥康每年的"双十一"销售都捷报频传，从 2010 年的 200 万元，到 2011 年的 500 万元，再到 2012 年的 5500 万元，奥康的"双十一"销售以倍速增长。2013 年更是达到了 9000 万元的惊人数字。然而，王振滔并未停止创造这一佳绩，2014 年奥康"双十一"销售过亿，位居天猫男鞋销售前三名。在当下传统企业遭遇转型瓶颈、面对互联网冲击时，王振滔已经带领奥康先行一步，走在了行业前列，成为当之无愧的领军者！

回报社会的企业家

王振滔一直认为，衡量一个企业或一位企业家的价值，不在于拥有多少财富，而在于为社会做了多少贡献。自奥康创办以来，他一直坚持这一理念，积极承担社会责任。公司坚持"对社会负责、对党和政府负责、对客户负责、对员工负责、对股东负责"的信念，致富思源，积极回报社会。1999 年，公司党委牵头成立了"奥康爱心基金"，帮助困难职工解决生活困难，对患病员工进行慰问，号召全公司职工积极参与"扶贫济困"活动，形成了爱岗敬业、乐于奉献、积极向上的良好工作氛围。从 2010 年开始，企业在暑期聘请台湾专业团队无偿组织员工子弟夏令营，解决了暑期员工子女在家的安全问题，为员工解决后顾之忧。王振滔还把慈善当作自己的第二事业，成立了中国民营企业家中第一个以个人名字命名的非公募慈善基金会，开展爱心助学活动。迄今为止，已累计向社会捐款 2 亿多元，捐助学生 8666 名，获得了"中华慈善大使"的美誉。他说："人的一生中，花钱和赚钱同样重要，做企业要赚钱，而成立慈善基金会是为了花钱。只有把钱花到该花的地方，人生才有意义！"

今天的奥康，面对全球经济一体化的市场，将始终坚持"百年奥康，全球品牌"的企业愿景，肩负"为人类进步而服务"的企业使命，秉承"诚信、创新、人本、和谐"的企业核心价值观，为社会经济的发展与繁荣做出自己应有的贡献。

中国城镇化的思想先锋

——记国研·斯坦福三期一班学员、苏州科赛投资发展集团有限公司董事长江喜科

科赛集团公司董事长江喜科是一位对中国的城镇化事业情有独钟、对城镇化理论有着独到见解的企业家，更是城镇运营领域的思想先锋。

早在 20 世纪 90 年代，江喜科就提出中国要实现可持续发展，必须走城镇化道路。他提出了用市场化推进城镇化的理论，提出城镇化必须以产业为支撑的理念，提出城镇化建设必须先策划后规划的观点。为此，他于 2001 年放弃已获高额回报的房地产业，毅然投身在当时的中国，民营企业中无人敢问津的城镇化事业。经过十多年的实践，终于大获成功。为了与大家分享城镇化实践经验，他先后编撰出版了《让我们拥有明天的财富》和《市场运营——中国城镇化的必然选择》等专著。《以产业基础推进工业发展，以催化放大做强工业经济》一文，还荣获第五届全国社科优秀成果一等奖。

他的城镇化理念还深深地打动了美国前总统卡特先生。在 2008 年卡特总统来访时，江喜科作为特邀嘉宾参加了与卡特总统的对话。他提出的关于城镇化将促进中国经济还持续发展 20~30 年的观点，引起原来持不同看法的卡特总统高度关注，并与之深谈达半个多小时。

江喜科现任中华民营企业联合会副会长、中国企业未来研究会副理事长、中国经济高层论坛常务理事、国研·斯坦福中国企业新领袖江苏学友会会长等社会职务。曾荣获"2009 年中国十大杰出企业家""2009 年功勋之星——新中国 60 年 60 位功勋企业家""2012 年中国民营经济建设杰出企业家"等称号。几年来，作为企业家代表，多次随同国家领导人出访国外。

他常说："城镇化道路，不是我们愿不愿走的问题，而是历史赋予我们的责任和使命""城镇化是否成功，看市场。离市场经济越远，越落后。离市场经济越近，越有希望。"

在江喜科的带领下，科赛集团经过十余年的中国城镇建设市场化实践，创制了一个"政府主导，市场运作，企业推动，社会参与"的城镇化运营模式；形成了"定位是关键，功能是核心，个性是灵魂"的城镇开发建设理论体系；探索出一条政府满意，农民受惠，企业获益，当地经济社会又好又快发展的城镇化建设成功之路。这种发展模式有利于统筹和整合各类社会资源，有利于建设富有特色的美丽富裕城乡，有利于当地区域经济可持续发展，符合市场化推进城镇化的内涵，是对中国城镇化建设，统筹城乡经济社会发展的重大贡献。

商海沉浮之一次转型：实体经济——城镇化

"城镇化"的概念是我国改革开放的产物，在 20 世纪 90 年代初就已经提出。但作为国家发展战略，较早见于《中共中央关于制定国民经济和社会发展第十个五年计划的建议》。《建议》第一次提出"积极稳妥地推进城镇化"，指出，"提高城镇化水平，转移农村人口，可以为经济发展提供广阔的市场和持久的动力，是优化城乡经济结构，促进国民经济良性循环和社会协调发展的重大措施。随着农业生产力水平的提高和工业化进程的加快，我国推进城镇化条件已渐成熟，要不失时机地实施城镇化战略。"《建议》发表于 2000 年 10 月。

当时，苏州科赛集团董事长江喜科在苏州服装城任总经理。他出生于浙江省缙云县，1981 年由公务员下海经商办企业，曾任浙江缙云磨料磨具厂厂长、浙江缙云黄龙宾馆董事长、浙江常山制鞋厂厂长、浙江杭州天健公司董事长等职，历经商海沉浮。20 世纪 90 年代初期，受到苏州新加坡工业园区"城市化"和当时"经营城市"理论的启发，江喜科较早提出了"城镇运营"的观点，开始对推进中国城镇化建设进行思考。国家"十五"计划建议公布后，他不止一次地认真研读，尤其是"积极稳妥地推进城镇化"的章节。从此，他对"城镇化"一词产生了更加浓烈的兴趣，到处收集、研究有关"城镇化"的信息和材料。

我国经济在一定程度上是政策导向经济。中央"城镇化战略"的提出为我国经济的发展特别是县域经济的发展开辟了广阔的空间。江喜科告诉笔者，他曾看到国家统计局一个材料，到 2010 年我国将有 1.06 亿农村居民转变为城镇居民，到 2050 年这个数字将达到 5.51 亿，这意味着每年要有 1500 万农民将变为市民。由此可见，"城镇化将成为 21 世纪中国经济发展的主旋律，城镇开发的黄金时期至少将持续 20 年。"他从中悟出了巨大的商机。

于是，江喜科发生了创业道路上的重大转型。通过广泛深入的调查，他果断放弃原来的服装市场经营行业开始转向"城镇运营"，成为中国民营企业城镇化建设实践第一个吃螃蟹者。

"我第一站跑到张家界，拿出几千万元在湖南桑植试试看。当时我做好了失败的准备，城镇化建设怎么走向市场化，去探索一下。"

桑植县位于湖南省西北部，隶属于国际知名旅游胜地张家界市，是红二方面军长征出发地，贺龙元帅的故乡。总面积 3474 平方公里，总人口 43 万人，其中少数民族占总人口的 88%，农业人口占 88%，属于国家级贫困县。每年国家财政要转移支付 7000 万~8000 万元资金，省里还要支持 1 亿多元。当地政府吃饭财政，没有其他收入。县政府自己修一条县城环城路，做了一半，资金跟不上，扔在那里，成了半拉子工程。资金的短缺严重制约着桑植县的发展。

2001 年 8 月，科赛集团应邀到桑植县考察、商谈投资。2002 年 2 月，科赛集团与桑植县委、县政府签署了合作协议，决定在县城高家坪共同开发建设"桑植新城"。一期开发总面积 393 亩，总投资 1.9 亿元。

"经过这几年的努力，我们桑植县的县城发生了巨大的变化，面貌焕然一新。"时任桑植县副县长、现任县委政府副调研员的刘先进在接受专访时说，"几年来，科赛公司在我们县城将原来的一片荒地、荒山进行规划建设，现在已经开发出来了紫竹苑、紫薇苑两个小区，修建了科赛大桥，改善了我们县城的基础设施建设。从目前的情况来看，我们整个小区的入住人口达到了90% 以上，改善了我们桑植人民的居住环境，提升了我们桑植县城的城市品位。同时，他们创造价值之后，还回报社会，扶贫助学，得到了我们人民群众的共同认可。"

接着，科赛集团与江西省抚州市资溪县合作开发建设"城西新区"和"一河两岸"工程。该项目总占地面积 141 公顷，规划建筑面积 120 万平方米，总投资 12 亿元。

江喜科说："当时的资溪，是一个很偏僻的小县城。全县总人口 10 万多一点，县城人口不到 3 万。在资溪搞城镇化，与桑植方式有所不同，是老城区改造和新城区开发相结合。资溪的不少大道，包括城西大道、城市广场，乃至县政府的办公大楼，全部都是我们建造的。现在资溪的整个县城环境改变了。"笔者在这里看到，宽宽的马路、一栋栋小楼、花丛绿树、山环水绕，昔日落后的偏僻小县城如今已经成为城在林中、林在城中、人在绿中的现代化生态新城。

继桑植、资溪两个县城城镇化建设成功以后，科赛集团又先后开发建设了江苏苏州科赛购物广场、广西桂林高新区英才科技园和江苏省南京横溪前石塘村"农家乐"项目。目前，总投资 30 亿元、为期十年的桂林平乐县南洲新城区综合开发项目第一期工程已基本完成，桂江二桥已经通车，桂林动漫戏曲文化产业园和江苏南京石塘竹海旅游开发项目等也在进行中。来自河南、安徽、黑龙江、广西、浙江、江苏、上海等全国市、县（区）的考察团络绎不绝，纷纷与科赛集团商谈城镇化建设合作开发事宜。

牡丹江阳明新城是科赛最近投入运营的大型城乡一体化项目。用市场化推进城镇化的科赛模式已日趋成熟，科赛计划在三年内通过市场化运作将阳明新城项目打造成中俄经贸腹地、黑龙江省城乡统筹典范和牡丹江市商贸物流中心。这一项目的建成将从根本上改变黑龙江全省的产城一体化结构，江喜科特色城镇化理念引起省委书记王宪魁的浓厚兴趣，并亲自率队前往项目地考察调研。

十年耕耘，十年收获。经过十年的城镇运营，科赛集团不仅有力推动了当地的城镇化发展，而且企业快速成长壮大。由原来单一的苏州大江实业有限公司，发展为包括苏州科赛科贸有限公司、张家界科赛置业有限公司、江西科赛城镇开发有限公司、桂林科赛投资发展有限公司、桂林科赛城镇开发有限公司、南京科赛旅游投资发展有限公司、黑龙江科赛有限公司等在内的苏州科赛投资发展集团有限公司，成为以"新型城镇化建设"和统筹城乡发展为核心产业、以"城镇运营"为特色、以市场化手段推进城镇化为核心竞争力的中国第一企业品牌。

商海沉浮之二次转型：投资商——运营商

走上城镇化道路之初，科赛是城镇化战略投资商。江喜科在送给笔者的经济论文集《让我们拥有明天的财富》中对"战略投资商"做了专门的界定。他在《用新理念建设新广西》一文中指出："这类企业在资金、技术、管理、市场、人才等方面优势比较突出，并且能够带动区域经济发展，增强区域核心竞争力和创新能力。战略投资商到一个地方投资不是为了短期利益，而是从长远战略布局角度来选择投资地点。一旦确定投资地方，这种企业将会带动当地相关企业的发展，并制定长远发展计划。"科赛就是这样的战略投资商。

作为战略投资商，科赛投资不是单一一家企业投资，而是企业联合投资，江喜科称之为"投资大联盟"。他告诉笔者，城镇开发是一项投资巨大、回报周期长的事业，仅依靠科赛集团一家是无法完成这个宏伟目标的，科赛的做法是联合一大批志同道合的企业家组成企业群，形成投资联盟。"我们凭自己的信誉和实力，在浙江、江苏、上海、广西等，邀请专业的民营企业加盟，既满足了项目的资金和人才的需求，也为加盟企业提供了新的商机，实现了多赢。"

随着项目的拓展和业务的需要，科赛集团逐步走向了从战略投资商向运营服务商的转型。首先科赛还是以项目投资为自己的主营业务，但区别于其他的项目开发商、综合开发商。有两大特点，第一，科赛十来年已经做了相对规模的综合开发，带有一定的系统性，不是单一的方向，不管大和小，都涉及一个系统，这样的基础和他们从事的区域开发模式和国家提出的新型城镇化开发模式比较接近，无非是规模大与小，层次高与低的问题，他的模式是相同的，这是与一般开发商不同的。第二，科赛比较注重项目的前期工作，专门成立研究所做前期策划，这个阶段也是作为系统开发必不可少的。项目涉及面广,特别是和政府打交道,涉及很多可行性问题。比单一项目复杂,这也与一般开发商相比最大的不同之处。这两个特点更加符合区域开发模式、新型城镇化模式。作为运营商,与投资商最大的不同是,投资商主要是自己投资,而运营商不仅自己投资,主要还是通过投资联盟带动更多的社会和民间资本投资。不仅运作自己已有的资源,而是通过运作各种社会资源和民间资本,通过独有的创新的城镇运营模式,通过"四规合一""三个先行""五种语言",盘活存量,做大增量,使城乡实现"变丑陋为美丽,化腐朽为神奇,点顽石为黄金"的蜕变。

碧生源的"工匠"

——记国研·斯坦福三期二班学员、碧生源控股有限公司董事长兼CEO 赵一弘

从 2000 年北京房山区窦店镇一个仅 1100 平方米的厂房，到 2010 年登陆香港联交所主板，碧生源控股有限公司董事长兼 CEO 赵一弘和创业团队经历了 10 年时间。在这 10 年里，除了产品外，他们专心做好一件事情：在全中国范围内铺设了一个遍布近 13 万家零售终端的销售网络。而随着碧生源登陆香港资本市场，这个网络还在继续扩展，海外市场也向其打开了大门。

2010 年 9 月，碧生源在资本的助力下顺利登陆港交所，发行价 3.12 港元，共发售约 4.2 亿股，香港公开发售约 1.26 亿股，国际配售约 2.94 亿股，共募集逾 13 亿港元资金，碧生源在中国市场上高歌猛进。与公司在保健茶市场非常高调的风格不同，其创始人赵一弘却是儒雅随和之人。初见赵一弘，他正安静地伏案工作，办公室内大理石壁画点缀水墨布艺沙发，散发着文墨儒雅的气息。

"一周七天我都要工作，最少的时候也要工作六天。"赵一弘随和的外表掩不住工作狂人的气质，直言自己最大的乐趣是在工作之中，但这也许正是在企业快速发展过程中不得不做出的选择。

营销是技术

早年，赵一弘在康师傅集团工作时积累了大量有关快消品的销售经验。后来一次偶然的机会，赵一弘发现了保健品行业的机会。

1993 年，赵一弘在山东济南自立门户，开始自己的第一次创业，成为

"统一""旺旺"等品牌的代理商。一次，赵一弘受邀作为一家生产保健茶企业的营销顾问，凭借其多年的营销经验，产品在市场得到了良好的回馈，同时也让他看到了保健茶与快消品结合的市场机会。随后，他迈大了步子，从营销做到生产，完成了技术转让收购，开始第二次创业之旅。"中国一直没有一个保健茶行业的大品牌，当时觉得保健茶与快消品结合起来会有很大的市场机会。"

做销售出身的赵一弘非常注重营销的重要性，直言"酒香也怕巷子深"。碧生源的十位创业伙伴中，除了几位财务管理人员外，其余都是营销方面的资深人士。营销"元老"们制定了精准的营销战略：每个产品具有自身的功能；配方均为草本成分，没有西药制剂，保证产品安全；与消费者之间建立顺畅的沟通渠道，及时进行消费者研究；有效的广告创意，精准定位广告的目标群体。

"碧生源的销售业绩一直不错。刚创业时，我们约定销售收入过 100 万元要庆祝，但是还没等我们缓过神，就已经破了百万目标；第二个月销售收入破了 200 万元，到了年底已经过了千万元的目标。"赵一弘对当时增长的数据仍记忆犹新，而"100 万的庆功宴"在应对销售激增的过程中成了一个遗憾。2007 年及 2009 年碧生源的销售收入及净利润的复合年增长率分别达到了99.1% 和 72.5%，2010 年的销售收入超过了 8 亿元。这些数字让赵一弘更加坚定保健茶的市场空间和机会。

品牌要占领保健品行业的高地，在产品推出初期投放密集型广告是不二的选择。碧生源的品牌已经度过了初期阶段，赵一弘表示，随着营销网络的健全，未来将会把焦点转向产品研发，丰富产品线。

慢工出细活儿

赵一弘表面随和，但内心对认准的事情非常坚定。这与他在保健茶行业内的经验以及十多年的创业经历不无关系。

当碧生源的销售收入达到 8 亿元时，其中 90% 以上的收入来自于其主打的两款产品——碧生源常润茶和碧生源减肥茶。赵一弘创业至今，碧生源在商场和零售渠道只有两个半产品面世。除了上面提到的常润茶和减肥茶之外，那半个则是即将推出的碧生源美安颗粒。赵一弘的商业逻辑简单清晰，事情要一件一件做，不能着急。

2000年，赵一弘到北京选址建厂，最后定在房山区的窦店镇。然而，当时那里还是一片知青下乡的农场，刚建起来的厂房是一排平房。创业后的七年时间里，由于需要不断扩大规模、投入设备、扩建厂房，碧生源一直处于亏损状态，但赵一弘始终认定保健茶市场还有更大的空间。"盈亏不是重点关注的问题，我还是看重行业前景、市场机会和容量。"据赵一弘介绍，目前保健茶市场规模是400亿元，2015年这个数字会增长到1000亿元。"企业只能做一件事，要么扩张，要么丰富产品，我和我的团队选择先扩张。"

2010年10月，碧生源布局全国的蓝图上插满了小红旗，赵一弘用十年的时间织好了碧生源在全国的销售网络。"从2000～2003年，是碧生源快速扩张的三年；2003～2006年，是盘整的阶段；从2007年开始，我们进入第二次布局和扩容阶段。"赵一弘表示。

2007年开始，碧生源的销售热潮席卷而来，此时的赵一弘开始酝酿寻找风险投资的帮助。"希望有风险投资加入到碧生源来，最重要的原因是想完善董事会，当然有资金的进入更好。"在陆续接触的20多家风险投资机构中，纪源资本给赵一弘留下了深刻的印象。"纪源资本熟悉中国的国情，而且也能带来我们需要的人才。"2009年下半年，碧生源迎来纪源资本1500万美元的投资。资本注入后，碧生源更新了国际一流设备，从意大利引进了世界一流的袋泡茶IMA C24自动包装机。与此同时，在多年固守"保健茶"这一领域后，碧生源的产品线进一步丰富。在纪源资本的引荐下，赵一弘找到了植化博士蔡亚及其团队，收购健士星生物技术研发（上海）有限公司作为碧生源的研发中心，补足产品研发方面的短板。

有了风险投资机构的助推，碧生源加快了上市的步伐。"在香港上市募资13亿元，其中35%将用于购买新的包装设备；26%用于在上海设立华东总部作为集团的区域中心；7%用于扩大和加强集团现有经销网络及地方销售团队；14%用于设计和研发新产品以及改善现有和备选产品；7%用于偿还集团所欠债务；10%用于日常运营及更新公司管理软件等。"从赵一弘的介绍中不难看出，扩大生产线是公司发展的重中之重，而研发新产品的资金也加大了。

走进碧生源新建的车间，15 台从意大利新进口的机器在紧张工作，流水线上摆满了碧生源常润茶和减肥茶，它们功能明确、价格适中，可以说这两款产品是碧生源的"老功臣"。

"保健品是处于快消品和药品之中的中间地带。"赵一弘始终用快消品的理念做保健品，"公众在健康方面的消费必然会从基本医疗走向日常健康护理方面，这是一种必然趋势。"目前，碧生源的产品已经覆盖了国内近 12 万家药店。但相对于急速扩张的市场需求，药店这条渠道终究会碰到天花板，进入商超就成了碧生源的新选择。如今，在北京、上海、深圳、广州、天津等地 5000 多家超市里已经可以见到碧生源的身影。

大规模的销售网络聚集了大量消费潜力。根据第三方调查的最新数据，按零售药房出售的零售额计算，碧生源常润茶和减肥茶在零售药房所售的同类产品中均已占据 25% 以上的市场份额。如今，碧生源的产品线每天都满负荷运作。扩建厂房的计划已经被赵一弘列进了时间表。同时，赵一弘建立了碧生源自己的功效与安全中心，希望能够拿到世界最高级别的欧盟质量控制标准。"如果能够拿到这个标准，碧生源的产品不需要送检，通过自检就可以完成质量控制。"

随着市场需求膨胀，丰富碧生源的产品线成为赵一弘当前急需解决的问题。纪源资本合伙人符绩勋谈到选择碧生源时说，"小茶包是一个平台，借助这一平台可以发展很多产品，在中国市场上所撬动的消费潜力巨大。"赵一弘正在酝酿利用这样一个平台研发更多的新产品，左右开弓。"向左走半步，可以做中草药的袋泡茶或者颗粒剂，并尝试扩展至 OTC 茶市场；往右我们可以进入食品饮料行业，当然是袋泡茶和颗粒剂为形式的饮料产品。"赵一弘没有将这些想法局限在脑海里，而是迅速展开行动。碧生源收购了珠海的一家做袋泡茶药品的药厂，产品线正准备迁回北京。而专攻电子商务平台、具有 3 个系列 9 款产品的"VS 唯尚"品牌也已经开始销售。

正如赵一弘坚持的"企业只能做一件事"的原则，对于海外市场的扩展，赵一弘认为还为时过早。未来，碧生源将会把更多的目光投放在国内市场，通过丰富的产品深入挖掘二三线城市的机会。

保姆型的管理者

赵一弘曾在顶新集团工作了六年，随后又在一家典型的家族企业有过短暂的从业经历。创立碧生源后，赵一弘不改其职业经理人的本色，变成公司的多面手。"我一直把自己当作职业经理人，工作就是生活中的乐趣，不工作反而不快乐。"赵一弘将自己的性格总结为"保姆型性格"，他常在工作中与同事交流，协助公司团队做沟通。碧生源的企业文化强调包容的力量。"创业至今，碧生源的管理团队基本没有流失的员工，都是净流入，没有净流出。"团队的凝聚力让赵一弘对企业充满信心和底气。

如今，当初创业时的一片农场已经变成碧生源的总部。赵一弘很喜欢植物，他对园区里的植物如数家珍。"前两天玉兰正在开花，院子里还有金银花、海棠、芍药，好多都是我自己种的。"

"碧生源，实际上就是碧绿生命的源泉。"赵一弘不仅愿意做一名园丁，更想成为企业的工匠。自创业初期，赵一弘就重点关注在企业根基的建设上，尽量纠正创业初期粗放式的企业文化，保持公司清晰的产权结构。赵一弘用工匠的心态，为企业发展打好坚实的地基，严谨务实的风格让碧生源免去了很多不必要的麻烦。碧生源在早期一直保持"零负债"，坚持"款到发货"的原则，保证财务系统健康运行。

"创业公司分两种类型，一种是粗放式，一种是规范式，就像光脚的和穿鞋的。一开始我们就要求自己是穿鞋的，注重企业管理和形象。公司股权、商标、知识产权，甚至于办公楼，每一方面我们都要认真把好关。"他回忆起建办公楼时的情景，"当时我们要建这栋办公楼，很多人都觉得没必要花太多功夫，我想要做就尽量做好，不要让它变成一栋建筑垃圾。"

当初创业时的厂房仍然保留在碧生源的园区内，已经成为承载碧生源发展印记的一个标本。2009年底，建造完成的二期厂房已经投入生产，不久的将来，这片园区还将建起更多新厂房。对于赵一弘来说，碧生源的新局面早已蓄势待发。

创和众品牌　做百年老店

——记国研·斯坦福三期一班学员、北京和众运输集团总裁宋少波

　　1975 年，初中毕业的宋少波在南磨房人民公社汽车队当了一名普通的装卸工人。而后任货车司机、调度员、汽车队长、集装箱运输公司经理、总经理，和众物流公司董事长、和众运输集团总裁。38 年来，他的职业生涯与道路运输结下了不解之缘，为中国的道路运输事业做出了应有的贡献。

　　1979 年，干过电工、货车司机的宋少波被选拔为乡汽车队的业务调度员。从此，他早出晚归、竭心尽力、洽谈业务、管理司机、调度车辆、核算成本。他是一个精明人，是一个对事业开拓、进取的人；他勤勉、敬业、务实且不事张扬，显示了他极强的敬业精神和管理汽车运输的特殊天赋。领导在他身上发现了一个未来企业管理者的优秀潜质。三年以后，即 1982 年被提升为汽车队队长。

　　1989 年，南磨房乡进行专业化管理，组建了汽车运输公司，宋少波被提升为运输公司经理。他权力大了，肩上的担子重了，但他仍谨慎谦和，团结同事，吃苦在前。将公司打理得井井有条，把经营做得风生水起，把团队带得得心应手。此时，国内运输市场竞争更加激烈，许多同行一筹莫展。他独具慧眼，抢抓国家更加开放的难得机遇，顺势发展集装箱进出口运输，注册成立了北京奥顺达集装箱运输公司，兼任该公司的总经理，将企业规模和整体效益带上了一个新的台阶。

　　1996 年，当国人对"物流"这两个字还很陌生的时候，他凭着企业家的独特视角对未来市场进行分析和预测，决定站在新起点、涉入新领域、发展新产业。在经营普通运输、集装箱运的基础上向物流领域延伸，做出了发展城市物流、配送的战略决策。几经周折，以每年 230 万元租金，租赁了十八里店兴华养鸡场，将其改造成为物流仓储分拣配送中心。北京市工商局为新兴的北京和众奥顺达物流有限公司核发了营业执照，宋少波众望所归，出任该公司的董事长兼总经理，他将和众物流带入了综合发展的快车道。

"发展是硬道理"这句话，宋少波铭记于心、实践于行。"学海无涯，创业无边"，是他的座右铭。回眸他的半生足迹，一条清晰的主线是创业、发展；展望他的未来设想，一个宏伟的目标还是创业、发展。他是一个十足的工作狂，夜以继日、不知疲倦。每次出差回来，不论早晚总是第一时间赶到公司，他舍小家为大家，一年有 300 天以上住在单位。组织会议、布置工作均在晚上，从北京去广州、哈尔滨出差，办完事后连夜飞回。他时刻警醒、自我加压，凭着一股拼命三郎的精神在和时间赛跑，在和时代赛跑。

1997 年，宋少波担任了和众运输集团总裁一职。在他的带领下，和众人一路汗水、一路高歌！一路耕耘、一路收获！拥有了由数百部运输车辆组成的运输团队；拥有了华北地区最大的仓储群；构建了集道路运输、城市配送、仓储、驾驶员培训、客运出租、汽车修理、旅游服务、广告宣传、信息服务、餐饮娱乐为一体的大型企业集团。

率先发展集装箱运输。20 世纪 80 年代初期，充分利用国家开放的大好时机，购置了 80 部大型车辆组成了和众奥顺达集装箱运输公司。并在塘沽设立了业务分部，依托天津港口，为中远、中海、中外运和北京、天津、河北、内蒙古、山西的有关企业提供进出口运输服务，有力地支持了国家和地方的经济发展。受到北京和天津交通委及广大客户的好评。

坚持发展干线运输。先后开通了北京至内蒙古、包头、银川、兰州、西宁和新疆的物流运输干线，致力于将西北地区的畜牧产品、特色农副产品与北京老百姓的餐桌联系起来，收到了良好的经济效益和社会效益。

创新发展专业物流。和众集团是享誉全国的汽车备件物流服务商，多年来为一汽大众、奥迪、奔驰、奇瑞、哈飞等汽车厂家提供备件物流配送服务，是华北地区 600 多家汽车 4S 店及全国东北、华东、华南等重点区域的备件中转、分拨中心，实现了管理专业化，服务标准化，运输网络化，打造了业内知名的和众物流专业化品牌。

大力发展城市配送。和众物流公司是北京市区 1700 多家商城、超市的供货源头。每天几千个车次、数万立方米的米、面、油、纸等上百余种生活必需品在这里聚集、流转。公司购置、整合了 500 多部排放达标的厢式配送车辆，组建了适应市民需求的专业配送公司，克服了道路拥堵、交通管制等诸多困难，认真完成着"物流最后一公里"，定期、定时为北京市民提供生活快消品配送服务。送货及时率、货物周转率、商品完好率均达客户满意。

构建了通达全国的物流网络。和众集团确定了"依托北京、辐射华北、通达全国、连接国际"的发展战略，先后在上海、天津、成都、广州、哈尔滨、呼和浩特、拉萨、开封等地注册成立了和众物流分、子公司，在全国二十多个大中城市设立了物流结点，构建了通达全国的物流网络。涉入了汽车备件产前物流、售后物流、家电物流、农产品物流、冷链物流、零担配载、藏鸡养殖等诸多领域。拓展了市场份额，企业效益保持了连续多年的稳步增长。

致力于基础管理。早在 2000 年，和众集团率先完成了 ISO9000 质量管理体系认证，随后于 2004 年完成了 ISO1400 环境管理体系和 OHSMS1800 职业健康安全管理体系认证，形成了质量、环保、健康三证一体的综合质量标准管理体系。积极借鉴国外的先进管理经验，引入现代管理理念，为与时代接轨提供了超前的意识保障。

勤于学习和思考。"激烈的市场竞争，好似追身于后的烈焰，让你除了奔跑和死亡外别无选择。为了我的追求，为了追随我的员工，我只能选择拼力前行，那我就只有不断学习，不断思考，不断在工作中寻找突破，这才是我带领企业进步的根本途径。"这是宋少波的心声表述，是他的行动准则。在繁忙的工作之中他抽时间读完了北京工业大学工商管理课程；随后，在清华大学人文社科系修完了工商管理课程高级研修班；拿到了国研·斯坦福 MBA 结业证书。他在书本中学习，更注重在实践中学习，国内外知名企业家的成功案例他熟谙于胸、谨记于怀，并能够熟练地掌握借鉴。

打造了适应时代发展的和众文化。长期以来，和众人睿智的坚持"和众就是一支军队，和众就是一个学校，和众就是一个家庭"的文化理念；奉行"安全迅速、准确无误、优质服务、用户第一"的服务宗旨；提出了"和众物流、您的好帮手"服务口号；确定了"创和众品牌、做百年老店"的企业愿景；对管理层始终不渝地强调，对员工要"严管理、深关爱"。和众文化有着无穷的感召力和良好的社会影响力，这里聚集了来自全国26个省市的优秀员工，培养了一支特别能吃苦、特别能战斗、特别能奉献的员工队伍。

积极承担社会责任。2004年6月，国家七部委提出在全国范围内开展"治超、治限"工作。他率先垂范，代表运输企业发起"从我做起，不超载、不超限、京广行"活动。此次活动得到了沿途七省市运输行业的积极响应，得到了交通部的大力支持和赞赏，取得了非常好的社会效果。同年七月，他积极响应国家号召，宁可牺牲企业利益，全力保证电煤运输，光荣地受到了温家宝总理的接见。同年10月，他与中国交通报社借助"国际第三届丝绸之路"，组织策划了"连云港——霍尔果斯"的宣传活动，旨在倡导联通欧亚大陆桥，实现道路运输国际化，取得了非常好的社会影响。

他是一个社会责任感很强的人，汶川地震、青海玉树地震，他第一时间组织捐款购置救灾物资，安排最好的车辆、挑选最优秀的员工驶向灾区，将和众人的爱心献给灾区的同胞兄弟；奥运会期间，他组织最优秀的团队服务奥运，出色的服务得到了国际友人的称赞。

他视员工为兄弟姐妹，为2000多名员工提供了就业岗位，从没有拖欠过员工的工资，做到了员工的薪酬与企业效益同步增长，为员工足额缴纳各种社会福利保险，他将员工视为最宝贵的财富，对员工"严管理、深关爱"。"和众是我们大家的，不能让员工下岗，如有下岗的第一个人就是我宋少波。"他守诚守信，是个有襟量、敢担当、有责任感的人，这些年来从没有让一名员工下岗。

他重视交通安全和节能环保，多年来做到了车辆运输不超载、车辆排放无污染，他积极倡导环保意识，实现了企业园区的绿化、美化、亮化。

光辉的业绩。经过20多年艰苦卓绝的努力，和众集团在宋少波的领导下，从当时仅有十几部老旧车辆的乡运输队，发展为目前拥有20余万平米的仓储库、上千部运营车辆、分布全国十几个分、子公司、两亿净资产的现代企业集团；实现了管理科学化、服务标准化、业务网络化、信息现代化；取得了道路运输企业二级资质，荣获了全国先进物流单位，蝉联全国物流百强、中国物流诚信企业、绿色物流品牌等荣誉称号。

2001 年，宋少波作为以传统运输向现代化物流转型的优秀企业领导，被中华人民共和国人事部授予"全国交通运输系统劳动模范"称号。

2005 年，宋少波被推选为"北京市道路运输协会副会长"。

2008 年，和众物流被北京市工商局评定为"著名商标企业"；宋少波被推选为"北京市物流协会副会长"。

2009 年，建国 60 周年时，和众物流圆满完成了天安门广场 56 根民族柱的运输和安装任务，并精心挑选了 5 名员工参加国庆阅兵女民兵方队。

2010 年，宋少波进入中国物流与采购联合会担任理事。

2011 年，宋少波被北京道路运输协会授予道路运输货运专家称号。

2012 年，和众人光荣承担了人民日报社和中央电视台搬家任务。

2013 年，宋少波被中国交通运输协会授予"2013 年度中国物流企业创新人物奖"。

连续多年，和众人光荣承担了在国庆前夕更换天安门城楼毛主席像任务。

宋少波带领着他的团队，认真履行"创和众品牌，做百年老店"的企业愿景，优质服务得到了社会的广泛认可和赞赏。每年完成各种货物吞吐量 200 万吨以上，每年安全行驶总里程 3000 万公里以上。保持了多年来，无死亡、无重伤、无重大交通和商务事故的安全记录。

历经了几十年的风风雨雨，和众运输集团在宋少波同志的带领下实现了长足发展，取得了令人瞩目的光辉业绩，在和众运输集团的发展史上留下了闪光的足迹。这是一个物流人用尽半生精力与心血谱写出的华丽篇章。

国研·斯坦福中国企业新领袖
培养计划十年记录

2003 年

国务院发展研究中心提出"中国企业新领袖培养计划"

2004 年

2004 年　国务院发展研究中心与美国斯坦福大学合作，正式推出"国研·斯坦福中国企业新领袖培养计划"项目。国务院发展研究中心原副主任、党组书记陈清泰担任中方学术负责人。

2 月　国务院发展研究中心企业研究所发布第一份"关于选拔优秀企业家参加'中国企业新领袖培养计划'"的红头文件通知。

5 月　国研·斯坦福一期 1 班开学，来自中石化、海尔集团、东风汽车、首创置业、全友家私等 40 位企业领导者成为一班学员。

7 月　国研·斯坦福高尔夫邀请赛。

9 月　国研·斯坦福一期 2 班开学，来自中国电信、中航技、汇源集团、首都机场等 40 位企业领导者成为二班学员。

11 月　国研·斯坦福学员企业考察：华仪电气集团。

12 月　国研·斯坦福一期 3 班开学，来自南方电网、深圳华强、海南航空、广州实业等 40 位企业领导者成为三班学员。

2005 年

1 月　国研·斯坦福"中国企业新领袖培养计划新春高尔夫联谊暨学员联谊晚会"。

4 月　国研·斯坦福学员发起"走进阿拉善·走近荒漠化：企业家生态行"大型活动。活动旨在倡导全社会更密切地关注环境问题，同时提高企业家自身的社会责任感。

7 月　国研·斯坦福赴美考察：主题"创新与企业家精神"。

12 月　一期学员鼎天资产管理公司董事长王兵、北京汇源饮料食品集团有限公司董事长朱新礼等发起"北京市华夏慈善基金会"，国研·斯坦福学员积极响应。

2006 年

2006 年　推出"中国企业新领袖培养计划"全球竞争环境下可持续发展领导力课程。

1 月　国研·斯坦福学员赴日考察：主题"精细化管理"。

4 月　由国研·斯坦福学员倡议发起的中国企业新领袖俱乐部正式成立，成为学员共同交流与联谊的平台；国研·斯坦福学员企业考察：宝钢集团。

5 月　国研·斯坦福昆明论坛："中国经济形势与能源政策"。

6 月　国研·斯坦福学员赴美考察。动态战略管理之父、斯坦福大学管理科学与工程亚太中心主任 Edison Tse 教授等参与授课。

7 月　国研·斯坦福国学文化讲坛："寻访青城名山，感受道家文化"。

8 月　国研·斯坦福生物质产业发展研讨会。

9 月　国研·斯坦福能源项目研讨会。

10 月　国研·斯坦福国学文化讲坛："探寻禅宗，管理提升"；国研·斯坦福学员企业考察：北京汇源饮料食品集团有限公司。

2007 年

3 月　国研·斯坦福山东学友会成立；国研·斯坦福济南论坛："金融创新、金融租赁、银企合作"；国研·斯坦福学员赴日考察（一），主题"探索日本企业成本控制的经营奥秘"。

5 月　国研·斯坦福英业达杯高尔夫球赛。

7 月　国研·斯坦福"未来领袖 名校之旅"学员子女夏令营；国研·斯坦福学员赴日考察（二），主题"探索日本企业成本控制的经营奥秘"。

8 月　国研·斯坦福学员赴美考察，主题"美国的资本市与金融创新"。期间，应美国加州伯克利大学邀请，参加"世界经济圆桌论坛"；参加联合国高层论坛，并与沙祖康副秘书长进行了会谈和交流。

12 月　国研·斯坦福北京论坛："企业发展与法律风险防范"。

2008 年

3 月　受海南省委组织部委托，组织"中青年干部领导科学发展能力"专题培训班。

4 月　国研·斯坦福宜昌论坛："合作研讨、项目交流、发展共赢"。

5 月　国研·斯坦福燕赵论坛；心系灾区，关爱无限，国研·斯坦福号召全体同学及工作人员向灾区人民献出爱心，到 14 日下午学员及所在企业积极响应，累计捐款捐物达 5000 余万元；国研·斯坦福"旭阳杯"高尔夫邀请赛。赛后，与会学员、嘉宾主动捐款，为地震灾区奉献了爱心。

6 月　国研·斯坦福日照论坛："新形势下的企业发展策略"。

7 月　国研·斯坦福学员赴日考察，主题"探索日本企业精益化管理的奥秘"。

8 月　国研·斯坦福华南学友会成立；国研·斯坦福深圳论坛："研习商业并购中的谈判策略"；国研·斯坦福研讨会："聚华南研习、迎奥运盛事"。

9 月　国研·斯坦福学员赴美考察，主题"全球化竞争与企业永续经营"。

10 月　国研·斯坦福大连论坛："当前经济形势运行和预测"。

11 月　国研·斯坦福"百环杯"高尔夫邀请赛。

12 月　参加国务院发展研究中心企业研究所主办的第五届中国企业发展高层论坛；国研·斯坦福学员企业内训：中国民生银行私人银行事业部培训班。

2009 年

3 月　国研·斯坦福华东学友会成立；国研·斯坦福学员两会代表座谈会。

4 月　国研·斯坦福学员赴德考察，主题"德国大企业发展战略"；国研·斯坦福江阴论坛："江阴代表性民营企业发展模式"；参加国务院发展研究中心企业研究所主办的第六届中国企业发展高层论坛。

5 月　国研·斯坦福学员企业考察：中国万达集团。

6 月　国研·斯坦福东北学友会成立。

7 月　国研·斯坦福上海论坛："产业与资本高峰论坛"；国研·斯坦福青年

学友会成立。

8月　国研·斯坦福学员赴美考察，主题"危机中的新产业机会与企业变革"。

9月　应俄罗斯叶卡捷琳堡市政府的邀请，组织国研·斯坦福学员俄罗斯商务考察。

10月　受海南省委组织部委托，组织"中青年干部现代服务业"专题培训班。

11月　参加国务院发展研究中心企业研究所主办的第七届中国企业发展高层论坛。

12月　国研·斯坦福资深学友会成立。

2010年

3月　国研·斯坦福学员两会代表座谈会。

4月　国研·斯坦福聊城论坛；国研·斯坦福学员赴日考察，主题"探寻日本制造——百年崛起，绿色振兴之路"。

5月　国研·斯坦福企业家夫人沙龙："品味与健康"；参加国务院发展研究中心企业研究所主办的第八届中国企业发展高层论坛；国研·斯坦福学员企业内训：俊安集团高级管理人员培训班（一）。

6月　国研·斯坦福"民生杯"高尔夫联谊赛。

7月　国研·斯坦福青岛论坛："《易经》智慧与企业管理"。

8月　受海南省委组织部委托，组织"党性教育与海南国际旅游岛建设执行力"专题培训班；国研·斯坦福学员企业内训：俊安集团高级管理人员培训班（二）。

9月　国研·斯坦福学员赴美考察，主题"探索美国企业新精神、开创中国企业变革转型之路"。

10月　国研·斯坦福学员企业内训：俊安集团高级管理人员培训班（三）。

12月　国研·斯坦福学员企业内训：俊安集团高级管理人员培训班（四）。

2011年

1月　国研·斯坦福成都论坛暨西南学友会成立大会；国研·斯坦福学员企业考察：泸州老窖集团有限责任公司；参加国务院发展研究中心企业研究所主办

的第九届中国企业发展高层论坛。

2 月　国研·斯坦福项目办承办"中国钢铁产业重组与发展高峰论坛"。

4 月　国研·斯坦福学员企业考察：碧生源控股有限公司；国研·斯坦福学员企业内训：俊安集团高级管理人员培训班（五）。

5 月　国研·斯坦福宿迁论坛："开拓创新·科学发展·合作共赢"；国研·斯坦福"东北·华东学友会"高尔夫球联谊赛；国研·斯坦福学员企业考察：河北敬业集团有限公司。

7 月　国研·斯坦福学员企业考察：宜昌三峡全通涂镀板股份有限公司。

8 月　国研·斯坦福学员企业内训：俊安集团高级管理人员培训班（六）。

9 月　国研·斯坦福学员企业考察："第一视频"集团。

10 月　国研·斯坦福西北学友会成立。

12 月　"2011 国研·斯坦福学友返校日"举办。国研·斯坦福学员从全国各地（包括香港、台湾）及新加坡等国家和地区齐聚北京。

2012 年

2012 年　国研·斯坦福美方课程支持机构调整为美国斯坦福大学商学院，国研·斯坦福项目课程全面升级。

1 月　参加国务院发展研究中心企业研究所主办的第十届中国企业发展高层论坛。

2 月　国研·斯坦福学员企业考察：颐杰鸿泰狮子湖集团有限公司。并参加清远狮子湖驻华大使年会活动。

3 月　国研·斯坦福学员两会代表座谈会；斯坦福大学（中国）中心揭牌仪式举行，该中心为国研·斯坦福美方课程指定授课地点；国研·斯坦福青年学友会南京联谊会。

4 月　国研·斯坦福项目办组织五期二班、三班学员参观斯坦福大学（中国）中心。

6 月　国研·斯坦福学员企业考察：安徽精诚铜业股份有限公司。

7 月　国研·斯坦福"金沙江之夜"联谊酒会。

8 月　国研·斯坦福组织学员赴美考察，主题"创新驱动的全球竞争力"。著名管理大师 James G. March、《基业常青》的作者 Jerry Porras 等教授参与授课。

9月 国研·斯坦福六期一班开学典礼在斯坦福（中国）中心举行。该班是斯坦福大学商学院提供美方课程支持的第一个班。

11月 中德纽伦堡专题座谈会。

2013 年

1月 参加国务院发展研究中心企业研究所主办的第十一届中国企业发展高层论坛。

3月 国研·斯坦福学员企业考察：泸州老窖集团。并参加"泸州老窖 2013 国窖 1573 封藏大典活动"；国研·斯坦福学员企业考察：颐杰鸿泰狮子湖集团有限公司。并参加"狮子湖健康中心"启动仪式；国研·斯坦福学员企业考察：广东九丰集团有限公司。

5月 国研·斯坦福学员企业考察：河北奥玻集团有限公司。

7月 国研·斯坦福学员企业考察：内蒙古太西煤集团股份有限公司；国研·斯坦福"相聚广东"学员企业考察活动。

8月 国研·斯坦福"同心同行·创赢未来"学员联谊活动。

9月 国研·斯坦福学员应邀参加"中国对外直接投资会议：风险与对策"高层国际会议；国研·斯坦福学员赴美考察，参加"站在世界舞台的中国"——2013 年联合国中美企业家年会，并出席联合国大会现场。

10月 国研·斯坦福高尔夫巡回赛（北京）暨中国宏观经济讲座。

11月 国研·斯坦福主题晚餐会："养老养生地产"；国研·斯坦福主题晚餐会："文化创意产业"。

12月 国研·斯坦福主题晚餐会："南一鹏先生谈'心的教育'和 LNG 未来发展开拓"。

2014 年

1月 国研·斯坦福主题晚餐会："中国酒店业发展的新契机"。

4月 国研·斯坦福学员参加 2014 年博鳌亚洲论坛；国研·斯坦福高尔夫巡回赛（广东）。

5月 国研·斯坦福主题晚餐会："京津冀一体化下的现代农业发展"；国研·斯坦福学员企业考察：北京首都农业集团有限公司；"国研·斯坦福一期一班开学纪念日暨十周年庆典活动启动"在斯坦福大学（中国）中心举行。

7月　国研·斯坦福主题晚餐会："高科技光合植物产业推介研讨会——新经济形势下的企业发展战略研讨"。

8月　国研·斯坦福学员应邀参加2014年APEC广告行为规范峰会；国研·斯坦福学员应邀参加2014年通辽新型城镇化高层论坛。

9月　国研·斯坦福学员参加2014天津夏季达沃斯论坛；国研·斯坦福一期二班入学十周年纪念会。

10月　国研·斯坦福代表队参加首届EMBA国际高尔夫球赛，并取得优异成绩。

11月　国研·斯坦福学员参加2014年APEC峰会。